쉽게 배우는 리눅스

우분투 실습을 통한 Linux 기초 다지기

지은이 **이종원** jongwon@ck.ac.kr

서강대학교 대학원 컴퓨터공학과에서 박사 학위를 취득했다. 1999년부터 현재까지 청강문화산업대학교 게임콘텐츠스쿨 교수로 재직 중이고, 소프트웨어 테스팅 · 게임 QA · 리눅스 등 다양한 분야를 강의하고 있다. 주요 저서로는 『로키 리눅스』(한빛아카데미, 2024), 『난생처음 앱 인벤터』(한빛아카데미, 2023), 『우분투 리눅스(3판)』(한빛아카데미, 2022), 『시스템 프로그래밍』(한빛아카데미, 2021), 『게임 제작으로 배우는 유니티』(한빛아카데미, 2021), 『유닉스 이론과 실습(3판)』(한빛아카데미, 2020), 『CentOS 리눅스』(한빛아카데미, 2020), 『페도라 리눅스(개정판)』(한빛아카데미, 2017), 『유닉스 시스템 프로그래밍』(한빛미디어, 2010), 『유닉스 시스템 관리』(한빛미디어, 2009), 『C 프로그래밍 연습』(홍릉, 2004), 『프로그래밍 입문 with C』(홍릉, 2001) 등이 있다.

쉽게 배우는 리눅스: 우분투 실습을 통한 Linux 기초 다지기

초판발행 2024년 12월 9일

지은이 이종원 / **펴낸이** 전태호
펴낸곳 한빛아카데미(주) / **주소** 서울시 서대문구 연희로2길 62 한빛아카데미(주) 2층
전화 02-336-7112 / **팩스** 02-336-7199
등록 2013년 1월 14일 제2017-000063호 / **ISBN** 979-11-7340-005-6 93000

총괄 박현진 / **책임편집** 김성무 / **기획·편집** 정지윤 / **교정** 권수연
디자인 표지 최연희 내지 윤혜원 / **전산편집** 김미경 / **제작** 박성우, 김정우
영업 김태진, 김성삼, 이정훈, 임현기, 이성훈, 김주성 / **마케팅** 김호철, 심지연

이 책에 대한 의견이나 오탈자 및 잘못된 내용은 출판사 홈페이지나 아래 이메일로 알려주십시오.
파본은 구매처에서 교환하실 수 있습니다. 책값은 뒤표지에 표시되어 있습니다.
홈페이지 www.hanbit.co.kr / 이메일 question@hanbit.co.kr

쉽게 배우는 리눅스

우분투 실습을 통한 Linux 기초 다지기

이종원 지음

한빛아카데미
Hanbit Academy, Inc.

리눅스로 만나는 새로운 세상!

대형 컴퓨터가 점점 크기가 작아져 PC가 되더니, 마침내 우리 손바닥보다 작아지고 주머니 속에 넣고 다닐 수 있게 되었습니다. 이제 컴퓨터는 우리의 일상에서 빼놓을 수 없는 필수품이 되었습니다. 컴퓨터가 이렇게 중요한 역할을 하게 된 것은 다양한 소프트웨어들이 제공되기 때문입니다. 친구에게 문자를 보내고, 은행 업무를 처리하고, 영화나 음악을 즐기는 등 일상에서 필요한 소프트웨어를 유료 또는 무료로 누구나 이용할 수 있게 된 것입니다.

일상의 편리를 제공하는 소프트웨어들의 밑바탕에는 운영체제라는 핵심 소프트웨어가 있습니다. 운영체제는 하드웨어 자원을 효율적으로 관리하고, 사용자의 입력을 처리하며 소프트웨어 실행 환경을 제공합니다. 운영체제가 없다면 PC나 스마트폰을 제대로 활용하기 어려울 것입니다. 우리가 PC나 스마트폰을 사용할 때는 윈도나 안드로이드, iOS 같은 운영체제를 사용하고 있는 것입니다.

리눅스 역시 이러한 운영체제 중 하나입니다. 리눅스는 90년대 초에 등장한 운영체제로, PC용으로 시작하여 현재는 서버뿐만 아니라 모바일 환경까지 확장되었습니다. 리눅스의 가장 큰 특징은 오픈소스로 제공된다는 것입니다. 누구나 리눅스의 원천 소스를 다운로드하여 자신만의 리눅스 환경을 구축하고 사용할 수 있습니다. 이미 여러 기업과 단체, 개인이 각자의 아이디어를 바탕으로 다양한 리눅스 배포판을 만들어 배포하고 있습니다. 이러한 자유로움이 리눅스를 공부하고 사용하는 가장 큰 이유라고 생각합니다.

이 책은 리눅스의 여러 배포판 중 우분투를 선택하였습니다. 우분투는 지속적인 개발로 안정화되어 있으며, 학습과 업무에서 널리 사용되기 때문에 리눅스를 처음 접하는 사용자들에게 적합합니다. 리눅스도 윈도처럼 GUI 환경을 제공하고 있으며 최근에는 GUI 기능을 보다 편리하게 강화하고 있습니다. 그러나 리눅스를 효과적으로 사용하려면 GUI 환경 외에 명령 기반 인터페이스를 알아야 합니다. 처음에는 명령 기반 인터페이스가 조금 어렵게 느껴질 수 있지만, 이 책을 통해 리눅스에서 사용하는 명령들을 익히고 나면 리눅스를 자유자재로 사용할 수 있을 것입니다.

이 책은 1장에서 운영체제와 리눅스의 기본 개념을 소개하고, 이후 우분투 실습환경을 구축하는 과정과 다양한 명령으로 리눅스를 사용하는 방법을 배웁니다. 각 장은 기본적인 이론과 관련 명령들의 사용법을 학습하도록 구성하였습니다. 명령을 사용하는 예제를 보여주고 이를 혼자서 따라 할 수 있는 〈실습해보기〉를 통해 반복적인 학습이 가능합니다. 또한 각 장의 끝에는 학습 내용을 요약하고, 객관식과 주관식 연습문제를 통해 본문에서 학습한 내용을 복습할 수 있도록 하였습니다.

생성형 AI를 비롯한 다양한 새로운 기술과 서비스가 등장하고 있습니다. 이러한 기술과 서비스들의 밑바탕에는 리눅스가 있다는 것을 기억하면 좋겠습니다. 리눅스를 사용한다는 것은 새로운 기술이 열어주는 세상으로 한 발짝 다가서는 일입니다. 익숙하지 않은 것을 새로 배우는 것은 쉽지 않은 일이지만, 이 책이 여러분의 전진에 도움이 될 것이라 믿습니다. 공부를 이어가다 보면 한 걸음이 두 걸음이 되고, 지속적으로 성장하여 리눅스에 친숙한 사용자가 되어 있을 것입니다.

이 책의 완성에는 많은 분들의 도움이 있었습니다. 우선 저자를 격려하며 기다려준 한빛아카데미(주) 여러분들에게 감사의 말을 전하고 싶습니다. 특히 원고를 꼼꼼히 확인하고 피드백해준 편집자님과 멋진 디자인을 완성해주신 디자이너님에게 감사드립니다. 끝으로 방에 박혀 책을 쓰는 동안 늘 든든한 버팀목이 되어준 가족에게 진심으로 고마운 마음을 전합니다.

지은이 **이종원**

• 강의 보조 자료

한빛아카데미 홈페이지에서 '교수회원'으로 가입하신 분은 인증 후 교수용 강의 보조 자료를 제공받으실 수 있습니다. 한빛아카데미 홈페이지 상단의 [교수전용공간] 메뉴를 클릭하세요.
http://www.hanbit.co.kr/academy

• 연습문제 해답 안내

본 도서는 대학 강의용 교재로 개발되었으므로 연습문제 해답은 제공하지 않습니다.

• 무엇을 다루는가

총 4부로 구성되어 있으며, 리눅스 환경 구축 → 리눅스 기초 → 리눅스 활용 → 리눅스 시스템 관리 기초 순으로 배웁니다.

❶ 리눅스 환경 구축(1~2장)

운영체제의 개요와 유닉스의 발전 과정을 알아본 후 리눅스의 탄생과 발전 과정, GNU와의 관계 등 기본적인 리눅스의 개요를 설명합니다. 이어서 실습을 위해 가상머신에 리눅스를 설치하는 과정을 단계별로 안내합니다. 또한 리눅스가 제공하는 데스크톱 환경을 살펴보고 대표적인 데스크톱 환경인 그놈(GNOME)의 사용 방법을 다룹니다. 마지막으로 리눅스의 명령을 사용하기 위한 기본 지식을 학습합니다.

❷ 리눅스 기초(3~6장)

리눅스의 기초 명령인 파일과 디렉터리 관련 명령 사용법, 파일 편집기인 vim의 사용법을 배웁니다. 이와 함께 명령을 해석하고 실행하는 배시셸의 사용법을 살펴보고, 파일에 대한 접근 권한을 설정하는 방법을 익힙니다.

❸ 리눅스 활용(7~12장)

리눅스를 보다 효과적으로 활용하기 위해 파일 내용 검색 및 텍스트 처리 명령을 살펴보고, 프로세스와 사용자 정보를 다루는 명령, 파일을 아카이브로 만들고 압축과 백업하는 명령들을 학습합니다. 그리고 배시셸에서 셸 스크립트를 작성하는 방법과 리눅스에서 C 언어 및 파이썬 코딩 및 컴파일 방법을 다룹니다.

❹ 리눅스 시스템 관리 기초(13장)

리눅스 시스템 관리에 필요한 기초 명령을 배웁니다. 리눅스 시스템의 부팅 및 종료 방법, 패키지 설치 방법, 사용자 및 그룹을 생성하고 삭제하는 명령을 익힙니다. 또한 네트워크 설정 및 FTP와 웹 서버 설치 방법도 다룹니다.

• 실습 환경

윈도 11 기반의 PC에 VMware WorkStation Pro 17.5.2, 우분투 리눅스 24.04 LTS 버전에서 진행합니다.

• 이 책의 구성 요소

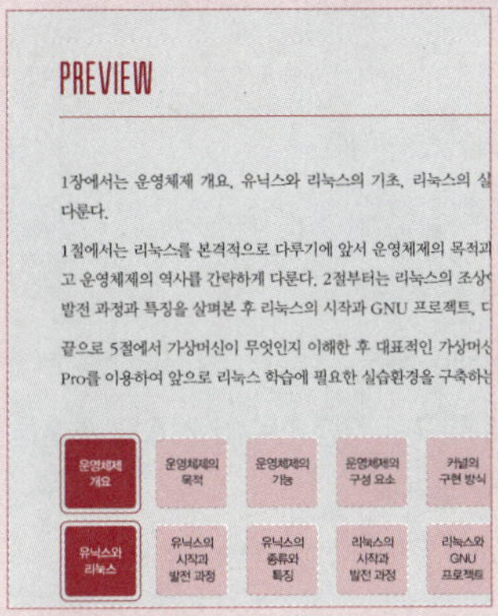

PREVIEW

각 장의 학습 목표와 핵심 내용을 간략하게 정리하였고, 이를 로드맵으로 도식화하여 제공합니다.

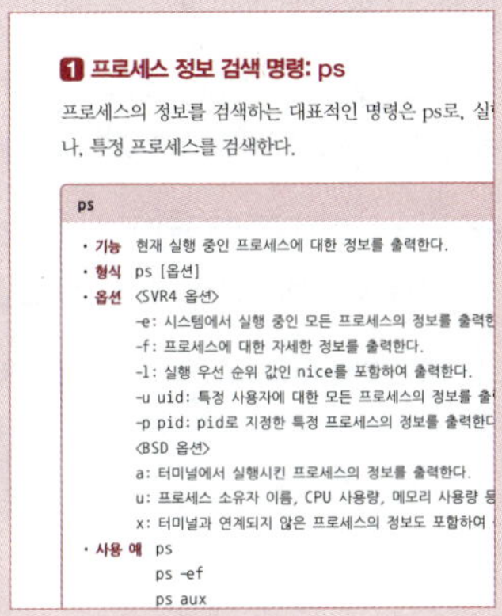

명령 형식과 예제

리눅스의 기능을 효과적으로 사용하기 위해 필요한 명령의 기본 형식과 예제를 쉽고 명확하게 설명합니다.

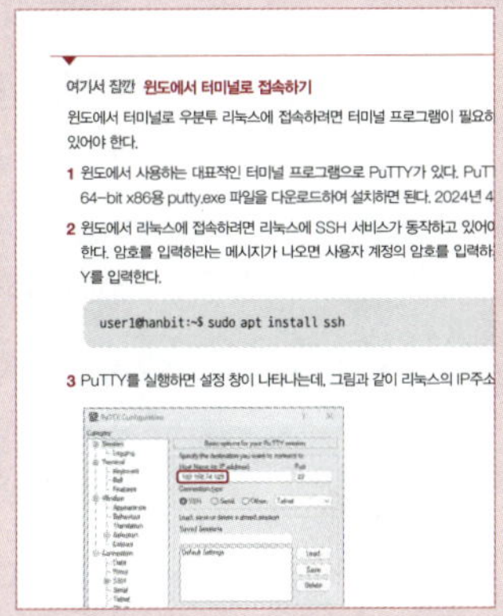

여기서 잠깐

본문에서 자세히 다루지 않았지만 알아두면 유용한 참고 내용을 제공합니다.

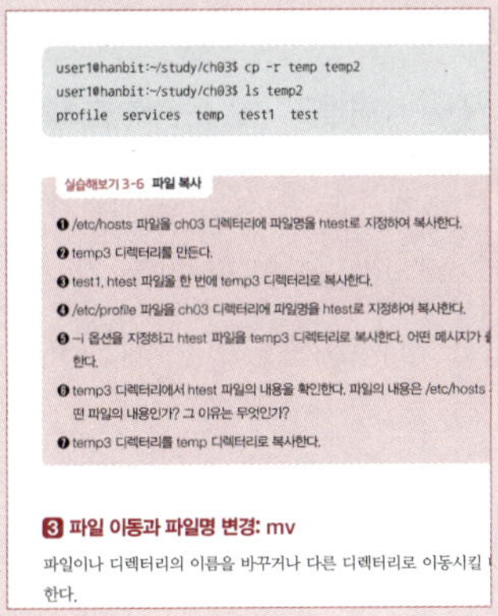

실습해보기

학습한 이론을 직접 적용할 수 있는 실습입니다. 예제에서 다룬 명령을 스스로 실행하고 답을 찾으며 학습 이해도를 점검할 수 있습니다.

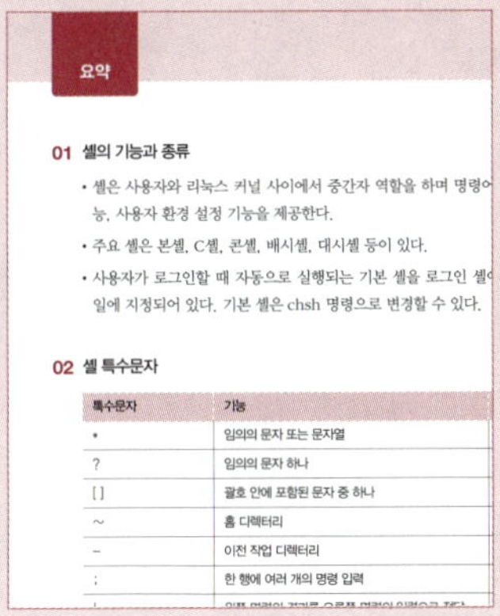

요약

각 장이 끝날 때마다 핵심 내용을 요약·정리합니다. 배운 내용을 복습하면서 전체적인 맥락을 파악할 수 있습니다.

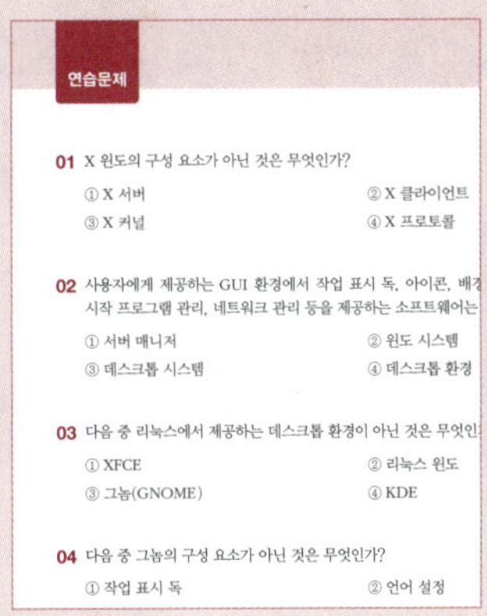

연습문제

각 장이 끝날 때마다 본문에서 배운 주요 내용을 문제로 구성하여 학습 내용을 복습하고 응용력을 기를 수 있습니다.

• **참고 자료**

- **우재남, 『이것이 우분투 리눅스다(3판)』(한빛미디어, 2024)**
  우분투 리눅스 중심으로 서버 네트워크 기술이 잘 설명되어 있습니다.
- **이종원, 『로키 리눅스』(한빛아카데미, 2024)**
  로키 리눅스 중심으로 서버 네트워크 기술이 잘 설명되어 있습니다.
- **이종원, 『우분투 리눅스(3판)』(한빛아카데미, 2022)**
  우분투 리눅스의 시스템과 네트워크 기술이 잘 설명되어 있습니다.
- **이종원, 『시스템 프로그래밍: 리눅스&유닉스』(한빛아카데미, 2021)**
  리눅스와 유닉스에서 시스템 프로그램을 작성하는 데 필요한 각종 함수와 시스템 호출을 다룹니다. 풍부한 예제를 통해 사용법을 잘 소개하고 있습니다.
- **이종원, 『CentOS 리눅스』(한빛아카데미, 2020)**
  CentOS 8 리눅스의 시스템과 네트워크 기술이 잘 설명되어 있습니다.
- **엘리 퀴클리, 『유닉스 쉘 바이블(개정4판)』(세영출판, 2011)**
  본셸, C셸, 콘셸, 배시셸 등 리눅스와 유닉스에서 동작하는 주요 셸의 소개와 사용법, 셸 프로그래밍에 대해 전체적으로 잘 설명되어 있습니다.
- **셸리 파워즈 외, 『유닉스 파워 툴(개정3판)』(한빛미디어, 2005)**
  유닉스의 각종 유틸리티와 명령에 대한 세부 내용을 집대성한 책입니다.
- ubuntu.com
  우분투 리눅스 공식 사이트로 우분투 리눅스의 최신 버전을 내려받고 기술 문서를 참조할 수 있습니다.

PART 01 리눅스 환경 구축

CHAPTER 05 셸 사용법

CHAPTER 09 사용자 정보 다루기

CHAPTER 10 파일 아카이브와 백업

CHAPTER 11 배시셸 프로그래밍

CHAPTER 12 리눅스 프로그래밍 기초

PART 01

리눅스 환경 구축

CHAPTER 01
리눅스 개요와 실습환경 구축

CHAPTER 02
리눅스 사용 기초

PART 01 리눅스 환경 구축

CHAPTER 01

리눅스 개요와 실습환경 구축

학습목표

- 운영체제의 역할과 구성 요소가 무엇인지 설명할 수 있다.
- 유닉스의 시작과 발전 과정을 이해하고 설명할 수 있다.
- 리눅스의 탄생과 발전 과정을 설명할 수 있다.
- GNU 프로젝트, 리눅스 배포판이 무엇인지 이해하고 설명할 수 있다.
- 가상머신이 무엇인지 이해하고 설치할 수 있다.
- 가상머신에 리눅스를 설치할 수 있다.

PREVIEW

1장에서는 운영체제 개요, 유닉스와 리눅스의 기초, 리눅스의 실습환경을 준비하는 과정을 다룬다.

1절에서는 리눅스를 본격적으로 다루기에 앞서 운영체제의 목적과 기능, 구성 요소를 살펴보고 운영체제의 역사를 간략하게 다룬다. 2절부터는 리눅스의 조상이라고 할 수 있는 유닉스의 발전 과정과 특징을 살펴본 후 리눅스의 시작과 GNU 프로젝트, 다양한 배포판을 알아본다.

끝으로 5절에서 가상머신이 무엇인지 이해한 후 대표적인 가상머신인 VMware Workstation Pro를 이용하여 앞으로 리눅스 학습에 필요한 실습환경을 구축하는 과정을 다룬다.

운영체제 개요	운영체제의 목적	운영체제의 기능	운영체제의 구성 요소	커널의 구현 방식	운영체제의 역사
유닉스와 리눅스	유닉스의 시작과 발전 과정	유닉스의 종류와 특징	리눅스의 시작과 발전 과정	리눅스와 GNU 프로젝트	
리눅스의 특징과 구조, 배포판	리눅스의 특징	리눅스의 구조	리눅스의 배포판	우분투 리눅스	
리눅스 실습환경 구축	가상머신의 개념과 종류	가상머신 설치	우분투 리눅스 설치	우분투 리눅스 실행	

01 운영체제 개요

운영체제Operating System, OS는 컴퓨터 하드웨어와 응용 프로그램 사이에서 인터페이스를 제공하는 소프트웨어로, 컴퓨터 시스템에서 핵심적인 역할을 수행한다. 운영체제는 사용자가 프로그램을 실행할 수 있는 환경을 제공하며 사용자 및 응용 프로그램이 컴퓨터 자원을 효율적으로 사용하도록 관리한다.

운영체제의 목적

운영체제의 첫 번째 목적은 사용자에게 컴퓨터 시스템 사용의 편의성을 제공하는 것이다. 사용자가 편리하게 사용할 수 있도록 윈도 환경 중심으로 발달하고 있는 요즘의 운영체제를 보면 쉽게 이해할 수 있을 것이다. 운영체제의 두 번째 목적은 컴퓨터 시스템의 자원을 효율적으로 운영하는 것이다. 특히 다중 사용자 환경에서 컴퓨터 시스템이 가지고 있는 CPU, 메모리 등의 물리적 자원을 효율적으로 운영하고 관리하는 것이다.

운영체제의 기능

운영체제가 수행하는 기능에는 크게 프로세스 관리, 메모리 관리, 파일 시스템 관리, 입출력 관리, 자원 관리 및 보호, 사용자 인터페이스 제공 등이 있다.

- 프로세스 관리: 운영체제는 프로세스를 생성, 스케줄링, 중지, 관리하여 다중 작업 환경을 제공한다. 특히 여러 프로세스에 CPU 시간을 적절하게 할당하는 것은 시스템의 효율성을 높이기 위한 핵심적인 기능으로 다양한 기법이 사용되고 있다.
- 메모리 관리: 메모리 할당 및 해제, 가상 메모리, 페이지 교체 등을 통해 메모리 자원을 효율적으로 관리한다.
- 파일 시스템 관리: 파일과 디렉터리를 생성하고 읽기, 쓰기, 삭제하기 기능을 수행하며 데이터를 관리한다.
- 입출력 관리: 입출력 장치와 상호작용하여 데이터를 읽고 쓰며, 입출력 장치의 버퍼링 및 스케줄링을 담당한다.

• 자원 관리 및 보호: 운영체제는 CPU, 메모리, 디스크, 네트워크 등의 하드웨어 자원을 관리한다. 또한 응용 프로그램들이 사용하는 자원이 충돌하지 않도록 관리한다.
• 사용자 인터페이스 제공: 사용자와 컴퓨터가 상호작용할 수 있는 기능을 그래픽 사용자 인터페이스GUI 또는 명령행 인터페이스로 제공한다.

운영체제의 구성 요소

운영체제는 핵심 기능을 수행하는 커널을 비롯해 파일 시스템, 디바이스 드라이버, 시스템 호출, 인터페이스 등으로 구성된다.

• 커널: 운영체제의 핵심으로 메모리에 상주한다. 하드웨어와 상호작용하고 프로세스 관리, 메모리 관리 등 기본적인 시스템 서비스를 제공한다.
• 파일 시스템: 데이터를 저장 · 관리하며, 파일 및 디렉터리 구조를 운영한다.
• 디바이스 드라이버: 하드웨어와 통신에 필요한 드라이버를 관리하며, 다양한 하드웨어와 상호작용한다.
• 시스템 호출: 응용 프로그램이 운영체제 서비스에 접근할 수 있게 하는 라이브러리를 제공한다.
• 인터페이스: 사용자와 운영체제 간의 상호작용을 담당하며 명령을 해석하고 실행한다.

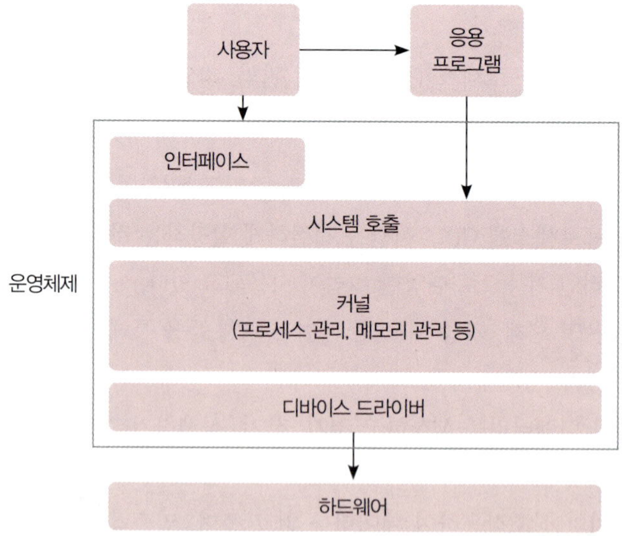

그림 1-1 운영체제의 구성 요소

CPU의 동작 모드

운영체제는 CPU를 효율적으로 운영하고 보호하기 위해 CPU의 동작 모드를 구분한다. 대표적인 동작 모드는 커널 모드와 사용자 모드이다. 커널 모드는 슈퍼바이저 모드라고도 하며, 사용자 모드는 보호 모드라고도 한다.

커널 모드는 메모리 등의 하드웨어 자원에 직접 접근할 수 있는 모드이다. 사용자 모드는 하드웨어 자원에 직접 접근할 수 없고 운영체제가 제공하는 시스템 호출을 통해 자원 사용을 요청한다. 운영체제의 핵심 기능들은 커널 모드에서 수행되며, 응용 프로그램은 사용자 모드에서 수행된다.

커널의 구현 방식

커널Kernel은 운영체제의 핵심 기능을 수행하는 부분이다. 커널을 구현하는 방식은 크게 두 가지로, 모놀리식 커널Monolithic Kernel과 마이크로 커널Micro Kernel이 있다. 모놀리식 커널은 단일형 또는 일체형 커널이라고도 한다. 모놀리식 커널의 운영체제 기능은 대부분 커널 모드에서 수행된다. 반면, 마이크로 커널의 경우 프로세스 관리나 메모리 관리 같은 기본 기능만 커널 모드에서 수행되고 나머지 기능은 사용자 모드에서 수행된다. 이 두 커널 형식의 특징과 장단점을 비교하면 [표 1-1]과 같다.

표 1-1 모놀리식 커널과 마이크로 커널 비교

구현 방식	모놀리식 커널	마이크로 커널
특징	• 운영체제의 모든 기능을 포함한다.	• 운영체제의 핵심 기능만 포함한다(프로세스 관리, 메모리 관리 등). • 나머지 기능은 사용자 모드에서 제공한다.
장점	• 운영체제 구성 요소 간의 원활한 통신으로 처리 속도가 빠르고 효율성이 높다.	• 커널의 크기가 작다. • 운영체제에 기능을 추가하기 쉽다. • 일부 서비스에 문제가 있어도 운영체제 전체가 마비되지는 않는다.
단점	• 커널의 크기가 크다. • 일부 서비스에 문제가 생기면 운영체제 전체에 영향을 준다.	• 일부 시스템 기능이 사용자 모드에 있어, 통신 부담이 따르고 성능 저하 요소가 있으며 효율성이 떨어진다.
사례	리눅스, 유닉스, 윈도 11	Mac OS X

운영체제의 발전 역사

운영체제가 발전해 온 역사를 간단히 살펴보면 [표 1-2]와 같다.

표 1-2 운영체제의 역사

연대	주요 내용
1940~1950년대	처음 등장한 컴퓨터인 에니악(ENIAC)에는 운영체제라고 할 수 있는 것이 없었으며 사용자가 직접 하드웨어를 제어하였다.
1960년대 초기	본격적인 운영체제라고 할 수 있는 일괄처리시스템이 등장하였다. 일괄처리시스템은 여러 응용 프로그램을 등록된 순서에 따라 순차적으로 실행하는 시스템이다.
1960년대 후반	시분할시스템(Time Sharing System)이 등장하였다. 시분할시스템은 CPU 시간을 작은 단위로 나누고 이를 여러 프로그램에 돌아가며 할당하여 실행하는 시스템으로, 사용자 입장에서는 동시에 여러 프로그램이 실행되는 것처럼 보인다.
1970년대	현대 운영체제의 기본 기술이 들어간 최초의 운영체제인 유닉스가 C 언어로 구현되어 빠르게 퍼져나갔다.
1980년대	개인용 컴퓨터가 보급되고, MS-DOS가 등장하였다. 이 시기에 GUI 환경이 제공되기 시작하였다.
1990년대	네트워크 기술이 발전하면서 웹이 대중화되기 시작하였다. 리눅스가 등장하였으며 오픈소스 운동이 활성화되었다. PC용 운영체제로 GUI 중심의 윈도가 본격적으로 사용되기 시작하였다.
2000년대 이후	리눅스의 활용이 확산되었고 안드로이드, iOS 등 모바일 운영체제가 등장하였다. 가상머신 및 대용량 병렬처리가 등장하였다.

02 유닉스와 리눅스

1 유닉스의 시작과 발전

유닉스는 1969년에 미국의 통신 회사인 AT&T 소속의 벨Bell 연구소에서 켄 톰슨Ken Thompson과 데니스 리치Dennis Ritchie에 의해 개발되었다. 처음에는 어셈블리어로 개발되었으나 데니스 리치가 1971년에 개발한 C 언어를 이용해 1973년에 유닉스를 다시 작성하면서 고급 언어로 작성된 최초의 운영체제가 되었으며 현대의 많은 운영체제의 원형이 되었다.

유닉스는 1975년에 외부에 소스 코드가 공개되어 대학이나 기업에서 쉽게 이용할 수 있게 되었다. 특히 버클리 대학교U.C. Berkeley에서 유닉스를 적극적으로 사용하며 추가 기능을 개발하여 독자적으로 배포하기 시작하였는데, 이를 BSDBerkeley Software Distribution 유닉스라고 한다. BSD 유닉스에서 추가된 기능 중 가장 중요한 것은 TCP/IP 기반의 네트워크 기능이라고 할 수 있다.

이후 유닉스는 AT&T의 상업용 유닉스 System V와 버클리 대학교의 BSD로 나뉘어 각각 발전하였다. BSD 버전 유닉스는 썬 마이크로시스템즈와 같은 컴퓨터 제조회사로 확산되어 발전하였고, HP(휴렛 패커드)는 System V를 기반으로 HP-UX를 개발하였다. 1980년대 후반, System V 계열과 BSD 버전의 장점을 결합한 형태로 SVR4 유닉스가 개발되었고, 이후 대부분의 상용 유닉스 제품들의 기반이 되었다.

1990년대에 BSD 유닉스와 AT&T 간의 소스 코드 관련 소송 이후, BSD 유닉스는 AT&T의 소스를 재사용할 수 없게 되었다. 이에 따라 BSD 유닉스는 AT&T의 코드를 모두 재작성하여 제공하게 되었다. 한편, 리눅스는 유닉스와 호환되지만, 소스 코드 자체는 독자적으로 개발되었다. 이러한 유닉스의 발전 과정을 요약하면 [그림 1-2]와 같다.

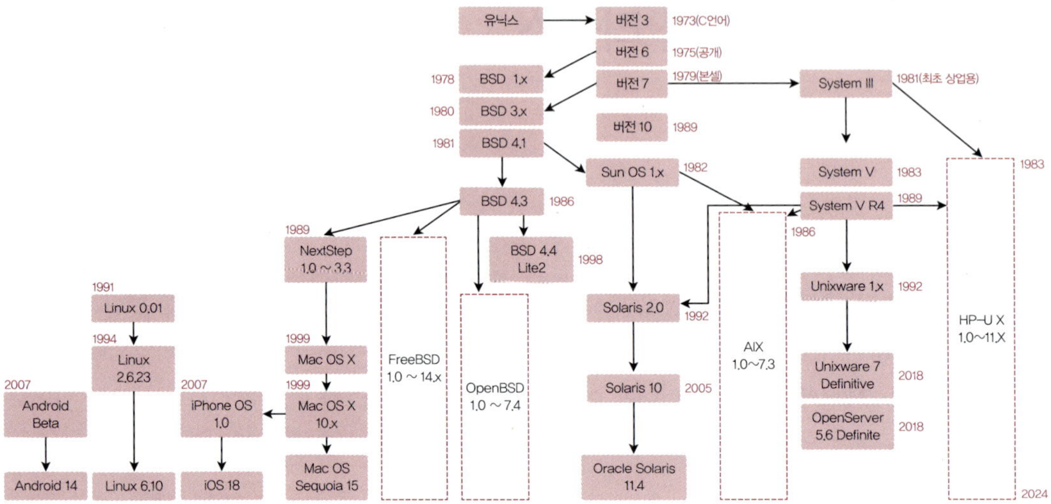

그림 1-2 유닉스의 발전 과정

2 유닉스의 종류와 특징

유닉스의 종류

현재 UNIX 상표권은 The Open Group(www.opengroup.org)이 가지고 있어서 유닉스를 기반으로 운영체제를 개발하여 제공하는 회사들은 [표 1-3]과 같이 각기 고유한 유닉스 제품명을 사용한다.

표 1-3 유닉스 제품의 종류

제품명	제조회사
오라클 솔라리스(Solaris)	오라클
AIX	IBM
HP-UX	HP(휴렛 패커드)

유닉스의 특징

유닉스는 고급 언어인 C 언어로 개발되어 이식성이 뛰어나고, 필요한 기능을 쉽게 구현할 수 있다. 이로 인해 다양하고 편리한 유틸리티가 개발될 수 있었다. 이 외에도 유닉스에는 다양한 특징이 있다. 물론 지금은 다른 운영체제도 이런 특징을 대부분 가지고 있지만 유닉스가 등장할 당시에는 획기적인 것이었다. 유닉스의 특징을 간단하게 정리하면 다음과 같다.

■ **대화형 시스템**

사용자는 유닉스와 대화하며 유닉스를 사용한다. 여기서 대화란 사람 간의 자연어 대화가 아니라 유닉스가 이해할 수 있는 명령의 형태로 사용하는 것이다. 유닉스는 사용자가 입력한 명령을 처리하여 그 결과를 화면으로 보여주거나 파일로 저장한다. 현재는 명령 외에 GUI도 제공하고 있다.

■ **다중 사용자 시스템**

다중 사용자 시스템이란 여러 사람이 같은 컴퓨터에 동시에 접속하여 사용하는 것이다. 사용자들은 네트워크를 통해 유닉스에 접속하여 원하는 작업을 할 수 있다.

■ **다중 작업용 시스템**

다중 작업Multitasking은 동시에 여러 작업을 수행하는 것이다. 유닉스에서는 파일 편집 작업을 처리하면서 네트워크 서비스 제공, 출력 등의 작업도 할 수 있다.

■ **높은 이식성과 확장성**

유닉스는 운영체제 대부분이 고급 언어인 C 언어로 작성되어 다른 하드웨어로 이식하여도 처음부터 다시 개발할 필요 없이 거의 그대로 사용할 수 있다. 또한 각 기능이 모듈로 나뉘어 있어 새로운 기능으로 확장할 때 필요한 모듈만 추가하면 되므로 편리하다.

■ **계층적 트리 파일 시스템**

유닉스는 파일을 관리하기 위해 계층적인 트리 구조를 사용한다. 최상위에 있는 루트 디렉터리를 정점으로 하위 디렉터리가 계층적으로 구성되어 있다.

■ **다양한 부가 기능 제공**

유닉스는 운영체제의 기본 기능 외에 프로그래밍 개발 및 디버깅 도구, 문서 편집 도구, 출력 도구 등의 기능도 제공한다. 그리고 사용자가 필요한 기능을 쉽게 추가하거나 제거할 수도 있다.

유닉스 계열의 운영체제가 현재도 널리 사용되는 이유는 오랫동안 사용되면서 안정성이 매우 높아졌고, 다양한 하드웨어에 대한 호환성을 가지고 동작하기 때문이다. 또한 데이터베이스나 네트워크 등 중요한 응용 소프트웨어를 제공하여 다양한 분야에서 활용되고 있다.

3 리눅스의 시작과 발전

리눅스는 유닉스와 완벽하게 호환되는 공개 소프트웨어라는 점 때문에 등장할 때부터 큰 주목을 받았다. 리눅스는 PC용 운영체제로 시작했지만, 현재는 슈퍼컴퓨터, 임베디드 시스템, 모바일 기기 등 다양한 환경에서 사용된다. 전 세계의 개발자들이 공개하는 오픈소스 소프트웨어도 대부분 리눅스를 지원하고 있다.

리눅스는 유닉스 계열의 운영체제로 분류되며, 이름에서도 그 연관성을 알 수 있다. 리눅스Linux라는 이름은 '리누스Linus가 만든 유닉스Unix'를 의미하며, 이는 리눅스가 유닉스의 명령어와 시스템 콜 표준을 준수하여 호환성을 제공함을 나타낸다.

리눅스는 핀란드 헬싱키 대학교의 학생인 리누스 베네딕트 토르발스Linus Benedict Torvals에 의해 처음 개발되었다. 리누스는 자신이 개발하던 새 운영체제에 대한 소식을 1991년 8월 26일에 comp.os.minix 뉴스 그룹에 포스팅했는데, 이날을 리눅스의 탄생일로 본다. 최초로 릴리즈된 리눅스 커널은 버전 0.01이었고, 이후 리눅스 커널은 지속적으로 발전하여 2024년 6월 22일 현재 최신 버전은 6.9.5이다(https://www.kernel.org).

2007년에는 리눅스의 발전을 지원하기 위한 비영리 연합체로 리눅스 재단The Linux Foundation(www.linuxfoundation.org)이 설립되었다. 리눅스 재단은 리눅스 커널 개발자인 리누스 토르발스를 지원하며, 인텔, 메타, 에릭슨, 후지쓰, 히타치, 마이크로소프트, 오라클, 삼성, IBM 등 전 세계의 수많은 기업과 대학, 개인이 이 지원 사업에 참여하고 있다. 리눅스 재단에 따르면 리눅스 커널은 두세 달 간격으로 업데이트 버전이 배포되며, 수많은 국가와 기업, 개발자들이 리눅스 커널 개발에 참여하고 있다. 리눅스 커널 아카이브(www.kernel.org)에서 누구나 리눅스 커널 소스와 패치를 다운로드할 수 있다.

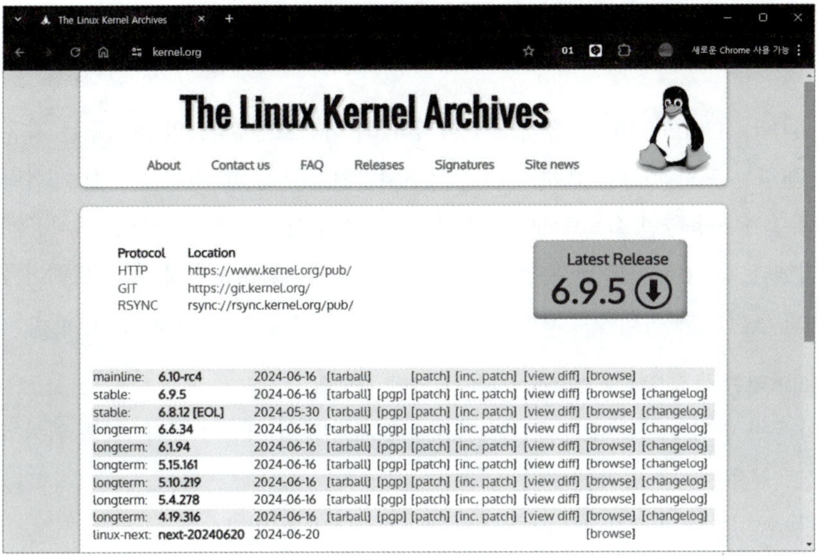

그림 1-3 리눅스 커널 아카이브 웹 사이트

4 리눅스와 GNU 프로젝트

운영체제의 핵심이 커널이기는 하지만 커널만으로는 사용자가 운영체제를 활용할 수 없다. 운영체제는 [그림 1-4]와 같이 사용자와의 인터페이스를 제공하는 윈도 시스템, 컴파일러, 편집기 등 다양한 응용 프로그램을 함께 제공해야 한다.

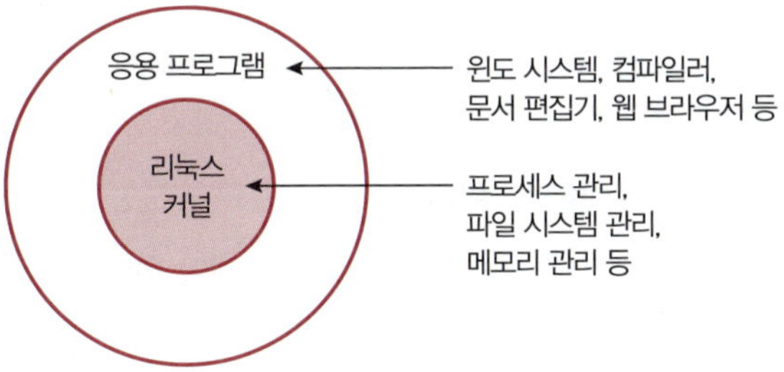

그림 1-4 리눅스 커널과 응용 프로그램

리눅스 커널에 이러한 응용 프로그램을 처음 제공한 것이 바로 GNU 프로젝트이다. 리눅스의 성공에 큰 역할을 한 GNU 프로젝트는 자유 소프트웨어 운동의 중심인물인 리처드 스톨먼Richard Stallman이 리눅스 개발 이전에 시작한 것이다. 스톨먼은 1985년에 〈GNU 선언문〉을 발표하고, 이후 비영리 기관인 자유 소프트웨어 재단Free Software Foundation, FSF을 설립했다.

GNU의 정신을 대변하는 〈GNU 선언문〉은 http://www.gnu.org/gnu/manifesto.html에서 확인할 수 있다.

GNU는 'GNU is Not Unix(GNU는 유닉스가 아니다)'의 약자로, 유닉스와 호환되는 자유 소프트웨어를 개발하는 프로젝트다. 1980년대에 들어서면서, 유닉스를 기반으로 상호 협력의 정신 아래 자유롭게 사용하던 소프트웨어를 점차 소유 · 독점함에 따라 소프트웨어 사용에 제한을 받기 시작했다. GNU는 이러한 독점에 대한 반발로 시작되었으며, 모든 소프트웨어를 자유롭게 사용하도록 하는 데 목적을 두고 다음 네 가지 자유를 보장한다(www.gnu.org).

- 프로그램을 어떠한 목적으로도 실행할 자유가 있다.
- 프로그램의 동작 방식을 학습하고 자신의 필요에 맞게 수정할 자유가 있다. 이를 위해서는 소스 코드에 접근할 수 있어야 한다.
- 이웃을 도울 수 있도록 프로그램의 복제본을 재배포할 자유가 있다.
- 프로그램을 개선하고, 그 개선된 버전을 공동체와 공유할 자유가 있다. 이를 위해서는 소스 코드에 접근할 수 있어야 한다.

GNU 프로젝트는 배포한 프로그램의 라이선스로 사용하기 위해 1989년에 GPLGNU General Public License이라는 자유 소프트웨어 라이선스를 제정했다. GPL은 다음 다섯 가지 의무를 저작권의 한 부분으로 강제하고 있다(출처: 위키백과 – GNU 일반 공중 사용 허가서).

- 컴퓨터 프로그램을 어떠한 목적으로든 사용할 수 있다. 다만 법으로 제한하는 행위는 할 수 없다.
- 컴퓨터 프로그램의 실행 복사본은 언제나 프로그램의 소스 코드와 함께 판매하거나 소스 코드를 무료로 배포해야 한다.
- 컴퓨터 프로그램의 소스 코드를 용도에 따라 변경할 수 있다.
- 변경된 컴퓨터 프로그램 역시 프로그램의 소스 코드를 반드시 공개 배포해야 한다.
- 변경된 컴퓨터 프로그램 역시 반드시 똑같은 라이선스를 취해야 한다. 즉 GPL 라이선스를 적용해야 한다.

GPL은 다음과 같은 버전이 나와 있다. 보다 자세한 내용은 www.gnu.org/licenses/licenses.html을 참고하기 바란다.

- GPLv1: 1989년 1월에 발표되었다. 이에 근거하여 프로그램을 배포할 때는 이해하기 쉬운 소스 코드를 같이 배포해야 한다는 조건이 있다. GPLv1 프로그램을 수정한 프로

그램은 원래 프로그램과 마찬가지로 GPLv1을 따라야 한다.

- GPLv2: 1991년 6월에 발표되었다. GPL 라이선스 프로그램을 배포하는 것을 막는 조건이 있다면, 예를 들어 특허 때문에 추가로 돈을 지불해야 하는 일이 발생하여 소스 코드의 공개가 불가능하고 실행 프로그램만 배포하려 한다면 소스 코드뿐 아니라 실행 프로그램조차 배포할 수 없도록 했다.
- GPLv3: 2007년 6월에 발표되었다. 소프트웨어 특허에 대한 대처, 다른 라이선스와의 호환성, 디지털 저작권 관리에 관한 내용이 포함되어 있다.

03 리눅스의 특징과 구조

1 리눅스의 특징

리눅스의 특징은 다음과 같이 정리할 수 있다.

■ 공개 소프트웨어

리누스 토르발스는 처음부터 자신이 개발한 리눅스 커널을 자유롭게 사용하도록 공개했고 이 기조는 오늘날까지도 그대로 유지되고 있다. 또한 리누스를 비롯한 수많은 자원자가 기능을 꾸준히 업그레이드하여 다양한 배포판을 제공하고 있다. 사용자들은 자신이 원하는 배포판을 선택하여 마음껏 사용할 수 있다. 또한 모든 소스가 공개되어 있으므로 자신이 원하는 대로 프로그램을 수정하여 사용하고 다시 배포할 수도 있다.

■ 유닉스와 완벽한 호환성 유지

리눅스는 이름에서도 알 수 있듯이 유닉스와의 호환성을 염두에 두고 개발되었다. GNU 프로젝트의 응용 프로그램들도 기존 유닉스와 호환성을 유지하고 있다. 따라서 사용자들은 비용이 드는 유닉스 대신 리눅스를 이용하여 원하는 작업을 처리할 수 있다. 리눅스는 유닉스의 장점을 그대로 물려받아 멀티유저, 멀티태스킹을 제공하고 강력한 네트워크 기능과 보안 기능을 갖추고 있다.

■ 서버용 운영체제

리눅스는 최근 데스크톱 환경에서도 사용되고 있지만, 기본적으로 서버용 운영체제로 사용된다. PC뿐 아니라 서버 컴퓨터, 대형 컴퓨터에서도 사용할 수 있다.

■ 편리한 GUI 환경 제공

리눅스는 그놈GNOME을 비롯한 다양한 그래픽 사용자 인터페이스Graphical User Interface, GUI 환경을 제공한다. 리눅스 배포판에 따라 화면 구성에 조금씩 차이가 있지만, 기본적으로 윈도에 익숙한 사용자들을 위해 마우스를 이용하여 쉽게 작업할 수 있도록 기능을 제공하고 있다.

2 리눅스의 구조

리눅스는 [그림 1-5]와 같이 크게 커널, 셸, 응용 프로그램으로 구성되어 있다.

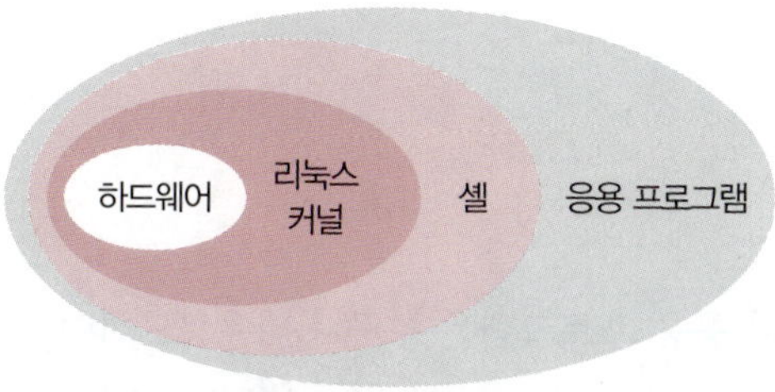

그림 1-5 리눅스의 구조

■ **커널**

커널Kernel은 리눅스의 핵심으로 프로세스 관리, 메모리 관리, 파일 시스템 관리, 장치 관리 등 컴퓨터의 모든 자원을 초기화하고 제어하는 기능을 수행한다.

■ **셸**

셸Shell은 리눅스의 사용자 인터페이스로서 사용자와 커널 사이의 중간자 역할을 담당하는 특별한 프로그램이다. 셸은 사용자가 입력한 명령을 해석하여 커널에 넘겨준다. 그러면 커널이 명령의 수행 결과를 돌려주고 셸은 다시 사용자가 이해할 수 있는 형태로 바꿔 출력한다. 리눅스는 배시셸Bash shell, Born again shell을 기본으로 사용한다.

■ **응용 프로그램**

리눅스는 각종 프로그래밍 개발 도구, 문서 편집 도구, 네트워크 관련 도구 등 다양한 응용 프로그램을 제공한다.

04 리눅스의 배포판

1 리눅스의 다양한 배포판

리눅스 커널을 비롯해 GNU에서 배포하는 다양한 응용 프로그램은 누구나 다운로드하여 설치할 수 있지만 일반 사용자가 직접 구성하려면 여러 가지 복잡한 과정을 거쳐야 한다. 이에 여러 회사와 커뮤니티의 일반 사용자들이 리눅스를 쉽게 사용할 수 있도록 리눅스 커널과 응용 프로그램으로 구성된 배포판을 제공하기 시작했다. 초기에는 서너 개에 불과했던 것이 공개 소프트웨어답게 가지치기를 계속하여 지금은 다양한 리눅스 배포판이 사용되고 있다.

리눅스는 GPL을 따르는 공개 소프트웨어이므로 누구나 다운로드하여 설치하고, 수정하여 다시 자유롭게 배포할 수 있다. 따라서 마음만 먹는다면 이 책의 독자도 자신만의 리눅스 배포판을 만들 수 있다. [그림 1-6]은 리눅스 계통도의 일부이다. 리눅스 배포판의 계통도는 https://github.com/FabioLolix/LinuxTimeline에서 다운로드할 수 있다.

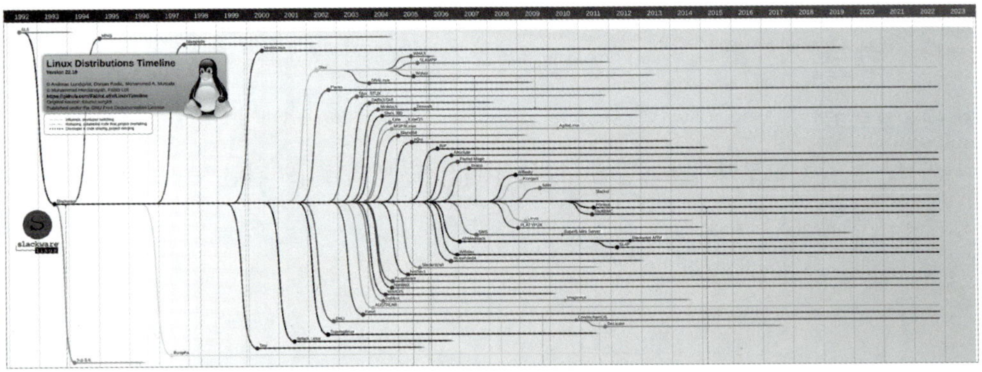

그림 1-6 리눅스 배포판의 계통도 일부

리눅스 배포판을 요약하면 [그림 1-7]과 같이 크게 데비안Debian 계열, 슬랙웨어Slackware 계열, 레드햇Red Hat 계열로 구분할 수 있다.

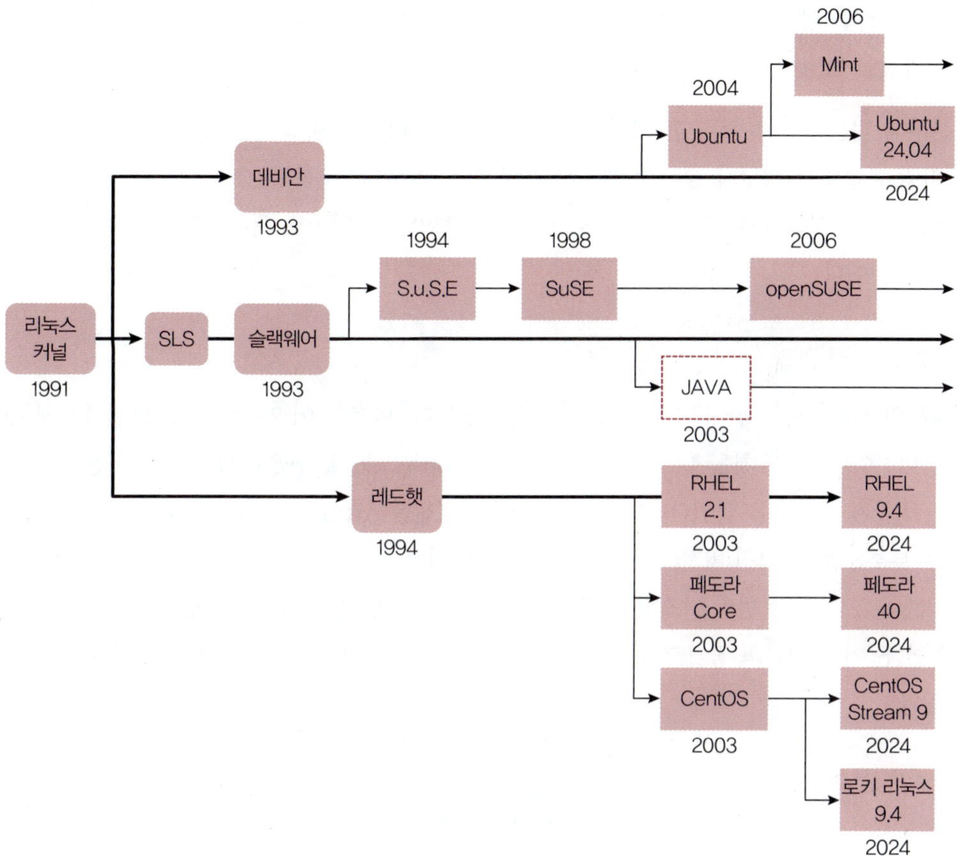

그림 1-7 주요 리눅스 배포판 계통도

리눅스는 계열별로 수백 가지의 리눅스 배포판이 만들어졌다 사라지기를 반복하고 있다. 기본 사용에는 큰 차이가 없지만 각 계열에 따라 패키지 관리 명령 등 일부 기능이 다르다. 자바Java의 경우 운영체제는 아니지만 슬랙웨어 계열의 리눅스를 바탕으로 하고 있다. 또한 안드로이드 운영체제는 2007년 리눅스 커널 2.6.23을 기반으로 개발되었다.

2 우분투 리눅스

다양한 리눅스 배포판 가운데 이 책에서는 데비안 계열의 우분투 리눅스의 24.04 버전을 기준으로 공부한다. 우분투는 데비안 GNU/리눅스에 바탕을 두고 있으며, 유니티라는 독자적인 데스크톱 환경을 사용했으나 17.10부터는 그놈GNOME을 기본 데스크톱 환경으로 사용한다. 우분투는 우분투 개발의 지휘자로 알려진 마크 셔틀워스Mark Shuttleworth가 세운 영국 캐노

니컬의 지원을 받고 있다. 현재는 캐노니컬의 상업적 활동과 분리하기 위해 설립한 우분투 재단이 개발을 담당하고 있다.

우분투의 기본적인 철학은 전 세계의 누구나 어렵지 않게 리눅스를 사용하자는 것으로, 이에 따라 우분투는 누구나 손쉽게 설치하고 사용할 수 있다. 우분투는 시스템 관리 작업에서 sudo 도구를 사용하기 때문에 root 계정의 암호를 만들지 않아도 된다. 이에 대해서는 나중에 다룰 것이다.

우분투의 버전 관리

우분투의 버전은 배포판이 나온 연도와 월로 구성된다. 예를 들어 24.04는 2024년 4월에 배포된 버전이다. 또한 처음 3개 버전을 제외하고 6.06부터는 알파벳 순서로 만든 형용사와 명사로 조합된 코드명을 붙인다. 예를 들어 24.04 버전은 Artful Aardvark(교활한 땅돼지)이다. 우분투는 장기 지원 버전Long term support, LTS과 일반 버전을 구분하여 발표하는데, 장기 지원 버전은 2년에 한 번씩 발표된다. 장기 지원 버전은 5년간 지원하고 일반 버전은 9개월간 지원한다. 가장 최근의 장기 지원 버전은 24.04이다. 최근 발표된 우분투의 버전은 [표 1-4]와 같다.

표 1-4 우분투 버전의 변천

버전	코드명	커널 버전	배포일	지원 기간
21.04	Hirsute Hippo (털이 많은 하마)	5.11	2021년 04월 22일	~ 2022년 01월 22일
21.10	Impish Indri (장난꾸러기 여우원숭이)	5.13	2021년 10월 22일	~ 2022년 07월 14일
22.04 LTS	Jammy Jellyfish (운 좋은 해파리)	5.15	2022년 04월 21일	~ 2027년 04월 21일
22.10	Kinetic Kudu (운동적인 쿠두)	5.19	2022년 10월 20일	~ 2023년 07월 20일
23.04	Lunar Lobster (달의 바닷가재)	6.2	2023년 04월 20일	~ 2024년 01월 20일
23.10	Mantic Minotaur (맨틱 미노타우르스)	6.5	2023년 10월 12일	~ 2024년 07월 13일
24.04 LTS	Noble Numbat (고귀한 눔바트)	6.8	2024년 04월 25일	~ 2029년 06월 예정
24.10	Oracular Oriole (오라클 꾀꼬리)	6.11	2024년 10월 10일	~ 2025년 7월 예정

우분투를 기반으로 한 배포판

우분투는 다양한 배포판의 기반이 되는 리눅스 배포판 중 하나이다. 우분투와 관련된 공식 배포판으로 우분투 기린, 쿠분투, 루분투, 우분투 마테, 우분투 그놈, 우분투 스튜디오, 우분투 모바일 등이 있으며 미인증 비공식 배포판으로는 코분투, 플럭스분투, 리눅스 민트, 슈퍼 OS 등이 있다. 리눅스는 다양한 배포판이 등장했다가 지속되지 못하고 사라지기도 하므로 최신 정보를 확인하는 것이 바람직하다.

05 리눅스 실습환경 구축

리눅스를 본격적으로 공부하려면 리눅스를 설치해야 한다. 기존의 PC에 가상머신을 설치하여 사용할 것이므로 별도의 PC를 준비할 필요는 없다. 먼저 가상머신이 무엇인지 알아보자.

1 가상머신의 개념과 종류

가상머신은 PC에 설치된 운영체제(호스트 OS)에 가상의 머신(시스템)을 생성한 후 여기에 다른 운영체제(게스트 OS)를 설치할 수 있도록 해주는 응용 프로그램이다. 윈도에 오피스 같은 응용 프로그램을 설치하듯이 가상머신이라는 응용 프로그램을 설치한 후 이 가상머신에 새로운 운영체제를 설치할 수 있다.

가상머신 생성은 말 그대로 가상의 PC가 생긴다고 이해하면 된다. 가상머신을 여러 개 생성하면 각각 별도의 운영체제를 설치할 수 있다는 것이 장점이다. 다만 가상머신은 PC의 메모리를 나누어 사용하므로 동시에 가상머신을 여러 개 동작시키려면 메모리가 충분해야 한다.

가상머신에는 여러 가지가 있는데 현재 많이 사용하는 것은 [표 1–5]와 같다.

표 1–5 가상머신의 종류

가상머신	호스트 OS	게스트 OS
VMware	윈도 계열 운영체제, 대부분의 리눅스 배포판, MacOS	윈도 계열 운영체제, 대부분의 리눅스 배포판, 솔라리스, MacOS
버추얼PC, 하이퍼–V	윈도 계열 운영체제	윈도 계열 운영체제, 일부 리눅스 배포판, 솔라리스
오라클 버추얼박스	윈도 계열 운영체제, 대부분의 리눅스 배포판, MacOS, 솔라리스	윈도 계열 운영체제, 대부분의 리눅스 배포판, 솔라리스, MacOS

이 중 VMware는 상용 제품으로 안정적으로 서비스되어 널리 사용되고 있으며 다양한 제품군을 제공한다. 2024년 5월 14일 기준으로 기존의 무료 제품인 VMware Workstation Player는 제공이 중단되었고 대신 개인이라면 VMware Workstation Pro를 무료로 사용할

수 있게 정책이 바뀌었다. 이 책에서는 개인용 VMware Workstation Pro를 사용하여 리눅스를 설치하고 학습한다.

2 가상머신의 설치

VMware 다운로드하기

01 VMware를 다운로드하기 위해서는 먼저 브로드컴 사이트(https://login.broadcom.com)에 계정을 등록해야 한다.

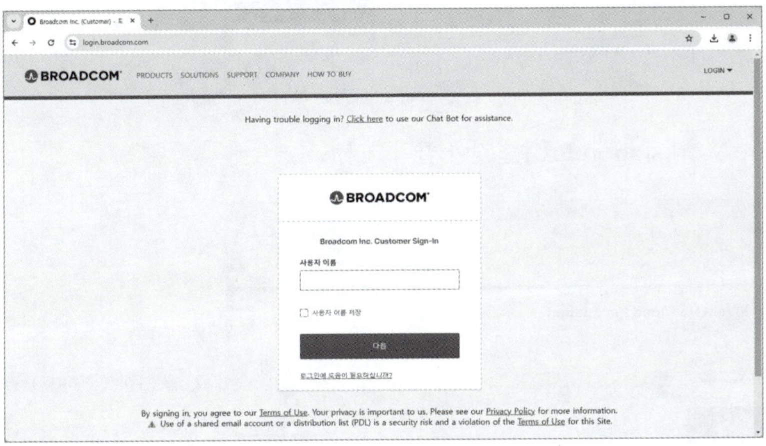

02 계정을 등록하고 브로드컴에 로그인한 후, 메인 화면으로 이동한다. 메인 화면에서 [Support Portal]을 클릭해 이동한다.

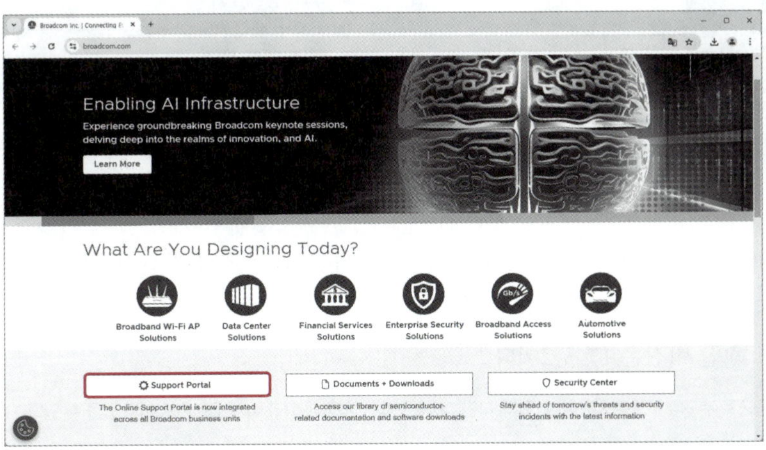

03 [Software]-[VMware Cloud Foundation]-[My Downloads]를 클릭한다.

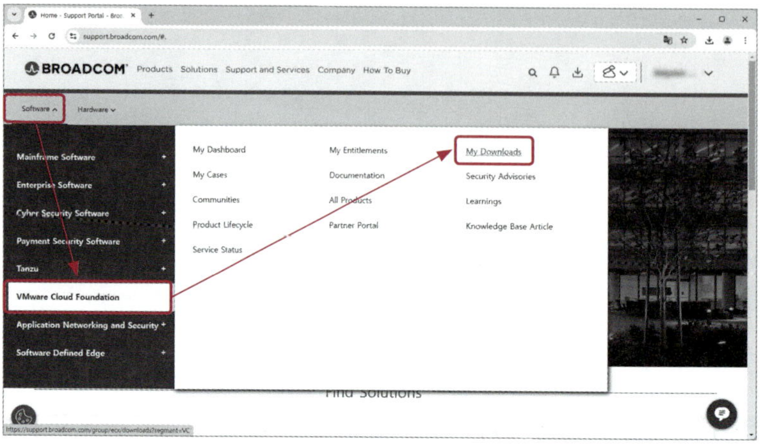

04 목록에서 [VMware Workstation Pro]를 찾아 클릭한다.

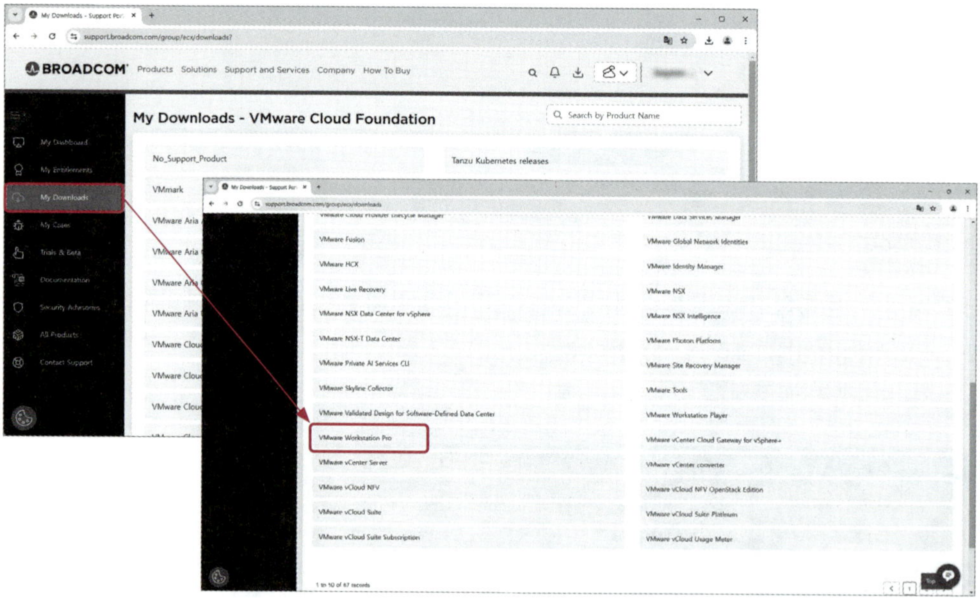

05 VMware Workstation Pro 17.0 for Personal Use(Windows)에서 최신 버전을 선택하여 다운로드한다. 다운로드할 때는 'I agree to Terms and Conditions'를 체크한다. 24년 6월 21일 기준으로 최신 버전은 17.5.2이다.

TIP 2024년 11월 11일 기준으로 누구나 무료로 사용할 수 있다. 다만 다운로드받는 시점에 따라 설치 화면은 차이가 있을 수 있다.

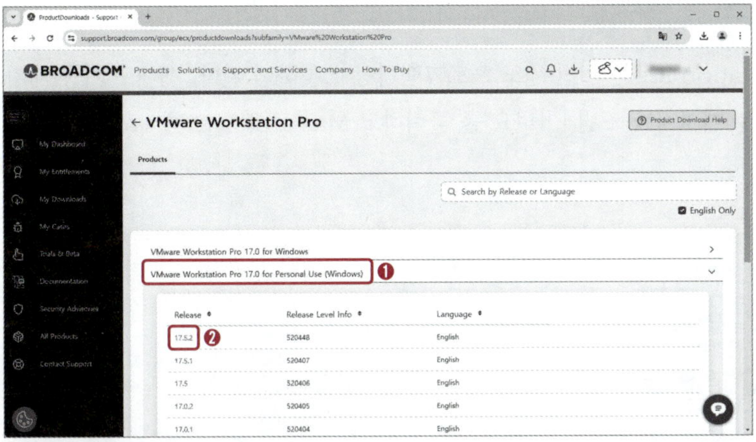

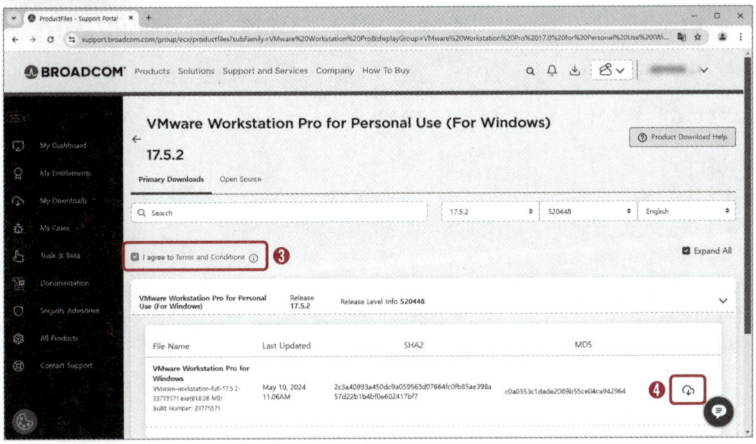

06 다운로드를 클릭하면 이름과 주소 정보를 입력해야 하며, 제출한 뒤 다운로드를 다시 클릭하면 다운로드가 시작된다.

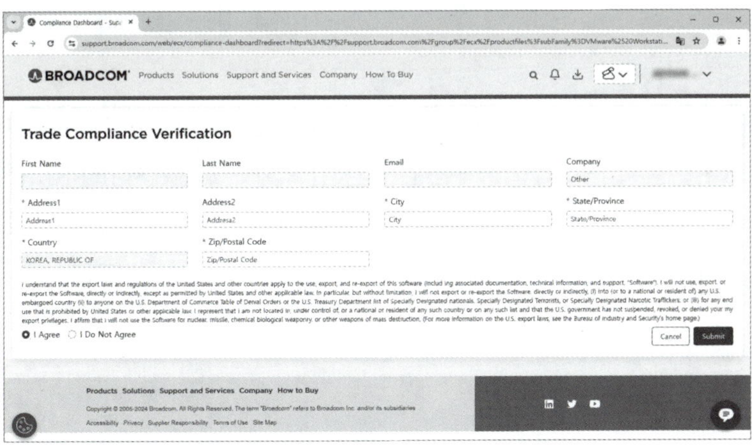

VMware 설치하기

01 VMware Workstation Pro는 일반 윈도 프로그램처럼 설치하면 된다. 재배포 가능 패키지 설치를 먼저 하라는 메시지가 뜨면 [아니요]를 클릭하고 Microsoft VC 재배포 가능 패키지를 설치한다.

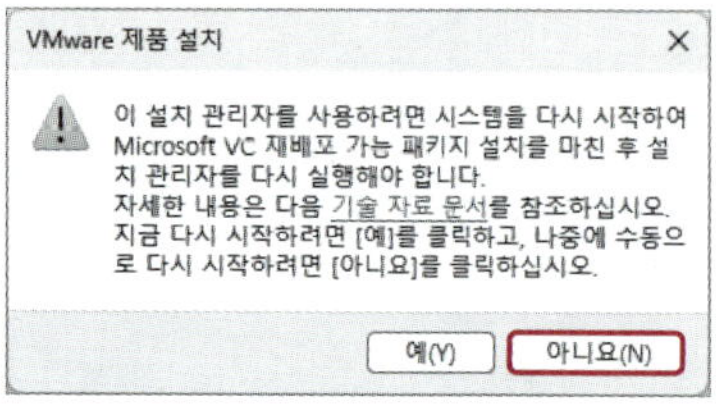

02 구글에서 'Microsoft Visual C++ 재배포 가능 패키지'를 검색하여 Microsoft Learn 문서에 접속하면, 최신 버전의 'Visual Studio 2015, 2017, 2019 및 2022 Visual C++ 재배포 가능 패키지'를 다운로드할 수 있다. X86과 X64 버전 두 가지를 모두 다운로드하여 설치한 후, 시스템을 재부팅한다.

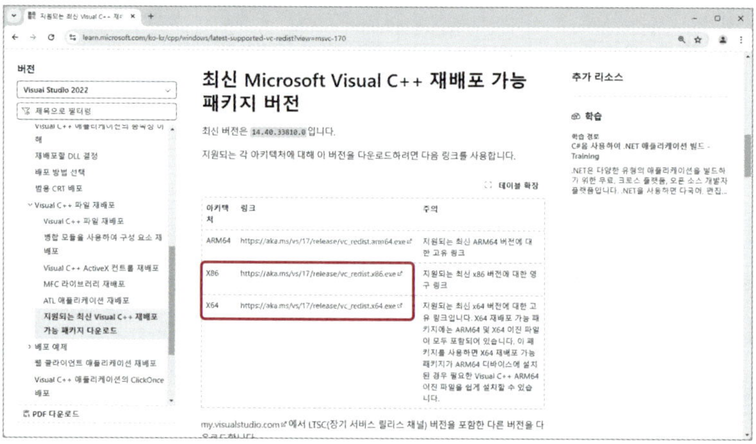

03 설치를 시작하면 라이선스 동의 화면에서 'I accept the terms in the License Agreement'에 체크한 후 차례로 [Next]를 클릭한다. 설치 완료 확인 화면에서 [Finish]를 클릭하면 설치가 완료된다. 설치를 마치고 VMware Workstation Pro를 실행했을 때 라이선스 정보를 물어보면 'Use VMware Workstation 17 for Personal Use'를 선택한다.

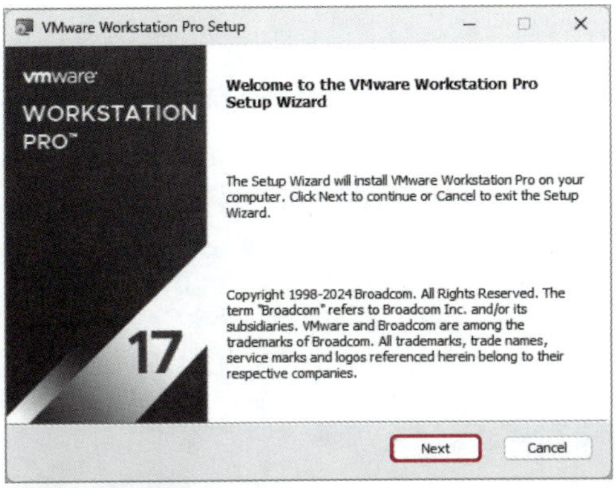

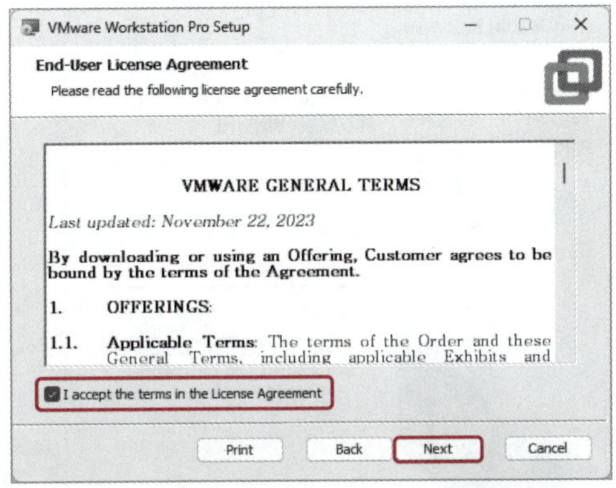

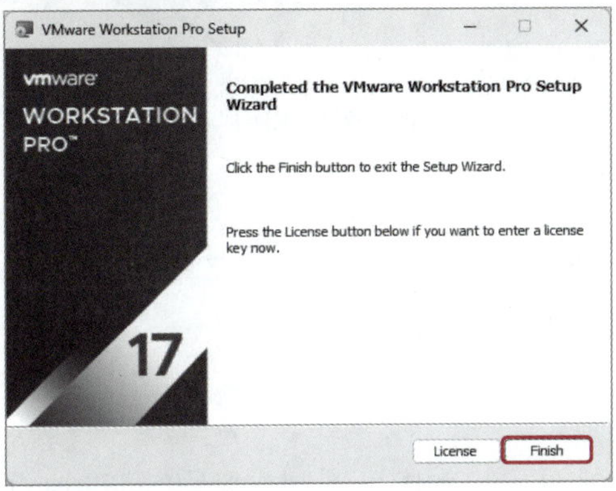

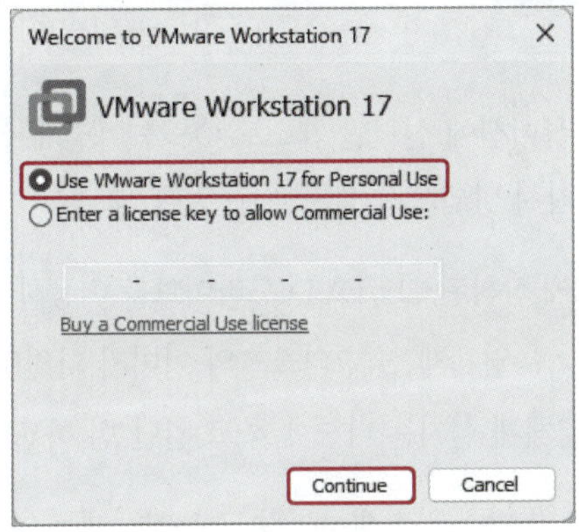

VMware 실행 및 설정하기

01 VMware Workstation Pro를 실행하면 왼쪽에는 설치된 가상머신의 목록이 나오는데 아직은 설치된 가상머신이 하나도 없으므로 'My Computer'만 보인다. 가상머신을 생성하려면 [Create a New Virtual Machine]을 선택한 후 [Typical (recommended)]에 체크하고 [Next]를 클릭한다.

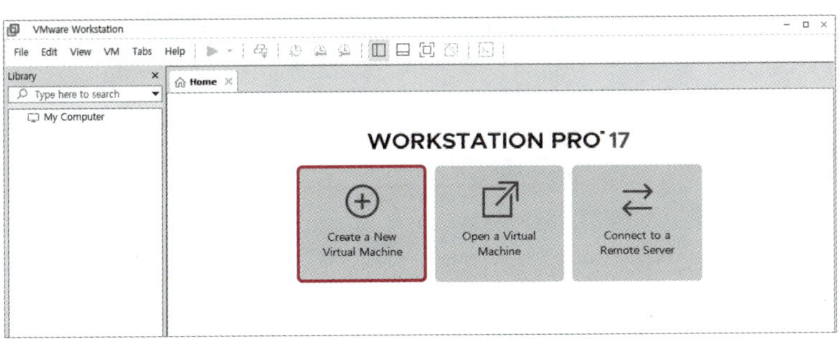

02 가상머신에 설치할 게스트 OS를 어떻게 설치할지를 선택하는 창이 나타난다. 게스트 OS는 세 가지 방법으로 설치할 수 있다.

① PC에 장착된 CD/DVD 드라이브를 이용하여 해당 운영체제의 설치 디스크로 설치한다.

② 해당 운영체제 설치 디스크의 이미지 파일(ISO 파일)로 설치한다.

③ 운영체제 설치는 나중에 하고 일단 빈 하드디스크만 생성한다.

지금은 빈 디스크만 생성해 놓고 운영체제는 나중에 설치할 것이므로 세 번째 항목(I will install the operating system later.)을 선택하고 [Next]를 클릭한다. 다음 화면에서 설치할 게스트 OS를 선택한다. 우분투 리눅스를 설치할 것이므로 'Linux'를 선택하고, 'Ubuntu 64-bit'를 선택한다. 이 책은 우분투 리눅스를 사용하므로 이렇게 선택하지만, 필요에 따라 윈도나 유닉스, 로키 리눅스 같은 다른 리눅스 버전 등 다양한 운영체제를 선택하여 설치할 수 있다.

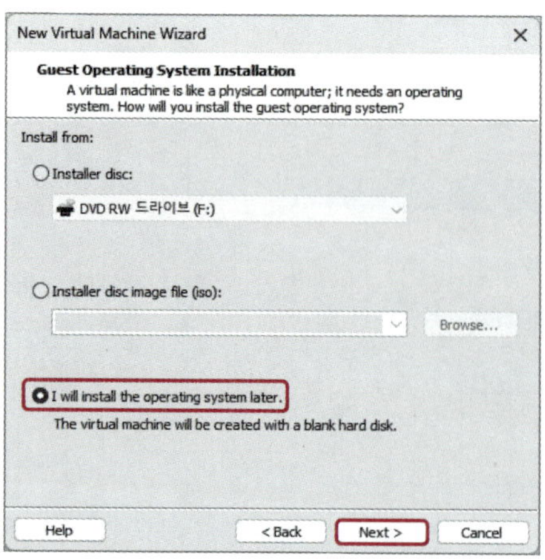

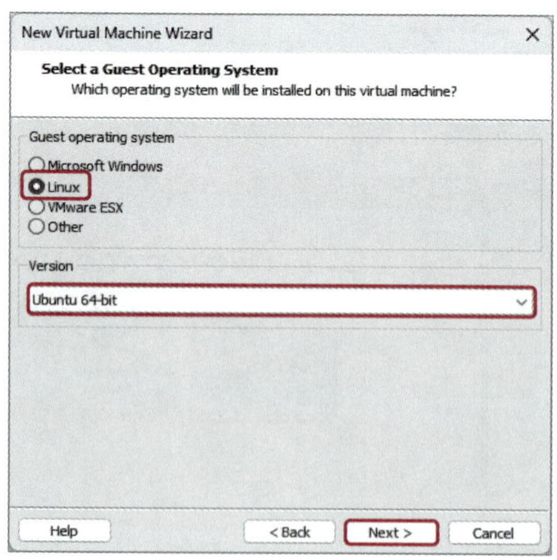

03 가상머신의 이름과 가상머신에 사용할 폴더를 지정한다. 다음 그림을 보면 가상머신의 이름을 'Ubuntu 64-bit-2404'로 했으며, 하드디스크에 미리 폴더를 생성하고 이를 지정했다. 가상머신의 이름과 설치 폴더는 각자 실습환경에 맞게 수정하면 된다.

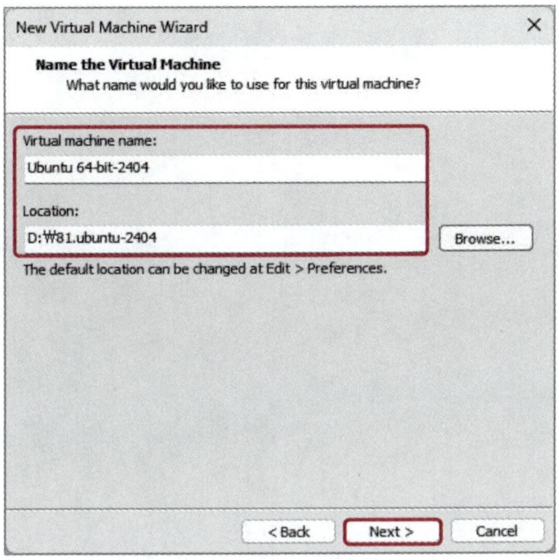

04 디스크 파일의 위치를 지정하고 나면 디스크 파일의 용량을 지정한다. 여기서 디스크 용량은 권고 용량인 20GB로 한다. 또한 이 디스크 파일을 하나의 파일로 저장할 것인지, 여러 개의 작은 파일로 저장할 것인지를 정한다. 여러 개의 파일로 나누면 디스크의 성능이 저하될 수 있지만, 가상머신을 복사하거나 이동할 때 용이하다는 장점이 있다. 따라서 여기서는 여러 개의 파일로 저장한다.

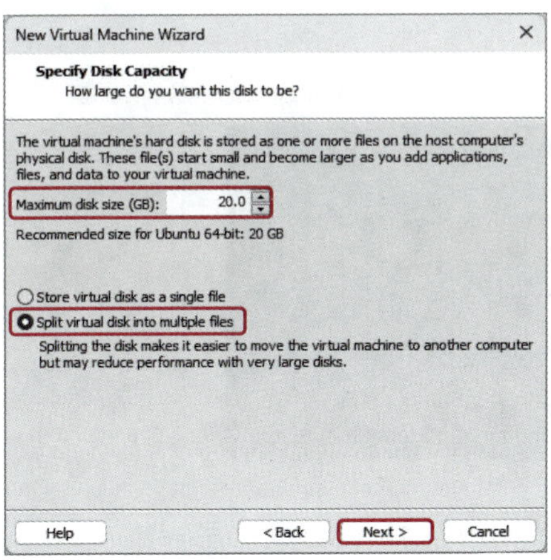

05 가상머신 생성을 위해 설정한 값을 요약해서 보여준다. [Finish]를 클릭하면 가상머신이 바로 생성된다. 메모리는 자동으로 4GB로 설정되었다.

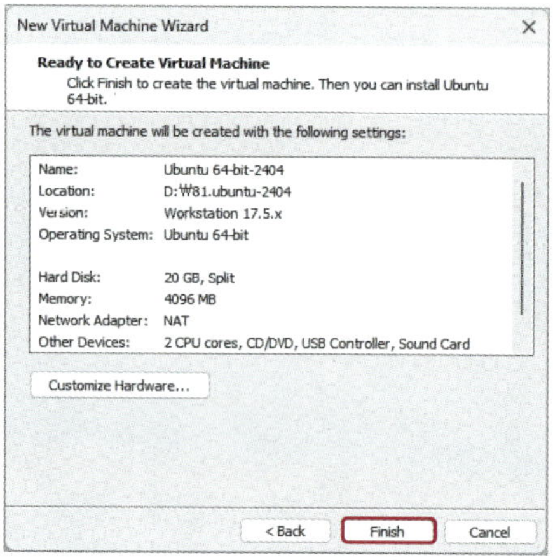

06 가상머신을 생성하면 다음과 같이 새로운 항목이 나타난다. 가상머신을 추가로 생성할 때마다 이와 같은 항목이 하나씩 늘어난다. 이제 리눅스를 설치하기 위한 가상머신 준비가 끝났다. [Power on this virtual machine]을 클릭하면 가상머신이 부팅되고, [Edit virtual machine settings]를 클릭하면 설정을 수정할 수 있는 창이 나타난다.

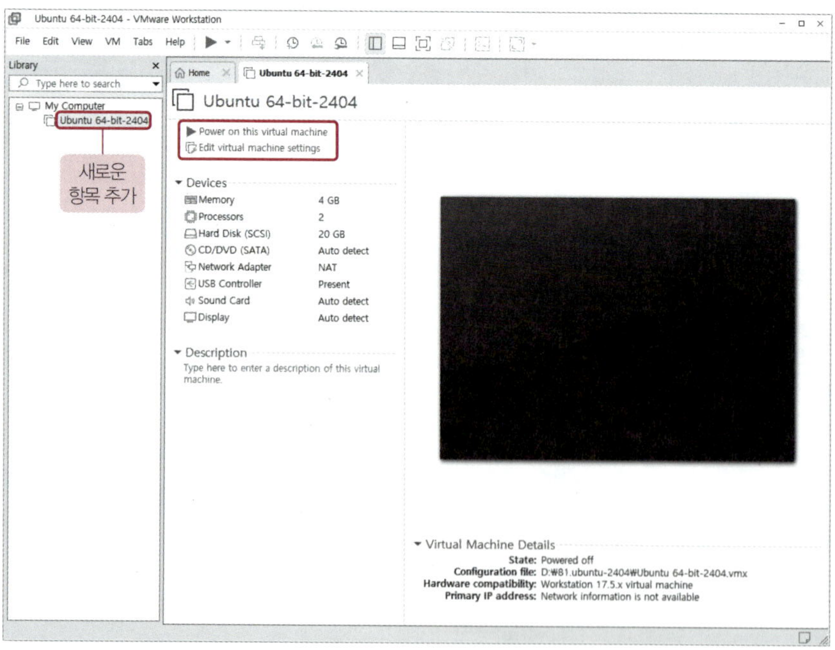

3 리눅스의 설치

우분투 리눅스 다운로드하기

우분투 리눅스를 설치하려면 이미지 파일(ISO 파일)이 있어야 한다. 우분투 리눅스의 최신 버전은 우분투 홈페이지(https://ubuntu.com)에서 다운로드할 수 있다. 이 책에서는 2024년 4월 25일에 배포된 우분투 24.04 LTS 버전을 사용한다. [Download 24.04 LTS]를 클릭하면 다운로드가 시작된다. ISO 이미지 파일명은 'ubuntu-24.04-desktop-amd64.iso'이다.

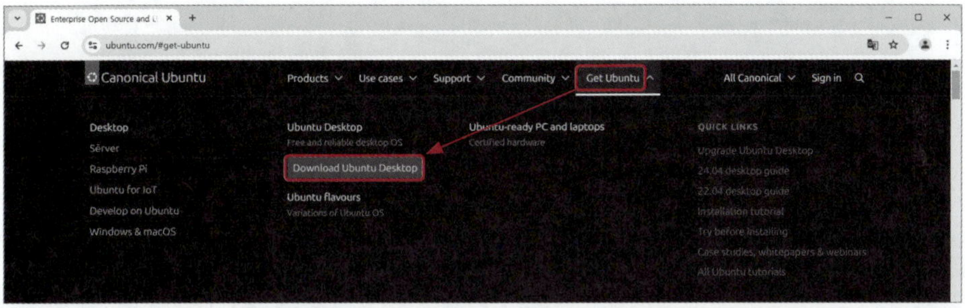

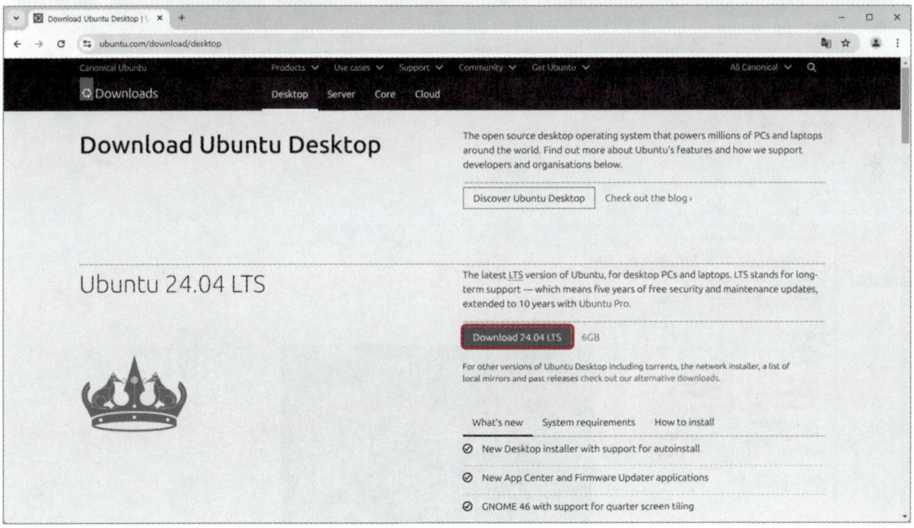

우분투 리눅스 설치하기

01 다운로드한 우분투 리눅스 ISO 파일을 VMware가 인식할 수 있도록 지정해야 한다. 가상머신 생성 화면에서 [Edit virtual machine settings]를 클릭한 후 'CD/DVD(SATA)' 항목에서 Device status의 'Connect at power on'을 선택한다. 'Use ISO image file:'을 선

택하여 다운로드한 ISO 파일의 경로를 지정한 후 [OK]를 클릭한다.

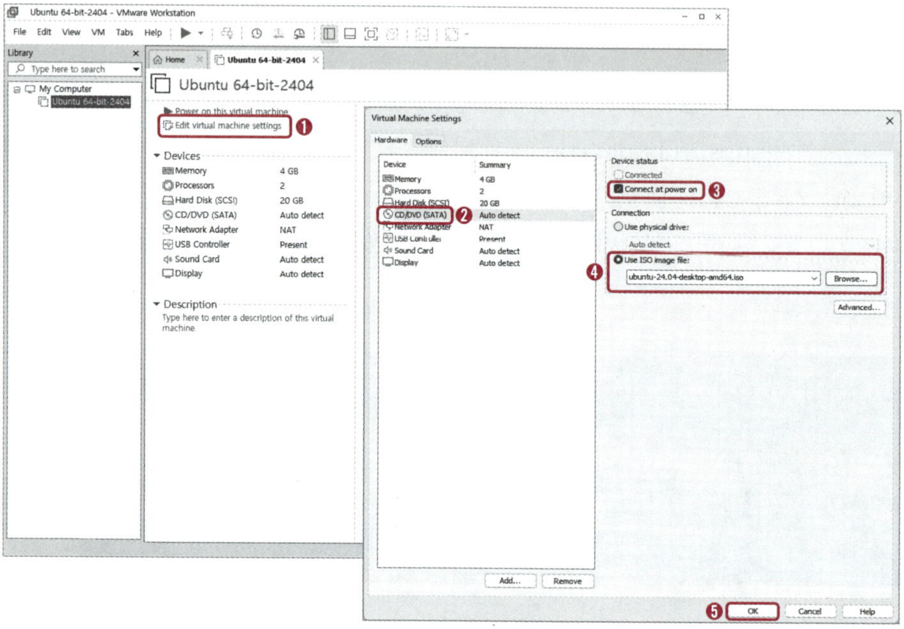

02 [Power on this virtual machine]을 클릭하면 VMware가 시작되는데 이는 컴퓨터의 전원을 켜는 것과 같다.

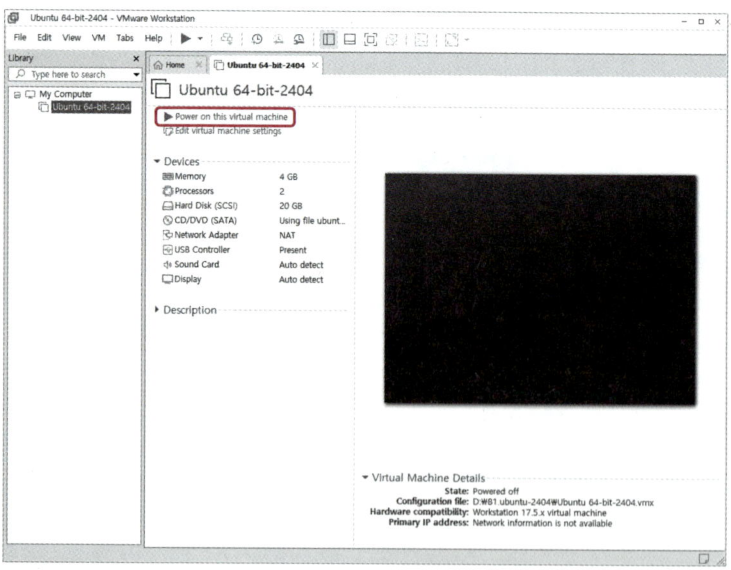

03 설치 시작 화면이 나타난다. 여기서는 [Try or Install Ubuntu]를 선택한다.

TIP VMware Workstation Pro에서 마우스를 빠져나오게 하는 단축키는 Alt+Ctrl이다.

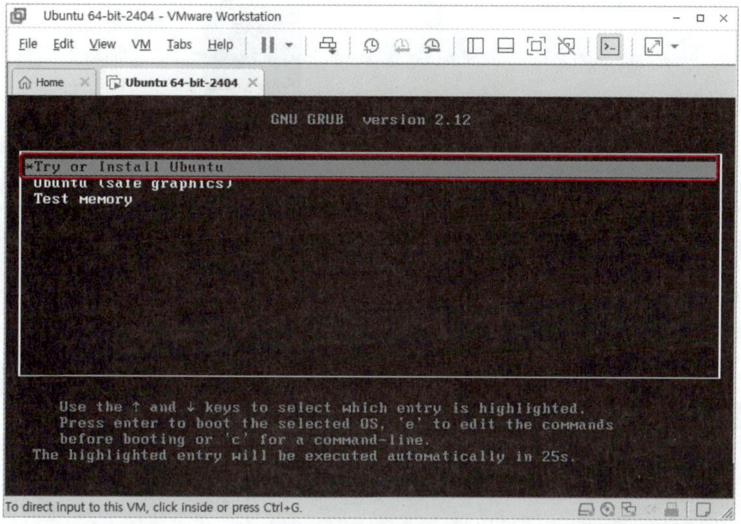

04 [Try or Install Ubuntu]를 선택하면 다음 그림과 같은 화면이 나온다. 여기서 중앙의 흰 화면을 클릭하면 설치가 진행되고, 그 창을 닫으면 우분투를 간단하게 테스트할 수 있다.

05 설치의 첫 단계는 언어를 선택하는 것이다. '한국어'를 선택하고 [다음]을 클릭한다.

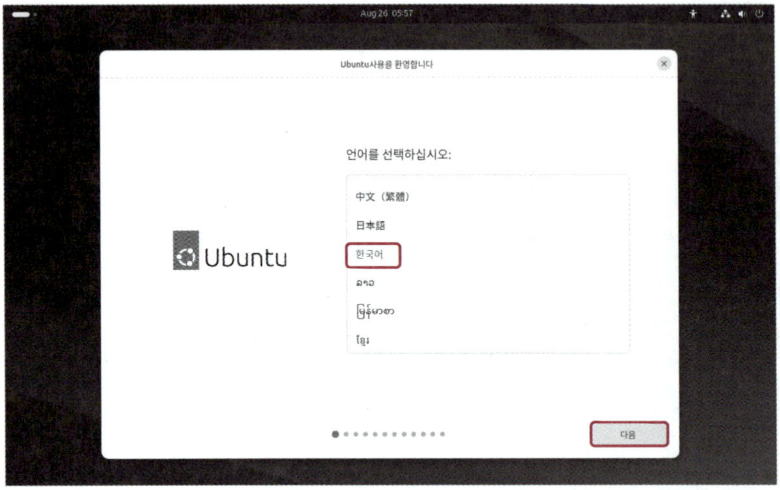

06 화면, 소리, 키보드 입력 속도 등 시스템에 대한 접근방법을 조정할 수 있다. 이런 조정은 나중에 시스템 설정에서도 할 수 있으므로 여기서는 [다음]을 클릭한다.

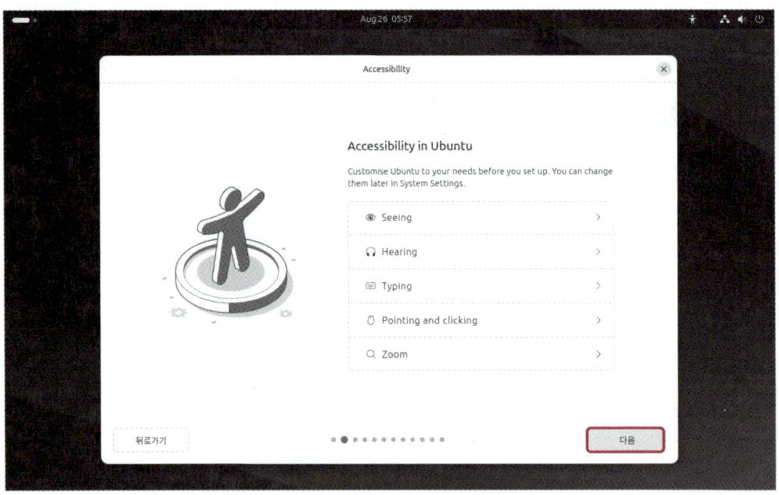

07 키보드 선택 화면에서는 '한국어'를 선택한다. 이미 앞에서 한국어를 선택했기 때문에 자동으로 '한국어'가 선택되어 있다. 키보드 유형은 '한국어–한국어(101/104키 호환)'을 선택하고 [다음]을 클릭한다.

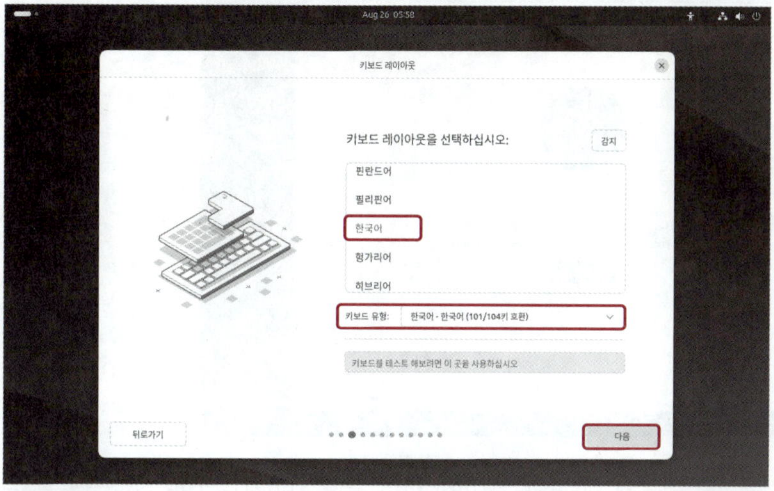

08 우분투에서 사용할 네트워크를 선택한다. 기본으로 선택되어 있는 '유선 연결 사용'을 선택하고 [다음]을 클릭한다.

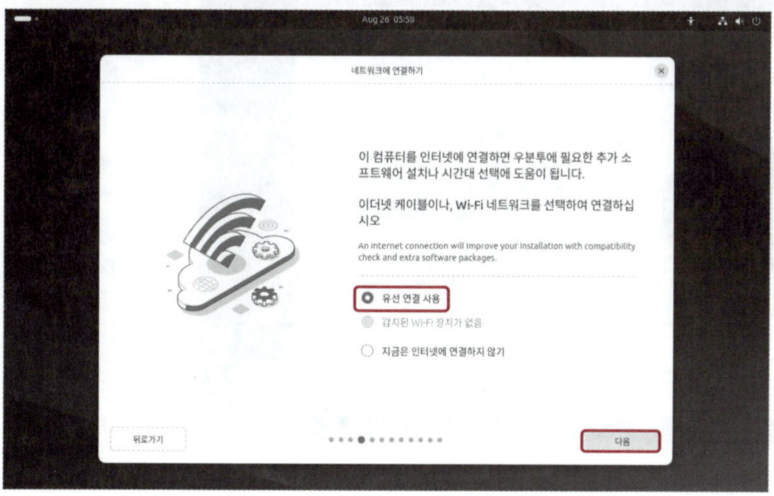

09 업데이트가 있을 경우 지금 바로 할 것인지를 확인하는 화면이 나타난다. 여기서는 바로 업데이트하지 않고 [넘기기]를 클릭한다.

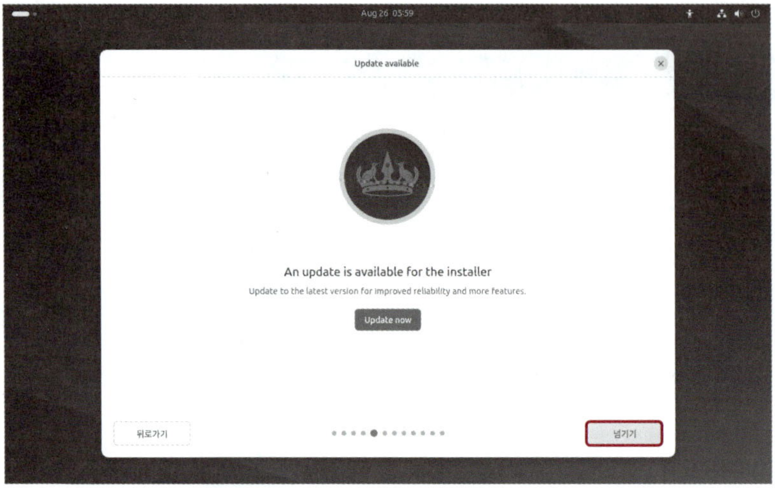

10 우분투 설치와 체험하기 중에 선택하는 화면이 나타난다. 여기서는 'Ubuntu 설치'를 선택하고 [다음]을 클릭한다.

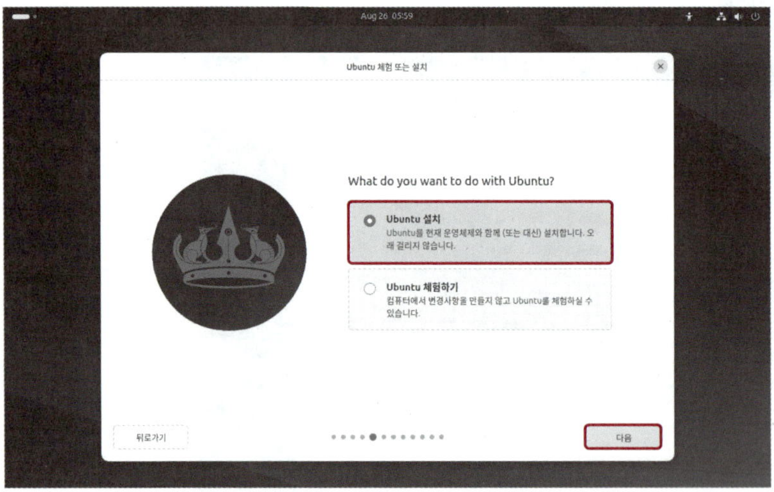

11 단계별로 확인하며 설치할 것인지 자동으로 설치할 것인지를 선택한다. 여기서는 학습이 목적이므로 'Interactive installation'을 선택하고 [다음]을 클릭한다.

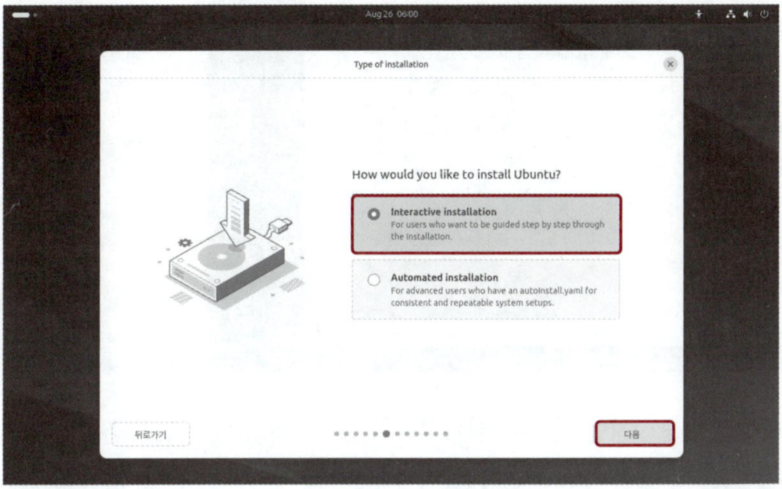

12 기본 앱을 설치할 것인지, 앱을 확장하여 설치할 것인지를 선택한다. 여기서는 'Default selection'을 선택하고 [다음]을 클릭한다.

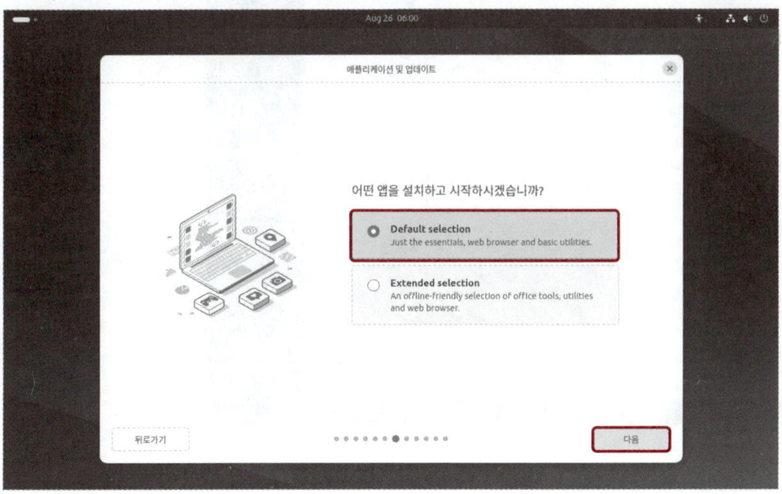

13 그래픽이나 와이파이 등 서드파티 소프트웨어를 추가로 설치할 것인지 확인한다. 여기서는 아무것도 선택하지 않고 [다음]을 클릭한다.

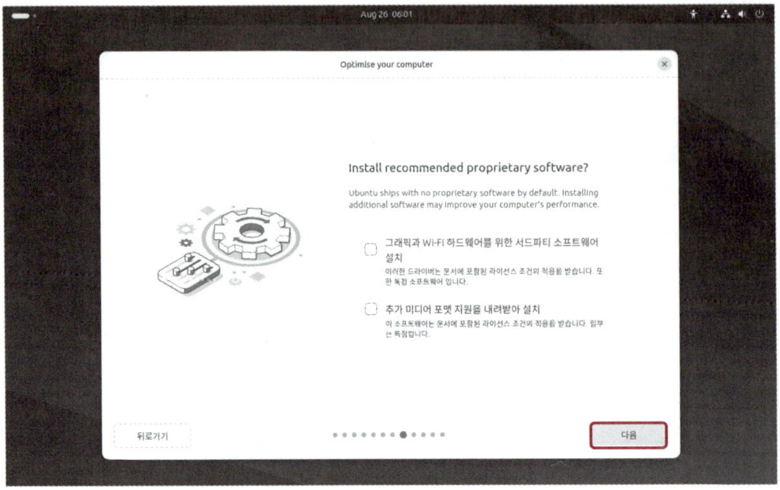

14 디스크를 지우고 우분투를 설치할 것인지, 파티션을 수동으로 설정할 것인지를 선택하는 화면이 나타난다. '디스크 지우고 Ubuntu 설치'를 선택하면 디스크 파티션은 자동으로 배치된다. 여기서는 '디스크 지우고 Ubuntu 설치'를 선택하고 [다음]을 클릭한다.

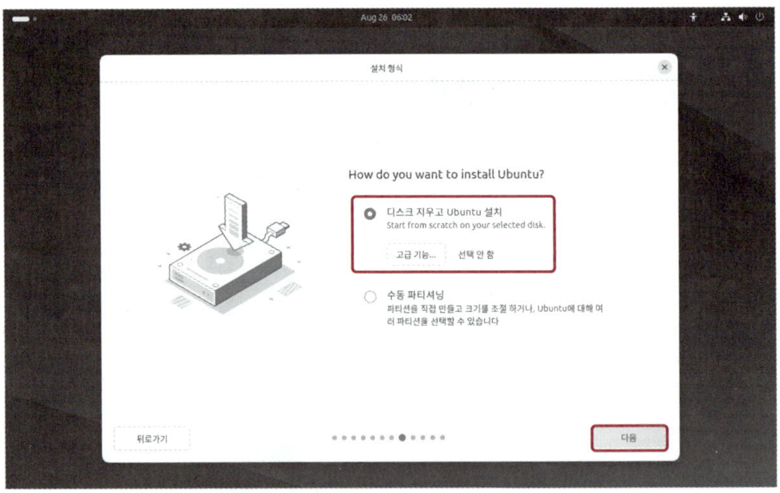

여기서 잠깐 파티션을 수동으로 설정하기

'설치 형식' 화면에서 '수동 파티셔닝'을 선택하고 [다음]을 클릭하면 '수동 파티셔닝' 화면이 나타난다. 이 화면에서 '남은 공간'을 선택하고 '+' 버튼을 클릭하면 '파티션 만들기' 팝업창이 나타난다. 여기서 파티션을 수동으로 나눌 수 있다.

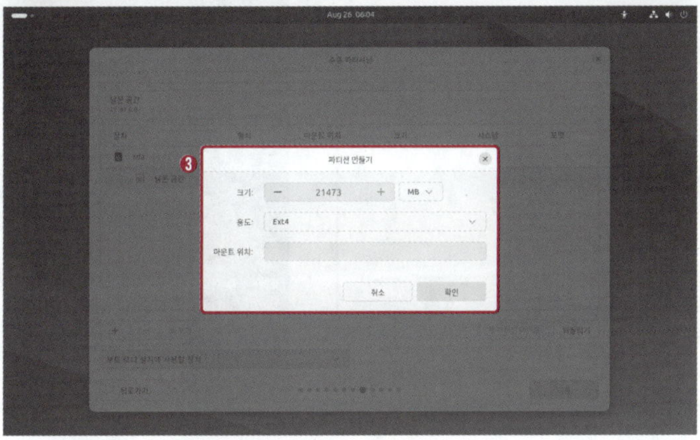

리눅스를 설치할 때 기본적으로 boot 파티션(/boot), root 파티션(/), swap 파티션이 필요하며, 필요에 따라 좀 더 세부적으로 파티션을 구분할 수도 있다. [표 1-6]은 용도에 따라 구분한 예를 보여준다.

표 1-6 리눅스 파티션의 구분 예

마운트 포인트		내용
필수	/	root 파티션으로 시스템 설정 등 주요 내용이 저장된다.
	/boot	boot 파티션으로 리눅스 부팅 커널이 저장된다. 대략 500MB를 할당한다.
	swap	메모리(RAM)가 부족할 때 사용되는 영역으로 대개 RAM 크기의 2배 정도로 설정한다.
선택	/usr	명령어, 응용 프로그램 등이 주로 저장된다.
	/var	로그 파일 등이 주로 저장된다.
	/tmp	시스템 사용 중에 발생하는 임시 파일이 저장된다.
	/home	사용자 홈 디렉터리가 위치한다.

/usr, /var 같은 파티션을 구분하지 않으면 모두 root 파티션에 포함된다. 파티션을 다양하게 구분하면 백업 작업이 더 편리해진다는 장점이 있다. 여기서는 실습에 중점을 두기 위해 파티션을 다양하게 구분하지 않지만, 실무에서는 업무 용도에 따라 파티션을 다양하게 구성하여 사용한다.

---

15 시스템의 기본 사용자 계정으로 'user1'을 등록한다. 컴퓨터 이름은 시스템의 호스트 이름이며, 여기서는 'hanbit'으로 설정한다. 물론, 사용자 계정과 컴퓨터 이름은 다르게 설정해도 된다. 다만 사용자 계정의 이름과 암호를 잊지 않도록 주의한다.

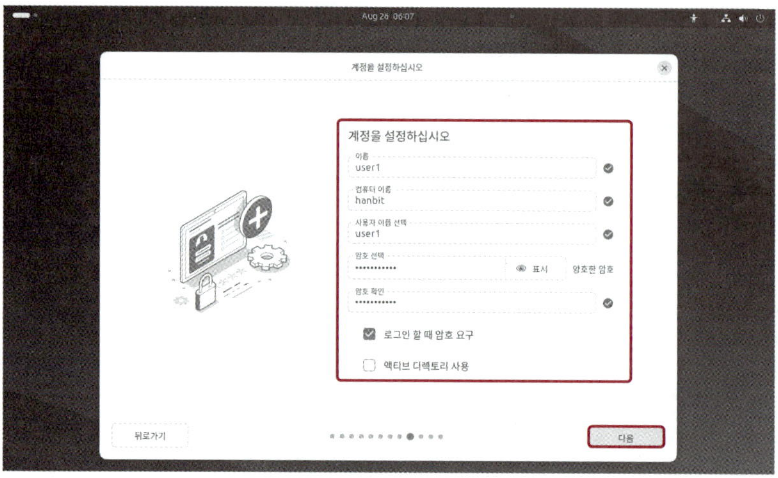

16 다음은 현재 위치의 시간대를 설정한다. 시스템이 자동으로 위치를 인식하므로 서울인지 확인하고 [다음]을 클릭한다.

17 이제 설치할 준비를 모두 완료하였다. [설치]를 클릭한다.

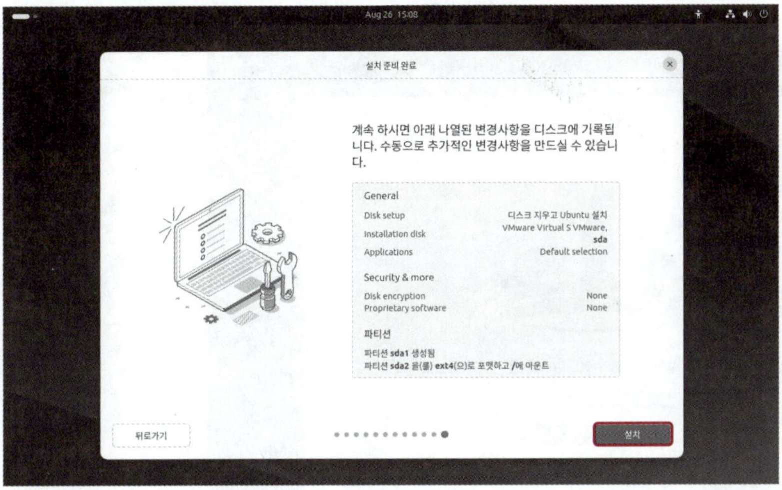

18 우분투 설치가 시작된다. 설치가 완료될 때까지 기다린다.

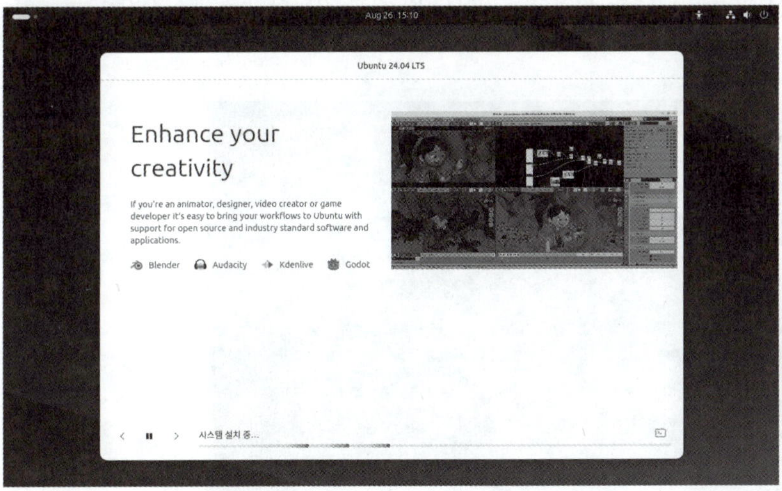

19 설치가 완료되면 설치 완료 화면이 나타난다. [지금 다시 시작]을 클릭하면 시스템이 재부팅된다.

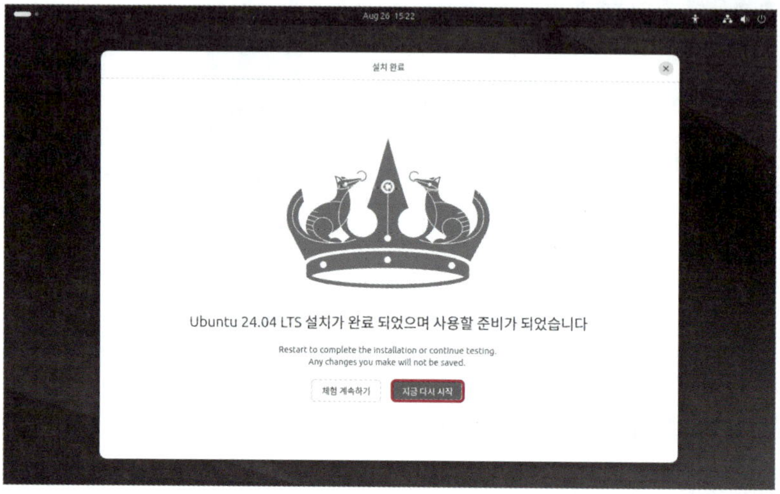

20 재부팅 과정에서 설치 미디어를 제거하고 'ENTER' 키를 입력하라는 메시지가 나타나면, Enter를 눌러 부팅을 시작한다.

우분투 리눅스 실행 및 초기 설정하기

01 재부팅하면 다음과 같이 사용자 계정을 선택하고 로그인할 수 있는 화면이 나타난다.

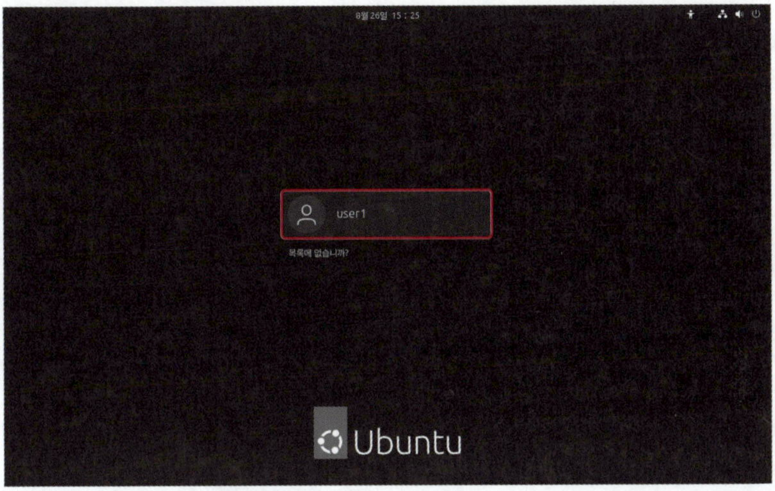

02 로그인하면 환영 메시지와 추가적인 설정을 하도록 안내하는 창이 나타난다. [다음]을 클릭한다.

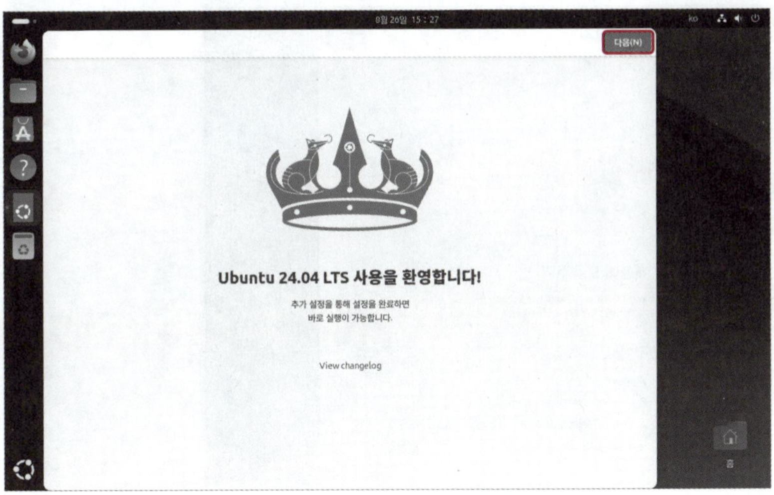

03 추가 설정은 우분투 Pro로 업그레이드할 것인지, 우분투 개선에 도움을 줄 것인지, 추가적인 앱을 설치할 것인지를 묻는다. 별도의 선택 없이 [다음]을 클릭하고 마지막에 [Finish]를 클릭하면 모든 설치가 종료된다.

TIP 우분투 Pro는 전문가용으로 구성된 우분투 버전으로 유료로 제공되었으나 최근 개인의 경우 무료로 5개의 시스템까지 사용할 수 있도록 하였다.

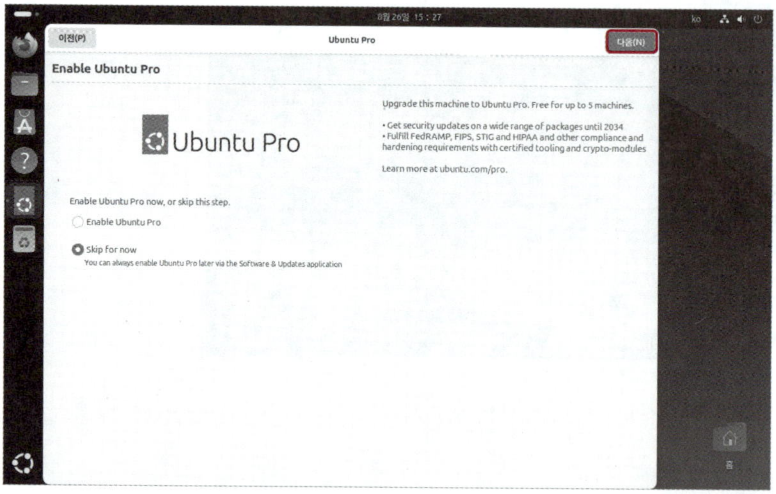

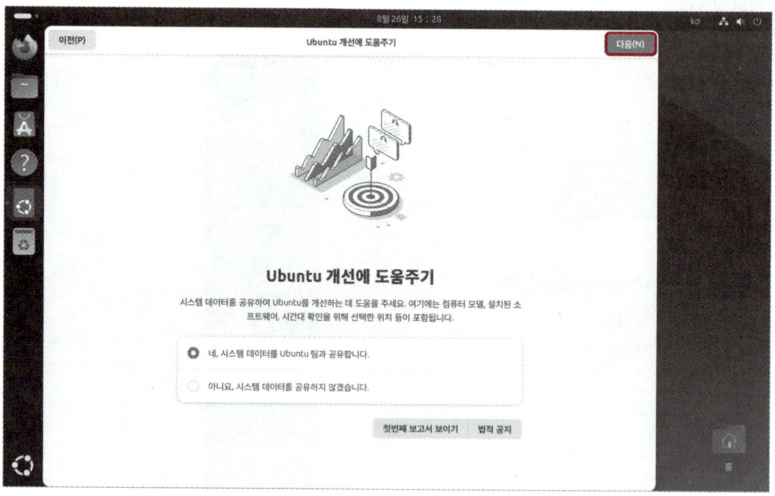

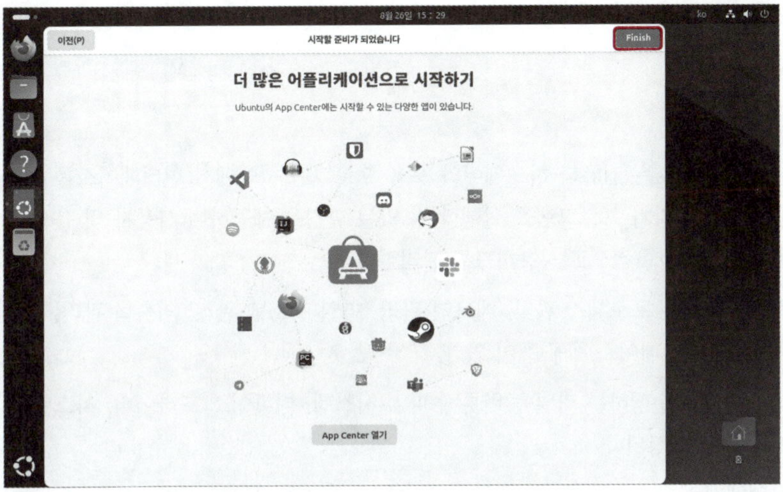

04 추가 설정이 끝나면 우분투 초기 화면이 나타난다. 이제 모든 설치와 설정이 완료되었다. 본격적인 우분투 리눅스 사용 방법은 2장에서 알아본다.

요약

01 운영체제 개요

- 운영체제Operating System, OS는 컴퓨터 하드웨어와 응용 프로그램 사이에서 인터페이스를 제공하는 소프트웨어로, 사용자가 프로그램을 실행할 수 있는 환경을 제공하며 사용자 및 응용 프로그램이 컴퓨터 자원을 효율적으로 사용하도록 관리한다.
- 운영체제의 주요 기능에는 프로세스 관리, 메모리 관리, 파일 시스템 관리, 입출력 관리, 자원 관리 및 보호, 사용자 인터페이스 제공 등이 있다.
- 운영체제는 핵심 기능을 수행하는 커널을 비롯해 파일 시스템, 디바이스 드라이버, 시스템 호출, 인터페이스 등으로 구성된다.
- 커널Kernel은 운영체제의 핵심 기능을 수행하는 부분이다. 커널을 구현하는 방식은 크게 두 가지로, 모놀리식 커널Monolithic Kernel과 마이크로 커널Micro Kernel이 있다. 리눅스는 모놀리식 커널에 속한다.

02 유닉스의 시작과 특징

- 유닉스는 1969년에 미국의 통신 회사인 AT&T 벨 연구소의 켄 톰슨과 데니스 리치에 의해 개발되었고, 1973년에 C 언어를 이용해 유닉스를 다시 작성하면서 고급 언어로 작성된 최초의 운영체제가 되었다.
- 유닉스는 C 언어로 개발되어 이식성이 뛰어나며, 필요한 기능을 쉽게 구현할 수 있다. 또한 대화형 시스템, 다중 사용자 및 다중 작업용 시스템, 계층적 파일 시스템을 사용하고 다양한 부가 기능을 제공한다.

03 리눅스의 시작과 특징

- 리눅스는 핀란드 헬싱키 대학교의 학생인 리누스 베네딕트 토르발스에 의해 처음 개발되었다.
- 리눅스 커널의 활용에 필요한 응용 프로그램을 제공한 것은 GNU 프로젝트이다.
- 리눅스의 주요 특징은 다음과 같다.
  - 공개 소프트웨어이며 무료로 사용할 수 있다.
  - 유닉스와 완벽한 호환성을 유지한다.
  - 서버용 운영체제로 사용한다.
  - 편리한 GUI 환경을 제공한다.

04 리눅스의 구조

커널	리눅스의 핵심으로 프로세스 관리, 메모리 관리, 파일 시스템 관리, 장치 관리 등 컴퓨터의 모든 자원을 초기화하고 제어하는 기능을 수행한다.
셸	리눅스의 사용자 인터페이스로서 사용자와 커널 사이의 중간자 역할을 담당하는 특별한 프로그램이다. 리눅스는 배시셸을 기본으로 사용한다.
응용 프로그램	각종 프로그래밍 개발 도구, 문서 편집 도구, 네트워크 관련 도구 등 매우 다양한 응용 프로그램을 제공한다.

05 리눅스의 배포판

- 리눅스 배포판은 리눅스를 쉽게 설치하고 사용할 수 있도록 리눅스 커널과 응용 프로그램들을 묶어서 제공하는 형태로, 여러 회사와 커뮤니티에서 다양한 배포판을 제공하고 있다.
- 리눅스 배포판은 크게 데비안 계열, 슬랙웨어 계열, 레드햇 계열로 구분할 수 있다.

06 리눅스 실습환경 구축

- 가상머신: 가상머신은 PC에 설치된 운영체제(호스트 OS)에 가상의 머신(시스템)을 생성한 후 여기에 다른 운영체제(게스트 OS)를 설치할 수 있도록 해주는 응용 프로그램이다. 가상머신으로는 VMware, 버추얼PC, 오라클 버추얼박스 등이 있다.
- 우분투 리눅스 다운로드와 설치: 우분투 리눅스를 설치하려면 이미지 파일(ISO 파일)이 있어야 한다. 우분투 리눅스의 최신 버전은 우분투 홈페이지(https://ubuntu.com)에서 다운로드할 수 있다.

연습문제

01 다음 중 운영체제의 역할이 아닌 것은 무엇인가?

① 프로세스 관리 ② 메모리 관리
③ 웹 서비스 관리 ④ 입출력 관리

02 다음 중 운영체제의 구성 요소가 아닌 것은 무엇인가?

① 웹 브라우저 ② 커널
③ 파일 시스템 ④ 사용자 인터페이스

03 유닉스의 초기 버전 중 본셸이 등장한 버전은 어느 것인가?

① 버전 3 ② 버전 6
③ 버전 7 ④ 버전 10

04 리눅스가 개발된 연도는 언제인가?

① 1985 ② 1991
③ 1993 ④ 1995

05 리눅스 커널 아카이브의 URL은 무엇인가?

① www.kernel.com
② www.linuxkernel.com
③ www.kernel.org
④ www.linuxkernel.org

06 다음 중 리눅스의 특징으로 옳지 않은 것은 무엇인가?

① 리눅스는 공개 소프트웨어이며 무료로 사용할 수 있다.
② 유닉스와 완벽한 호환성을 유지한다.
③ 편리한 GUI 환경을 제공한다.
④ 서버용 운영체제로만 사용한다.

07 다음 중 리눅스의 구성 요소가 아닌 것은 무엇인가?

① 프로세서 ② 리눅스 커널

③ 셸 ④ 응용 프로그램

08 다음 중 계열이 다른 리눅스 배포판은 무엇인가?

① 우분투 리눅스 ② 데비안

③ Fedora ④ Mint 리눅스

09 다음 중 우분투 리눅스는 어느 계열에서 발전한 것인가?

① 레드햇 ② 수세

③ 데보라 ④ 데비안

10 PC에서 기본 운영체제 외에 다른 시스템을 설치하여 사용할 수 있도록 해주는 소프트웨어를 무엇이라고 하는가?

① 호스트 머신

② 가상머신

③ 게스트 머신

④ 응용 머신

11 운영체제의 목적을 간략하게 설명하시오.

12 운영체제의 구성 요소를 설명하시오.

13 커널의 구현 방식 두 가지를 설명하시오.

14 리눅스와 GNU의 관계를 간단히 설명하시오.

15 GPL, 아파치 라이선스, BSD 라이선스를 비교하여 설명하시오.

16 리눅스 배포판이 필요한 이유를 설명하시오.

17 리눅스의 주요 구성 요소 세 가지를 설명하시오.

18 가상머신에 대해 간단히 설명하시오.

19 가상머신에서 호스트 OS와 게스트 OS는 무엇인지 설명하시오.

20 Swap 파일과 파티션의 역할에 대해 간단히 설명하시오.

CHAPTER 02
리눅스 사용 기초

학습목표

- 리눅스의 데스크톱 환경이 무엇인지 이해하고 설명할 수 있다.
- 리눅스의 데스크톱 환경을 다른 환경으로 바꿀 수 있다.
- 리눅스의 그놈 환경을 사용할 수 있다.
- 리눅스에 터미널을 사용하여 접속할 수 있다.
- 리눅스의 터미널에서 명령을 사용할 수 있다.

PREVIEW

1장에서 운영체제와 유닉스, 리눅스의 개요를 살펴보고 리눅스의 실습환경을 준비하였다. 2장에서는 리눅스의 데스크톱 환경과 터미널 명령어 사용법을 배운다.

먼저 1절에서는 리눅스 데스크톱 환경의 기반인 X 윈도와 웨일랜드를 살펴보고, 대표적인 데스크톱 환경인 그놈의 주요 특징을 알아본다. 또한 그놈 외에도 KDE와 Xfce4와 같은 다른 데스크톱 환경으로 변경하는 방법도 다룬다.

2절에서는 우분투에서 기본으로 사용하는 데스크톱 환경인 그놈의 구성 요소를 살펴보고 파일, 파이어폭스 같은 작업 표시 독의 앱과 텍스트 편집기와 같은 기본 앱들을 실행하는 방법을 배운다.

끝으로 3절에서는 명령으로 리눅스를 사용하는 방법을 다룬다. 리눅스에서 터미널을 동작시키는 방법과 명령의 구조를 알아보고 간단한 명령을 사용해본다. 3장에서는 이러한 기초를 바탕으로 더 다양한 명령을 사용해볼 것이다.

리눅스 데스크톱 환경 소개	X 윈도와 웨일랜드	리눅스 데스크톱 환경 소개	리눅스 데스크톱 환경 변경		
리눅스 데스크톱 환경 사용	우분투 데스크톱 환경의 구성 요소	우분투 데스크톱 환경 사용			
리눅스 명령 사용	터미널의 시작과 종료	프롬프트 기호와 홈디렉터리	명령행 편집	명령의 구조와 사용	기초 명령 사용법

01 리눅스 데스크톱 환경 소개

사용자들이 원격에서 터미널을 통해 리눅스 서버에 접속하는 경우에는 대부분 터미널에서 명령을 사용하여 리눅스를 이용하게 된다. 여기서 터미널은 윈도의 cmd 창과 유사하다고 생각하면 된다. 그러나 데스크톱용으로 리눅스의 사용이 증가함에 따라 리눅스에도 GUI 환경이 확산되고 있다. 이 절에서는 리눅스의 윈도 환경이라고 할 수 있는 데스크톱 환경의 개요를 살펴본다.

1 X 윈도와 웨일랜드

리눅스의 GUI 환경은 X 윈도 또는 웨일랜드를 기반으로 한다. X 윈도는 X11 또는 X 윈도 시스템X Windows System이라고도 불린다. X 윈도X Windows는 1984년 MIT에서 처음 개발되었으며, 1986년에 오픈소스 프로젝트로 전환되었다. 이후 2004년에 설립된 X.org 재단이 개발을 관리하고 있다. 2024년 현재 X 윈도의 가장 최근 버전은 X11 R7.7이다.

X 윈도의 특징

X 윈도는 네트워크 기반의 서버/클라이언트 방식으로 GUI 환경을 제공하며, 이기종 시스템 사이에서도 사용이 가능하다. 또한 MS 윈도와 달리 X 윈도는 GUI 구성 요소인 버튼, 스크롤바, 메뉴 등에 대해 통일된 형태나 규칙을 강제하고 있지 않기 때문에 다양한 형식의 GUI 개발이 가능하다.

X 윈도의 동작 구조

X 윈도는 [그림 2-1]과 같이 X 서버와 X 클라이언트로 구성된다. X 서버와 X 클라이언트의 통신은 X 프로토콜이라는 통신규약을 따른다. X 서버는 X 클라이언트의 요청에 따라 윈도 환경의 디스플레이 기능을 담당하며 화면 출력과 사용자의 입력 처리를 담당한다. X 클라이언트는 X 윈도에서 동작하는 응용 프로그램이며, 대표적으로 터미널, 텍스트 편집기, 웹 브라우저가 있다.

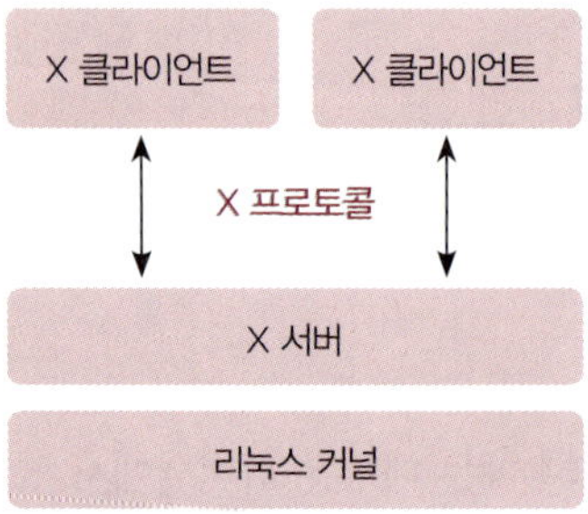

그림 2-1 X 윈도의 동작 구조

윈도 매니저

X 윈도 상에서 여러 창들의 배치와 모양 등을 담당하는 프로그램을 윈도 매니저라고 한다. [그림 2-2]에서 보는 것처럼 윈도 매니저는 X 서버와 X 클라이언트 사이에 위치하며 윈도 환경을 관리한다. X 윈도에는 다양한 윈도 매니저들이 있으며 어떤 윈도 매니저를 사용하느냐에 따라 사용자가 보는 윈도 환경이 달라진다.

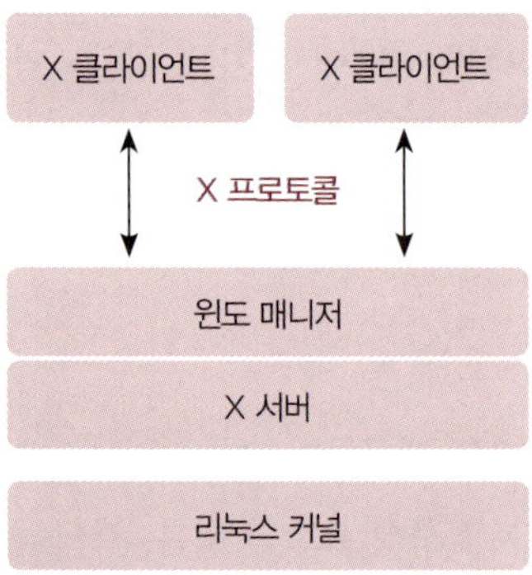

그림 2-2 X 윈도와 윈도 매니저

X 윈도와 웨일랜드

X 윈도는 여러 가지 장점을 가지고 있지만 프로그램이 크고 복잡하다는 단점이 있다. 이에 따라 리눅스 커널과의 상호 작용을 강화한 윈도 시스템인 웨일랜드Wayland가 개발되었다. 웨일랜드는 2008년 개발이 시작되어 2012년에 버전 1.0이 발표되었다. 리눅스의 대표적인 데스크톱 환경인 그놈GNOME이 웨일랜드를 기본으로 사용하면서 리눅스의 여러 배포판에서 X 윈도를 대체하여 웨일랜드를 사용하고 있다. [그림 2-3]에서 보는 것처럼 우분투에서도 웨일랜드를 기본 윈도 시스템으로 사용하고 있다.

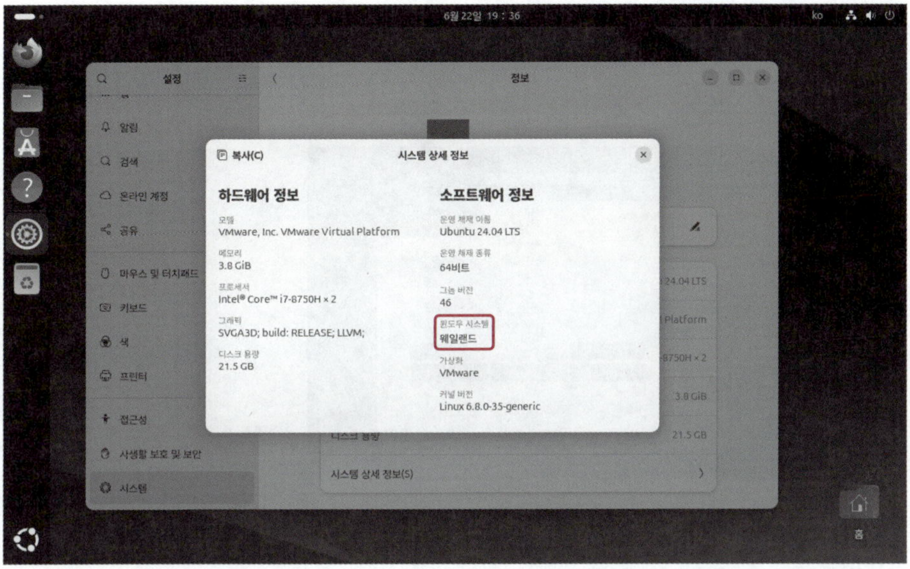

그림 2-3 우분투의 윈도 시스템 정보

2 리눅스 데스크톱 환경

리눅스 데스크톱 환경은 기존의 윈도 매니저의 기능이 대폭 강화된 것이라고 볼 수 있다. 이 환경은 사용자에게 GUI 인터페이스 스타일인 독dock, 아이콘, 배경화면뿐만 아니라 계정 관리, 시작 프로그램 관리, 네트워크 관리 등 통합된 환경을 제공하며, MS 윈도와 유사한 기능을 갖추고 있다. 대표적인 리눅스 데스크톱 환경으로는 그놈GNOME이 있으며, 이외에도 KDE, Xfce, 판테온Pantheon 등이 있다. 이 중 우분투에서 기본으로 제공하는 그놈의 특징을 간략하게 정리하면 다음과 같다.

- 그놈은 GNU Network Object Model Environment의 약자이다.
- 그놈은 GNU에서 만든 자유 소프트웨어로 누구나 사용할 수 있다.
- 그놈은 GTK+ 라이브러리를 기반으로 제작되었으며, GTK+ 라이브러리 또한 GNU에서 개발된 그래픽 라이브러리이다.
- 그놈은 리눅스에 기본으로 포함되어 배포된다.

그놈의 공식 웹 사이트는 gnome.org이다. 이 사이트에서 그놈과 관련된 정보를 살펴볼 수 있다. 참고로 우분투 24.04 버전에는 그놈 버전 46이 사용되고 있다.

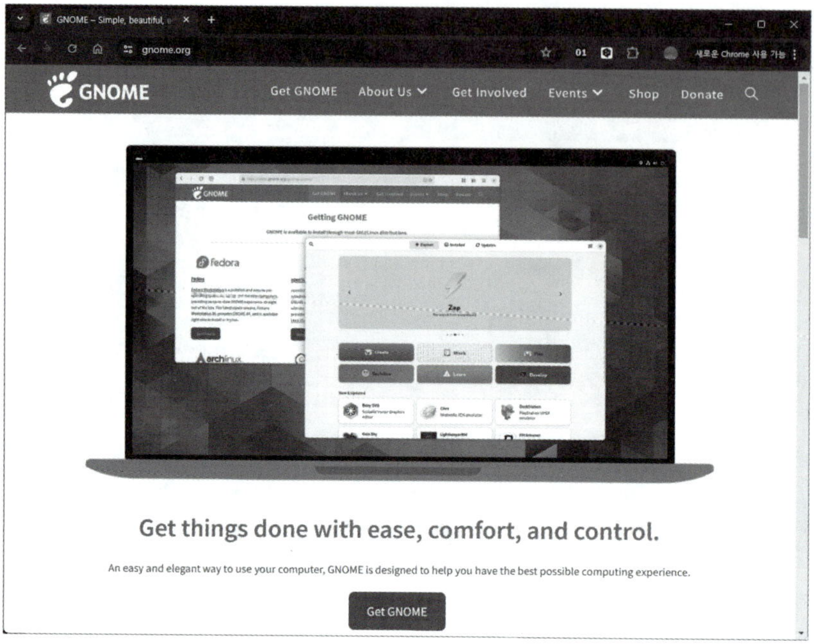

그림 2-4 그놈 웹 사이트

3 리눅스 데스크톱 환경 변경하기

우분투 리눅스는 기본적으로 그놈 데스크톱 환경을 제공하지만, 사용자는 다른 데스크톱 환경을 설치하고 사용할 수 있다. 여기서는 우분투의 기본 데스크톱 환경을 그놈 대신 KDE 환경으로 설치하는 과정을 설명한다. KDE를 설치한 후 재부팅하면 시스템이 정상으로 동작하지 않는 경우가 있으므로, 1장에서 설치한 우분투의 클론을 만들어 실습할 것을 권고한다. 〈여기서 잠깐〉을 참고하여 현재 설치된 우분투 시스템의 클론을 만들고 클론에서 실습한다.

여기서 잠깐 우분투 클론 만들기

1 우선 기존 우분투 시스템을 종료한다.

2 클론을 생성하여 저장할 폴더를 윈도의 드라이브에 미리 만든다. 본 교재에서는 D 드라이브에 폴더를 생성하였다.

3 VMware에서 기존 우분투의 가상머신을 우클릭하여 나온 메뉴에서 [Manage] → [Clone]을 선택한다.

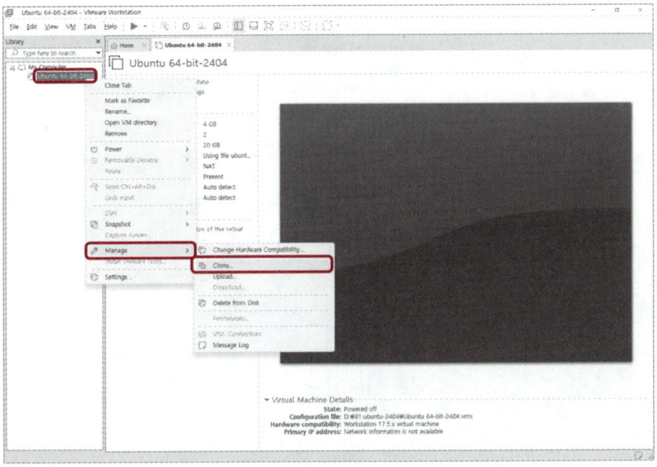

4 클론을 선택하면 다음과 같이 팝업창이 나타난다. 차례대로 필요한 설정을 하면 클론 작업이 진행된다.

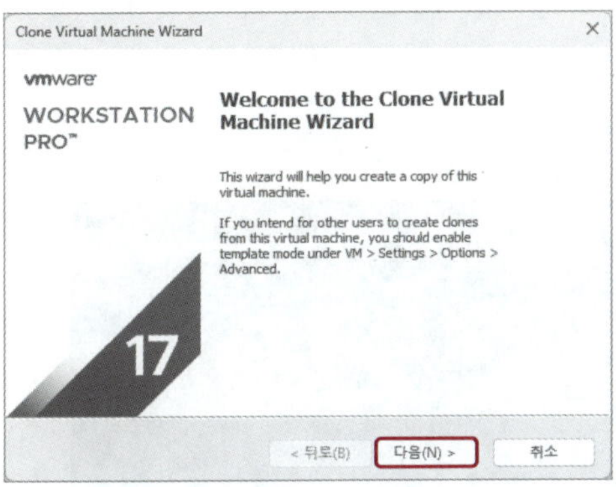

(a) 클론 작업 시작([다음] 클릭)

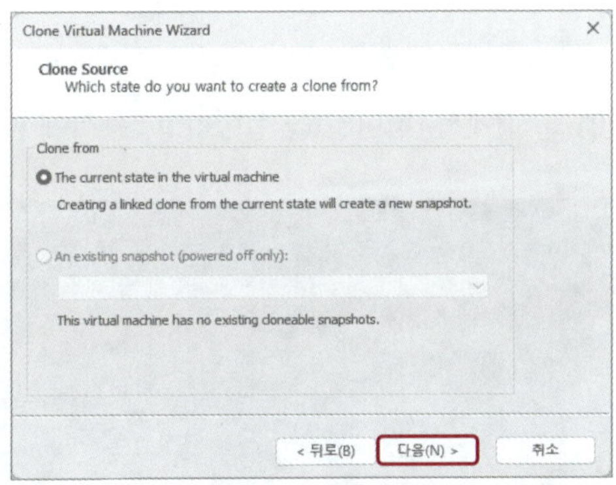

(b) 클론 소스 지정([다음] 클릭)

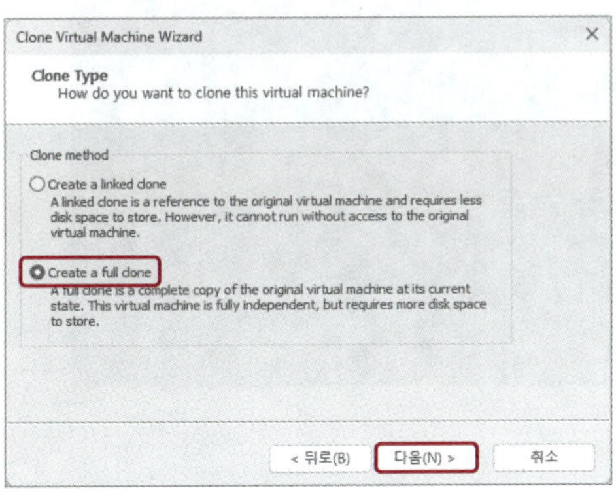

(c) 클론 유형 'Create a full clone' 선택 후 [다음] 클릭

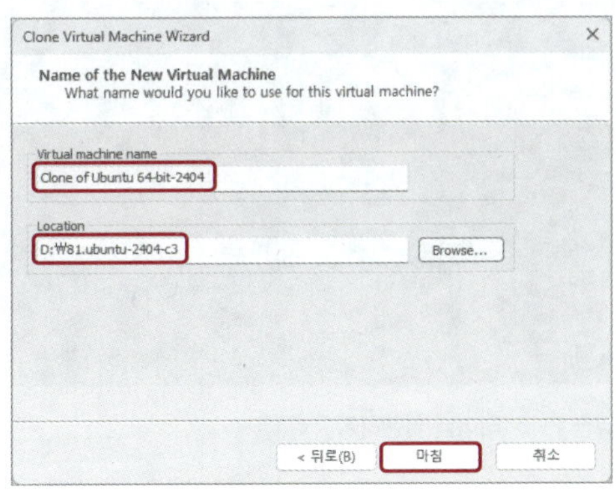

(d) 새 가상머신 이름과 디렉터리 지정

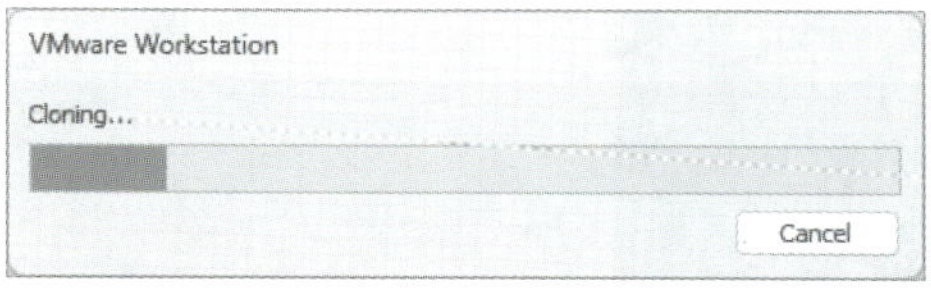

(e) 클론 진행 중

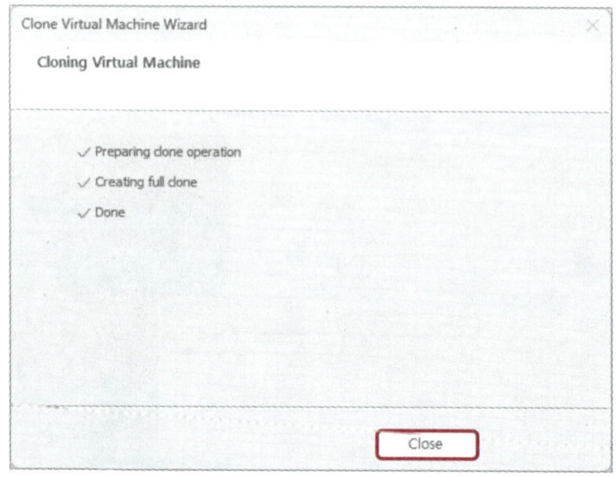

(f) 클론 생성 완료

우분투 클론 생성이 완료되었으면 클론으로 생성된 가상머신을 부팅한다. 패키지 설치와 관련하여 아직 배우지 않은 명령을 사용해야 하므로 여기서는 제시된 내용을 따라 입력한다. [앱 표시]에서 [터미널]을 실행하고, 순서에 따라 진행한다.

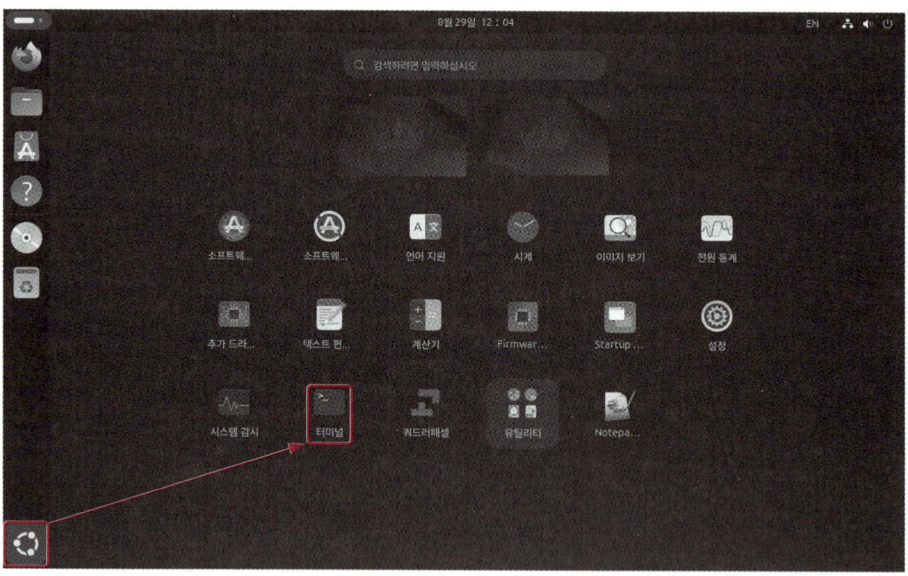

그림 2-5 터미널 실행하기

01 패키지 정보를 업데이트한다. sudo 명령을 실행하면 암호를 입력하라는 메시지가 나타나며, user1 계정의 암호를 입력하면 된다. 터미널에서는 암호를 입력해도 보이지 않으므로 암호를 잘 입력하고 Enter를 누르면 된다.

```
$ sudo apt update
```

02 KDE를 설치한다. 설치 단계에서 나오는 질문에는 Y를 입력한다.

```
$ sudo apt install kde-full
```

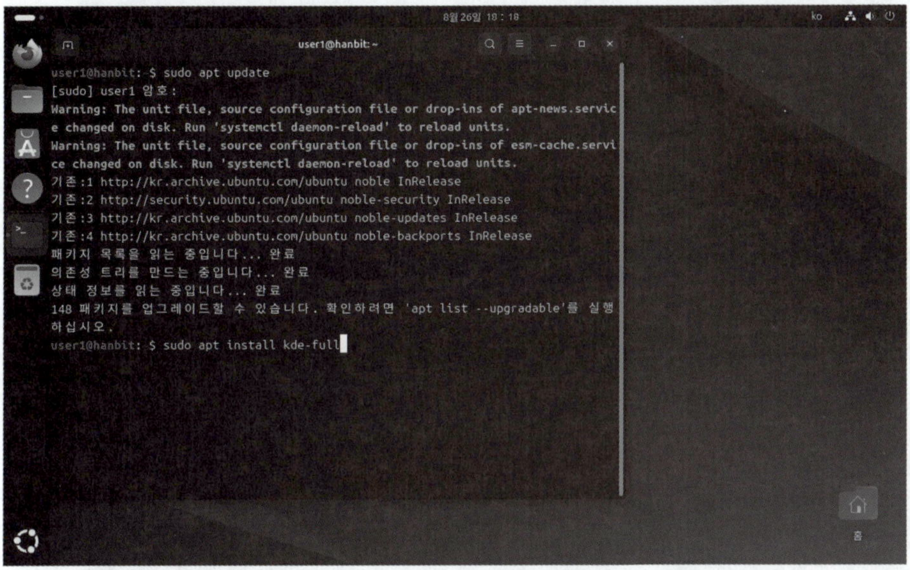

그림 2-6 KDE 설치 화면

설치 과정에서 화면 관리자Display Manager를 선택하는 화면이 나타나면 [그림 2-7]과 같이 sddm을 선택한다. sddm을 선택한 이후에 설치가 계속 진행되는데 시간이 조금 걸리므로 설치가 완료될 때까지 기다리면 된다.

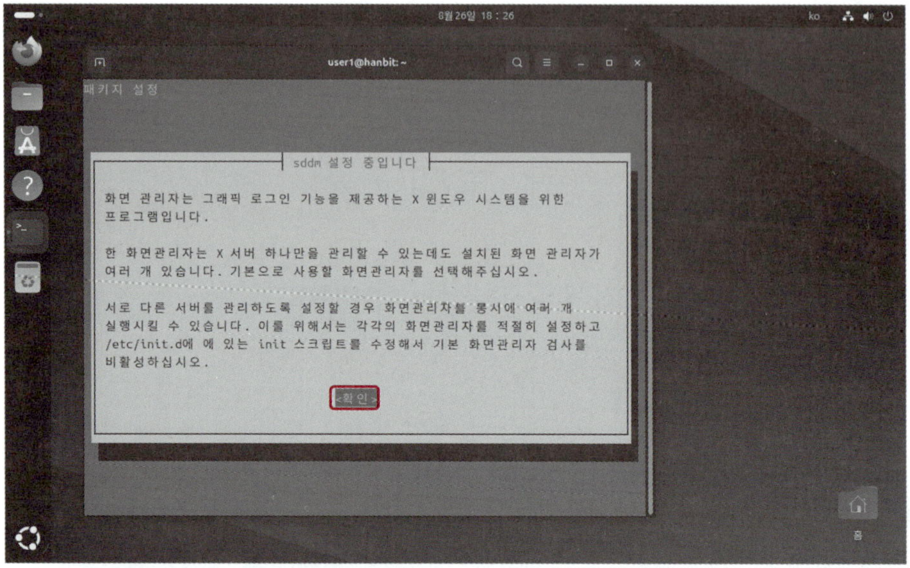

(a) sddm 설정 메시지 창: <확인>을 Enter로 선택한다.

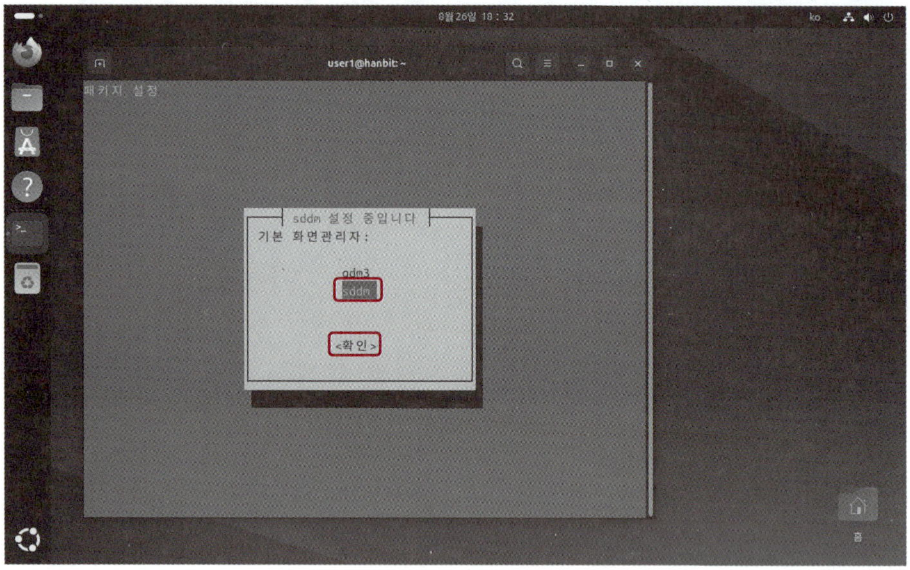

(b) sddm 선택

그림 2-7 KDE 설치 과정

03 시스템을 재부팅한다. 재부팅 후 로그인 창이 나타나면 [그림 2-8]과 같이 사용자 계정과 암호를 입력한다. 세션은 'Plasma(X11)'을 선택한다.

```
$ sudo reboot
```

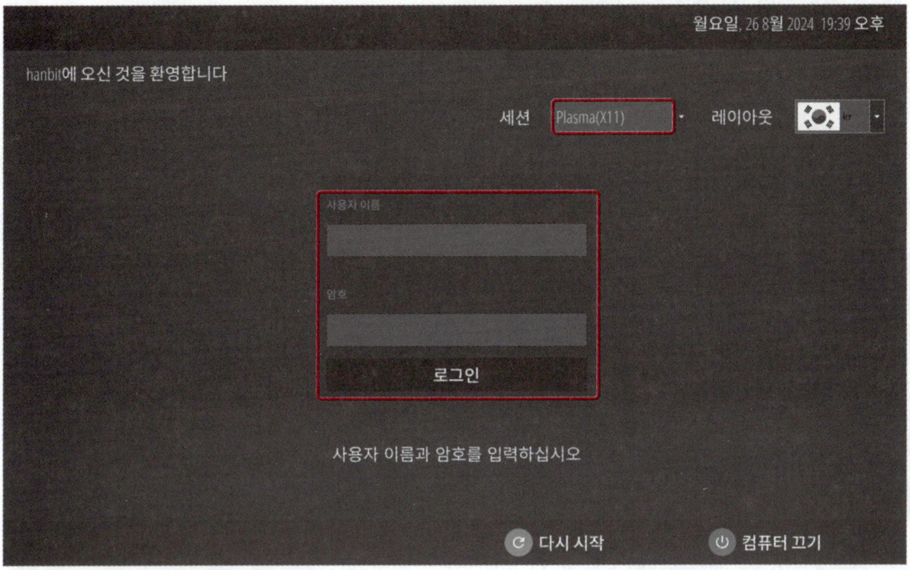

그림 2-8 KDE 환경 로그인 화면

04 로그인을 완료하면 [그림 2-9]와 같이 KDE 환경이 실행된다. 그놈과는 인터페이스 형태가 다르며, 윈도와 좀 더 유사한 형태임을 확인할 수 있다.

그림 2-9 KDE 환경 실행 화면

실습해보기 2-1 Xfce 데스크탑 환경 설치하기

❶ 우분투 시스템의 클론을 하나 생성한다.

❷ 다음 명령을 입력하여 Xfce를 설치한다.

```
$ sudo apt update
$ sudo apt install xfce4-goodies xfce4
```

만약 위 명령에서 오류가 발생하면 'sudo apt install --fix-missing xfce4-goodies xfce4'를 입력한다.

❸ 설치 과정에서 디스플레이 관리자를 선택하라는 화면이 나타나면 lightdm을 선택한다.

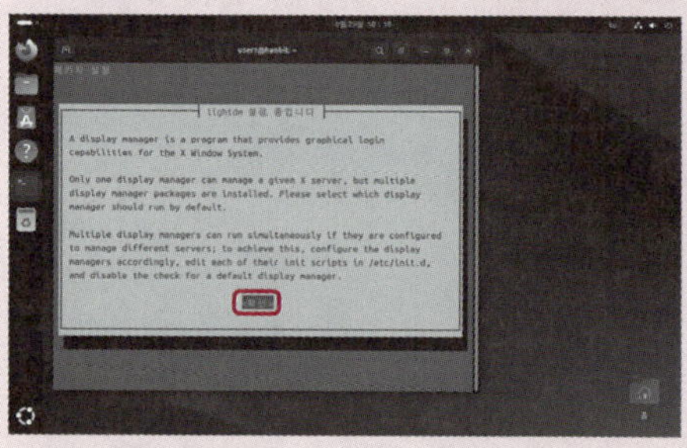

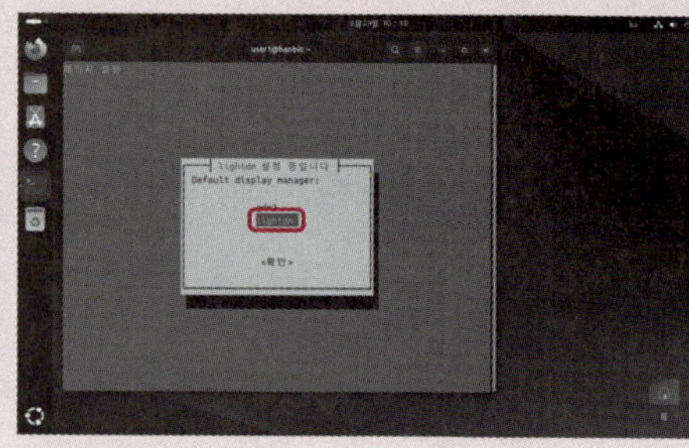

❹ 패키지 설치가 완료되면 시스템을 재부팅한다.

```
$ sudo reboot
```

❺ 재부팅 후 로그인 화면이 나타나면 Xfce를 선택하고 암호를 입력하여 로그인한다.

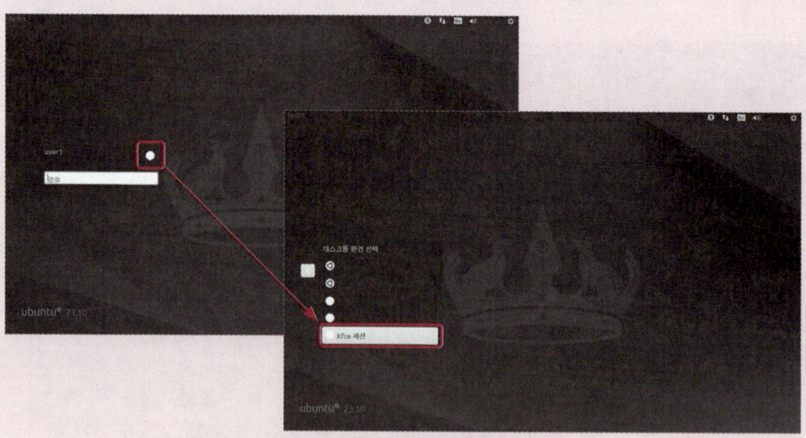

❻ 로그인을 완료하면 다음과 같이 Xfce 데스크톱 환경이 나타난다.

02 리눅스 데스크톱 환경 사용

리눅스의 데스크톱 환경은 리눅스 버전이 업그레이드됨에 따라 기능이 점점 더 다양해지고 있다. 우분투의 경우 로그인했을 때 기본적으로 그놈 환경이 동작하며 왼쪽에 주요 아이콘으로 구성된 런처 바가 제공된다.

1 우분투 데스크톱 환경의 구성 요소

우분투 24.04를 기준으로 리눅스 데스크톱 환경의 구성 요소는 [그림 2-10]과 같다.

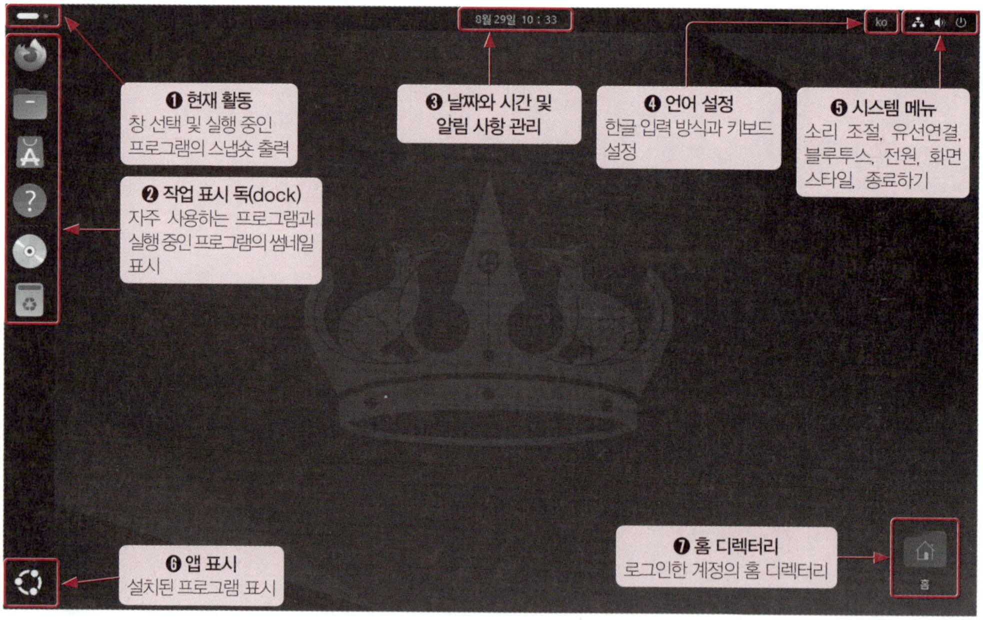

그림 2-10 우분투 데스크톱 환경의 구성 요소

❶ 현재 활동

[현재 활동]은 현재 사용 중인 여러 창을 보여주며, 창을 선택하거나 실행 중인 앱을 확인할 수 있도록 한다. [그림 2-11]은 [현재 활동]을 클릭한 화면이다. 현재 창과 다음 창의 일부가

보이고, 실행 중인 설정과 터미널 앱도 표시된다. 창의 상단에는 앱을 검색할 수 있는 기능이 제공되며 창이 3개 이상일 경우 썸네일로 창 목록을 표시하여 선택할 수 있도록 한다.

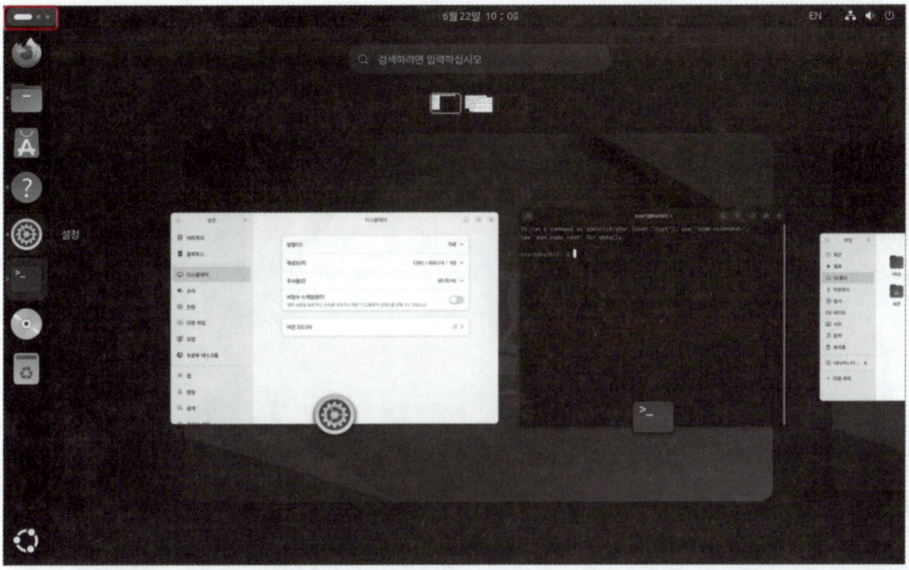

그림 2-11 다중 스크린 표시

❷ 작업 표시 독

윈도의 작업 표시줄처럼 자주 사용하는 앱이나 현재 실행 중인 앱을 표시한다. [그림 2-12]를 보면 독dock에는 웹 브라우저인 파이어폭스, 파일 관리자, 앱 센터, 도움말, CD/DVD, 휴지통 아이콘이 있다. CD/DVD 아이콘은 설치 과정에서 설정한 ISO 파일이 아직 연결되어 있어서 표시된 것이다. 터미널 등 다른 앱을 실행하면 독에 아이콘이 추가된다. 독의 위치는 설정에서 오른쪽이나 아래쪽으로 변경할 수 있다.

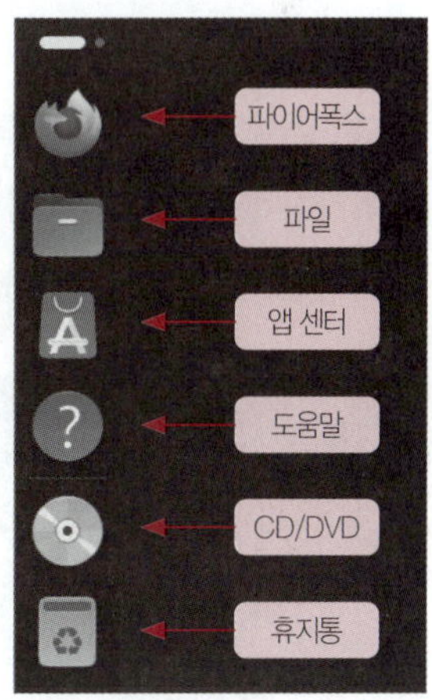

그림 2-12 작업 표시 독

❸ 날짜와 시간 및 알림 사항 관리

바탕 화면의 상단 가운데에 있는 시간을 클릭하면 [그림 2-13]과 같이 달력과 알림 사항을 확인할 수 있는 팝업창이 뜬다.

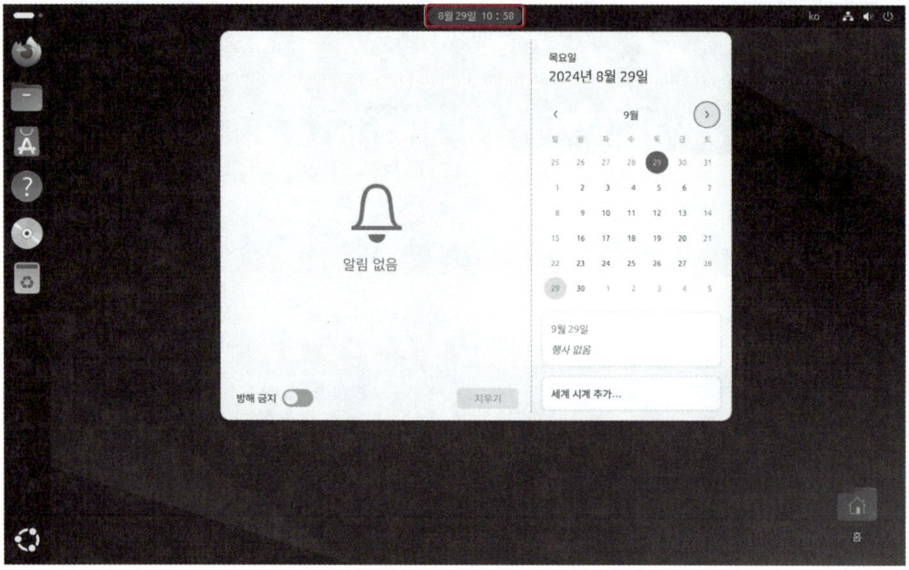

그림 2-13 날짜와 시간 설정 및 일정 확인 팝업창

❹ 언어 설정

상단 오른쪽에 있는 [ko]를 선택하면 [그림 2-14]와 같이 한국어 입력 방식을 선택할 수 있는 팝업창이 뜬다. 한국어 입력 방식으로는 [한국어(Hangul)]를 선택한다. [한국어(Hangul)]를 선택하면 상단의 [ko]가 [EN]으로 변경된다.

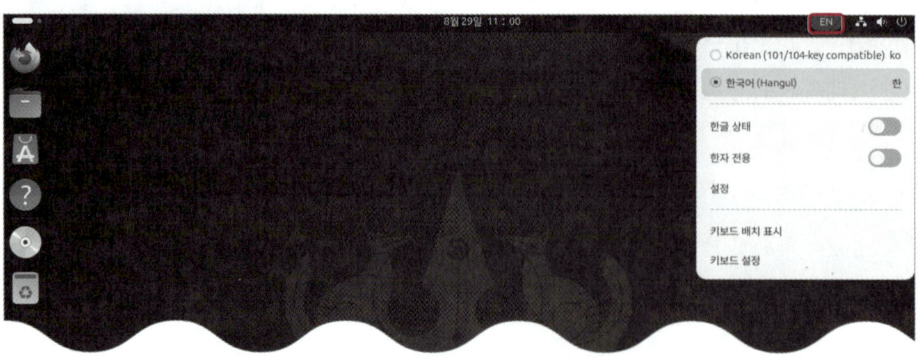

그림 2-14 한국어 입력 방식 선택 팝업창

❺ 시스템 메뉴

바탕 화면의 상단 오른쪽에 있는 시스템 메뉴에는 화면 캡처, 설정, 잠금, 종료를 선택할 수 있는 아이콘과 소리 조정, 유선 네트워크, 블루투스 전원 모드, 화면 스타일을 선택할 수 있는 항목이 표시된다. 각 아이콘을 클릭하면 관련된 팝업창이 뜬다. 스피커 모양 아이콘을 클릭하면 [그림 2-15]와 같이 시스템 메뉴 팝업창이 뜬다.

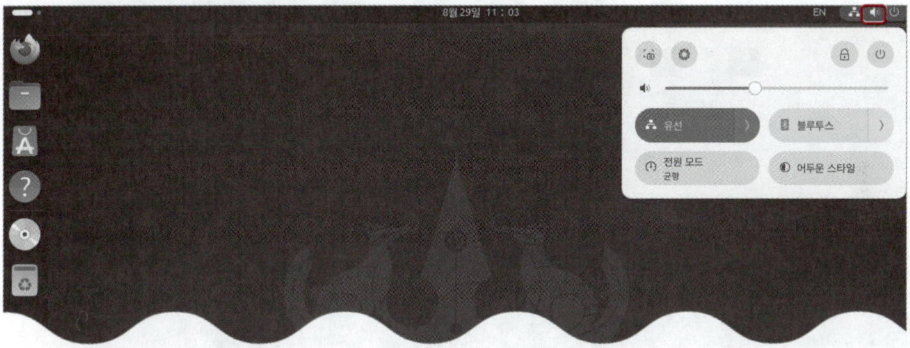

그림 2-15 시스템 메뉴 팝업창

❻ 앱 표시

바탕 화면 좌측 독의 하단에는 [앱 표시] 아이콘이 있다. 이 아이콘을 클릭하면 현재 설치된 앱이 [그림 2-16]과 같이 표시된다. 여기서 원하는 앱을 선택하면 실행된다.

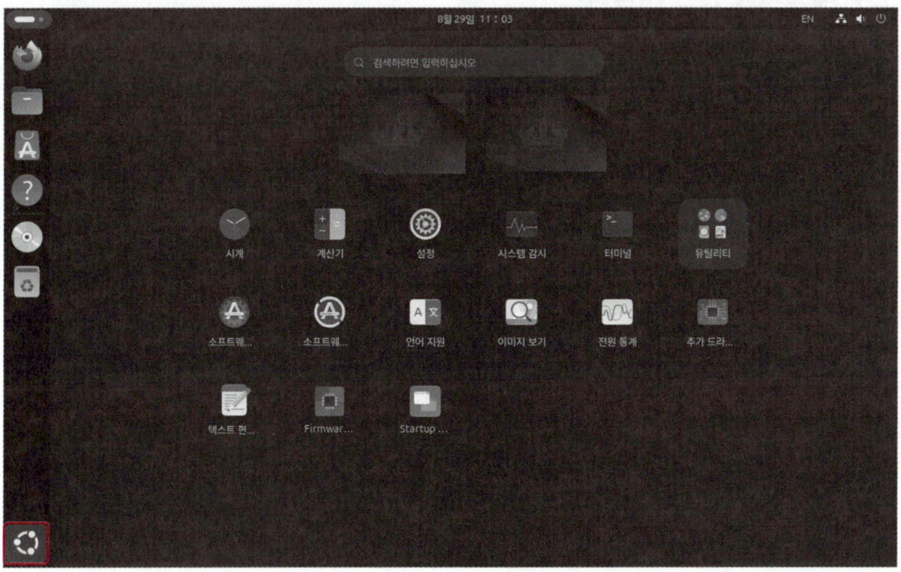

그림 2-16 앱 표시하기

❼ 홈 디렉터리

바탕 화면의 오른쪽 아래에는 [홈] 아이콘이 있다. 이 아이콘을 더블 클릭하면 [그림 2-17]과 같이 [파일] 앱이 열리며 해당 계정의 홈 디렉터리의 내용이 표시된다.

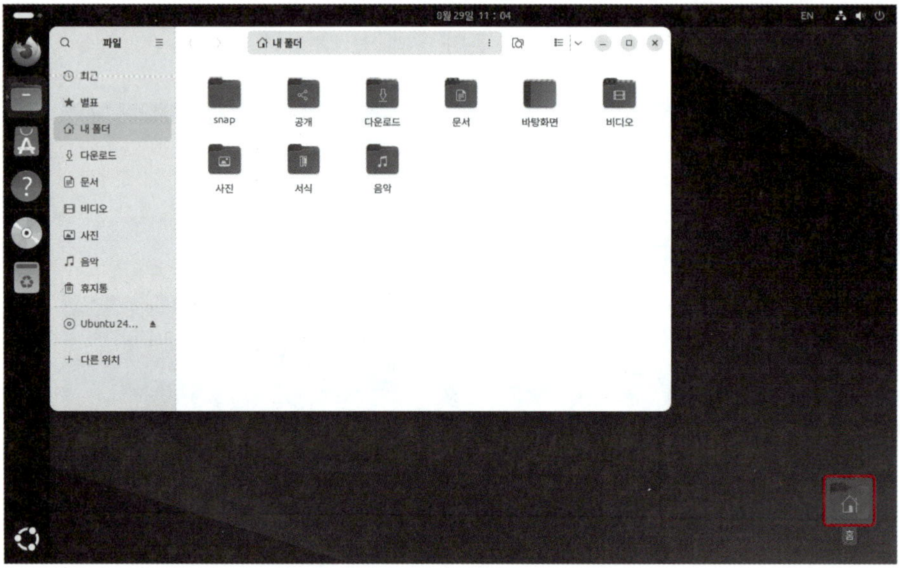

그림 2-17 홈 디렉터리의 내용 표시하기

2 우분투 데스크톱 환경 사용하기

우분투 데스크톱 환경에서 제공하는 앱을 사용해보자.

작업 표시 독의 앱 사용하기

[그림 2-12]에서 볼 수 있듯이 독에는 기본적으로 몇 가지 앱들이 표시되어 있다. 이 앱들에 대해 먼저 살펴보자.

■ **도움말**

독에는 기본적으로 도움말 앱이 표시된다. 도움말을 클릭하면 [그림 2-18]과 같이 'Ubuntu 데스크톱 가이드' 창이 열린다. 이 가이드의 항목을 클릭하면 우분투의 데스크톱 환경에 대한 기초적인 안내를 확인할 수 있다.

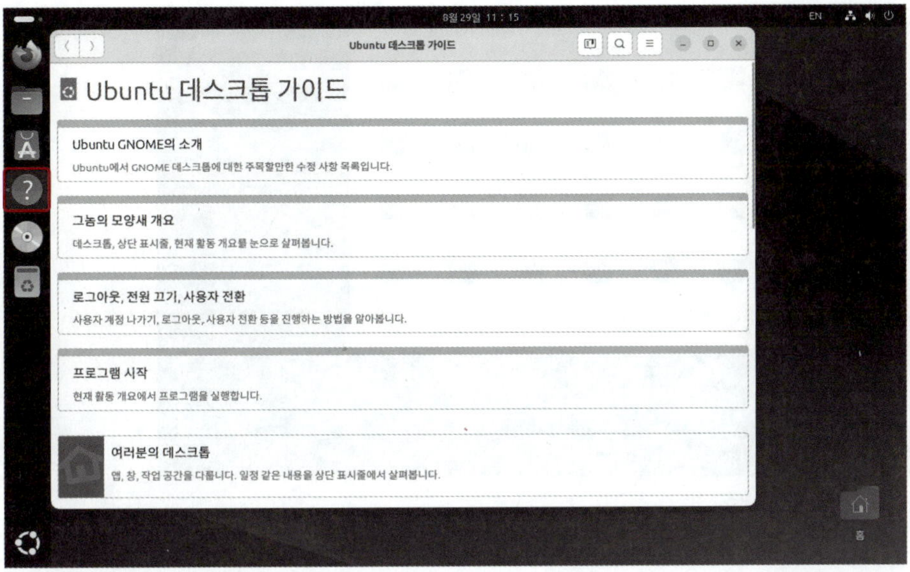

그림 2-18 우분투 데스크톱 가이드 창

■ 파일

파일 앱은 윈도 탐색기와 같은 기능을 수행한다. 파일은 자주 사용하는 앱이기 때문에 독에 표시되어 있다. 파일의 기본 사용 방법은 윈도 탐색기와 비슷하여 쉽게 사용할 수 있다. [그림 2-19]와 같이 '파일 → 다른 위치 → Ubuntu'를 선택하면 /(root) 디렉터리의 내용을 볼 수 있다.

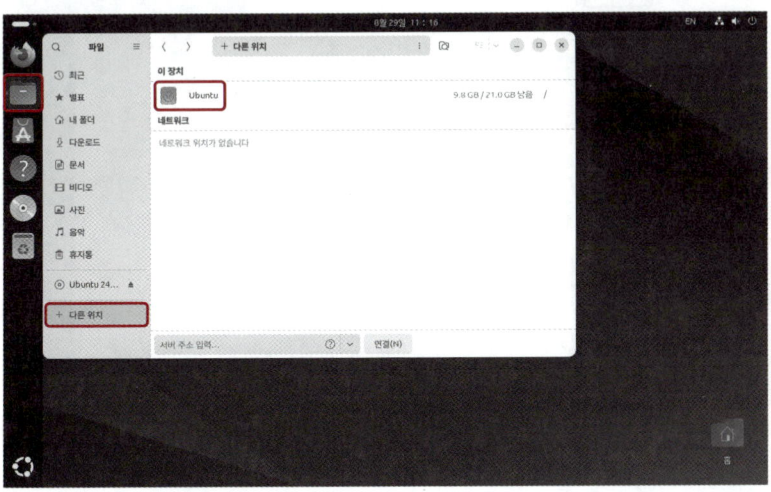

(a) 파일 → 다른 위치 → Ubuntu 선택

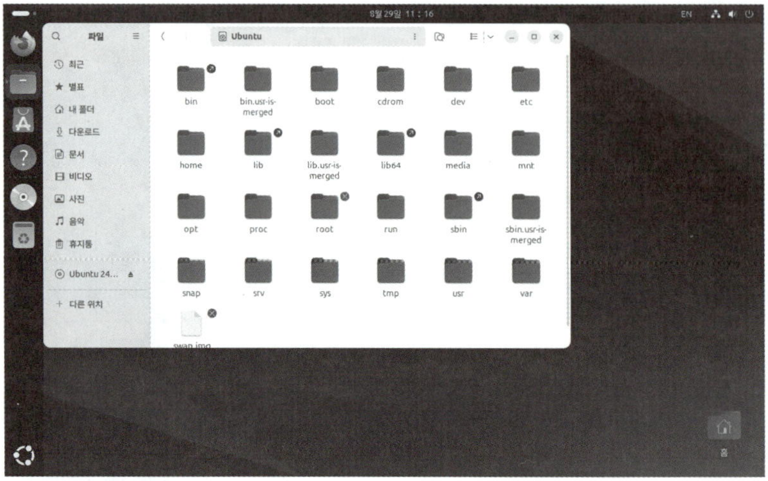

(b) /(root) 디렉터리 내용

그림 2-19 파일 앱 사용하기

파일에서는 접근 권한이 없는 디렉터리는 ×로 표시되며, 디렉터리를 더블 클릭하면 해당 디렉터리로 이동하고, 파일을 더블 클릭하면 편집기로 열 수 있다. [그림 2-20]은 /etc/hostname 파일을 편집기로 열어본 모습이다.

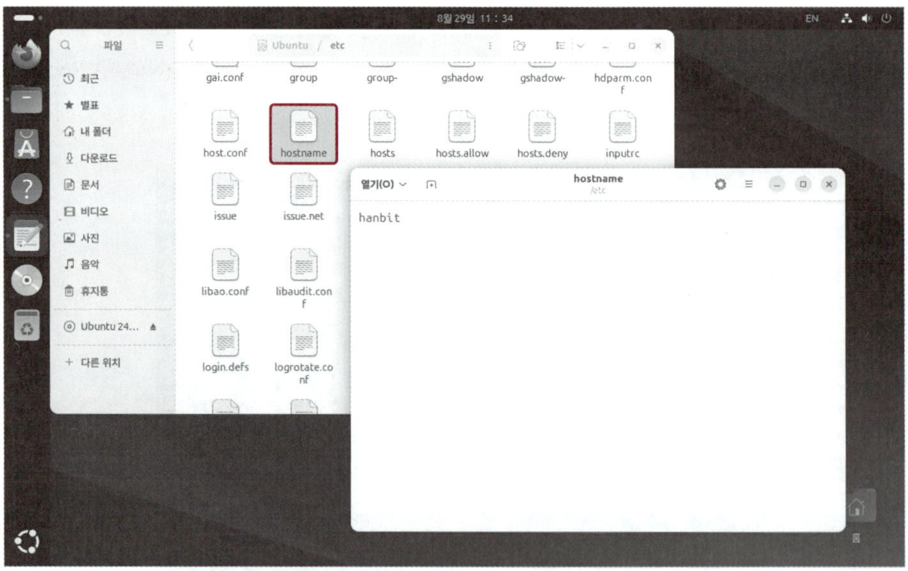

그림 2-20 텍스트 파일을 편집기로 열기

■ **파이어폭스**

우분투에서 제공하는 기본 웹 브라우저는 파이어폭스이다. 파이어폭스를 처음 실행하면 설정 화면이 나타나며, 하단의 [이 단계 건너뛰기]를 클릭하면 [그림 2-21]과 같은 초기 화면이 열린다. 초기 화면은 구글 크롬과 유사하다. 웹 브라우저의 사용법은 다른 웹 브라우저와 동일하므로 추가 설명은 생략한다.

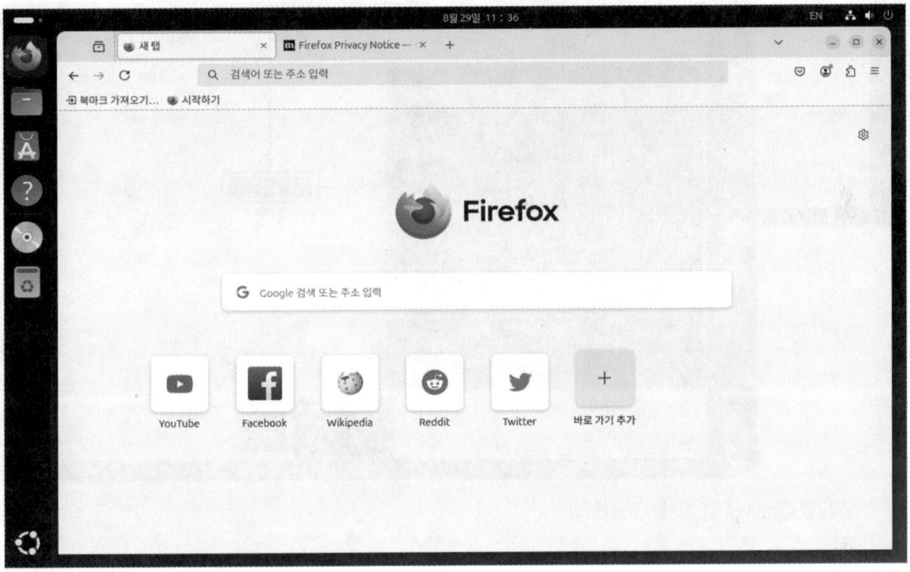

그림 2-21 파이어폭스 사용하기

■ **앱 센터**

앱 센터는 우분투에서 동작하는 다양한 앱을 카테고리별로 구분하여 등록한 곳이다. 여기서 앱을 찾아 [설치하기]를 클릭하면 앱을 설치할 수 있다. [그림 2-22]는 게임 카테고리에서 게임을 찾아 설치한 예이다. 앱을 설치하려면 암호를 입력하라는 메시지가 나타나는데, 사용자 계정의 암호를 입력하면 된다. 설치 완료 후 [열기] 버튼이 활성화되며 이 버튼을 클릭하면 앱이 실행된다.

그림 2-22 앱 센터에서 앱 설치하고 실행하기

실습해보기 2-2 독에 있는 앱 사용하기

❶ [도움말] 앱에서 '그놈의 모양새 개요'의 내용을 확인한다.

❷ [파일] 앱을 실행하여 /etc/hosts 파일을 찾아 열어본다.

❸ [파이어폭스] 앱을 실행하여 hanbit.co.kr 사이트에 접속한다.

❹ [앱 센터]를 실행하여 'Notepad++' 앱을 설치하고 실행한다.

추가적인 앱 사용하기

독에 있는 [앱 표시]를 클릭하면 시스템에 설치된 여러 앱이 보인다. 이 앱들 중에는 '소프트웨어 업데이터', '전원 통계', '추가 드라이버 설치' 등 시스템 관리용 앱들도 있다. 여기서는 시스템 관리용이 아닌 일반적인 앱의 사용 방법을 간단하게 살펴본다.

■ 설정

[앱 표시]에서 [설정]을 클릭하면 [그림 2-23]과 같이 앱이 실행된다. 여기서는 네트워크, 블루투스, 디스플레이, 소리 등 다양한 설정을 할 수 있다.

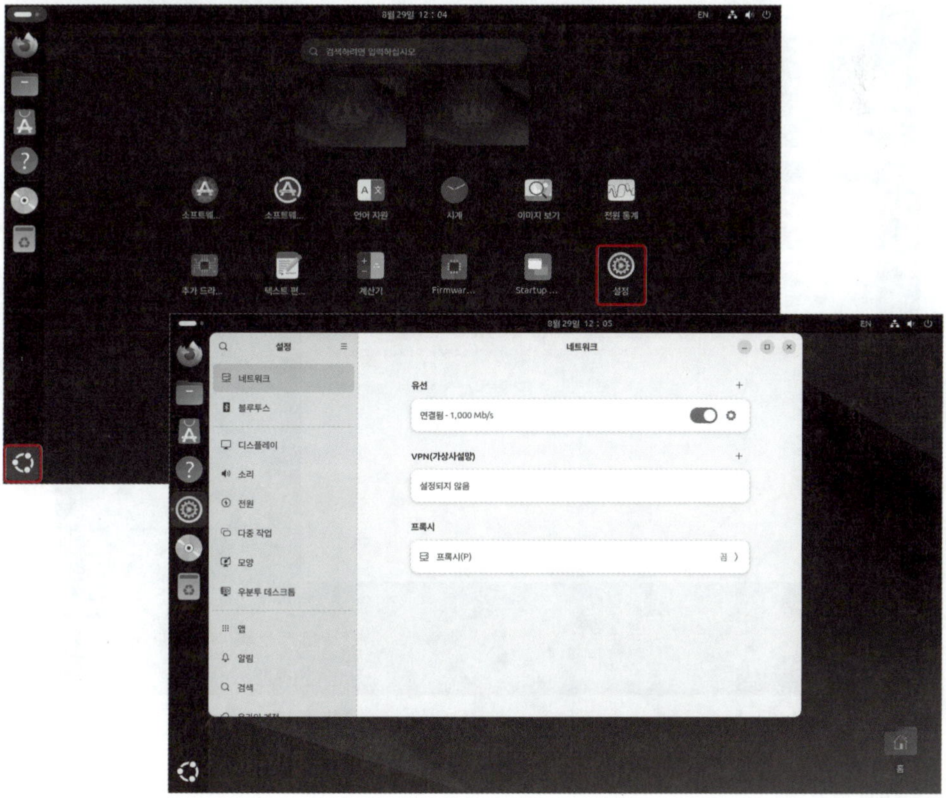

그림 2-23 설정 앱 실행하기

■ 텍스트 편집기

[앱 표시]에서 [텍스트 편집기]를 클릭하여 실행한다. 좌측 상단의 [열기]를 선택하여 파일을 찾아 열 수 있다. 여기서는 /etc/services 파일을 찾아 열어보았다.

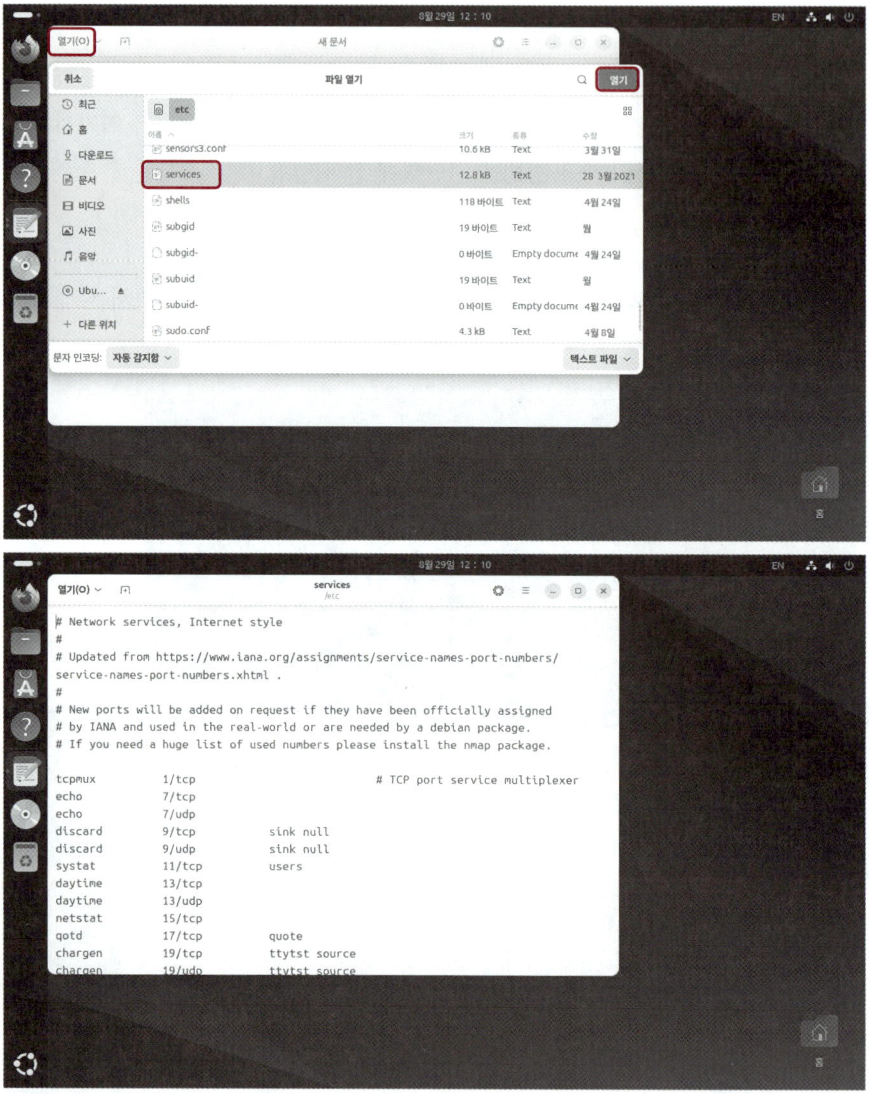

그림 2-24 텍스트 편집기 앱 실행하기

■ 이미지 보기

[앱 표시]에서 [이미지 보기] 앱을 실행해보자. [이미지 보기] 앱을 실행하고 /usr/share/backgrounds 디렉터리에서 이미지를 선택하여 '열기'를 하면 [그림 2-25]와 같이 나타난다.

그림 2-25 이미지 보기 앱 실행하기

■ 유틸리티 앱

[앱 표시]에서 [유틸리티]로 묶인 앱들을 클릭하면 [그림 2-26]과 같이 유틸리티 앱들이 표시된다. 유틸리티 앱에는 고급 네트워크 구성, 디스크 사용량 분석 등 시스템을 관리하는 데 필요한 앱들이 포함되어 있다.

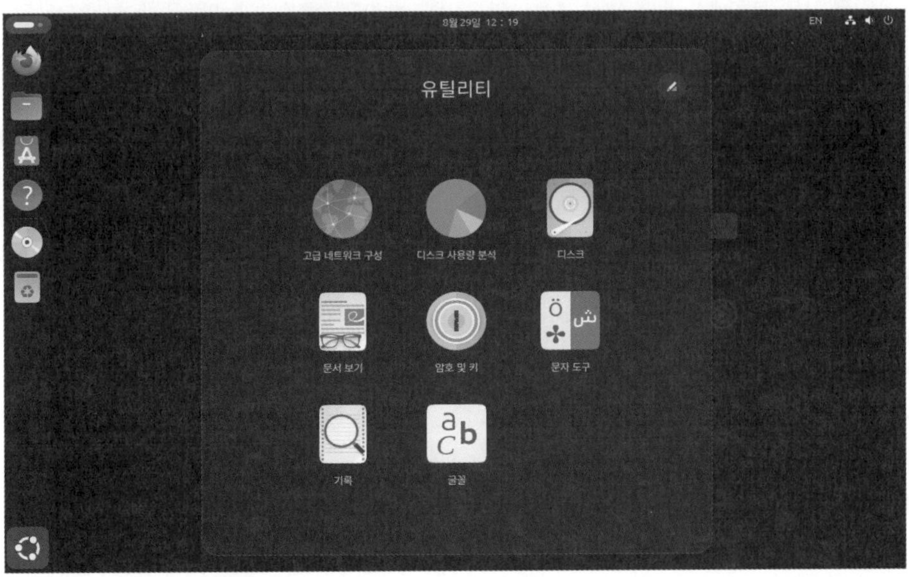

그림 2-26 유틸리티에 분류된 앱

이 중 [문자 도구] 앱을 실행하면 각종 특수문자들이 나타난다. 이 문자들을 클릭하면 복사할 수 있도록 팝업창이 뜨는데, 여기서 문자를 복사하여 [텍스트 편집기]에서 사용할 수 있다.

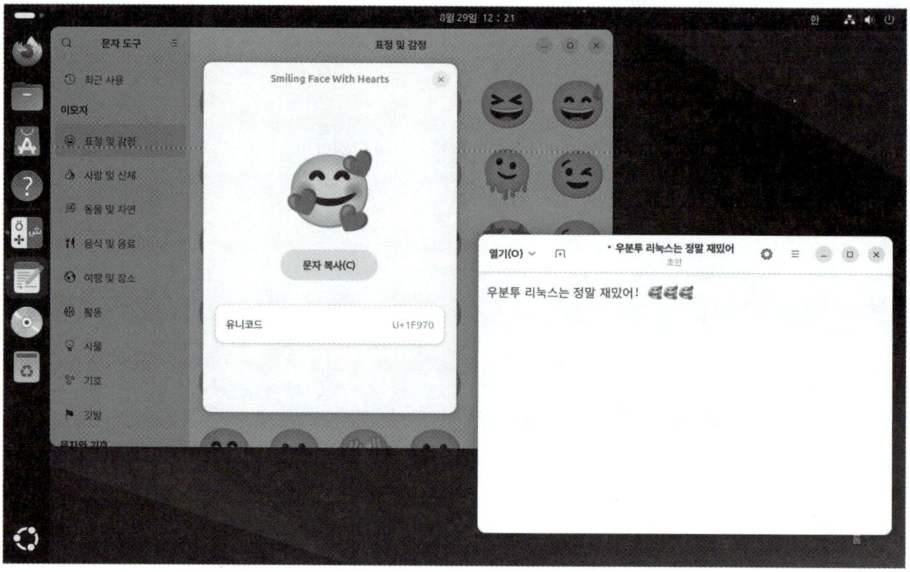

그림 2-27 문자 도구 앱 사용하기

실습해보기 2-3 앱 표시에 있는 앱 사용하기

❶ [설정] 앱에서 '우분투 데스크톱'을 선택하고 독의 위치를 화면 하단으로 설정한다. 독 이동을 확인한 후 다시 원래 위치로 배치한다.

❷ [텍스트 편집기] 앱을 실행하여 /etc/profile 파일을 찾아 열어본다.

❸ [이미지 보기] 앱을 실행하여 /usr/share/backgrounds 디렉터리에서 이미지를 선택하여 확인한다.

❹ [네트워크] 앱을 실행하여 현재 시스템에 할당된 IPv4 주소를 확인한다.

03 리눅스 명령 사용

리눅스는 GUI를 사용할 수도 있지만 전통적으로 명령 기반 인터페이스를 기본으로 제공한다. 윈도 사용자들 입장에서는 명령 기반 인터페이스가 낯설겠지만 조금만 익숙해지면 명령으로 리눅스를 활용하기가 편해질 것이다. 특히 리눅스 시스템 관리자가 되고 싶다면 명령을 사용하는 방법을 꼭 알아두어야 한다.

1 터미널의 시작과 종료

리눅스에서 명령을 사용하려면 터미널을 동작시켜야 한다. 우분투에서는 [앱 표시]-[터미널]을 선택하여 터미널을 시작할 수 있다. 터미널을 동작시키면 [그림 2-28]과 같이 터미널 창이 열린다. 윈도의 cmd 창과 비슷해 보일 것이다. 이 터미널 창에서 명령을 입력하여 작업할 수 있다.

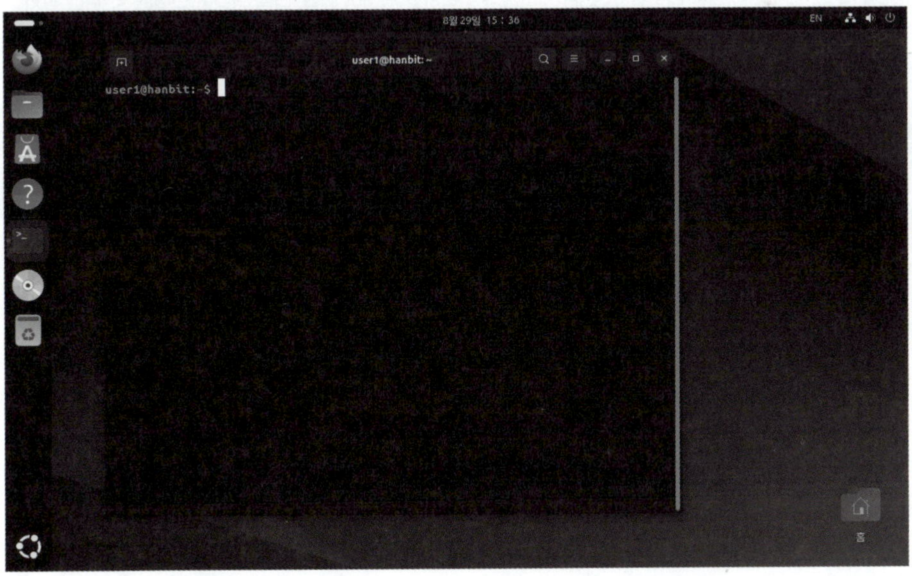

그림 2-28 터미널 창 실행화면

터미널에서 작업을 마치면 터미널을 종료해야 한다. 터미널을 닫는 방법은 두 가지가 있다. 물론 마우스를 사용하여 터미널 창의 오른쪽 상단에 있는 ×를 클릭해도 된다.

■ **exit 명령을 사용한 접속 해제**

```
user1@hanbit:~$ exit
```

■ **Ctrl+D를 사용한 접속 해제**

```
user1@hanbit:~$ Ctrl+D
```

여기서 잠깐 **윈도에서 터미널로 접속하기**

윈도에서 터미널로 우분투 리눅스에 접속하려면 터미널 프로그램이 필요하며 리눅스에는 SSH 서비스가 동작하고 있어야 한다.

1 윈도에서 사용하는 대표적인 터미널 프로그램으로 PuTTY가 있다. PuTTY는 putty.org에서 다운로드할 수 있다. 64-bit x86용 putty.exe 파일을 다운로드하여 설치하면 된다. 2024년 4월 15일 기준 최신 버전은 0.81이다.

2 윈도에서 리눅스에 접속하려면 리눅스에 SSH 서비스가 동작하고 있어야 한다. 다음 명령을 입력해 SSH를 설치한다. 암호를 입력하라는 메시지가 나오면 사용자 계정의 암호를 입력하고, 중간에 '계속하시겠습니까?' 질문에는 Y를 입력한다.

```
user1@hanbit:~$ sudo apt install ssh
```

3 PuTTY를 실행하면 설정 창이 나타나는데, 그림과 같이 리눅스의 IP주소를 입력하고 [Open]을 클릭한다.

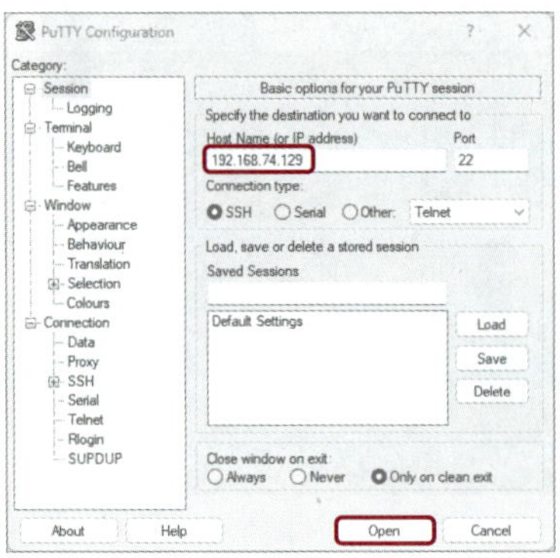

4 SSH로 처음 접속하면 암호 키를 설정하는 창이 나타난다. [Accept]를 클릭해야 리눅스와 연결할 수 있다.

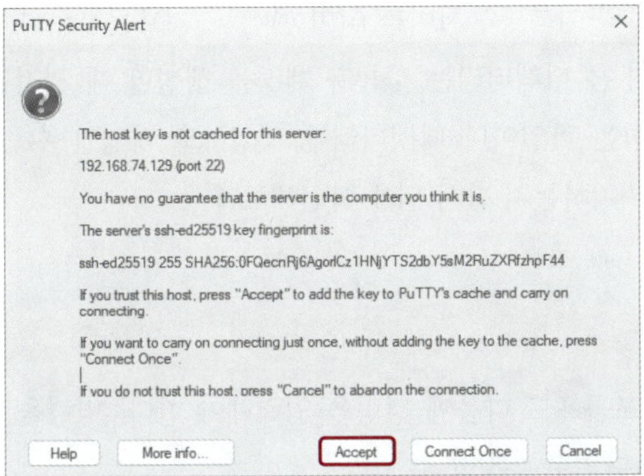

5 사용자 계정과 암호를 입력하면 시스템에 접속되고 터미널을 사용할 수 있다.

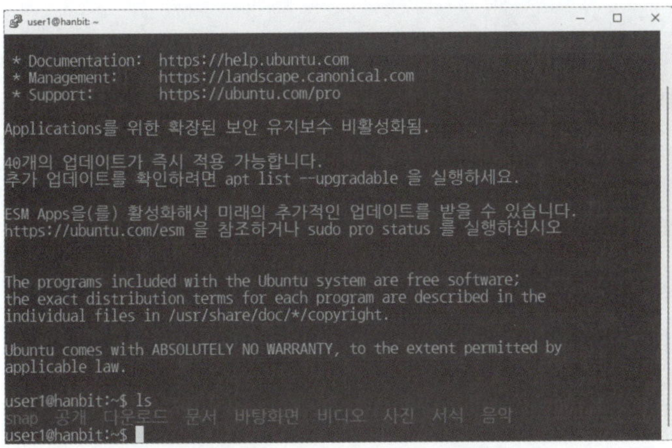

2 프롬프트 기호와 홈 디렉터리

터미널 창을 열거나 원격으로 리눅스에 접속하면 프롬프트Prompt가 나타난다. 프롬프트는 사용자의 명령 입력을 기다리는 표시로, 사용하는 셸에 따라 다르게 나타난다. 예를 들어 배시 셸의 경우에는 기본적으로 $로 표시되고, 시스템 관리자의 경우에는 #로 표시된다. 프롬프트는 사용자가 원하는 모양으로 바꿀 수 있다.

터미널 창이 나왔을 때 기본 디렉터리는 사용자의 홈 디렉터리에 위치한다. [그림 2-28]의 터미널 창을 보면 상단에 'user1@hanbit:~'라고 제목이 표시되어 있다. 여기서 user1은 사용자 계정의 이름이고, hanbit은 호스트의 이름, 즉 서버를 의미한다. ~ 기호는 user1 사용자의 홈 디렉터리를 나타낸다. 사용자의 홈 디렉터리는 사용자 계정을 생성할 때 결정된다. 사용자는 홈 디렉터리 내에 자신이 원하는 파일이나 디렉터리를 생성하고 작업할 수 있다. user1 사용자의 홈 디렉터리가 어디에 위치하는지 잠시 뒤에 확인해보자.

3 명령행 편집

명령을 이용하여 리눅스를 사용하려면 프롬프트 다음에 명령을 입력해야 한다. 명령을 잘못 입력했을 때는 문자 단위, 단어 단위, 행 단위로 수정할 수 있다.

■ **문자 지우기**

리눅스의 명령행에서 문자를 지울 때는 Backspace나 Del을 사용한다. 리눅스에 따라 둘 중 하나가 기본값으로 설정되어 있는데 대부분의 경우는 Backspace를 사용한다.

■ **단어 지우기**

단어를 지우려면 Ctrl+W를 사용한다. 이때 단어는 공백으로 구분한다.

```
user1@hanbit:~$ Ubuntu Linux        → Linux를 지우려면 Ctrl+W를 누른다.
user1@hanbit:~$ Ubuntu
```

■ **행 지우기**

현재 행 전체를 지우려면 Ctrl+U를 사용한다. Ctrl+U를 누르면 현재 입력 중인 행의 내용을 모두 삭제할 수 있다.

```
user1@hanbit:~$ Ubuntu Linux        → 행 전체를 지우려면 Ctrl+U를 누른다.
user1@hanbit:~$
```

4 명령의 구조와 사용법

리눅스에서 사용하는 명령의 기본 구조는 다음과 같다.

표 2-1 명령의 구조

요소	내용
형식	명령 [옵션] [인자]
명령	리눅스를 사용하기 위해 사용자가 입력하는 명령에는 date, man, ls, cp, mv 등 수백 가지가 있다.
옵션	옵션을 사용하여 명령의 세부 기능을 선택할 수 있다. 리눅스의 기능을 풍부하게 하는 중요한 특징으로, 명령에 따라 옵션이 있는 경우도 있고 없는 경우도 있다. 옵션은 – 또는 –– 기호로 시작하며 영문 소문자나 대문자로 구성된다. 명령에 따라 어떤 옵션이 있고 그 기능이 무엇인지는 해당 명령의 사용법을 참조해야 한다.
인자	인자는 명령으로 전달되는 값으로, 주로 파일명이나 디렉터리명이 사용된다. 명령에 따라 인자가 없을 수도 있으며, 각 명령에 필요한 인자도 각기 다르므로 사용법을 참조해야 한다.

ls 명령을 통해 명령을 사용한 예를 살펴보자. ls 명령의 기능은 3장에서 자세히 설명하므로 여기서는 사용법만 알아보자.

■ **명령만 사용한 경우**

ls 명령만 사용한 경우이다.

```
user1@hanbit:~$ ls
snap  공개  다운로드  문서  바탕화면  비디오  사진  서식  음악
```

■ **명령과 옵션을 사용한 경우**

ls 명령과 함께 –a라는 옵션을 사용한 경우이다.

```
user1@hanbit:~$ ls -a
.              .bashrc   .profile                    공개      비디오
..             .cache    .ssh                        다운로드  사진
.bash_history  .config   .sudo_as_admin_successful   문서      서식
.bash_logout   .local    snap                        바탕화면  음악
```

■ **명령과 인자를 사용한 경우**

ls 명령과 함께 /tmp라는 인자를 사용한 경우이다. 명령의 출력 결과는 다를 수 있다.

```
user1@hanbit:~$ ls /tmp
snap-private-tmp
systemd-private-afbb5b314e7f460983a650edf0664f5f-ModemManager.service-yihb3P
(생략)
```

■ **명령, 옵션, 인자를 사용한 경우**

ls 명령과 함께 -a라는 옵션과 /tmp라는 인자를 사용한 경우이다.

```
user1@hanbit:~$ ls -a /tmp
.
..
.ICE-unix
.X0-lock
.X1-lock
(생략)
snap-private-tmp
systemd-private-afbb5b314e7f460983a650edf0664f5f-ModemManager.service-yihb3P
systemd-private-afbb5b314e7f460983a650edf0664f5f-bluetooth.service-QXEwLB
(생략)
```

5 기초 명령의 사용법

리눅스의 기초 명령 사용법을 연습해보자.

date

date 명령은 현재 날짜와 시간을 출력한다.

date

- **기능** 날짜와 시간을 출력한다.
- **형식** date

```
user1@hanbit:~$ date
2024. 06. 22. (토) 17:31:38 KST
```

clear

clear 명령을 입력하면 현재 보이는 화면이 깨끗이 지워지고 커서가 화면의 왼쪽 상단으로 이동한다.

clear

- **기능** 화면을 지운다.
- **형식** clear

```
user1@hanbit:~$ clear
```

man 명령

man 명령은 리눅스가 제공하는 각종 명령의 사용법을 자세히 보여준다. 명령의 옵션이나 인자 등 명령 사용법을 자세히 알고 싶을 때 매우 유용하다.

man

- **기능** 명령 사용 방법을 출력한다.
- **형식** man [옵션] 명령
- **옵션** -s 섹션번호: 섹션번호에 속한 사용법을 출력한다.
- **사용 예** man ls
  man -s 2 open

man 다음에 자세히 알고 싶은 명령을 지정한다. 예를 들어 clear 명령의 자세한 사용법을 알고 싶다면 다음과 같이 입력한다.

```
user1@hanbit:~$ man clear
```

그러면 다음과 같은 결과가 출력된다.

```
clear(1)                     User commands                     clear(1)

NAME
       clear - clear the terminal screen   → 명령에 대한 간략한 설명
```

```
SYNOPSIS
       clear [-x] [-T terminal-type]          → 사용법 요약
       clear -V

DESCRIPTION                                   → 명령에 대한 상세한 설명
       clear  clears your terminal's screen and its scrollback buffer, if any.
       clear retrieves the terminal type from the environment variable TERM,
       then  consults the terminfo terminal capability database entry for that
       type to determine how to perform these actions.

       The capabilities to clear the screen and scrollback buffer are named
       "clear" and "E3", respectively. The latter is a user-defined capability,
       applying an extension mechanism introduced in ncurses 5.0 (1999).

OPTIONS                                       → 명령의 옵션 설명
       clear recognizes the following options.
       -T type  produces instructions suitable for the terminal type. Normally,
                this  option is unnecessary, because the terminal type is inferred
                from the environment variable TERM. If this (생략)

PORTABILITY                                   → 명령의 호환성과 관련된 설명
       Neither  IEEE  Std  1003.1/The  Open  Group Base Specifications Issue 7
       (POSIX.1-2008) nor X/Open Curses Issue 7 documents clear. (생략)

HISTORY                                       → 명령의 간략한 역사 설명
       A clear command using the termcap database and library appeared in 2BSD
       (1979).  Eighth Edition Unix (1985) later included it. (생략)

SEE AL                                        → 명령과 관련된 참고사항
       tput(1), xterm(1), terminfo(5)

ncurses 6.4                   2023-12-16                        clear(1)
 Manual page clear(1) line 74/96 (END) (press h for help or q to quit)
```

NAME 항목에는 명령에 대한 간단한 설명이 나오며, SYNOPSIS 항목은 명령 사용법을 요약해서 알려준다. DESCRIPTION 항목에는 명령의 옵션에 대한 설명이나 자세한 사용법이 나온다. 그 외 명령에 필요한 인자나 속성, 오류 메시지 등에 대한 설명이 이어진다. 마지막 행의 (END)는 설명이 끝났음을 나타낸다. 여기서 h를 입력하면 도움말 키가 나오고, q를 입력하면 man의 실행이 종료된다.

passwd

앞서 배운 방식으로 리눅스에 접속하려면 로그인 ID와 비밀번호가 필요하다. 로그인 ID는 사용자가 변경할 수 없으며 시스템 관리 권한을 가진 특별한 사용자(root)만 변경할 수 있다. 이와 달리 비밀번호는 필요에 따라 직접 변경할 수 있는데, 이때 사용하는 명령이 바로 passwd다.

passwd

- **기능** 사용자 계정의 비밀번호를 변경한다.
- **형식** passwd [인자]

passwd 명령의 인자는 로그인 ID이고, 이는 시스템 관리자가 다른 사용자의 비밀번호를 바꿀 때 사용한다. 일반 사용자는 자신의 비밀번호만 바꿀 수 있다. 다음과 같이 인자 없이 passwd 명령만 사용하면 로그인한 계정의 비밀번호를 바꿀 수 있다.

```
user1@hanbit:~$ passwd
user1를 위한 비밀번호 변경하기.
현재 비밀번호:
신규 비밀번호:
신규 비밀번호 재 입력:
passwd: 암호를 성공적으로 업데이트했습니다
```

passwd 명령을 입력하면 먼저 현재 사용하는 비밀번호를 물어본다. 그런 다음 새 비밀번호를 입력하라고 하는데 확인을 위해 두 번 입력해야 한다. 이때 입력하는 비밀번호는 화면에 보이지 않는다. 비밀번호는 일곱 자 이상이어야 하며 숫자나 특수문자를 포함하는 것이 좋다. 비밀번호는 자신의 정보를 지키는 데 매우 중요하므로 다른 사람이 쉽게 알아낼 수 없는 것으로 지정한다.

실습해보기 2-4 명령 사용하기

❶ PuTTY를 사용하여 리눅스 시스템에 접속한다.

❷ 터미널에서 명령을 사용하여 현재 날짜와 시간을 출력한다.

❸ man 명령에 대한 사용법을 확인한다.

❹ 사용자 계정의 암호를 원래 암호로 변경한다.

요약

01 X 윈도와 웨일랜드

- 리눅스의 GUI 환경은 X 윈도 또는 웨일랜드를 기반으로 한다.
- X 윈도는 네트워크 기반의 서버/클라이언트 방식으로 GUI 환경을 제공하며, X 서버와 X 클라이언트로 구성된다. X 서버와 X 클라이언트의 통신은 X 프로토콜이라는 통신규약을 따른다. X 클라이언트는 X 윈도에서 동작하는 응용 프로그램으로, 대표적인 예로 터미널, 텍스트 편집기, 웹 브라우저가 있다.
- X 윈도 상에서 창의 배치와 모양 등을 관리하는 프로그램을 윈도 매니저라고 한다. 윈도 매니저는 X 서버와 X 클라이언트 사이에서 윈도 환경을 관리하며, 다양한 종류의 윈도 매니저가 존재한다.
- 웨일랜드는 X 윈도의 단점인 프로그램의 복잡성을 해결하기 위해 개발된 윈도 시스템으로, 리눅스 커널과의 상호 작용을 강화한 것이 특징이다. 리눅스의 대표적인 데스크톱 환경인 그놈이 웨일랜드를 기본으로 사용하면서 여러 리눅스 배포판에서 X 윈도를 대체하여 웨일랜드를 채택하고 있다.

02 리눅스 데스크톱 환경

- 리눅스 데스크톱 환경은 기존의 윈도 매니저의 기능이 대폭 강화된 것으로 사용자에게 GUI 인터페이스 스타일인 독dock, 아이콘, 배경화면뿐만 아니라 계정 관리, 시작 프로그램 관리, 네트워크 관리 등 통합된 환경을 제공한다.
- 대표적인 리눅스 데스크톱 환경으로는 그놈이 있으며, 이외에도 KDE, Xfce, 판테온 등이 있다.
- 그놈의 특징은 다음과 같다.
  - 무료로 제공되는 오픈소스 소프트웨어이다.
  - 그놈은 GNU Network Object Model Environment의 약자이다.
  - 그놈은 GNU에서 만든 자유 소프트웨어로 누구나 사용할 수 있다.
  - 그놈은 GTK+ 라이브러리를 기반으로 제작되었다. GTK+ 라이브러리 역시 GNU에서 개발된 그래픽 라이브러리이다.
  - 그놈은 리눅스에 기본으로 포함되어 배포되고 있다.
- 우분투 리눅스는 기본적으로 그놈 데스크톱 환경을 제공하지만, 사용자는 KDE 등 다른 데스크톱 환경을 설치하여 사용할 수 있다.

03 우분투 데스크톱 환경의 구성 요소

구성 요소	기능
현재 활동	현재 사용 중인 여러 창을 보여주며, 창을 선택하거나 실행 중인 앱을 확인할 수 있다.
작업 표시 독	윈도의 작업 표시줄처럼 자주 사용하는 앱이나 현재 실행 중인 앱을 표시한다.
날짜와 시간 및 알림 사항 관리	바탕 화면의 상단 가운데에 있으며, 시간을 클릭하면 달력과 알림 사항을 확인할 수 있는 팝업창이 뜬다.
언어 설정	상단 오른쪽에 있는 [ko]를 선택하면 한국어 입력 방식을 선택할 수 있는 팝업창이 뜬다.
시스템 메뉴	바탕 화면의 상단 오른쪽에 있는 스피커 모양 등을 클릭하면 시스템 메뉴가 표시된다. 시스템 메뉴에는 화면 캡처, 설정, 잠금, 종료를 선택할 수 있으며, 소리 조정, 유선 네트워크, 블루투스, 전원 모드, 화면 스타일 변경 등을 할 수 있다.
앱 표시	바탕 화면 좌측 독의 하단에 [앱 표시] 아이콘이 있으며, 이 아이콘을 클릭하면 현재 설치된 앱이 표시된다.
홈 디렉터리	바탕 화면의 오른쪽 아래에는 [홈] 아이콘이 있으며, 이 아이콘을 더블 클릭하면 [파일] 앱이 열리며 해당 계정의 홈 디렉터리 내용을 확인할 수 있다.

04 리눅스 명령의 사용

- 리눅스에서 명령을 사용하려면 터미널을 동작시켜야 한다. 우분투에서는 [앱 표시] 메뉴에서 [터미널]을 선택하여 터미널을 시작할 수 있다.
- 터미널에서 작업을 마친 후 종료하는 방법에는 exit 명령을 입력하거나 Ctrl+D 사용 또는 터미널 창의 오른쪽 상단에 있는 ×를 클릭하는 방법이 있다.
- 터미널에서 프롬프트는 사용자의 명령 입력을 기다리는 표시로, 사용 중인 셸에 따라 다르게 나타난다. 배시셸의 경우에는 기본적으로 $로 표시된다.
- 터미널 창이 나왔을 때 기본 디렉터리는 사용자의 홈 디렉터리에 위치한다.
- 명령행에서 문자를 지울 때는 Backspace 또는 Del을 사용하며, 단어를 지울 때는 Ctrl+W, 행을 지울 때는 Ctrl+U를 사용한다.
- 리눅스에서 명령은 일반적으로 명령과 옵션, 인자로 구성된다.

05 기초 명령어

- date: 현재 날짜와 시간을 출력한다.
- clear: 현재 화면의 내용을 지운다.
- man: 각종 명령의 사용법과 관련된 매뉴얼을 보여준다.
- passwd: 사용자 암호를 변경한다.

01 X 윈도의 구성 요소가 아닌 것은 무엇인가?

① X 서버 ② X 클라이언트
③ X 커널 ④ X 프로토콜

02 사용자에게 제공하는 GUI 환경에서 작업 표시 독, 아이콘, 배경화면뿐만 아니라 계정 관리, 시작 프로그램 관리, 네트워크 관리 등을 제공하는 소프트웨어는 무엇인가?

① 서버 매니저 ② 윈도 시스템
③ 데스크톱 시스템 ④ 데스크톱 환경

03 다음 중 리눅스에서 제공하는 데스크톱 환경이 아닌 것은 무엇인가?

① XFCE ② 리눅스 윈도
③ 그놈(GNOME) ④ KDE

04 다음 중 그놈의 구성 요소가 아닌 것은 무엇인가?

① 작업 표시 독 ② 언어 설정
③ 현재 활동 ④ 앱 센터

05 그놈의 화면 구성 요소 중 화면 캡처, 설정, 잠금, 종료를 선택할 수 있는 아이콘과 소리 조정, 유선 네트워크 등을 선택할 수 있도록 하는 것은 무엇인가?

① 현재 활동 ② 앱 표시
③ 시스템 메뉴 ④ 작업 표시 독

06 우분투에서 앱을 다운로드하고 관리할 수 있는 서비스를 무엇이라고 하는가?

① 앱 센터 ② 앱 마켓
③ 앱 표시 ④ 앱 스토어

07 [디스크 사용량 분석] 앱을 실행하기 위한 순서로 옳은 것은 무엇인가?

① 앱 센터 → 디스크 사용량 분석

② 앱 표시 → 디스크 사용량 분석

③ 앱 센터 → 유틸리티 → 디스크 사용량 분석

④ 앱 표시 → 유틸리티 → 디스크 사용량 분석

08 터미널에서 사용자의 입력을 기다리는 표시를 무엇이라고 하는가?

① 입력기호　② 프롬프트

③ 셸　④ 입력표시

09 명령을 구성하는 요소가 아닌 것은 무엇인가?

① 명령　② 옵션　③ 인자　④ 함수

10 다음 중 명령과 인자를 함께 사용한 예로 옳은 것은 무엇인가?

① ls　② ls /etc　③ ls -a　④ ls -al

11 X 윈도 시스템이 무엇인지 간략하게 설명하시오.

12 리눅스 데스크톱 환경이 무엇인지 간략하게 설명하시오.

13 리눅스 데스크톱 환경 중 하나인 그놈의 특징을 설명하시오.

14 우분투 설치 후에 기본으로 설정되는 그놈의 화면 구성 요소를 설명하시오.

15 현재 시스템의 IP주소를 확인하는 방법을 설명하시오.

16 터미널을 종료하는 방법을 설명하시오.

17 명령행에서 입력한 행을 모두 지우려면 어떤 키를 사용할 수 있는가?

18 리눅스에서 사용하는 명령의 구조를 설명하시오.

19 명령, 옵션, 인자를 모두 사용하는 예를 ls 명령을 예로 하여 설명하시오.

20 [앱 표시]에서 출력된 앱 중에서 [텍스트 편집기]를 선택하여 실행할 수도 있지만 이를 명령으로 실행시킬 수도 있다. [텍스트 편집기] 앱의 실행 파일명은 gnome-text-editor이다. 이를 어떻게 실행시킬 수 있는가?

PART 02

리눅스 기초

PART 02 리눅스 기초

CHAPTER 03
디렉터리와 파일 사용

학습목표

- 파일 시스템의 개념과 종류를 익힌다.
- 파일의 종류와 디렉터리 계층 구조를 이해한다.
- 절대 경로명과 상대 경로명을 이해하고 사용할 수 있다.
- 디렉터리 생성과 삭제 등 디렉터리와 관련된 명령을 사용할 수 있다.
- 파일 내용 보기, 복사, 이동, 링크 등 파일과 관련된 명령을 사용할 수 있다.

PREVIEW

1장에서 리눅스의 실습환경을 구축하고 2장에서는 리눅스의 데스크톱 환경과 명령을 사용하는 방법을 학습했다. 이제 본격적으로 명령을 활용하여 리눅스를 사용하는 방법을 다룬다.

3장에서는 리눅스 파일 시스템의 구조와 종류, inode를 살펴본 후 리눅스 파일의 종류와 특징, 디렉터리 사용 명령, 파일을 다루는 명령 순으로 구성했다. 디렉터리는 폴더와 같은 개념이라고 생각하면 된다.

먼저 리눅스 파일 시스템의 구조와 종류, inode를 학습하고, 디렉터리를 사용하기 위해 디렉터리의 계층 구조를 이해한 후 디렉터리를 이동, 생성, 삭제하는 명령을 배운다. 이어서 정보를 관리하는 단위인 파일의 종류를 살펴보고, 파일의 내용을 확인하는 명령과 파일을 생성, 복사, 이동, 삭제하는 명령을 학습한다. 마지막으로 리눅스의 중요한 개념인 하드 링크와 심볼릭 링크에 대해 다룬다.

리눅스에서 작업을 수행하기 위해서는 디렉터리와 파일의 활용이 필수적이므로, 이 장에서 다루는 내용을 실습을 통해 확실히 자기 것으로 만들기 바란다.

리눅스 파일 시스템	파일 시스템의 구조	디스크 기반 파일 시스템	가상 파일 시스템	파일 시스템과 inode	
파일의 종류와 디렉터리 계층 구조	파일의 종류	디렉터리의 계층 구조	절대 경로명과 상대 경로명		
디렉터리 관련 명령	현재 디렉터리 확인	디렉터리 이동	디렉터리 내용 확인	디렉터리 생성과 삭제	
파일 관련 명령	파일 내용 출력	파일 복사	파일 이동과 파일명 변경	파일 삭제	파일 링크

01 리눅스 파일 시스템

파일은 관련 있는 정보들을 하나의 단위로 모은 것이다. 시스템과 사용자가 생성한 다양한 파일을 운영하기 위해서는 관리체계가 필요한데 이를 파일 시스템이라고 한다. 여기서는 파일 시스템의 구조와 종류에 대하여 알아본다.

1 파일 시스템의 구조와 종류

파일 시스템은 파일과 디렉터리를 구조적으로 구성하여 관리하는 체계로 운영체제의 핵심적인 기능 중 하나이다. 어떤 구조로 파일과 디렉터리를 관리하느냐에 따라 다양한 형식의 파일 시스템이 존재한다. 파일 시스템은 크게 디스크를 기반으로 하는 파일 시스템과 운영체제가 시스템을 운영하는 과정에서 임시로 만들어 사용하는 가상 파일 시스템으로 나눌 수 있다. 파일 시스템은 다양한 구조를 가지고 있으며, 이를 단순화하여 살펴보면 [그림 3-1]과 같다.

그림 3-1 단순화한 파일 시스템의 구조

슈퍼 블록에는 파일 시스템과 관련된 다양한 정보가 저장된다. 슈퍼 블록에 저장되는 주요 정보로는 inode와 데이터 블록의 전체 개수와 사용한 개수, 블록의 크기, 마운트 시간, 파일 시스템 상태 정보 등이 있다. 리눅스는 유닉스처럼 inode에 파일 정보를 저장한다. inode의 자세한 구조는 뒤에서 자세히 살펴보겠다. 데이터 블록에는 실제 데이터가 저장된다.

리눅스의 디스크 기반 파일 시스템

■ **ext 파일 시스템**

ext는 Extended File System의 약자로 extfs라고도 한다. ext 파일 시스템은 1992년에 처음 발표된 이후 ext2, ext3, ext4로 발전했다. 처음 발표된 ext 파일 시스템은 현재는 사용되고 있지 않다. ext2 파일 시스템은 지금도 부팅 가능한 USB 플래시 드라이브와 기타 SSD 장치에 사용되고 있다. ext3 파일 시스템은 저널링journaling 기능을 도입했다. 저널링은 디스크에 기록되는 데이터의 복구 기능을 강화한 것이다. ext4 파일 시스템은 2008년에 발표되었으며 1EB(엑사바이트, 1EB=1,024×1,024TB) 이상의 볼륨과 16TB 이상의 파일을 지원하며, ext2 및 ext3와 호환성을 유지하고 있다. 우분투의 경우 ext4 파일 시스템을 기본으로 사용한다.

■ XFS 파일 시스템

XFS 파일 시스템eXtended File System은 1993년 실리콘 그래픽스가 개발한 고성능 저널링 파일 시스템으로, 2000년 5월 GNU GPL로 공개되었다. 2001년 리눅스에 이식되었고 현재 대부분의 리눅스 배포판에서 지원하고 있다. XFS는 64비트 파일 시스템으로 최대 16EB까지 지원한다.

■ 기타 파일 시스템

리눅스에서는 표준 파일 시스템이라고 할 수 있는 ext2, ext3, ext4 외에 유닉스나 윈도 시스템 등 타 시스템과의 호환과 DVD, USB 같은 외부 저장 장치를 사용하도록 다양한 파일 시스템을 지원한다. 리눅스에서 지원하는 기타 파일 시스템은 [표 3-1]과 같다.

표 3-1 리눅스에서 지원하는 기타 파일 시스템

파일 시스템	기능
msdos	MS-DOS 파티션을 사용하기 위한 파일 시스템이다.
iso9660	CD-ROM, DVD의 표준 파일 시스템이며 읽기 전용으로 사용된다.
nfs	network file system으로, 원격 서버의 디스크를 연결할 때 사용된다.
ufs	Unix file system으로, 유닉스의 표준 파일 시스템이다.
vfat	윈도 95, 98, NT를 지원하기 위한 파일 시스템이다.
hpfs	HPFS를 지원하기 위한 파일 시스템이다.
ntfs	윈도의 NTFS를 지원하기 위한 파일 시스템이다.
sysv	유닉스 시스템 V를 지원하기 위한 파일 시스템이다.
hfs	맥 컴퓨터의 hfs 파일 시스템을 지원하기 위한 파일 시스템이다.

가상 파일 시스템

가상 파일 시스템은 일반적으로 특수한 용도를 가지고 필요에 따라 메모리에서 생기거나 없어진다. 주요 가상 파일 시스템은 [표 3-2]와 같다.

표 3-2 리눅스의 가상 파일 시스템

파일 시스템	기능
swap	• 스왑 영역을 관리하기 위한 스왑 파일 시스템이다.
tmpfs	• Temporary File System으로, 메모리에 임시 파일을 저장하기 위한 파일 시스템이며 시스템이 재시작할 때마다 기존 내용이 없어진다. • /tmp 디렉터리를 예로 들 수 있다.
proc	• proc 파일 시스템으로, /proc 디렉터리이다. • 커널의 현재 상태를 나타내는 파일을 가지고 있다.
ramfs	• 램디스크를 지원하는 파일 시스템이다.
rootfs	• Root File System으로, / 디렉터리이다. • 시스템 초기화 및 관리에 필요한 내용을 관리한다.

2 파일 시스템과 inode

리눅스의 파일 시스템에서 파일은 inode로 관리한다. inode는 파일을 관리하는 구조로, 이를 그림으로 나타내면 [그림 3-2]와 같다.

[그림 3-2]를 보면 inode는 파일 정보를 저장하는 부분과 실제 파일 내용이 저장되어 있는 데이터 블록의 주소를 저장하는 부분으로 나누어진다. inode에 저장되는 파일 정보는 파일 종류, 파일 접근 권한, 파일 크기, 소유자, 접근 및 수정 시간 등으로, 이는 뒤에서 다룰 ls -l 명령으로 확인할 수 있는 정보이다. inode에서 데이터 블록의 주소를 저장하는 부분은 직접 블록direct block, 간접 블록indirect block, 이중 간접 블록double indirect block으로 구분된다. 직접 블록은 데이터 블록에 대한 주소를 직접 가지고 있고, 간접 블록과 이중 간접 블록에는 데이터 블록 주소를 저장한 블록의 주소가 저장된다. 데이터 블록의 크기는 시스템 설정에 따라 1KB에서 8KB까지 지정할 수 있다.

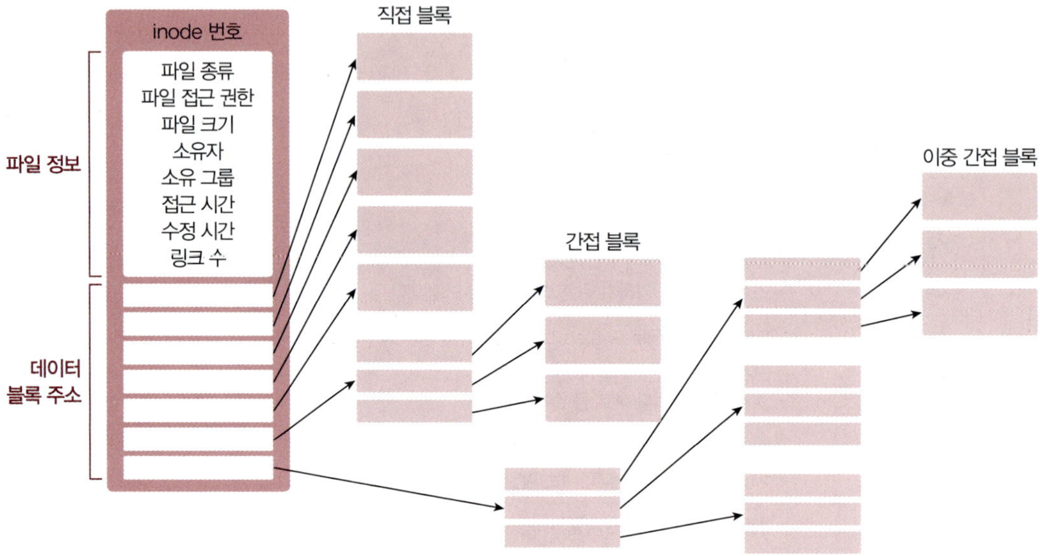

그림 3-2 inode의 구조

02 파일의 종류와 디렉터리 계층 구조

리눅스는 시스템의 여러 정보와 장치를 모두 파일로 관리한다. 그리고 파일 시스템에서는 파일을 효과적으로 관리하기 위해 디렉터리를 사용한다. 여기서는 파일과 디렉터리에 대하여 알아본다.

1 파일의 종류

리눅스에서 파일은 사용 목적에 따라 일반 파일, 디렉터리, 심볼릭 링크, 장치 파일로 구분할 수 있다.

일반 파일

일반 파일regular file은 데이터를 저장하는 데 주로 사용된다. 각종 텍스트 파일, 실행 파일, 이미지 파일 등 리눅스에서 사용하는 대부분의 파일은 일반 파일에 해당한다. 텍스트 파일은 문서 편집기를 사용하여 내용을 보거나 편집할 수 있다. 실행 파일이나 이미지 파일은 바이너리 파일이라고도 하는데 파일과 관련된 특정 응용 프로그램이 있어야 내용을 확인할 수 있다. 예를 들어 이미지 파일은 이미지 편집기가 있어야 파일의 내용을 확인할 수 있다.

디렉터리

리눅스에서는 디렉터리도 파일로 취급한다. 디렉터리 파일에는 해당 디렉터리에 저장된 파일이나 하위 디렉터리에 대한 정보가 저장된다.

심볼릭 링크

심볼릭 링크symbolic link는 윈도의 바로가기 파일과 비슷한 것으로 원본 파일을 대신하는 다른 파일명을 지정한 것이다.

장치 파일

리눅스에서는 하드디스크나 키보드 같은 각종 장치도 파일로 취급한다. 장치 파일device file은 리눅스 시스템에 부착된 장치들을 관리하기 위한 특수 파일이다. 대부분의 장치 파일은 /dev 디렉터리 아래에 위치한다.

2 디렉터리의 계층 구조

리눅스에서는 파일을 효율적으로 관리하기 위해 디렉터리를 계층적으로 구성하여 관리한다. 이를 계층 구조 또는 트리tree 구조라고 한다.

루트 디렉터리와 서브 디렉터리

[그림 3-3]은 리눅스 디렉터리 계층 구조의 일부를 나타낸 것이다. 모든 디렉터리의 최상단에 있는 디렉터리를 루트root 디렉터리라고 하며 /(슬래시)로 표시한다. 루트 디렉터리(/) 아래에 etc, usr, home, tmp 같은 디렉터리가 있다. 이 디렉터리들 아래에는 또 다른 디렉터리나 파일이 있다. 디렉터리 아래에 있는 디렉터리를 서브 디렉터리sub directory 또는 하위 디렉터리라고 하며, 이 책에서는 서브 디렉터리라고 부를 것이다. 예를 들어 [그림 3-3]에서 usr 디렉터리는 루트 디렉터리의 서브 디렉터리이고, lib 디렉터리는 usr 디렉터리의 서브 디렉터리이다.

반대로 서브 디렉터리의 입장에서 보면, 위에 자신을 포함하고 있는 디렉터리가 있는데 이를 부모 디렉터리parent directory 또는 상위 디렉터리라고 한다. 루트 디렉터리를 제외하고 모든 디렉터리는 부모 디렉터리가 있다.

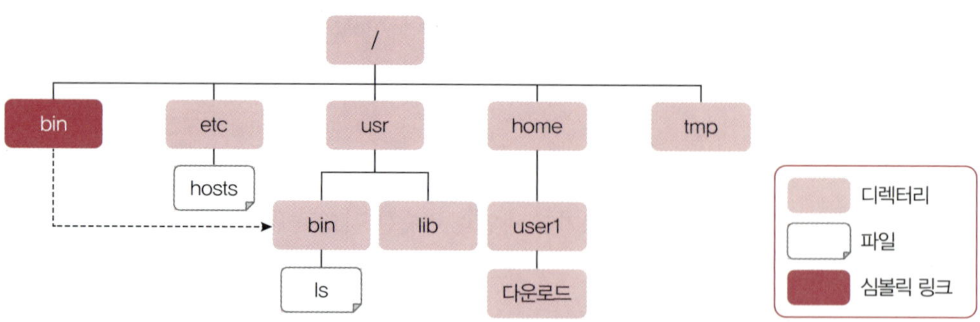

그림 3-3 디렉터리 계층 구조의 예

리눅스 배포판에 따라 약간씩 차이를 보일 수는 있으나 루트 디렉터리 아래에는 대부분 다음과 같은 서브 디렉터리가 있다.

표 3-3 디렉터리의 주요 기능

디렉터리	기능
boot	부팅에 필요한 커널 파일을 가지고 있다.
dev	장치 파일이 담긴 디렉터리이다.
etc	리눅스 설정을 위한 각종 파일을 가지고 있다.
home	사용자 홈 디렉터리가 생성되는 디렉터리이다.
media	DVD나 CD, USB 같은 외부 장치를 마운트(연결)하는 디렉터리이다.
opt	추가 패키지가 설치되는 디렉터리이다.
root	root 계정의 홈 디렉터리이다. 루트(/) 디렉터리와 다른 것이므로 혼동하지 않도록 한다.
sys	리눅스 커널과 관련된 파일이 있는 디렉터리이다.
usr	기본 실행 파일과 라이브러리 파일, 헤더 파일 등이 있다. 참고로 usr는 Unix System Resource의 약자이다.
lost+found	파일 시스템에 문제가 발생하여 복구할 경우, 문제가 되는 파일이 저장되는 디렉터리로 보통은 비어 있다.
mnt	파일 시스템을 임시로 마운트하는 디렉터리이다.
proc	프로세스 정보 등 커널 관련 정보가 저장되는 디렉터리이다.
srv	FTP나 Web 등 시스템에서 제공하는 서비스의 데이터가 저장된다.
tmp	시스템 사용 중에 발생하는 임시 데이터가 저장된다. 이 디렉터리에 있는 파일은 시스템을 재시작하면 모두 삭제된다.
var	시스템 운영 중에 발생하는 데이터나 로그 등 내용이 자주 바뀌는 파일이 주로 저장된다.

■ 작업 디렉터리

리눅스에서 현재 사용 중인 디렉터리를 작업 디렉터리working directory 또는 현재 디렉터리current directory라고 한다. 작업 디렉터리의 위치는 pwd 명령으로 확인할 수 있다.

■ 홈 디렉터리

홈 디렉터리home directory는 각 사용자에게 할당된 디렉터리로 사용자 계정을 만들 때 지정된다. 사용자는 자신의 홈 디렉터리 아래에 파일이나 서브 디렉터리를 생성하며 작업할 수 있다. 홈 디렉터리는 ~(물결표)로 표시한다. 예를 들어 user1 계정의 홈 디렉터리는 /home/user1이며 이를 간단하게 ~user1이라고 할 수도 있다.

절대 경로명과 상대 경로명

리눅스 파일 시스템에서 디렉터리 계층 구조에 있는 특정 파일이나 디렉터리의 위치를 나타내는 것을 경로명path name이라고 한다. 경로명에서 가장 앞에 있는 /(슬래시)는 루트 디렉터리를 뜻하며, 경로명 중간에 있는 /는 각 경로를 구분하는 구분자다. 예를 들어 /usr/bin/ls에서 맨 앞의 /는 루트 디렉터리를 의미하고, 중간에 있는 / 두 개는 디렉터리명과 파일명을 구분하는 구분사이다.

경로명에는 절대 경로명과 상대 경로명이 있다. 절대 경로명은 항상 루트 디렉터리부터 시작하고, 상대 경로명은 현재 디렉터리를 기준으로 시작한다. 따라서 상대 경로명은 현재 디렉터리가 어디인지에 따라 달라질 수 있다. 리눅스에서 상위 디렉터리는 ..(마침표 두 개)로 표시하며 .(마침표 한 개)는 현재 디렉터리를 뜻한다. [표 3-4]는 절대 경로명과 상대 경로명의 주요 특징을 비교한 것이다.

표 3-4 절대 경로명과 상대 경로명의 특징

구분	특징
절대 경로명	• 반드시 /로 시작한다. • 루트 디렉터리부터 시작하여 특정 파일이나 디렉터리의 위치에 이르기까지 중간에 있는 모든 디렉터리의 이름을 표시한다. • 특정 위치를 가리키는 절대 경로명은 항상 동일하다.
상대 경로명	• / 이외의 문자로 시작한다. • 현재 디렉터리를 기준으로 서브 디렉터리를 지정하려면 그냥 서브 디렉터리명을 사용한다. • 현재 디렉터리를 기준으로 상위 디렉터리를 지정하려면 ..(마침표 두 개)로 시작한다. • 상대 경로명은 현재 디렉터리가 어디인지에 따라 달라진다.

예를 살펴보자. [그림 3-3]에서 현재 디렉터리가 user1이라고 가정한다. 그러면 user1의 절대 경로명은 /home/user1이 된다. 또 user1 아래 서브 디렉터리인 다운로드의 절대 경로명은 /home/user1/다운로드가 된다. 다운로드의 상대 경로명은 현재 디렉터리인 user1에서 서브 디렉터리로 이동하는 것이므로 그냥 서브 디렉터리명을 지정하면 된다. 따라서 상대 경로명은 다운로드가 된다. 아니면 현재 디렉터리를 표시하는 기호인 .(마침표)를 사용하여 ./다운로드라고 할 수도 있다.

그럼 hosts 파일의 상대 경로명은 무엇일까? user1 디렉터리에서 hosts 파일까지 가려면 상위 디렉터리를 통해 이동해야 하므로 ..(마침표 두 개)로 시작한다. 따라서 user1에서 hosts

까지의 상대 경로명은 ../../etc/hosts가 된다. 실습을 통해 다른 디렉터리들의 경로명이 무엇인지 알아보자.

실습해보기 3-1 절대 경로명과 상대 경로명

[그림 3-3]의 디렉터리 계층 구조를 기준으로 다음 경로명을 알아보자. 현재 디렉터리는 user1이라고 가정한다.

디렉터리/파일	절대 경로명	상대 경로명
/		
home		
tmp		
lib		
ls		
다운로드		

03 디렉터리 관련 명령

1절과 2절에서는 리눅스의 파일 시스템과 디렉터리 계층 구조에 대해 알아보았다. 이제 디렉터리를 사용하기 위한 명령을 살펴보자. 현재 디렉터리의 위치를 파악하고, 다른 디렉터리로 이동하는 명령, 디렉터리의 내용을 확인하는 명령, 그리고 디렉터리를 생성, 복사, 삭제하는 명령들을 알아본다.

1 현재 디렉터리 확인: pwd

현재 디렉터리를 확인하는 명령은 pwdprint working directory이다.

pwd

- **기능** 현재 디렉터리의 위치를 절대 경로명으로 출력한다.
- **형식** pwd

현재 디렉터리를 확인해보자. user1 계정으로 로그인하면 현재 디렉터리는 user1 계정의 홈 디렉터리가 된다.

```
user1@hanbit:~$ pwd
/home/user1
```

pwd 명령의 결과로 현재 디렉터리의 절대 경로명인 /home/user1이 출력되었다. 프롬프트에서 ~는 현재 user1 계정의 홈 디렉터리에 있음을 나타낸다. 이 기호는 디렉터리를 이동할 경우 바뀐다.

2 디렉터리 이동: cd

현재 디렉터리에서 다른 디렉터리로 이동할 때는 cdchange directory 명령을 사용한다.

cd

- **기능** 디렉터리를 이동한다.
- **형식** cd [디렉터리]
- **사용 예** cd
  cd /etc
  cd Downloads

cd 명령에서 이동하려는 목적지 디렉터리를 지정하면 해당 디렉터리로 이동한다. 이동할 디렉터리의 경로명은 절대 경로명이나 상대 경로명 모두 사용 가능하다. 다음 예는 /etc 디렉터리로 이동한 것으로 절대 경로명을 사용했다. 이동한 뒤 현재 디렉터리가 바뀌었는지 pwd 명령으로 확인한다. /etc로 이동한 뒤에 프롬프트가 ~에서 /etc로 바뀐 것을 볼 수 있다.

```
user1@hanbit:~$ cd /etc
user1@hanbit:/etc$ pwd
/etc
```

홈 디렉터리로 다시 돌아가려면 다음과 같은 방법을 사용할 수 있다.

① cd /home/user1: 절대 경로명을 사용하여 홈 디렉터리로 이동한다.

② cd ../home/user1: 현재 디렉터리인 /etc를 기준으로 상대 경로명을 사용하여 홈 디렉터리로 이동한다.

③ cd ~: 홈 디렉터리를 나타내는 기호인 ~를 사용하여 홈 디렉터리로 이동한다.

④ cd: 목적지를 지정하지 않고 cd 명령만 사용하면 해당 계정의 홈 디렉터리로 이동한다.

실습해보기 3-2 디렉터리 이동

❶ 절대 경로명을 사용하여 홈 디렉터리로 이동한다.

❷ 상대 경로명을 사용하여 /tmp 디렉터리로 이동한다.

❸ 현재 위치를 확인한다.

❹ 목적지를 지정하지 않고 cd 명령만 사용하여 홈 디렉터리로 이동한다.

3 디렉터리 내용 확인: ls

디렉터리의 내용을 보는 명령은 ls list이다. ls 명령은 여러 가지 옵션을 제공하여 디렉터리나 파일 목록을 다양한 방식으로 출력할 수 있고 보고 싶은 디렉터리나 파일을 인자로 지정할 수도 있다. 여기서는 자주 사용하는 옵션만 설명한다.

ls

- **기능** 디렉터리의 내용을 출력한다.
- **형식** ls [옵션] [디렉터리(파일)]
- **옵션** -a: 숨김 파일을 포함하여 모든 파일의 목록을 출력한다.
  -l: 파일의 상세 정보를 출력한다.
  -F: 파일의 종류를 표시한다(*: 실행 파일, /: 디렉터리, @: 심볼릭 링크).
  -d: 디렉터리 자체의 정보를 출력한다.
  -i: inode 번호를 같이 출력한다.
  -R: 서브 디렉터리의 내용도 출력한다.
- **사용 예** ls
  ls -F
  ls -al /etc

현재 디렉터리의 내용 확인하기: ls

아무것도 지정하지 않고 ls 명령을 사용하면 현재 디렉터리의 내용을 출력한다.

```
user1@hanbit:~$ ls
snap  공개  다운로드  문서  바탕화면  비디오  사진  서식  음악
```

숨김 파일 확인하기: –a 옵션

리눅스에서는 파일명이나 디렉터리명이 .(마침표)로 시작하면 숨김 파일이 된다. 이 숨김 파일은 ls 명령을 그냥 사용해서는 보이지 않는다. 숨김 파일을 확인하려면 다음 예와 같이 –a all 옵션을 지정한다.

```
user1@hanbit:~$ ls -a
.                  .bashrc  .local                       snap      바탕화면  음악
..                 .cache   .profile                     공개      비디오
.bash_history      .config  .ssh                         다운로드  사진
.bash_logout       .lesshst .sudo_as_admin_successful    문서      서식
```

위의 예를 보면 현재 디렉터리를 나타내는 .(마침표)와 상위 디렉터리를 나타내는 ..(마침표 두 개)를 비롯하여 .bashrc 등 여러 숨김 파일이 있다. 이는 현재 디렉터리가 홈 디렉터리이기 때문이며 대부분 사용자 계정의 환경 설정이나 응용 프로그램의 환경 설정 파일이다.

상세한 정보 출력하기: -l 옵션

디렉터리에 있는 파일들의 상세한 정보를 보려면 -l_{long} 옵션을 사용한다.

```
user1@hanbit:~$ ls -l
합계 36
drwx------ 4   user1 user1 4096  2월  7 18:00 snap
drwxr-xr-x 2   user1 user1 4096  2월  7 17:34 공개
drwxr-xr-x 2   user1 user1 4096  2월  7 17:34 다운로드
drwxr-xr-x 2   user1 user1 4096  2월  7 17:34 문서
(생략)
```

-l 옵션을 지정하여 출력된 정보의 의미는 [표 3-5]와 같다.

표 3-5 파일의 상세 정보

필드 번호	필드 값	의미
1	d	파일 종류 -: 일반(정규) 파일 d: 디렉터리 파일 l: 심볼릭 링크 파일 b: 블록 단위로 읽고 쓰는 블록 장치 파일 c: 섹터 단위로 읽고 쓰는 문자 장치 파일 p: 파이프 파일(프로세스 간 통신에 사용되는 특수 파일) s: 소켓(네트워크 통신에 사용되는 특수 파일)
2	rwxr-xr-x	파일 접근 권한 파일의 소유자, 그룹, 기타 사용자가 읽고 수정하고 실행할 수 있는 권한이 어떻게 부여되어 있는지를 보여준다. 5장에서 자세하게 다룬다.

3	2	하드 링크의 개수 하드 링크는 5절에서 다룬다.
4	user1	파일 소유자
5	user1	파일이 속한 그룹
6	4096	파일 크기(바이트 단위)
7	2월 7 17:34	파일이 마지막으로 수정된 시간
8	공개	파일명(디렉터리명)

파일의 종류 표시하기: -F 옵션

-F 옵션을 사용하면 파일의 종류를 구분하는 기호가 표시된다. 예를 들어 파일명 뒤에 /가 붙으면 디렉터리, @은 심볼릭 링크, *는 실행 파일을 의미하고, 아무 표시도 없으면 일반 파일이다. 다음 예에서 홈 디렉터리에 기본적으로 있는 파일이 모두 디렉터리임을 알 수 있다.

```
user1@hanbit:~$ ls -F
snap/  공개/  다운로드/  문서/  바탕화면/  비디오/  사진/  서식/  음악/
```

디렉터리의 자체 정보 확인하기: -d 옵션

ls -l은 디렉터리에 있는 파일의 상세 정보를 보여준다. 그렇다면 디렉터리 자체의 정보는 어떻게 확인할까? 디렉터리의 자체 정보를 확인할 때 -d 옵션을 사용한다. 다음 예에서 디렉터리를 ls -l로 확인할 때와 ls -ld로 확인할 때의 차이를 알아보자.

```
user1@hanbit:~$ ls -l
합계 36
drwx------ 4 user1 user1 4096  2월  7 18:00 snap
drwxr-xr-x 2 user1 user1 4096  2월  7 17:34 공개
drwxr-xr-x 2 user1 user1 4096  2월  7 17:34 다운로드
(생략)
user1@hanbit:~$ ls -ld
drwxr-x--- 15 user1 user1 4096  2월  7 22:34 .
```

지정한 디렉터리의 내용 출력하기

ls 명령에서는 인자로 다른 디렉터리를 지정하면 해당 디렉터리로 이동하지 않고도 디렉터리의 내용을 확인할 수 있다. 다음 예에서 /etc 디렉터리의 내용을 확인해보자.

```
user1@hanbit:~$ ls /etc
ModemManager        debuginfod     insserv.conf.d    nftables.conf   shells
NetworkManager      default        ipp-usb           nsswitch.conf   skel
(생략)
```

옵션과 인자를 함께 사용할 수도 있다. -F 옵션과 디렉터리를 함께 사용해보자.

```
user1@hanbit:~$ ls -F /etc
ModemManager/       debuginfod/    insserv.conf.d/   nftables.conf*  shells
NetworkManager/     default/       ipp-usb/          nsswitch.conf   skel/
(생략)
```

실습해보기 3-3 디렉터리 내용 보기

❶ 루트(/) 디렉터리에 있는 파일들의 세부 정보를 확인한다.

❷ 루트 디렉터리 자체의 세부 정보를 확인한다.

❸ /usr 디렉터리의 내용을 확인한다.

❹ /usr 디렉터리에 있는 파일들의 세부 정보와 파일 종류를 확인한다.

❺ 현재 디렉터리에서 숨김 파일을 포함한 전체 파일의 세부 정보와 파일 종류를 확인한다.

❻ ls 명령과 비슷한 결과를 제공하는 명령으로 dir과 vdir이 있다. 이 명령들을 실행해보고 ls 명령과 비교해본다.

❼ 현재 디렉터리에 hanbit이라는 파일이 있는지 확인한다. 어떤 메시지가 출력되는가?

4 디렉터리 생성: mkdir

리눅스에서는 사용자 계정의 홈 디렉터리와 쓰기 권한이 있는 디렉터리에 새로운 디렉터리를 만들 수 있다. 쓰기 권한 등 사용자의 접근권한 조정에 관한 내용은 5장에서 다룬다. 디렉터리를 생성하는 명령은 mkdir make directory이다.

mkdir

- **기능** 디렉터리를 생성한다.
- **형식** mkdir [옵션] 디렉터리
- **옵션** -p: 서브 디렉터리를 계층적으로 생성할 때 중간 단계의 디렉터리를 자동으로 생성한다.
- **사용 예** mkdir temp

디렉터리 만들기

디렉터리를 만들려면 mkdir 명령에 인자로 하나 이상의 디렉터리를 지정한다. 디렉터리는 상대 경로명이나 절대 경로명으로 지정한다. 다음 예는 홈 디렉터리에 temp 디렉터리를 만드는 것이다. mkdir로 디렉터리를 생성한 후 ls 명령으로 확인해보면 temp 디렉터리가 보인다.

```
user1@hanbit:~$ mkdir temp
user1@hanbit:~$ ls
snap  temp  공개  다운로드  문서  바탕화면  비디오  사진  서식  음악
```

한 번에 디렉터리를 여러 개 지정할 때는 공백문자로 구분한다.

```
user1@hanbit:~$ mkdir d1 d2
user1@hanbit:~$ ls
d1  d2  snap  temp  공개  다운로드  문서  바탕화면  비디오  사진  서식  음악
```

중간 디렉터리를 자동으로 만들기: -p 옵션

mkdir 명령 다음에 -p 옵션을 사용하면, 인자로 지정한 디렉터리의 경로 중 중간 단계의 디렉터리가 없을 경우 자동으로 중간 단계 디렉터리를 생성한 후 최종 디렉터리를 만든다. 다음 예를 살펴보자. 인자로 지정한 경로명에서 중간 단계인 mid는 현재 없는 디렉터리이다. 이때

mkdir 명령에 -p 옵션을 사용하지 않으면 경로에서 중간 단계 디렉터리가 없으므로 디렉터리를 생성할 수 없다는 메시지가 출력된다.

```
user1@hanbit:~$ mkdir temp/mid/work
mkdir: 'temp/mid/work' 디렉터리를 만들 수 없습니다: 그런 파일이나 디렉터리가 없습니다
```

-p 옵션을 지정하여 실행하면 중간 단계 디렉터리를 자동으로 생성한다. 실행 결과는 ls -R 명령으로 확인할 수 있다.

```
user1@hanbit:~$ mkdir -p temp/mid/work
user1@hanbit:~$ ls -R temp
temp:
mid

temp/mid:
work

temp/mid/work:
```

ls -R 명령의 실행 결과를 보면 temp 디렉터리 아래에 mid 디렉터리가 생성되고, mid 디렉터리에 work 디렉터리가 생성되었음을 알 수 있다.

5 디렉터리 삭제: rmdir

디렉터리가 더 이상 필요 없거나 잘못 만들어진 경우 rmdir remove directory 명령으로 삭제할 수 있다.

rmdir

- **기능** 빈 디렉터리를 삭제한다.
- **형식** rmdir [옵션] 디렉터리
- **옵션** -p: 지정한 디렉터리를 삭제하고, 부모 디렉터리가 빈 디렉터리일 경우 부모 디렉터리도 자동으로 삭제한다.
- **사용 예** rmdir temp

rmdir 명령으로 디렉터리를 삭제해보자. 다음 예는 디렉터리 d1을 삭제하는 것이다.

```
user1@hanbit:~$ rmdir d1
user1@hanbit:~$ ls
d2  snap  temp  공개  다운로드  문서  바탕화면  비디오  사진  서식  음악
```

rmdir 명령으로 디렉터리를 삭제할 때 주의할 점은 해당 디렉터리가 비어 있어야 한다는 것이다. 디렉터리에 파일이나 서브 디렉터리가 남아 있으면 rmdir로 디렉터리를 삭제할 수 없다. 다음 예에서 비어 있지 않은 디렉터리를 삭제하려 했을 때 어떤 메시지가 출력되는지 보자.

```
user1@hanbit:~$ rmdir temp
rmdir: 'temp' 제거 실패: 디렉터리가 비어 있지 않음
```

그럼 비어 있지 않은 디렉터리는 어떻게 삭제할까? 디렉터리와 그 내용까지 모두 삭제할 수 있는 명령은 rm이다. 이 명령의 사용법은 4절에서 다룬다.

실습해보기 3-4 디렉터리 생성과 삭제

❶ study 디렉터리를 생성한다.

❷ 명령을 한 번만 실행하여 study 디렉터리 아래에 ch03 디렉터리를 생성하고 ch03 디렉터리 아래에 one 디렉터리를 생성한다.

❸ ch03 디렉터리로 이동한다.

❹ 현재 디렉터리의 내용을 확인한다. one 디렉터리가 보이는가?

❺ one 디렉터리 아래에 me와 you 디렉터리를 한 번에 생성한다.

❻ you 디렉터리를 삭제한다.

❼ one 디렉터리를 삭제한다. 삭제되지 않는다면 이유가 무엇인가?

❽ 홈 디렉터리로 이동한다.

04 파일 관련 명령

파일과 관련된 명령은 파일의 내용 보기, 파일 복사, 파일 삭제와 파일 이동, 하드 링크와 심볼릭 링크를 생성하는 명령, 빈 파일을 만드는 명령 등이 있다.

1 파일 내용 출력

파일 내용을 연속으로 출력하기: cat

cat 명령은 텍스트 파일의 내용만 출력할 수 있으며 파일의 내용 전체를 한 번에 모두 출력한다.

cat

- **기능** 파일 내용 전체를 출력한다.
- **형식** cat [옵션] [파일]
- **옵션** -n: 행 번호를 붙여서 출력한다.
- **사용 예** cat file1
  cat -n file1

리눅스에 원래 있는 파일의 내용을 cat 명령으로 출력해보자. 다음 예에서는 /etc/hosts 파일의 내용을 cat 명령으로 확인한다.

```
user1@hanbit:~$ cat /etc/hosts
127.0.0.1 localhost
127.0.1.1 hanbit

# The following lines are desirable for IPv6 capable hosts
::1     ip6-localhost ip6-loopback
fe00::0 ip6-localnet
ff00::0 ip6-mcastprefix
ff02::1 ip6-allnodes
ff02::2 ip6-allrouters
```

cat 명령에 -n 옵션을 사용하면 행 번호를 붙여서 출력한다. 물론 행 번호는 파일에 있는 것이 아니고 cat 명령에서 출력하는 것이다.

```
user1@hanbit:~$ cat -n /etc/hosts
     1  127.0.0.1 localhost
     2  127.0.1.1 hanbit
     3
     4  # The following lines are desirable for IPv6 capable hosts
(생략)
```

파일 내용을 화면 단위로 출력하기: more

cat 명령은 파일의 내용이 많을 경우 화면이 스크롤되므로 내용을 확인하기가 어렵다. 이럴 때는 파일 내용을 화면 단위로 출력해주는 more 명령을 사용한다.

more

- **기능** 파일 내용을 화면 단위로 출력한다.
- **형식** more [옵션] 파일
- **옵션** +행 번호: 출력을 시작할 행 번호를 지정한다.
- **사용 예** more file1

more 명령은 파일 내용을 화면 단위로 나누어서 출력하며, 화면 하단에 --More--(n%)와 같이 현재까지 출력된 분량을 표시해준다. 다음은 /etc/services 파일을 more 명령으로 출력한 예시이다.

```
user1@hanbit:~$ more /etc/services
# Network services, Internet style
#
(생략)
ssh             22/tcp                          # SSH Remote Login Protocol
telnet          23/tcp
smtp            25/tcp          mail
--More--(6%)
```

more 명령으로 파일 내용의 첫 화면이 출력된 후 [Space Bar]를 누르면 다음 화면이 출력되고, [Enter]를 누르면 한 행씩 스크롤된다. /를 입력하면 해당 문자열을 찾아 이동한다. more 명령을 종료하려면 q 키를 누른다.

파일 내용을 화면 단위로 출력하기: less

more 명령의 단점은 이미 스크롤되어 지나간 내용을 다시 볼 수 없다는 것이다. 이를 개선한 명령이 less이다. less 명령은 파일 내용을 앞뒤로 이동하며 확인할 수 있으며, q 키를 눌러 종료하면 된다.

less

- **기능** 파일 내용을 화면 단위로 출력한다.
- **형식** `less 파일`
- **사용 예** `less file1`

화면을 이동할 때 사용하는 키는 3장에서 다룰 vi 편집기에서 사용하는 키와 동일하다. 주요 키는 [표 3-6]과 같다. [실습해보기 3-5]에서 less 명령을 사용해보자.

표 3-6 less 명령에서 사용하는 키와 동작

키	동작
[J], [↓]	한 행씩 다음 행으로 이동한다.
[K], [↑]	한 행씩 이전 행으로 이동한다.
[Space Bar], [Ctrl]+[F]	다음 화면으로 이동한다.
[Ctrl]+[B]	이전 화면으로 이동한다.

파일 내용의 앞부분과 뒷부분 출력하기: head, tail

head 명령은 파일 앞부분의 몇 행을 출력하고 tail 명령은 파일 뒷부분의 몇 행을 출력한다. 출력되는 기본값은 10으로 파일 앞이나 뒷부분의 10행이 출력된다.

head

- **기능** 파일 앞부분의 몇 행을 출력한다.
- **형식** `head [옵션] 파일`
- **사용 예** -숫자: 화면에 출력할 행의 수를 지정한다(기본값은 10).

tail

- **기능** 파일 뒷부분의 몇 행을 출력한다.
- **형식** tail [옵션] 파일
- **사용 예** +행 번호: 지정한 행부터 끝까지 출력한다.
  -숫자: 화면에 출력할 행의 수를 지정한다(기본값은 10).
  -f: 파일 출력을 종료하지 않고 주기적으로 계속 출력한다.

다음은 head와 tail 명령을 사용하여 /etc/services 파일의 앞부분과 뒷부분 10행을 출력한 것이다.

```
user1@hanbit:~$ head /etc/services
# Network services, Internet style
#
# Updated from https://www.iana.org/assignments/service-names-port-numbers/service-
names-port-numbers.xhtml .
#
# New ports will be added on request if they have been officially assigned
# by IANA and used in the real-world or are needed by a debian package.
# If you need a huge list of used numbers please install the nmap package.

tcpmux          1/tcp                           # TCP port service multiplexer
echo            7/tcp
user1@hanbit:~$ tail /etc/services
sgi-cad         17004/tcp                       # Cluster Admin daemon
binkp           24554/tcp                       # binkp fidonet protocol
asp             27374/tcp                       # Address Search Protocol
asp             27374/udp
csync2          30865/tcp                       # cluster synchronization tool
dircproxy       57000/tcp                       # Detachable IRC Proxy
tfido           60177/tcp                       # fidonet EMSI over telnet
fido            60179/tcp                       # fidonet EMSI over TCP

# Local service
```

파일 내용을 지정한 숫자만큼 출력하기: -숫자 옵션

head와 tail 명령에서 -3과 같이 - 다음에 숫자를 지정하면 지정한 숫자만큼 행을 출력한다. 다음 예는 파일 뒷부분의 3행을 출력한 것이다. 앞의 예와 비교해보면 출력된 행수가 다르다는 것을 알 수 있다.

```
user1@hanbit:~$ head -3 /etc/services
# Network services, Internet style
#
# Updated from https://www.iana.org/assignments/service-names-port-numbers/service-names-port-numbers.xhtml .
user1@hanbit:~$ tail -3 /etc/services
fido            60179/tcp                       # fidonet EMSI over TCP

# Local services
```

파일 내용을 주기적으로 반복 출력하기: -f 옵션

tail 명령에서 -f 옵션을 사용하면 파일 내용을 출력한 후 대기 상태가 되어 파일 내용이 주기적으로 반복 출력된다. 파일의 뒷부분에 내용이 추가되면 자동으로 출력되므로 파일 내용의 변화를 확인할 때 편리하다. -f 옵션을 사용하면 tail 명령이 무한히 반복되기 때문에 Ctrl + C로 명령을 종료해야 한다.

실습해보기 3-5 파일 내용 출력

❶ /etc/services 파일을 행 번호를 붙여서 출력한다.

❷ less 명령으로 /etc/services 파일의 내용을 출력한다.

❸ Space Bar를 눌러 다음 페이지를 출력한다.

❹ k 키를 다섯 번 눌러 위로 다시 이동한다.

❺ /HTTP를 입력하여 파일 내용 중에 HTTP가 있는 곳을 찾는다.

❻ n 키를 눌러 HTTP를 계속 찾는다.

❼ q 키를 눌러 less 명령을 종료한다.

❽ tail 명령으로 /etc/services 파일의 350행부터 출력한다.

❾ /etc/services 파일의 앞부분 20행을 출력한다.

2 파일 복사: cp

파일이나 디렉터리를 복사할 때는 cp copy 명령을 사용한다.

cp

- **기능** 파일이나 디렉터리를 복사한다.
- **형식** cp [옵션] 파일1¦디렉터리1 파일2¦디렉터리2
- **옵션** -i: 파일2가 이미 존재하면 덮어쓸 것인지 물어본다.
  -r: 디렉터리를 복사할 때 지정한다.
- **사용 예** cp file1 file2
  cp f1 f2 f3 dir1
  cp -r dir1 dir2

cp 명령의 첫 번째 인자로는 원본 파일이나 디렉터리를 지정하고, 두 번째 인자로는 목적지 파일이나 디렉터리를 지정한다. 무엇을 어디로 복사할 것인지에 따라 두 인자의 구성을 다르게 해야 한다. 예를 통해 각각의 경우를 살펴보자. 예제와 실습을 위해 study/ch03 디렉터리로 이동한다.

```
user1@hanbit:~$ cd study/ch03
user1@hanbit:~/study/ch03$
```

두 인자가 모두 파일인 경우

두 인자가 모두 파일인 경우는 원본 파일을 다른 파일로 복사한다. 두 번째 인자로 지정한 파일이 존재하지 않는 경우에는 새로 생성되며, 존재하는 파일이라면 원본 파일의 내용으로 덮어쓰고 원래 내용은 없어진다. 다음 예는 /etc/profile 파일을 test1이라는 파일로 복사하는 것으로 test1이 원래 없던 파일이므로 새로 생성된다.

```
user1@hanbit:~/study/ch03$ ls
one
user1@hanbit:~/study/ch03$ cp /etc/profile test1
user1@hanbit:~/study/ch03$ ls
one  test1
```

두 번째 인자가 디렉터리인 경우

첫 번째 인자는 파일이고 두 번째 인자가 디렉터리인 경우, 파일을 해당 디렉터리 아래에 복사한다. 디렉터리는 미리 만들어져 있어야 한다. 다음 예에서는 디렉터리 temp를 미리 만들고 이 디렉터리로 test1 파일을 복사했다.

```
user1@hanbit:~/study/ch03$ mkdir temp
user1@hanbit:~/study/ch03$ cp test1 temp
user1@hanbit:~/study/ch03$ ls temp
test1
```

파일을 복사하면서 파일명을 원본 파일과 다르게 지정하면 새로운 파일명으로 복사된다. 다음 예는 test1 파일을 temp 디렉터리 아래에 test2로 복사한 것이다.

```
user1@hanbit:~/study/ch03$ cp test1 temp/test2
user1@hanbit:~/study/ch03$ ls temp
test1  test2
```

다른 디렉터리에 파일을 복사할 때는 해당 디렉터리에 대해 쓰기 권한이 있어야 된다. 쓰기 권한이 없는 디렉터리에 파일을 복사하려고 하면 다음과 같은 오류가 발생한다.

```
user1@hanbit:~/study/ch03$ cp test1 /etc
cp: 일반 파일 '/etc/test1'을(를) 생성할 수 없음: 허가 거부
```

첫 번째 인자에 여러 파일을 지정할 경우

cp 명령에서 첫 번째 인자에 파일을 여러 개 지정할 수 있다. 이때 두 번째 인자에는 반드시 디렉터리를 지정해야 하며 이 디렉터리로 첫 번째 인자에 지정한 파일들이 모두 복사된다. 다음 예에서는 /etc/profile과 /etc/services를 temp 디렉터리에 복사했다.

```
user1@hanbit:~/study/ch03$ cp /etc/profile /etc/services temp
user1@hanbit:~/study/ch03$ ls temp
profile  services  test1  test2
```

-i 옵션 사용하기

-i 옵션을 사용하면 두 번째 인자로 지정한 파일이 이미 있는 경우 덮어서 복사할 것인지 물어본다. y라고 답하면 덮어서 복사하고, n이라고 답하면 복사하지 않는다. 다음 예는 -i 옵션을 지정하고 /etc/profile을 test1으로 다시 복사한 것이다. 이미 test1 파일이 있으므로 덮어쓸 것인지 물어본다.

```
user1@hanbit:~/study/ch03$ cp -i /etc/profile test1
cp: 'test1'을(를) 덮어쓸까요? n
```

디렉터리 복사하기

디렉터리를 복사하려면 -r 옵션을 지정하고 첫 번째 인자와 두 번째 인자에 모두 디렉터리를 지정한다. -r 옵션을 사용하지 않으면 오류 메시지가 출력된다. 다음은 temp 디렉터리를 temp2 디렉터리로 복사하는 데 -r 옵션을 지정하지 않은 경우이다.

```
[user1@hanbit:~/study/ch03$ cp temp temp2
cp: -r을 지정하지 않음. 'temp' 디렉터리 생략
```

두 번째 인자로 지정한 디렉터리가 존재하지 않는 경우 새로 생성되고 원본 디렉터리 아래에 있던 모든 내용도 함께 복사된다. 다음 예는 temp 디렉터리를 temp2 디렉터리로 복사한 것으로 temp2 디렉터리의 내용이 temp 디렉터리와 같다는 것을 확인할 수 있다.

```
user1@hanbit:~/study/ch03$ cp -r temp temp2
user1@hanbit:~/study/ch03$ ls temp2
profile  services  test1  test2
```

두 번째 인자로 지정한 디렉터리가 이미 있는 경우에는 이 디렉터리 아래에 원본 디렉터리가 같은 이름으로 복사된다. 다음 예에서는 temp 디렉터리를 다시 temp2 디렉터리로 복사했다. 이미 앞의 예에서 temp2 디렉터리가 생성되었으므로 이번에는 temp 디렉터리가 temp2 디렉터리 아래에 복사되었다.

```
user1@hanbit:~/study/ch03$ cp -r temp temp2
user1@hanbit:~/study/ch03$ ls temp2
profile  services  temp  test1  test
```

실습해보기 3-6 파일 복사

❶ /etc/hosts 파일을 ch03 디렉터리에 파일명을 htest로 지정하여 복사한다.

❷ temp3 디렉터리를 만든다.

❸ test1, htest 파일을 한 번에 temp3 디렉터리로 복사한다.

❹ /etc/profile 파일을 ch03 디렉터리에 파일명을 htest로 지정하여 복사한다.

❺ -i 옵션을 지정하고 htest 파일을 temp3 디렉터리로 복사한다. 어떤 메시지가 출력되는가? 메시지에 y로 응답한다.

❻ temp3 디렉터리에서 htest 파일의 내용을 확인한다. 파일의 내용은 /etc/hosts 파일과 /etc/profile 파일 중 어떤 파일의 내용인가? 그 이유는 무엇인가?

❼ temp3 디렉터리를 temp 디렉터리로 복사한다.

❸ 파일 이동과 파일명 변경: mv

파일이나 디렉터리의 이름을 바꾸거나 다른 디렉터리로 이동시킬 때는 mv move 명령을 사용한다.

mv

- **기능** 파일 또는 디렉터리를 이동하거나 이름을 바꾼다.
- **형식** mv [옵션] 파일1¦디렉터리1 파일2¦디렉터리2
- **옵션** -i: 파일2(디렉터리2)가 존재하면 덮어쓸 것인지 물어본다.
- **사용 예** `mv file1 file2`

mv 명령의 첫 번째 인자로는 파일이나 디렉터리를 지정하고, 두 번째 인자는 목적지 파일이나 디렉터리를 지정한다. cp 명령처럼 첫 번째 인자와 두 번째 인자의 구성에 따라 mv 명령 사용의 결과도 다양하게 나타난다.

파일을 다른 파일로 이동하기(파일명 바꾸기)

파일을 다른 파일로 이동하는 것은 원본 파일의 이름을 다른 이름으로 바꾸는 것이다. 만약 두 번째 인자로 지정한 파일이 이미 존재하는 파일이라면 기존의 내용을 원본 파일의 내용으로 덮어쓴다. 두 번째 인자로 지정한 파일이 존재하지 않는 파일이라면 새 파일이 생성된다. 다음 예에서는 test1 파일을 data1 파일로 이동했다. 결과적으로 test1 파일이 data1 파일로 파일명이 바뀐 것이다.

```
user1@hanbit:~/study/ch03$ mv test1 data1
user1@hanbit:~/study/ch03$ ls
data1  htest  one  temp  temp2  temp3
```

파일을 다른 디렉터리로 이동하기

두 번째 인자로 디렉터리를 지정하면 파일을 지정한 디렉터리로 이동한다. 이때 디렉터리와 새 파일명을 함께 지정하면 파일의 이름이 달라진다. 다음 예에서는 data1 파일을 temp 디렉터리로 이동했다.

```
user1@hanbit:~/study/ch03$ mv data1 temp
user1@hanbit:~/study/ch03$ ls
htest  one  temp  temp2  temp3
user1@hanbit:~/study/ch03$ ls temp
data1  profile  services  temp3  test1  test2
```

다음 예와 같이 두 번째 인자에 디렉터리와 파일을 함께 지정하면 이동하는 파일명도 바뀌게 된다. 이동한 파일명이 data2인 것을 알 수 있다.

```
user1@hanbit:~/study/ch03$ mv htest temp/data2
user1@hanbit:~/study/ch03$ ls temp
data1  data2  profile  services  temp3  test1  test2
```

만약 쓰기 권한이 없는 디렉터리로 파일을 이동하려고 한다면 다음과 같이 오류가 발생한다.

```
user1@hanbit:~/study/ch03$ mv temp/data1 /etc
mv: 'temp/data1'를 '/etc/data1'로 옮길 수 없음: 허가 거부
```

여러 파일을 디렉터리로 이동하기

mv 명령에서 첫 번째 인자에 파일을 여러 개 지정하고 두 번째 인자에 디렉터리를 지정하면 여러 개의 파일을 한 번에 이동할 수 있다. 다음 예는 temp 디렉터리에 있던 data1과 data2 파일을 현재 디렉터리(.)로 이동하는 것이다.

```
user1@hanbit:~/study/ch03$ mv temp/data1 temp/data2 .
user1@hanbit:~/study/ch03$ ls
data1  data2  one  temp  temp2  temp3
```

–i 옵션 사용하기

mv 명령에서 –i 옵션을 사용하면 두 번째 인자에 지정한 파일이 이미 있는 파일인 경우 덮어쓰기를 할 것인지 물어본다. y라고 답하면 덮어쓰기로 이동하고, n이라고 답하면 이동하지 않는다.

```
user1@hanbit:~/study/ch03$ mv -i data1 data2
mv: 'data2'을(를) 덮어쓸까요? n
```

디렉터리를 디렉터리로 이동하기(디렉터리명 바꾸기)

mv 명령에서 인자를 모두 디렉터리로 지정하면 디렉터리가 이동한다. 만약 두 번째 인자가 없는 디렉터리이면 디렉터리명이 변경된다. 다음 예에서는 temp3 디렉터리가 temp4로 이름이 바뀌었다.

```
user1@hanbit:~/study/ch03$ mv temp3 temp4
user1@hanbit:~/study/ch03$ ls
data1  data2  one  temp  temp2  temp4
```

두 번째 인자가 존재하는 디렉터리인 경우, 원본 디렉터리가 두 번째 인자로 지정된 디렉터리 아래로 이동한다. 다음 예에서는 temp4 디렉터리가 temp 디렉터리 아래로 이동했다.

```
user1@hanbit:~/study/ch03$ mv temp4 temp
user1@hanbit:~/study/ch03$ ls
data1  data2  one  temp  temp2
user1@hanbit:~/study/ch03$ ls temp
profile  services  temp3  temp4  test1  test2
```

실습해보기 3-7 파일 이동

❶ data1 파일의 이름을 data1.org로 변경한다.

❷ data1.org 파일을 temp2 디렉터리로 이동한다.

❸ temp 디렉터리에 있는 temp3 디렉터리를 현재 디렉터리로 이동한다.

❹ –i 옵션을 지정하고 temp3/test1 파일을 temp 디렉터리로 이동한다. 어떤 메시지가 출력되는가? 메시지에 n으로 응답한다.

❺ temp3 디렉터리 이름을 temp1으로 변경한다.

4 파일 삭제: rm

파일을 삭제하는 명령은 rm(remove)이다. –r 옵션을 지정하면 디렉터리도 삭제할 수 있다.

rm

- **기능** 파일을 삭제한다.
- **형식** rm [옵션] 파일|디렉터리
- **옵션** -i: 파일을 정말 삭제할 것인지 확인한다.
  -r: 디렉터리를 삭제한다.
- **사용 예** rm file
  rm -r dir

파일 삭제하기

rm 명령은 파일을 즉시 삭제하여 복구할 수 없으므로 주의해서 사용해야 한다. 다음 예에서는 data2 파일을 삭제했다.

```
user1@hanbit:~/study/ch03$ ls
data2  one  temp  temp1  temp2
user1@hanbit:~/study/ch03$ rm data2
user1@hanbit:~/study/ch03$ ls
one  temp  temp1  temp2
```

–i 옵션 사용하기

cp나 mv 명령처럼 –i 옵션을 지정하고 rm 명령을 사용하면 정말 삭제할 것인지 물어본다. y라고 답하면 삭제하고, n이라고 답하면 삭제하지 않는다. 다음 예는 –i 옵션을 사용하여 파일을 삭제할 때의 동작이다.

```
user1@hanbit:~/study/ch03$ rm -i temp/test2
rm: 일반 파일 'temp/test2'를 제거할까요? n
```

디렉터리 삭제하기

rm 명령에 –r 옵션을 지정하면 디렉터리를 삭제한다. rm 명령은 디렉터리가 비어 있지 않아도 삭제할 수 있다. 삭제된 디렉터리는 복구할 수 없으므로 매우 주의해야 한다. 다음 예에서는 temp2 디렉터리를 rm과 rmdir 명령으로 삭제했다. 예에서와 같이 –r 옵션 없이 디렉터리를 삭제하려고 하면 디렉터리라서 삭제할 수 없다는 오류 메시지가 출력된다.

```
user1@hanbit:~/study/ch03$ rm temp2
rm: 'temp2'을(를) 제거할 수 없습니다: 디렉터리입니다
```

temp2 디렉터리에는 파일과 서브 디렉터리가 있으므로 rmdir 명령으로 디렉터리를 삭제하려고 하면 temp2 디렉터리가 비어 있지 않다는 오류 메시지가 출력된다.

```
user1@hanbit:~/study/ch03$ rmdir temp2
rmdir: 'temp2' 제거 실패: 디렉터리가 비어 있지 않음
```

rm 명령에 -r 옵션을 지정하여 temp2 디렉터리를 삭제해보자. 간단하게 삭제된다.

```
user1@hanbit:~/study/ch03$ ls
one  temp  temp1  temp2
user1@hanbit:~/study/ch03$ rm -r temp2
user1@hanbit:~/study/ch03$ ls
one  temp  temp1
```

-i 옵션을 사용하여 디렉터리를 삭제할 때, 삭제하려는 디렉터리 아래에 있는 파일이나 서브 디렉터리를 삭제할 것인지 하나하나 물어본다. 다음 예를 통해 이를 확인해보자.

```
user1@hanbit:~/study/ch03$ ls temp1
htest  test1
user1@hanbit:~/study/ch03$ rm -ri temp1
rm: 'temp1' 디렉터리로 내려가겠습니까? y
rm: 일반 파일 'temp1/test1'를 제거할까요? y
rm: 일반 파일 'temp1/htest'를 제거할까요? n
rm: 디렉터리 'temp1'를 제거할까요? y
rm: 'temp1'을(를) 제거할 수 없습니다: 디렉터리가 비어 있지 않음
```

앞의 예를 보면 -ri 옵션을 지정했을 때 해당 디렉터리로 내려갈 것인지 물어본다. 이때 n이라고 답하면 rm 명령이 바로 종료되고 디렉터리는 삭제되지 않는다. 질문에 y라고 답하면 디렉터리의 내용을 하나하나 확인하며 삭제할 것인지 물어본다. 이 질문에 y로 답하면 파일이 삭제되고, n으로 답하면 파일이 삭제되지 않는다. 마지막으로 지정된 디렉터리를 삭제할 것인지 물어보는데, 이때 n이라고 답하면 디렉터리는 삭제되지 않는다. y라고 답했을 경우, 디렉터리 내에 삭제되지 않은 파일이 있으면 디렉터리가 비어 있지 않다는 메시지를 출력하고 디렉터리는 삭제되지 않는다. -i 옵션을 사용하는 경우 모든 파일이 삭제되어야 디렉터리도 삭제된다.

실습해보기 3-8 파일 삭제

❶ temp 디렉터리의 test2 파일을 삭제한다.

❷ rmdir 명령을 사용하여 one 디렉터리를 삭제한다. 어떤 메시지가 출력되는가?

❸ one 디렉터리에 있는 me 디렉터리를 rm 명령에 적절한 옵션을 지정하여 삭제한다.

❹ rmdir 명령으로 one 디렉터리를 삭제한다. 삭제되는가?

❺ –i 옵션을 지정하여 temp1 디렉터리를 삭제한다.

실습해보기 3-9 파일 복사 · 이동 · 삭제

❶ temp/test1 파일을 test.txt 파일로 복사한다.

❷ backup 디렉터리를 생성한다.

❸ test.txt 파일을 backup 디렉터리로 이동한다.

❹ backup 디렉터리의 이름을 work로 변경한다.

❺ rmdir 명령을 사용하여 work 디렉터리를 삭제한다. 어떤 현상이 일어나는가? 그 이유는 무엇인가?

❻ rm 명령을 사용하여 work 디렉터리를 삭제한다. 정말로 삭제할 것인지 묻는 메시지를 표시하려면 어떻게 해야 하는가?

5 파일 링크

파일 링크는 기존에 있는 파일에 새로운 이름을 붙이는 것이다. 파일 링크에는 하드 링크와 심볼릭 링크가 있다. 하드 링크는 기존 파일에 새로운 파일명을 추가로 생성하는 것이고, 심볼릭 링크는 원본 파일을 가리키는 새로운 파일을 만드는 것이다. 심볼릭 링크는 윈도의 바로가기 기능과 개념이 같다고 생각하면 된다. 파일 링크를 공부하기 전에 먼저 리눅스에서는 파일이 어떻게 관리되는지를 살펴보자.

리눅스 파일의 구성 알아보기

1절에서 살펴본 것처럼 파일 시스템에서 파일은 inode로 관리하며 [그림 3–4]와 같이 파일명, inode, 데이터 블록으로 구성된다. 파일명은 사용자가 파일에 접근할 때 사용하는 이름이며, inode는 파일의 상세 정보와 데이터 블록의 주소를 저장하는 특별한 구조체이다. ls –l 명령은 inode에 저장된 파일 상세 정보를 출력하는 명령이다.

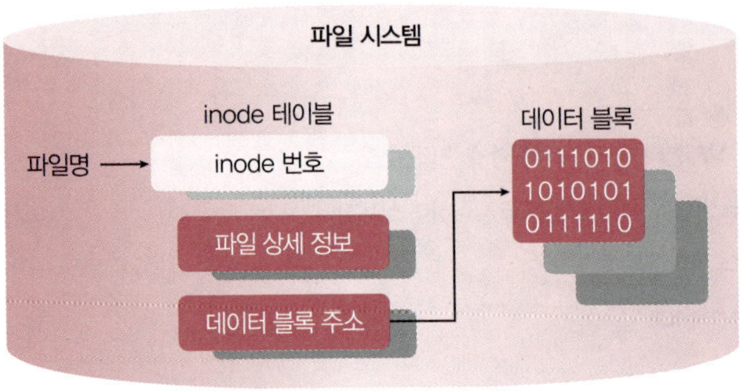

그림 3-4 리눅스 파일의 구성 요소

파일의 inode 번호는 ls -i 명령으로 확인할 수 있다. 다음 예에서 파일명 앞에 출력된 숫자가 inode 번호이다. 파일명이 다르더라도 inode 번호가 같다면 같은 파일이다.

```
user1@hanbit:~/study/ch03$ ls -i
183181 temp
```

하드 링크 만들기: ln

한 파일에 여러 개의 이름을 붙일 수 있는데, 이때 붙이는 파일명을 하드 링크라고 한다. 하드 링크는 ln 명령으로 만든다.

ln

- **기능** 파일의 링크를 생성한다.
- **형식** ln [옵션] 원본 파일 링크 파일
- **옵션** -s: 심볼릭 링크 파일을 생성한다.
- **사용 예** ln test1 hdtest1
  ln -s test1 sbtest1

기존 파일에 새로운 파일명을 붙여서 하드 링크를 만들어보자. 다음 예에서는 data1 파일에 대한 하드 링크로 data1.hd를 생성한다. 하드 링크를 생성하기 전에 ls -l 명령을 실행하고, 링크를 생성한 후 다시 ls -l 명령을 실행하여 어떤 차이가 있는지 확인해보자. 실습을 위해 파일을 복사해온다.

```
user1@hanbit:~/study/ch03$ cp /etc/hosts data1
user1@hanbit:~/study/ch03$ ls -l data1
-rw-r--r-- 1 user1 user1 221  2월 14 10:50 data1
user1@hanbit:~/study/ch03$ ln data1 data1.hd
user1@hanbit:~/study/ch03$ ls -l
합계 12
-rw-r--r-- 2  user1  user1   221   2월 14 10:50 data1
-rw-r--r-- 2  user1  user1   221   2월 14 10:50 data1.hd
drwxrwxr-x 3  user1  user1  4096   2월 14 10:50 temp
```

ln 명령을 실행하기 전과 후에 data1 파일의 상세 정보를 보면 접근 권한(rw-r--r--) 다음에 나오는 숫자가 1에서 2로 바뀐 것을 확인할 수 있다. 이 숫자는 하드 링크의 개수를 나타낸다. inode와 연결된 파일명이 하나일 때는 1이지만, 하드 링크로 새로운 파일명이 생성되어 2로 바뀐 것이다. ls -i 명령으로 두 파일의 inode를 비교해보면 같은 값을 가지는 것을 알 수 있다. inode가 같다는 것은 같은 파일이라는 의미이다.

```
user1@hanbit:~/study/ch03$ ls -i
137904 data1  137904 data1.hd  183181 temp
```

그럼 하드 링크와 파일을 복사한 것의 차이는 무엇일까? 하드 링크는 동일한 파일에 다른 이름을 붙이는 것에 불과하지만, 복사는 완전히 독립적인 파일을 생성한다. 다음 예에서 data1 파일을 복사하여 data1.cp 파일을 생성한 후 inode 번호를 확인해보면 data1과 data1.cp 파일의 inode 번호가 다르게 나온다. 이것은 두 파일이 서로 독립적인 파일이라는 의미이다.

```
user1@hanbit:~/study/ch03$ cp data1 data1.cp
user1@hanbit:~/study/ch03$ ls -i
137904 data1  137905 data1.cp  137904 data1.hd  183181 temp
```

gedit(텍스트 편집기)를 열어서 data1 파일의 내용을 수정한 후, data1.hd 파일의 내용을 확인해보면 두 파일 모두 바뀌어 있음을 알 수 있지만, data1.cp 파일의 내용은 변경되지 않는다. 반대로 data1.cp 파일의 내용을 수정하더라도, data1이나 data1.hd 파일의 내용은 바뀌지 않는다.

파일을 삭제하면 하드 링크의 개수가 줄어들고, 삭제되고 남은 파일명으로 파일을 계속 사용할 수 있다. 하드 링크 개수가 0이 되면 해당 inode와 데이터 블록의 데이터를 삭제한다.

심볼릭 링크 만들기: -s 옵션

심볼릭 링크는 윈도의 바로가기처럼 원본 파일을 가리키는 파일이다. 심볼릭 링크는 ln -s 명령으로 만든다. 다음 예는 data1 파일의 심볼릭 링크로 data1.sb를 만드는 방법을 보여준다.

```
user1@hanbit:~/study/ch03$ ln -s data1 data1.sb
user1@hanbit:~/study/ch03$ ls -i
137904 data1  137905 data1.cp  137904 data1.hd  183183 data1.sb  183181 temp
```

data1.sb의 inode 번호는 data1과 다르다. ls -l 명령을 사용해 data1.sb를 확인해보면 파일의 종류가 l(소문자 L)로 표시되고 파일명에서 ->를 사용하여 원본 파일이 무엇인지를 알려준다.

```
user1@hanbit:~/study/ch03$ ls -l data1.sb
lrwxrwxrwx 1 user1 user1 5  2월 14 11:00 data1.sb -> data1
```

심볼릭 링크의 파일은 원본 파일의 경로를 저장하고 있다. 앞의 예에서 ls -l data1.sb 명령을 실행한 결과를 보면 파일의 크기가 5로 표시된다. 이는 data1.sb 파일의 내용이 5바이트라는 의미이다. 이것은 원본 파일 경로(data1)의 길이이다. 원본 파일의 경로는 ln -s로 심볼릭 링크를 생성할 때 지정한 경로가 저장된다. 그러나 심볼릭 링크의 내용을 출력하면 원본 파일의 경로가 아니라 원본 파일의 내용이 출력되며 편집기로 심볼릭 링크를 열고 수정하면 원본 파일이 수정된다.

```
user1@hanbit:~/study/ch03$ cat data1.sb
127.0.0.1 localhost
127.0.1.1 hanbit
(생략)
```

심볼릭 링크는 원본 파일이 삭제되면 내용을 볼 수 없다. 다음과 같이 원본 파일인 data1을 삭제한 후 data1.sb의 내용을 출력하면 원본 파일이 없으므로 오류 메시지가 나온다.

```
user1@hanbit:~/study/ch03$ rm data1
user1@hanbit:~/study/ch03$ cat data1.sb
cat: data1.sb: 그런 파일이나 디렉터리가 없습니다
```

하드 링크와 심볼릭 링크의 차이

하드 링크는 같은 파일 시스템 내의 파일에만 생성할 수 있으며 디렉터리에는 생성할 수 없다. 하드 링크와 심볼릭 링크의 차이를 [표 3-7]을 통해 알아보자.

표 3-7 하드 링크와 심볼릭 링크의 차이

특징	하드 링크	심볼릭 링크
파일 시스템	같은 파일 시스템 내에서만 생성 가능	다른 파일 시스템에서도 생성 가능
디렉터리 생성	디렉터리에 생성할 수 없음	디렉터리에도 생성 가능
파일 종류 표시	-으로 표시	l(소문자 L)로 표시
하드 링크 개수	하드 링크 개수 증가	하드 링크 개수는 1
inode 번호	원본 파일과 동일	원본 파일과 다름
파일 확인 방법	ls -l로 확인 시 원본 파일의 이름 표시 없음	ls -l로 확인 시 원본 파일의 이름 표시

실습해보기 3-10 하드 링크와 심볼릭 링크

❶ /etc/hosts 파일을 복사하여 test.org 파일을 생성한다.

❷ test.org의 하드 링크로 test.hd1을 생성한다.

❸ test.org의 하드 링크로 test.hd2를 생성한다.

❹ test.org, test.hd1, test.hd2 파일의 링크 개수를 확인한다.

❺ test.org의 심볼릭 링크로 test.sb를 생성한다.

❻ test.org를 복사하여 test.bak 파일을 생성한다.

❼ 파일들의 inode를 확인한다. 같은 파일은 어떤 것이고 다른 파일은 어떤 것인가?

❽ gedit을 사용하여 test.hd2 파일을 열고 파일 내용을 수정한다.

❾ test.hd2와 test.bak 파일의 내용을 비교한다. 파일 내용이 다른 이유가 무엇인가?

❿ test.org 파일을 삭제한 후 test.sb 파일의 내용을 확인한다. 어떤 메시지가 출력되는가?

요약

01 리눅스 파일 시스템

- 파일 시스템은 파일과 디렉터리를 구조적으로 구성하여 관리하는 체계로 운영체제의 핵심적인 기능 중 하나이다.
- 파일 시스템은 기본적으로 슈퍼 블록과 inode 테이블, 데이터 블록으로 구성되어 있다.
- 파일 시스템은 크게 디스크를 기반으로 하는 파일 시스템과 운영체제가 시스템을 운영하는 과정에서 임시로 만들어 사용하는 가상 파일 시스템으로 나눌 수 있다.
- 리눅스의 디스크 기반 파일 시스템으로는 ext, ext2, ext3, ext4, XFS 파일 시스템과 msdos, iso9660 등 기타 파일 시스템이 있다.
- 가상 파일 시스템은 필요에 따라 만들어지는 파일 시스템으로, 대표적으로 swap, tmpfs, proc, ramfs, rootfs가 있다.
- 리눅스의 파일 시스템에서 파일은 inode를 통해 관리된다. inode는 파일을 관리하는 구조로 inode 번호, 파일 정보, 데이터 블록 주소로 구성되어 있다.

02 파일의 종류

- 일반 파일: 데이터를 저장하는 데 주로 사용되며, 텍스트 파일과 바이너리 파일이 있다.
- 디렉터리: 파일 시스템을 계층적으로 구성하기 위해 사용되는 특수 파일이다.
- 심볼릭 링크: 다른 파일을 가리키는 특수 파일로, 원본 파일의 경로를 파일 내용에 담고 있다.
- 장치 파일: 리눅스 시스템에 부착된 장치를 관리하기 위한 특수 파일이다.

03 디렉터리의 계층 구조

- 리눅스에서는 파일을 효율적으로 관리하기 위해 디렉터리를 계층적으로 구성하여 관리한다. 이를 계층 구조 또는 트리tree 구조라고 한다.
  - 루트 디렉터리: 모든 디렉터리의 최상단에 있는 디렉터리이다.
  - 서브 디렉터리: 디렉터리 아래에 있는 디렉터리이다.
  - 부모 디렉터리: 현재 디렉터리를 포함하고 있는 디렉터리이다.
  - 작업 디렉터리: 현재 사용 중인 디렉터리이다.
  - 홈 디렉터리: 사용자에게 할당된 디렉터리로, ~ 기호로 표시한다.

04 절대 경로명과 상대 경로명

- 절대 경로: 루트 디렉터리를 기준으로 파일의 위치를 나타낸 것으로, 항상 /로 시작한다.
- 상대 경로: 현재 위치를 기준으로 파일의 위치를 나타낸 것으로, / 이외의 문자로 시작하며 상위 디렉터리는 ..(마침표 두 개)로 표시한다.

05 디렉터리 관련 명령

명령	기능
pwd	현재 작업 디렉터리의 절대 경로명을 출력한다.
cd [디렉터리]	디렉터리를 이동한다.
ls [디렉터리]	디렉터리의 내용을 출력한다. ls –l: 파일의 상세 정보를 출력한다. ls –ld: 디렉터리 자체의 상세 정보를 출력한다. ls –a: 숨김 파일을 포함한 모든 파일을 출력한다.
mkdir 디렉터리	새로운 디렉터리를 생성한다.
rmdir 디렉터리	빈 디렉터리를 삭제한다.

06 파일 관련 명령

명령	기능
cat/more/less/head/tail 파일명	파일의 내용을 출력한다.
cp [옵션] 파일1|디렉터리1 파일2|디렉터리2	파일이나 디렉터리를 복사한다.
mv [옵션] 파일1|디렉터리1 파일2|디렉터리2	파일 또는 디렉터리를 이동하거나 이름을 바꾼다.
rm [옵션] 파일|디렉터리	파일이나 디렉터리를 삭제한다.

07 파일 링크

- 파일 링크는 기존에 있는 파일에 새로운 이름을 붙이는 것으로 하드 링크와 심볼릭 링크가 있다.
- 하드 링크는 기존 파일에 새로운 파일명을 추가로 생성하고, 심볼릭 링크는 원본 파일을 가리키는 새로운 파일을 만든다.

연습문제

01 파일 시스템의 구조를 단순화했을 때의 구성 요소가 아닌 것은 무엇인가?

① 슈퍼 블록　② 데이터 블록
③ 데이터베이스　④ inode 테이블

02 리눅스의 파일 시스템 중 가상 파일 시스템이 아닌 것은 무엇인가?

① ext3　② tmpfs　③ hpfs　④ htfs

03 리눅스에서 파일을 사용 목적에 따라 분류할 때 해당하지 않는 것은 무엇인가?

① 일반 파일　② 디렉터리　③ 심볼릭 링크　④ 실행 파일

04 다음 중 절대 경로명으로 표시한 것은 무엇인가?

① ./다운로드　② ../../usr/bin/mv
③ /etc/profile　④ 다운로드

05 홈 디렉터리를 표현하는 기호는 무엇인가?

① ~　② .　③ ..　④ -

06 현재 디렉터리의 절대 경로를 알려주는 명령은 무엇인가?

① print　② ls　③ pwd　④ cp

07 ls 명령으로 디렉터리의 자체 정보를 출력하기 위해 사용하는 옵션은 무엇인가?

① ls -a　② ls -F　③ ls -d　④ ls -i

08 파일의 내용을 보는 명령이 아닌 것은 무엇인가?

① ls　② cat　③ more　④ tail

09 파일 fe1, fe2를 한 번에 work 디렉터리에 복사하기 위한 명령은 무엇인가?

① cp work fe1 fe2
② mv fe1 fe2 work
③ cp fe1 work fe2
④ cp fe1 fe2 work

10 파일 fe1의 하드 링크 fe1.hd와 심볼릭 링크 fe1.sb를 만들었다. 다음 설명 중 옳은 것은?

① fe1.sb 파일의 링크 개수는 2가 된다.
② fe1.hd 파일의 링크 개수가 1개 증가하였다.
③ fe1 파일을 삭제해도 fe1.sb로 원래 파일의 내용을 볼 수 있다.
④ fe1 파일을 삭제하면 fe1.hd 파일도 같이 삭제된다.

11 파일 시스템 구성 요소 중 슈퍼 블록에 저장되는 정보는 무엇인가?

12 inode에 대해 간단히 설명하시오.

13 상대 경로명과 절대 경로명의 특징을 비교하여 설명하시오.

14 mkdir 명령으로 디렉터리를 생성하는데 다음과 같은 메시지가 출력되었다. 무엇이 문제인가?

```
mkdir: 'temp/mid/work' 디렉터리를 만들 수 없습니다: 그런 파일이나 디렉터리가 없습니다
```

15 디렉터리를 생성하면 하드 링크 값이 기본으로 2로 설정된다. 이유가 무엇인가?

16 rmdir 명령과 rm -r 명령의 차이점을 설명하시오.

17 파일 A는 파일 B의 심볼릭 링크 파일이다. 원본 파일인 B를 삭제하고 파일 C의 이름을 B로 변경했다. 심볼릭 링크 A의 내용을 출력했을 때 어느 파일의 내용이 출력되는가? 이유도 함께 설명하시오.

※ 다음 그림을 보고 물음에 답하시오(18~20번).

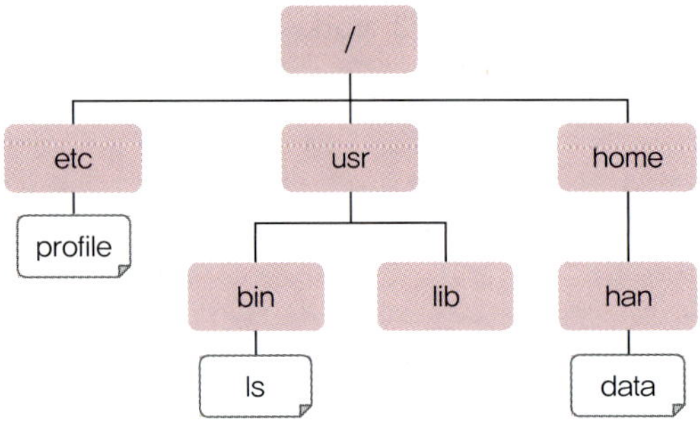

18 현재 디렉터리가 han일 때 bin 디렉터리로 이동하는 명령을 절대 경로와 상대 경로로 각각 작성하시오.

19 현재 디렉터리에 data 파일의 하드 링크를 data.hd라는 이름으로 만드는 명령은 무엇인가?

20 현재 디렉터리에 bin 디렉터리의 심볼릭 링크를 bin-sb라는 이름으로 만드는 명령은 무엇인가?

CHAPTER 04
문서 편집기 사용

학습목표

- 리눅스에서 사용하는 편집기의 종류를 알아본다.
- 대표적인 화면 편집기인 vi를 사용할 수 있다.
- vi의 환경을 설정할 수 있다.
- 나노 편집기를 사용할 수 있다.

PREVIEW

3장에서는 리눅스 파일 시스템의 구조와 종류, inode를 살펴본 후 리눅스 파일의 종류와 특징, 디렉터리 사용 명령, 파일을 다루는 명령에 대해 학습했다. 이제 리눅스에서 파일을 생성하는 방법을 알아보자.

리눅스에서 파일을 편집할 때는 GUI에서 기본으로 제공하는 gedit를 사용해도 되지만, 터미널 환경에서 사용할 수 있는 편집기의 사용법도 익혀야 한다. 4장에서는 리눅스의 대표적인 문서 편집기인 vim을 학습한다. vim은 유닉스에서 제공하는 편집기인 vi를 업그레이드한 것으로, 기본적인 사용법은 vi와 같다. 본문에서는 용어를 통일해 vim 대신 vi로 표기한다. 리눅스 전문가답게 작업하려면 vi의 사용법을 잘 익혀두는 것이 필수이다.

4장은 vi의 각 모드에 대한 설명과 함께, 명령 모드에서의 명령키 사용 방법과 마지막 행 모드의 명령 사용 방법, vi 환경 설정 방법을 살펴본다. 끝으로 vi 외에 터미널에서 사용할 수 있는 nano 편집기의 사용법을 간단히 다룬다.

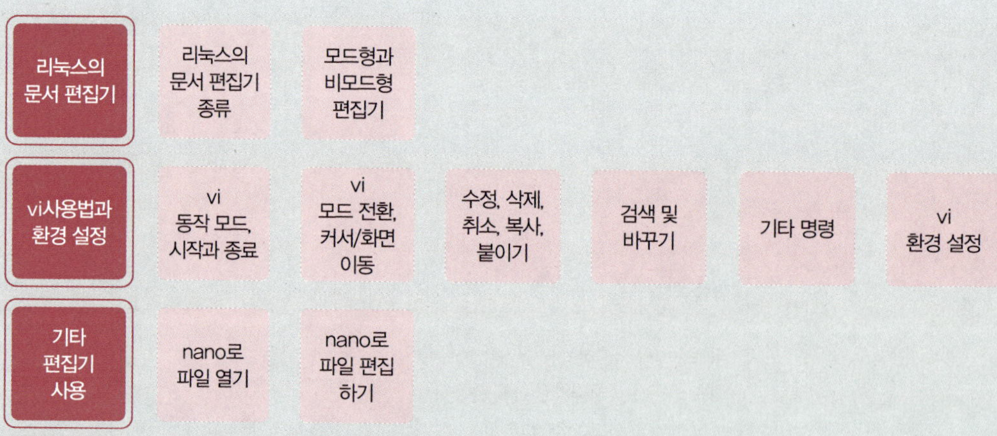

01 리눅스의 문서 편집기

1 리눅스의 문서 편집기 종류

리눅스도 다른 운영체제와 마찬가지로 텍스트 파일을 작성하거나 수정하기 위해 다양한 문서 편집기를 제공한다. 리눅스의 GUI 환경인 그놈에서는 윈도의 메모장과 유사한 gedit을 사용해 문서를 작성할 수 있다. 하지만 GUI 방식의 편집기는 터미널에서 사용할 수 없으므로, 터미널에서 사용할 수 있는 편집기가 필요하다.

터미널에서 사용할 수 있는 편집기는 행 편집기(라인 편집기)와 화면 편집기가 있다. 행 편집기는 리눅스 이전의 유닉스에서 사용하던 초기 편집기로 현재는 특수한 용도로만 사용하며 여기서는 다루지 않는다. 화면 편집기는 gedit처럼 화면 단위로 내용을 보고 커서를 이동하면서 작업할 수 있다. 리눅스에서 사용 가능한 대표적인 화면 편집기는 다음과 같다.

■ ex

ex는 행 편집기이지만 단독으로 사용하기보다는 vi와 연계하여 다양한 기능을 제공한다.

■ vi(vim)

vi는 리눅스에서 일반적으로 사용되는 화면 편집기이다. vi는 텍스트 입력, 수정, 삭제 등의 작업 방식이 일반적인 편집기와 달라 처음에는 다소 불편할 수 있다. 우분투에서는 기존 vi의 개정판인 vimVi Improved을 제공하지만, 이 책에서는 편의상 익숙한 명칭인 vi로 통일하여 사용한다.

■ nano와 pico

pico는 워싱턴 대학교에서 개발한 편집기로 초보자들이 쉽게 사용할 수 있다는 장점이 있다. 그러나 pico의 초기 사용권이 불분명하여 GNU 프로젝트에서는 pico를 기반으로 nano 편집기를 개발하여 오픈소스로 제공하고 있다. 우분투에서는 nano를 기본으로 제공하며, pico는 nano의 심볼릭 링크로 연결되어 있다.

- emacs(이맥스)

  emacs는 제공하는 기능이 매우 다양하지만 사용법이 어렵고 복잡하여 전문적인 사용자들 사이에서 주로 사용되고 있다. emacs 편집기 중에서는 GNU Emacs가 가장 유명하다. GNU Emacs는 무료로 배포되지만, 우분투에는 설치되어 있지 않으므로 별도로 설치해야 한다.

이 책에서는 2절에서 vi의 사용법을 중심으로 설명하며, 3절에서 nano의 사용법을 간단하게 살펴본다.

2 모드형과 비모드형 편집기

문서 편집기는 모드형과 비모드형으로 구분된다. 여기서 모드란 텍스트를 입력하는 입력 모드와 텍스트를 수정, 삭제, 복사, 붙여넣기 등의 편집을 하는 명령 모드를 의미한다. 모드형은 입력 모드와 명령 모드가 별도의 모드로 구분되어 있으며, 비모드형은 두 모드가 구분되어 있지 않다.

비모드형 편집기에서는 편집 기능을 보통 Ctrl이나 Alt 같은 특수 키와 함께 사용한다. 예를 들어 c만 누르면 c가 입력되지만 Ctrl과 C를 같이 누르면 복사 명령이 되는 식이다. 윈도에서 사용하는 메모장이나 한글, 그리고 워드같은 편집기는 모두 비모드형 편집기에 해당한다. 리눅스의 nano와 emacs도 비모드형 편집기이다.

모드형 편집기는 같은 글자라도 입력 모드에서는 텍스트로 처리되어 입력되지만, 명령 모드에서는 편집 명령으로 사용된다. vi는 대표적인 모드형 편집기로, 입력 모드와 명령 모드가 따로 있어 입력 모드에서 k를 누르면 k가 입력되지만 명령 모드에서 k를 누르면 커서가 위로 이동한다.

[표 4-1]에서 볼 수 있듯이, 입력 모드에서는 모드형과 비모드형 모두 텍스트가 그대로 입력된다. 그러나 명령 모드에서는 모드형의 경우 단순히 알파벳을 누르면 되고, 비모드형의 경우 Ctrl과 함께 사용해야 한다. 모드형 편집기에서는 모드를 전환하는 키가 필요하며, 비모드형 편집기에서는 모드 전환 키가 필요치 않다.

표 4-1 모드형과 비모드형 편집기의 비교

구분		모드형(vi)	비모드형(메모장)
입력 모드		텍스트 입력	
명령 모드의 예	복사하기	yy	Ctrl+C
	붙이기	p	Ctrl+V
	저장하기	:wq, ZZ	Ctrl+S
모드 전환		i, a, o, Esc	해당 없음

02 vi 사용법과 환경 설정

1 vi의 동작 모드

vi에는 앞에서 설명한 입력 모드와 명령 모드 외에도 명령행 모드와 비주얼 모드가 있다(명령행 모드나 비주얼 모드도 명령을 사용하는 것이라 이를 명령 모드에 포함하여 입력 모드와 명령 모드로만 구분할 수도 있다). 명령행 모드에서 사용하는 명령은 ex 편집기의 명령을 기반으로 한다. 비주얼 모드는 윈도에서 마우스로 글자나 행을 블록으로 선택하는 것과 유사한 기능을 명령키로 할 수 있도록 제공한다. vi에서는 이렇게 여러 모드로 변경하며 작업을 진행하게 된다.

[그림 4-1]에 vi의 모드와 모드 전환 키, 그리고 저장 키를 요약하였다.

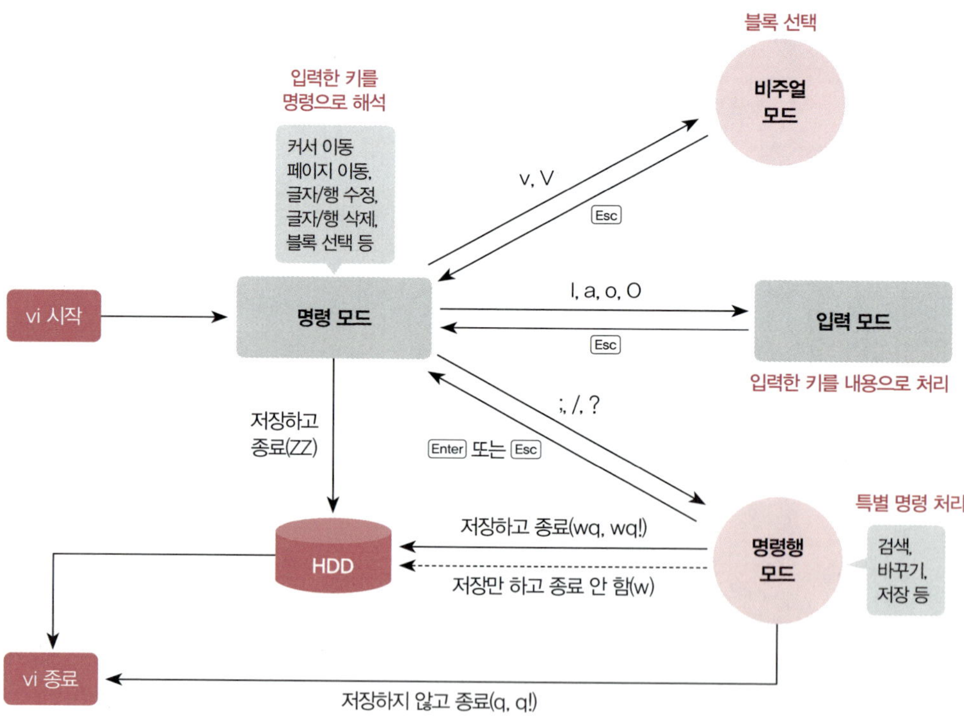

그림 4-1 vi의 동작 모드

vi는 명령 모드로 시작하므로, vi를 실행한 후 입력하는 키는 모두 명령으로 해석된다. vi에서 명령키는 대문자와 소문자를 구분한다. 명령 모드에서 입력 모드로 전환하려면 i, a, o, O 중 하나를 누르면 된다. 입력 모드로 전환한 후 입력하는 키는 내용으로 인식되어 버퍼에 저장된다. 입력 모드에서 다시 명령 모드로 돌아가려면 Esc를 누른다.

검색이나 바꾸기 같은 특별한 명령을 수행하려면 명령행 모드로 가야 한다. 명령 모드 상태에서 :, /, ? 중 하나를 누르면 명령행 모드로 전환되며, 명령행 모드에서 명령을 입력하고 실행하려면 반드시 Enter를 눌러야 한다. 명령을 입력하다가 Esc를 누르면 입력 중이던 명령이 취소되고 다시 명령 모드로 돌아간다. vi의 종료는 명령 모드나 명령행 모드에서 할 수 있다.

vi 내부에서 사용하는 명령키는 매우 다양하다. 여기서는 자주 사용하는 명령키를 중심으로 살펴본다.

2 vi 시작과 종료

vi는 텍스트 파일을 편집하는 프로그램이다.

vi

- **기능** 텍스트 파일을 편집한다.
- **형식** vi [파일]
- **사용 예** vi
  vi test.txt

vi 시작하기

vi를 시작할 때 편집할 파일을 지정하거나 지정하지 않을 수 있다. 지정한 파일이 존재하는 파일이면 해당 파일이 열린다. 지정한 파일이 없거나 파일을 지정하지 않으면 빈 파일이 열린다. vi를 시작할 때 파일을 지정하지 않을 경우 명령행 모드에서 파일명을 지정할 수 있다.

```
user1@hanbit:~$ vi test.txt      → test.txt라는 파일이 열린다.
                                    이 파일이 없으면 빈 파일이 열린다.
```

```
user1@hanbit:~$ vi               → 빈 파일이 열린다. 나중에 파일명을 정할 수 있다.
```

vi를 실행하면 터미널의 전체 화면을 편집 화면으로 사용한다. 파일을 지정하지 않고 vi를 실행하면 [그림 4-2]와 같이 나타난다. 각 행의 처음에 보이는 ~는 빈 행임을 나타낸다. 또한 vim이 vi를 개선한 것이라는 내용과 오픈소스이며 자유롭게 배포할 수 있다는 메시지가 출력된다.

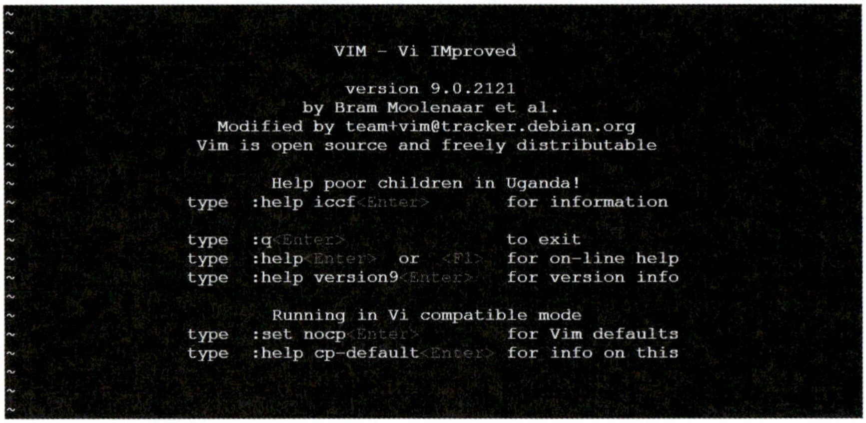

그림 4-2 vi의 초기 화면

vi 종료하기

텍스트 편집을 완료하고 vi를 종료하려면 명령 모드나 명령행 모드에서 종료 명령을 입력해야 한다. 이때 편집한 내용을 저장하지 않거나, 다른 파일명으로 저장할 수도 있다.

명령 모드에서 Shift+zz, 즉 대문자 ZZ를 입력하면 파일을 저장한 후 vi를 바로 종료한다. 또는 명령행 모드에서 종료할 수 있는데, 명령행 모드에서 사용할 수 있는 종료 명령키는 [표 4-2]를 참고한다. 명령행 모드로 전환하려면 :(콜론)을 먼저 눌러야 한다. [표 4-2]의 명령키에는 :을 표시하였다.

표 4-2 vi의 저장과 종료 명령키

구분	명령키	비고
저장하지 않고 종료	:q	작업한 것이 없어야 한다.
	:q!	작업한 것을 저장하지 않고 종료한다.
저장하고 종료	:wq, :wq!	작업한 내용을 저장하고 종료한다.
	ZZ	작업한 내용을 저장하고 종료한다(명령 모드).
저장만 수행	:w [파일명]	파일명을 지정하면 해당 파일명으로 저장한다.

명령행 모드의 명령에서 !(느낌표)는 강제의 의미다. 예를 들어 편집한 내용을 저장하지 않고 종료하려고 :q를 입력하면 파일이 수정되었다는 메시지가 출력되고 종료되지 않는다. 이때 :q!를 입력하면 편집한 내용을 저장하지 않고 종료한다.

3 vi 모드 전환

명령 모드에서 입력 모드로 전환하려면 [표 4-3]의 명령키를 사용하며, 입력 모드에서 명령 모드로 전환하려면 Esc를 입력한다. [표 4-3]은 대표적인 모드 전환 키만 소개하였다. 이외에 다른 키들이 있으나 여기서는 다루지 않는다.

표 4-3 입력 모드 전환 명령키

명령키	기능
i	현재 커서 자리에 입력한다.
a	현재 커서의 다음 자리에 입력한다.
o	커서가 위치한 행의 다음 행에 입력한다.
O	커서가 위치한 행의 이전 행에 입력한다.

i, a 명령키를 이용하여 입력 모드로 전환하기

study 디렉터리에 ch04 폴더를 만들고 그 아래에서 test.txt 파일을 vi로 열고 실습한다.

```
user1@hanbit:~/study/ch04$ vi test.txt
```

먼저 명령 모드에서 i 또는 a 명령키를 입력한 뒤 텍스트를 입력해보자. 아래와 같이 입력하면 커서가 Academy 다음에 위치하게 된다. 입력 모드에서 다시 명령 모드로 전환하기 위해 Esc를 누르면 커서가 y 위로 이동한다.

```
Ubuntu linux study          → Enter를 누르면 다음 행으로 이동한다.
Hanbit Academy█             → Esc를 누르면 명령 모드로 전환된다.
~
```

```
Ubuntu linux study
Hanbit Academy                      → 명령 모드로 전환되고 커서가 y 위로 이동한다.
~
```

i와 a 명령키의 차이

[표 4-3]에서 설명한 것처럼 명령키 i는 커서 위치에, a는 커서의 다음 위치에 입력을 시작한다. 앞의 예제를 사용하여 두 명령키의 차이점을 살펴보자.

커서가 마지막 글자인 y 위에 있는 상태에서 i를 입력하고 'Space Bar Linux'를 입력하면 커서의 위치인 y의 자리에 Linux가 입력되고 y는 뒤로 밀린다. 입력을 완료한 후 Esc를 누르면 명령 모드로 전환되며 입력한 Linux 중 마지막 글자인 x 위에 커서가 놓인다.

```
Ubuntu linux study
Hanbit Academ Linuxy                → 명령 모드로 전환되고 커서가 x 위로 이동한다.
~
```

이제 a 명령키를 사용해보자. a 키를 사용해 입력 모드로 전환한 후 'Space Bar Academ'을 입력하면 커서가 위치한 x 다음 위치에 입력된다. 입력을 완료하고 Esc를 누르면 명령 모드로 전환되며, 커서는 입력한 Academ의 마지막 글자인 m 위에 위치하게 된다.

```
Ubuntu linux study
Hanbit Academ Linux Academy         → 명령 모드로 전환되고 커서가 m 위로 이동한다.
~
```

o, O 명령키를 사용하여 입력 모드로 전환하기

명령 모드에서 현재 커서가 위치한 행의 다음 행에 글자를 입력하려면 o를 누른다. 그러면 커서의 위치가 아래 행으로 이동하며 입력 모드로 전환된다. 예를 들어 12345를 입력하고 Esc를 누르면 다시 명령 모드로 전환되고, 커서는 5 위에 위치한다.

```
Ubuntu linux study
Hanbit Academ Linux Academy      → 명령 모드에서 o를 입력하면 커서가 아래 행으로 이동한다.
12345
~
```

대문자 O를 입력하면 커서의 위치가 윗행으로 이동하고 입력 모드로 전환된다. 이는 [실습해보기 4-1]에서 실습해본다. 다음 실습을 위해 test.txt 파일은 일단 ZZ 명령으로 저장하고 종료한다.

실습해보기 4-1 vi 시작과 종료, 모드 전환하기

❶ 파일명을 지정하지 않고 vi를 실행한다.

❷ a를 입력하여 입력 모드로 전환한다.

❸ 다음 내용을 입력한 뒤 Esc를 누른다. 커서가 마지막 h 위에 있는가?

```
Happy those who do not follow
not sit in company with
```

❹ a 키를 입력하여 Space Bar scoffers.을 입력한다. 커서가 마침표 위에 있는가?

❺ 대문자 O를 입력하여 윗행에 다음을 입력한다. 커서는 어느 글자 위에 있는가?

```
the counsel of the wicked
```

❻ 소문자 o를 입력하여 아래 행에 다음을 입력한다.

```
Nor go the way of sinners
```

❼ 파일명을 vitest.txt로 지정하여 저장하고 종료한다.

4 커서와 화면 이동

화면 편집기에서는 일반적으로 커서를 원하는 위치로 자유롭게 움직이면서 작업한다. 윈도의 편집기는 마우스나 방향키를 사용하여 커서를 옮기지만, vi에서는 마우스로 커서를 이동할 수 없고 모두 키보드로 해야 한다. vi에서 커서와 화면을 이동하는 명령키를 살펴보자.

커서 이동하기

화면에서 커서를 이동하려면 [표 4-4]에 나와 있는 명령키를 사용하면 된다.

표 4-4 커서 이동 명령키

명령키	기능
k/j	커서를 한 행 위/아래로 이동한다.
l/h	커서를 한 글자 오른쪽/왼쪽으로 이동한다.
^ 또는 0/$	커서를 현재 행의 처음/마지막으로 이동한다.
w	커서를 다음 단어의 첫 글자루 이동한다.

[그림 4-3]에서 커서가 3행 way의 첫 글자인 w에 있다고 가정하고 각 명령키의 동작을 살펴보자. vitest.txt 파일을 열어서 진행한다.

```
1 Happy those who do not follow

2 the counsel of the wicked
            ❶
3 Nor go the way of sinners
  ❺     ❽  ❸ ❹❾❼         ❻
4 not sit in company with scoffers.
            ❷
```

그림 4-3 커서 이동 명령키의 예

❶ k 명령키를 입력하면 커서가 w 바로 위에 있는 공백으로 이동한다.

❷ j 명령키를 입력하면 커서가 w 바로 아래에 있는 c로 이동한다.

❸ h 명령키를 입력하면 커서가 w 왼쪽에 있는 공백으로 이동한다.

❹ l 명령키를 입력하면 커서가 w 오른쪽에 있는 a로 이동한다.

❺ ^이나 0 명령키를 입력하면 커서가 3행의 첫 글자인 N으로 이동한다.

❻ $ 명령키를 입력하면 커서가 3행의 마지막 글자인 s로 이동한다.

❼ w 명령키를 입력하면 다음 단어의 첫 글자인 o로 이동한다.

❽ b 명령키를 입력하면 이전 단어의 첫 글자인 t로 이동한다.

❾ e 명령키를 입력하면 현재 단어의 마지막 글자인 y로 이동한다. 여기서 다시 e 명령키를 입력하면 다음 단어의 마지막 글자인 f로 이동한다.

vi는 방향키로도 커서를 이동할 수 있다. [표 4-4]에서 나온 k, j, l, h 키 사용이 익숙하지 않다면, 방향키를 사용하는 것도 가능하다. [표 4-5]에 기존 명령키와 방향키, Home, End를 정리했다.

표 4-5 기존 vi 명령키와 방향키, Home과 End

명령키	방향키, Home, End
k	위 방향키(↑)
j	아래 방향키(↓)
l	오른쪽 방향키(→)
h	왼쪽 방향키(←)
^ 또는 0	Home
$	End

화면 이동하기

vi에서는 파일의 내용을 터미널의 화면 크기만큼만 볼 수 있다. 만약 파일의 행 수가 터미널의 화면 크기보다 많을 경우, 화면을 이동해야 한다. 화면 단위로 이동할 때는 [표 4-6]의 명령키를 사용하지만 이 명령키 외에도 Page Up, Page Down으로도 화면 이동이 가능하다.

표 4-6 화면 이동 명령키

명령키	기능	추가 명령키
Ctrl + B	이전 화면으로 이동한다.	Page Up
Ctrl + F	다음 화면으로 이동한다.	Page Down

특정 행으로 바로 이동하기

vi에서 특정 행으로 커서를 바로 이동하려면 [표 4-7]과 같이 G 명령키를 사용하거나 명령행 모드 명령을 사용한다.

표 4-7 특정 행으로 바로 이동하는 명령키

명령키	기능
G	파일의 마지막 행으로 커서가 이동한다.
행 번호G	지정한 행 번호로 커서가 이동한다.
:행 번호	지정한 행 번호로 커서가 이동한다(마지막 행 모드).
:$	파일의 마지막 행으로 커서가 이동한다(마지막 행 모드).

명령 모드에서 G 명령키만 입력하면 파일의 마지막 행으로 이동하고, G 명령키 앞에 행 번호를 붙이면 해당 행으로 커서가 이동한다. 예를 들어 30G를 입력하면 커서가 30번째 행으로 이동한다.

:을 입력하여 명령행 모드로 전환한 후, 이동하려는 행 번호를 입력하고 Enter를 누르면 해당 행으로 이동한다. 예를 들어 :30을 입력하면 30번째 행으로 커서가 이동한다. 만약 행 번호 대신 $를 입력하면 파일의 마지막 행으로 이동한다.

실습해보기 4-2 커서 이동하기

❶ 실습을 위해 /etc/services 파일을 s.txt 파일명으로 복사한다.

❷ vi로 s.txt 파일을 연다.

❸ j 명령키를 사용하여 커서를 6행으로 이동한다.

❹ w 명령키를 사용하여 두 번째 단어로 이동한다. 커서가 위치한 글자는 무엇인가?

❺ e 명령키를 입력한다. 커서는 어느 위치로 이동하는가?

❻ 다시 e 명령키를 입력한다. 커서는 어느 위치로 이동하는가?

❼ Ctrl+F를 입력하여 다음 화면으로 이동한다.

❽ G 명령키를 입력하여 파일의 마지막 행으로 이동한다. 마지막 행의 내용은 무엇인가?

❾ 명령행 모드로 이동하여 10을 입력해 10행으로 이동한다. 10행의 내용은 무엇인가?

❿ vi를 저장하지 않고 종료한다.

5 내용 수정

vi에서 파일의 내용을 수정하는 명령키를 알아보자. vi에서는 한 글자만 수정하거나, 단어 단위로 수정하거나, 수정할 글자 수를 지정해서 수정할 수 있다. 한 글자를 수정하는 명령키를 제외한 나머지 수정 명령키들은 자동으로 입력 모드로 전환되며, 수정을 마치면 Esc를 눌러 명령 모드로 돌아가야 수정이 완료된다.

표 4-8 내용 수정 명령키

명령키	기능
r	커서가 위치한 글자를 다른 글자로 수정한다.
cw, #cw	커서 위치부터 현재 단어의 끝까지 수정한다. #에는 수정할 단어의 숫자를 지정한다. 예를 들어 3cw는 커서 위치부터 세 단어를 수정한다.
s, #s	커서 위치부터 Esc를 입력할 때까지 수정한다. #에는 수정할 글자의 수를 지정한다. 예를 들어 7s는 커서 위치부터 일곱 글자를 수정한다.

한 글자 수정하기: r 명령키

r 명령키로 한 글자를 수정하려면 수정하려는 글자 위에 커서를 놓고 r 명령키를 먼저 입력한 후, 바꾸려는 새 글자를 입력하면 된다. 아래 예에서는 입력 모드 전환에서 작성한 test.txt 파일을 사용한다. 이 파일에서 커서를 1행의 중간에 있는 linux의 첫 글자인 l로 이동한 후 r 명령키를 입력하고 w를 입력하면 l이 w로 바뀐다. r 명령키는 명령 모드를 유지하므로 수정 후 Esc를 누를 필요가 없다.

```
Ubuntu winux study               → r 명령키로 글자를 수정한다(l→w).
Hanbit Academ Linux Academy
12345
~
```

여러 글자 수정하기: cw, #s 명령키

여러 글자를 바꿀 때는 cw 명령키나 #s 명령키를 사용한다. cw 명령은 단어 단위로 수정한다. vi에서는 단어를 공백문자나 특수문자로 단어를 구분하기 때문에 현재 커서가 위치한 winux를 한 단어로 인식한다.

winux를 cw 명령키로 수정해보자. 다음과 같이 커서가 w 위치에 있을 때 cw를 입력하면 winux의 마지막 글자인 x가 $로 바뀐다. 이것은 여기까지 수정할 것이라는 표시이다. 여기서 내용을 입력하고 Esc를 누르면 내용이 수정된다. 수정할 글자 수는 원래 글자 수인 다섯

자보다 많아도 된다. winux를 다시 linux로 수정하였다.

```
Ubuntu winu$ study          → cw 명령키 입력 시 winu$로 바뀐다.
Hanbit Academ Linux Academy
12345
```

```
Ubuntu linux study          → winux를 linux로 수정하였다.
Hanbit Academ Linux Academy
12345
```

이번에는 #s 명령키를 사용하여 여러 글자를 수정해보자. 다음 예에서는 linux 대신에 editor를 입력해본다. 수정할 글자가 다섯 글자이므로 커서를 linux의 l에 놓고 5s 명령키를 입력한 후, editor를 입력한다. 수정이 끝나면 반드시 Esc를 눌러 명령 모드로 전환해야 수정이 완료된다. 수정이 완료되면 커서는 마지막 글자인 r 위에 위치하게 된다.

```
Ubuntu editor study         → 수정 완료 후 Esc를 눌러야 명령 모드로 전환된다.
Hanbit Academ Linux Academy
12345
```

참고로 cw 명령이나 #s 명령을 입력하여 수정할 단어를 지정한 후, 아무 내용도 입력하지 않고 Esc를 입력하면 내용이 삭제되므로 주의한다.

6 내용 삭제

입력 모드에서 내용을 입력하는 도중에 틀린 글자를 삭제할 때는 Back Space나 Delete를 사용한다. 그러나 명령 모드에서 글자나 행을 삭제하려면 [표 4-9]와 같은 명령키를 사용해야 한다. 한 번에 여러 글자나 행을 삭제하려면 명령키 앞에 글자나 행의 수를 숫자로 지정한다. 예를 들면 한 글자를 삭제하는 명령키는 x지만 세 글자를 삭제하려면 3x를 입력한다.

표 4-9 내용 삭제 명령키

명령키	기능
x, #x	커서 위치의 글자를 삭제한다. #에는 삭제할 글자 수를 지정한다.
dw, #dw	커서 위치의 단어를 삭제한다. #에는 삭제할 단어 수를 지정한다.
dd, #dd	커서 위치의 행을 삭제한다. #에는 삭제할 행의 수를 지정한다.
D	커서 위치부터 행의 끝까지 삭제한다.

글자를 삭제해보자. 다음 예에서 커서를 editor의 e로 옮겨 e 한 글자만 지우려면 x 명령키를 입력한다.

```
Ubuntu ditor study          → x 명령키로 커서 위치의 e를 삭제한다.
Hanbit Academ Linux Academy
12345
```

만약 나머지 ditor을 모두 지우려면 글자 수를 지정하여 5x를 입력하거나 단어를 지우는 dw 명령키를 사용하면 된다. 이때 5x로 지우는 경우와 dw로 지우는 경우, 지워지고 난 후 커서의 위치에 차이가 있다.

```
Ubuntu study          → dw로 삭제하면 커서가 다음 단어의 첫 글자로 이동한다.
Hanbit Academ Linux Academy
12345
```

```
Ubuntu  study          → 5x로 삭제하면 커서가 공백문자에 위치한다.
Hanbit Academ Linux Academy
12345
```

현재 커서 위치부터 행의 끝까지 삭제하려면 D 명령키를 입력한다.

```
Ubuntu          → D 명령키로 내용을 삭제하였다.
Hanbit Academ Linux Academy
12345
```

커서가 위치한 현재 행을 지우려면 dd 명령키를 입력한다. 커서를 3행으로 이동하여 행을 삭제해본다.

```
Ubuntu
Hanbit Academ Linux Academy          → 3행을 dd 명령키로 삭제하면 커서는 2행으로 이동한다.
```

7 명령 취소

vi에서 삭제나 수정을 잘못한 경우 이전 명령을 취소할 수 있다. 대부분의 윈도 프로그램에서는 이전 작업을 취소할 때 Ctrl+Z를 사용하는데, vi에서 Ctrl+Z를 입력하면 명령이 취소되는 것이 아니라 vi 화면이 없어지고 프롬프트가 나타난다. vi에서 Ctrl+Z는 취소가 아니라 vi를 잠시 중단하고 셸로 돌아가는 명령이기 때문이다. 이런 상황에서는 당황하지 말고 프롬프트에서 fg를 입력하면 다시 vi로 돌아갈 수 있다. 이에 관한 자세한 내용은 6장에서 다룬다. vi에서 이전 명령을 취소하는 명령키는 [표 4-10]과 같다.

표 4-10 이전 명령 취소 명령키

명령키	기능
u	직전에 수행한 명령을 취소한다.
U	해당 행에서 실행한 모든 명령을 취소한다.

앞에서 설명한 삭제 명령키 예에서 삭제한 행을 복구하려면 u 명령키를 사용한다.

```
Ubuntu
Hanbit Academ Linux Academy
12345          → u 명령키로 이전 삭제 명령이 취소되었다.
```

해당 행에서 수행한 모든 작업을 취소하고 원래 상태로 복구하려면 U 명령키를 사용한다. 이로써 예제는 일단락되었으니 :wq 명령으로 파일을 저장하고 종료한다.

실습해보기 4-3 vi로 입력 · 수정 · 삭제 · 복구하기

❶ vi로 새로운 파일인 exec.txt 파일을 연다.

❷ i 명령키를 입력하여 입력 모드로 전환한 후 다음 내용을 입력하고 파일을 저장한다.

```
Good morning everyone.
Nice to meet you.
I am a linux beginner.
Now introduce yourself.
```

❸ 커서를 3행의 beginner의 b로 이동한다.

❹ beginner를 experts로 수정한다.

❺ 2행에 있는 meet의 첫 글자인 m으로 이동한다.

❻ meet를 단어 삭제 명령키로 삭제한다.

❼ y부터 행의 끝까지 명령키 하나로 삭제한다.

❽ 2행에 있는 meet의 첫 글자인 m으로 이동한다.

❾ 3행의 첫 글자로 이동하여 I am a를 We are로 수정한다.

❿ 파일 내용을 저장하고 종료한다.

8 복사 및 잘라 붙이기

vi에서도 다른 편집기처럼 내용을 복사하거나 잘라서 붙이기를 할 수 있으며 내용의 일부를 버퍼에 복사할 수도 있다.

복사하기, 잘라내기, 붙이기

vi에서는 복사하기, 잘라내기, 붙이기를 할 때 [표 4-11]의 명령키를 사용한다. yy 명령키를 입력하면 현재 커서가 위치한 행이 복사되고, p 명령키를 입력하면 커서가 위치한 아래 행에 복사하여 붙이기가 된다. 앞서 배운 행 삭제 명령키인 dd는 행을 잘라내는 기능도 수행한다. dd 명령키로 행을 잘라낸 후 p 명령키를 입력하면 잘라서 붙이기가 된다. 여러 행을 복사하려면 3yy처럼 행의 수를 지정한다. 3yy는 현재 커서가 있는 행과 아래 두 행을 포함하여 총 세 행을 복사한다.

복사하거나 잘라낸 내용은 임시 버퍼에 저장된다. 복사하거나 잘라낸 후에는 다른 명령을 사용하지 말고 즉시 원하는 위치로 이동하여 붙이기를 해야 한다. 붙이기를 하지 않고 다른 명령을 사용하면 임시 버퍼에 저장된 내용이 손실될 수 있다.

TIP 버퍼는 복사하거나 잘라낸 내용을 임시로 저장해두는 저장 공간으로 윈도의 클립보드와 같은 기능을 수행한다.

표 4-11 복사하기, 잘라내기, 붙이기 명령키

명령키	기능
yy, #yy	커서가 위치한 행을 복사한다. #에는 복사할 행의 수를 지정한다.
p	커서가 위치한 행의 아래쪽에 붙인다.
P	커서가 위치한 행의 위쪽에 붙인다.
dd, #dd	커서가 위치한 행을 잘라둔다(삭제와 같은 기능이다). #에는 잘라둘 행의 수를 지정한다.

앞서 사용한 test.txt 파일을 vi로 연다. 현재 커서가 있는 행만 복사하려면 yy 명령키를 입력하면 된다. 1행과 2행을 함께 복사하려면 2yy를 입력한다. 2yy 명령키로 두 행을 모두 복사한 다음, 마지막 행으로 이동하여 p 명령키로 붙이기를 하면 결과는 다음과 같다.

```
Ubuntu
Hanbit Academ Linux Academy
12345
Ubuntu
Hanbit Academ Linux Academy
```

dd 명령키는 삭제뿐만 아니라 잘라내기를 할 때도 사용된다. dd 명령키로 5행을 잘라내고 대문자 P 명령키를 입력하면 결과는 다음과 같다.

```
Ubuntu
Hanbit Academ Linux Academy
12345
Hanbit Academ Linux Academy
Ubuntu
```

네임드 버퍼 사용하기

별도의 버퍼 지정 없이 yy 명령키로 복사하거나 dd 명령키로 잘라내기를 할 경우, 복사하거나 잘라낸 내용은 이름이 없는 언네임드 버퍼에 저장된다. 언네임드 버퍼에는 내용을 하나만 저장할 수 있다. 예를 들어 2yy 명령키로 두 행을 복사하여 저장하면, 이후 3yy 명령키를 입력했을 때 앞서 저장한 두 행은 지워지고 새로 복사한 세 행이 저장된다.

이와 달리 이름을 붙여 사용하는 버퍼를 네임드 버퍼라고 한다. 각각 다른 이름을 붙인 네임드 버퍼에 독립적으로 내용을 저장하고 사용할 수 있다. 네임드 버퍼에 이름을 붙일 때는 다음과 같이 "문자 또는 "숫자의 형태로 사용한다. 숫자를 사용할 경우 숫자 버퍼라고도 한다.

① 네임드 버퍼: "a, "b, "c, "d, …, "z

② 숫자 버퍼: "1, "2, …, "9

네임드 버퍼에 커서가 위치한 행을 저장하려면 '버퍼 이름+yy'를 입력한다. 예를 들어 "a 버퍼에 복사한 내용을 저장하려면 "ayy를 입력하면 된다. 이를 커서가 위치한 행의 아래쪽에 붙이려면 "ap와 같이 '버퍼 이름+p'를 입력한다. 다음 예를 통해 살펴보자. 현재 1행과 5행이 같은 내용이고, 2행과 4행이 같은 내용이다.

```
Ubuntu
Hanbit Academ Linux Academy
12345
Hanbit Academ Linux Academy
Ubuntu
```

여기서 4행을 "a 버퍼에 잘라서 저장한다. "a를 먼저 입력하고 dd를 입력하면 4행이 잘리고 파일은 다음과 같아진다.

```
Ubuntu
Hanbit Academ Linux Academy
12345
Ubuntu
```

여기서 다시 4행을 잘라 "b 버퍼에 저장한다. 방법은 전과 동일하다. 이제 파일에는 처음과 같이 세 행밖에 없을 것이다. 붙이기를 다음 순서대로 해보자.

① 커서를 1행으로 이동한다.

② "b 버퍼의 내용을 1행 위에 붙여 넣으려면 "bP를 입력한다.

③ "a 버퍼의 내용을 3행 아래에 붙여 넣으려면 커서를 3행에 두고 "ap를 입력한다.

자, 이제 파일 내용이 어떻게 바뀌었는가? 순서대로 잘 따라 했다면 다음과 같이 나타난다. 네임드 버퍼를 사용할 경우 어느 버퍼에 어떤 내용을 저장했는지 잘 기억해야 한다.

```
Ubuntu
Ubuntu
Hanbit Academ Linux Academy
Hanbit Academ Linux Academy
12345
```

범위 지정하기

vi에서 범위 지정은 비주얼 모드나 명령행 모드에서 할 수 있다. 비주얼 모드는 [표 4-12]의 명령키를 입력하여 비주얼 모드로 전환한 뒤 커서를 이동하여 범위를 선택할 수 있다.

표 4-12 비주얼 모드 명령키

명령키	기능
v	현재 커서 위치부터 선택한다.
V	행 단위로 선택한다.

예를 들어 현재 커서 위치인 H에서부터 Hanbit만 선택하여 붙이기를 해보자. 먼저 v 키를 입력하고 l 키로 커서를 오른쪽으로 이동하여 Hanbit를 선택하면 다음과 같이 된다.

```
Ubuntu
Ubuntu
Hanbit Academ Linux Academy
Hanbit Academ Linux Academy
12345
```

이 상태에서 y를 입력하면 Hanbit이 단어 단위로 복사된다. 단위 단어로 복사된 후 p 명령을 입력하면 현재 커서 위치의 다음 자리에 붙이기된다. 예를 들어 Hanbit을 선택하여 복사한 뒤 커서를 아래 행으로 이동하여 붙이기를 하면 다음과 같다.

```
Ubuntu
Ubuntu
Hanbit Academ Linux Academy
Hanbit Academ Linux Academy
1Hanbit2345
```

대문자 V를 입력하면 행 단위로 선택된다. 예를 들어 현재 위치에서 V를 입력하면 다음과 같이 선택된다.

```
Ubuntu
Ubuntu
Hanbit Academ Linux Academy
Hanbit Academ Linux Academy
1Hanbit2345
```

명령행 모드에서는 특수문자(., $, %)와 숫자를 사용한다. .(마침표)는 커서가 위치한 현재 행을 나타내고 $는 마지막 행을, %는 전체 행을 의미한다. 이때 숫자로 행 번호나 행의 개수를 지정할 수 있다. 범위를 지정하려면 우선 :을 입력하여 명령행 모드로 전환하고 [표 4-13]과 같은 명령키를 사용한다.

표 4-13 범위 지정 명령키

명령키	기능
1, $ 또는 %	1행부터 마지막 행까지 지정한다.
1,.	1행부터 커서가 있는 행까지 지정한다.
.,$	커서가 있는 행부터 마지막 행까지 지정한다.
.,-3	현재 행과 이전 세 행까지(총 네 행) 지정한다.
10,20	10행부터 20행까지 지정한다.
10	10행만 지정한다.

TIP 명령키에서 여러 행을 지정하는 경우, 숫자와 숫자 사이의 ,(쉼표)는 띄어쓰기를 하지 않는다.

명령행 모드에서 복사하기, 잘라내기, 붙이기

명령행 모드에서도 행을 복사하거나 잘라내 붙이기를 할 수 있다. 명령행 모드에서 행을 복사하거나 잘라낼 때는 범위를 지정해야 한다.

명령행 모드에서 사용하는 복사하기, 잘라내기, 붙이기 명령키는 [표 4-14]와 같다. 잘라내기 명령은 삭제와 동일하다. 명령의 앞에 붙은 :은 명령행 모드로 이동하기 위한 것으로, 이미 명령행 모드 상태라면 :을 제외하고 명령키를 입력한다.

표 4-14 명령행 모드에서의 복사하기, 잘라내기, 붙이기 명령키

명령키	기능
:#y	#로 지정한 행을 복사한다. 예를 들면 3y는 세 번째 행을 복사한다.
:〈범위〉y	범위로 지정한 행을 복사한다. 예를 들면 2,4y는 2~4행을 복사한다.
:#d	#로 지정한 행을 잘라낸다(삭제). 예를 들면 3d는 세 번째 행을 잘라낸다.
:〈범위〉d	범위로 지정한 행을 잘라낸다(삭제). 예를 들면 1,4d는 1~4행을 잘라낸다.
:pu	현재 행 다음에 버퍼의 내용을 붙인다.
:#pu	#로 지정한 행 다음에 버퍼의 내용을 붙인다. 예를 들면 4pu와 같이 지정한다.

다음 예에서 명령행 모드에서 복사하여 붙이기를 해보자. :1,2y 명령키로 1행부터 2행까지 복사한 후 :4pu 명령키로 붙여넣으면 다음과 같이 된다.

```
Ubuntu
Ubuntu
Hanbit Academ Linux Academy
Hanbit Academ Linux Academy
Ubuntu
Ubuntu
1Hanbit2345
```

:3,4d 명령키로 3행과 4행을 잘라내고 :4pu 명령키로 4행 다음에 잘라낸 것을 붙이면 다음과 같이 된다.

```
Ubuntu
Ubuntu
Ubuntu
Ubuntu
Hanbit Academ Linux Academy
Hanbit Academ Linux Academy
1Hanbit2345
```

다음 학습을 진행하기 전에 파일 내용을 저장하자.

9 검색 및 바꾸기

vi에서 특정 문자열을 검색하거나 검색한 문자열을 다른 문자열로 바꾸는 명령은 명령행 모드에서 제공한다.

검색하기

문자열을 검색하려면 일단 명령행 모드로 가야 한다. 검색하기 위해 명령행으로 이동할 때는 :이 아니라 /나 ?를 입력한다. /는 커서의 위치에서 아래 방향으로 검색하고, ?는 커서의 위치에서 위 방향으로 검색을 한다. /나 ? 다음에 찾고자 하는 문자열을 입력하고 Enter를 누르면 검색이 시작되고, 해당 문자열을 찾으면 그 문자열의 시작 위치로 커서가 이동한다. 계속해서 다음 문자열을 검색하려면 n_{next} 명령을 사용한다.

표 4-15 검색 명령키

명령키	기능
/문자열	문자열을 아래 방향으로 검색한다.
?문자열	문자열을 위 방향으로 검색한다.
n	원래 찾던 방향으로 다음 문자열을 검색한다.
N	역방향으로 다음 문자열을 검색한다.

다음 예에서 커서가 6행에 있는 상태에서 문자열을 검색하기 위해 /를 입력하면 커서가 명령행으로 이동한다. 검색할 문자열인 'Linux'를 입력하고 Enter를 누르면 커서 위치보다 뒤쪽에 위치한 같은 행의 Linux로 커서가 이동한다.

```
Ubuntu
Ubuntu
Ubuntu
Ubuntu
Hanbit Academ Linux Academy
Hanbit Academ Linux Academy
1Hanbit2345
~
(생략)
/Linux
```

계속 Linux를 검색하려고 n을 입력하면 6행이 파일의 마지막 행이므로 'search hit BOTTOM, continuing at TOP'이라는 메시지를 출력하고 5행의 Linux로 커서가 이동한다.

```
Ubuntu
Ubuntu
Ubuntu
Ubuntu
Hanbit Academ Linux Academy
Hanbit Academ Linux Academy
1Hanbit2345
~
(생략)
search hit BOTTOM, continuing at TOP
```

바꾸기

여러 글자 수정 명령을 사용하지 않고, 명령행 모드에서 기존의 문자열을 다른 문자열로 바꿀 수 있다. 명령행 모드에서 문자열을 바꾸는 명령은 커서 위치의 문자열만 바꿀 수도 있고, 파일 전체나 특정 범위 내에서 해당하는 문자열을 모두 찾아 바꿀 수도 있다. 문자열을 바꾸는 명령은 [표 4-16]에 정리했으며, 범위 지정은 [표 4-13]을 참조하면 된다.

표 4-16 명령행에서 바꾸기 명령키

명령키	기능
:s/문자열1/문자열2/	커서가 위치한 행에서 첫 번째로 나오는 문자열1을 문자열2로 바꾼다.
:%s/문자열1/문자열2/g	파일 전체에서 모든 문자열1을 문자열2로 바꾼다.
:〈범위〉s/문자열1/문자열2/	범위 내 모든 각 행에서 첫 번째로 나오는 문자열1을 찾아 문자열2로 바꾼다.
:〈범위〉s/문자열1/문자열2/g	범위 내 모든 행에서 문자열1을 문자열2로 바꾼다.
:〈범위〉s/문자열1/문자열2/gc	범위 내 모든 행에서 문자열1을 문자열2로 바꿀 때 수정할지 여부를 묻는다.

문자열을 바꾸는 예를 알아보자. 다음 예는 커서가 위치한 행의 Linux를 Hanbit으로 바꾼다. 이를 위해 :s/Linux/Hanbit을 입력한다.

```
Ubuntu
Ubuntu
Ubuntu
Ubuntu
Hanbit Academ Hanbit Academy
Hanbit Academ Linux Academy
1Hanbit2345
~
(생략)
:s/Linux/Hanbit/
```

범위를 정해 문자열을 바꾸는 예를 살펴보자. 5~6행에 있는 Hanbit을 Linux로 바꿀 경우의 명령은 :5,6s/Hanbit/Linux/이다.

```
Ubuntu
Ubuntu
Ubuntu
Ubuntu
Linux Academ Hanbit Academy
Linux Academ Linux Academy
1Hanbit2345
~
(생략)
:5,6s/Hanbit/Linux/
```

위의 결과를 보면 5행에는 세 번째 위치에 Hanbit이 있는데도 Linux로 바뀌지 않았다. 이것은 명령의 마지막에 g를 지정하지 않았기 때문이다. 다음 예와 같이 바꾸기 명령에서 g를 지정하면 해당 행이나 범위 내에서 바꾸려는 문자열을 모두 찾아 다른 문자열로 바꾼다.

```
Ubuntu
Ubuntu
Ubuntu
Ubuntu
Hanbit Academ Hanbit Academy
Hanbit Academ Hanbit Academy
1Hanbit2345
~
(생략)
:%s/Linux/Hanbit/g
```

명령이 잘 실행되었으면 파일을 저장하고 종료한다.

실습해보기 4-4 복사하기, 잘라내기, 붙이기, 수정하기

❶ vi로 새로운 파일인 exec2.txt 파일을 열고 다음 내용을 입력한 다음 저장한다.

```
Good morning everyone.
My name is Hong Gildong.
Nice to meet you.
```

❷ 1행을 복사하여 3행 다음에 붙인다.

❸ 2행을 버퍼 a에 저장하고, 3행을 버퍼 b에 저장한다.

❹ 1행의 윗행에 버퍼 a의 내용을 붙여넣기 한다.

❺ 1행의 아래 행에 버퍼 b의 내용을 붙여넣기 한다. 결과가 다음과 같은지 확인한다.

```
My name is Hong Gildong.
Nice to meet you.
Good morning everyone.
My name is Hong Gildong.
Nice to meet you.
Good morning everyone.
```

❻ 파일에서 Gildong을 Hong으로 바꾼다.

❼ 파일에서 Hong 전체를 Park으로 바꾼다.

❽ 저장한 후 종료한다.

10 기타 유용한 명령키

지금까지 vi에서 사용하는 주요 기능과 명령키를 살펴봤다. vi는 이 외에도 다양한 명령키를 제공한다. 이제까지 다룬 주요 명령키 외에 자주 사용하는 명령키를 추가로 살펴보자.

파일 읽어오기

현재 작업 중인 파일에 다른 파일을 읽어오려면 명령행 모드에서 ':r 파일명'을 하면 된다. 이 명령은 지정한 파일을 읽어들여 현재 커서 위치에 삽입한다. 예를 들어 test.txt 파일을 편집하는 과정에서 exec2.txt 파일을 읽어오려면 다음과 같이 한다. 먼저 test.txt 파일을 열고 커서를 4행으로 이동한다.

```
Ubuntu
Ubuntu
Ubuntu
Ubuntu
Hanbit Academ Hanbit Academy
Hanbit Academ Hanbit Academy
1Hanbit2345
```

여기서 exec.txt 파일을 읽어들이기 위해서 :r exec.txt를 실행하면 exec.txt 파일의 내용이 test.txt 파일의 4행 다음에 삽입된다. 결과는 다음과 같다. 커서는 새로 읽어들인 내용의 첫 행 첫 글자에 위치한다.

```
Ubuntu
Ubuntu
Ubuntu
Ubuntu
Good morning everyone.
Nice to meet you.
We are linux experts.
Now introduce yourself.
Hanbit Academ Hanbit Academy
Hanbit Academ Hanbit Academy
1Hanbit2345
~
:r exec.txt
```

vi에서 셸 명령 사용하기

vi로 파일을 편집하던 도중 작업 디렉터리의 파일 목록을 확인하는 등 셸 명령을 실행해야 하는 경우가 있다. 이때 vi를 종료하지 않고 셸 명령을 실행하려면 [표 4-17]의 명령키를 사용한다.

표 4-17 셸 명령 실행 명령키

명령키	기능
:!	셸 명령 vi 작업을 잠시 중단하고 셸 명령을 실행한다(vi로 돌아오려면 Esc를 누른다).
:sh	vi를 잠시 빠져나가서 셸 명령을 실행한다(vi로 돌아오려면 exit 명령을 입력한다).

■ :! 명령키 이용하기

vi 작업 도중에 셸 명령을 실행하는 가장 간단한 방법은 ':! 셸 명령'으로 실행하는 것이다. 예를 들어 test.txt 파일을 편집하는 중에 :! ls라고 하면 다음과 같은 형태로 실행된다.

```
(생략)
~
:! ls
```

```
user1@hanbit:~/study/ch04$ vi test.txt

[No write since last change]
exec.txt  exec2.txt  s.txt  test.txt  vitest.txt

Press ENTER or type command to continue
```

이 방법은 vi를 빠져나가지 않고 바로 이용할 수 있다. 다시 vi 작업으로 돌아가려면 Enter를 누른다.

■ **:sh 명령키 이용하기**

':! 셸 명령'은 한 번에 하나의 셸 명령만 실행할 수 있다. 실행할 셸 명령이 여러 개라면 vi를 잠시 빠져나가서 셸 작업을 수행하고 다시 돌아오는 것이 편리하다.

```
(생략)
~
:sh
```

:sh로 vi를 빠져나오면 프롬프트가 나타난다. 여기서 필요한 셸 작업을 마치고 다시 vi로 돌아오려면 exit를 입력한다.

```
user1@hanbit:~/study/ch04$ ls
exec.txt  exec2.txt  s.txt  test.txt  vitest.txt
user1@hanbit:~/study/ch04$ exit
```

기타 명령키

이 외에도 vi를 편리하게 사용하기 위해 알아두면 좋은 기타 명령키를 [표 4-18]에 정리했다.

표 4-18 기타 명령키

명령키	기능
Ctrl+l	현재 화면을 다시 출력한다.
Ctrl+G	현재 커서 위치의 행 번호를 마지막 행에 출력한다.

J	현재 행과 아래 행을 연결하여 한 행으로 만든다.
.(마침표)	직전 명령을 반복한다.

■ 화면 다시 출력하기

vi 작업 도중에 시스템 메시지 등이 출력되어 화면이 이상하게 보일 때 Ctrl+l 명령키를 입력하면 메시지가 사라지고 원래 작업 중이던 내용이 다시 출력된다.

■ 행 연결하기

행을 연결할 때는 J 명령키를 사용한다. J 명령키는 커서가 위치한 행과 다음 행을 하나의 행으로 만들어준다. 다음 예에서 커서가 위치한 첫 번째 행에서 J 명령키를 입력해보자.

```
Ubuntu
Ubuntu
Ubuntu
Ubuntu
Good morning everyone.
(생략)
```

1행에서 J 명령키를 입력하면 두 번째 행과 합쳐진다. 행이 합쳐질 때 공백문자로 구분되는데 원래 공백문자가 없으면 공백문자가 삽입되며 커서도 이동한다.

```
Ubuntu Ubuntu
Ubuntu
Ubuntu
Good morning everyone.
(생략)
```

■ 이전 명령 반복하기

.(마침표) 명령키는 바로 앞에 했던 명령을 반복한다. 앞의 예에서 마지막으로 실행한 명령이 J 명령이므로 .를 입력하면 다시 J 명령키를 실행한 것과 같은 결과가 나온다(단, 커서 이동 키는 . 명령키를 입력해도 반복 수행되지 않는다).

```
Ubuntu Ubuntu Ubuntu Ubuntu
Good morning everyone.
(생략)
```

이것으로 vi 명령키에 대한 설명을 마쳤다. 파일을 저장하고 vi를 종료한다.

실습해보기 4-5 기타 유용한 명령 익히기

❶ vi로 새로운 파일인 exec3.txt 파일을 열고 다음을 입력한다.

```
Good
morning
everyone.
```

❷ 3행 다음에 exec.txt 파일을 읽어들인다.

❸ 1행과 2행을 연결하여 한 행으로 만든다.

❹ 반복 명령키로 1행과 2행을 연결하여 한 행으로 만든다.

❺ exec3.txt 파일을 저장하고, 셸 명령을 실행하여 현재 디렉터리의 경로를 확인한다.

❻ vi를 종료한다.

11 vi 환경 설정

사용자는 set 명령을 사용하여 vi의 환경을 설정할 수 있다. set 명령은 다음과 같이 세 가지 방법을 사용할 수 있다.

① 사용자 홈 디렉터리에 .exrc 파일로 저장한다.

② 환경 변수 EXINIT에 지정한다. 환경 변수는 10장에서 다룰 것이다.

③ vi의 명령행 모드에서 명령으로 설정한다.

.exrc 파일이나 환경 변수에 vi 환경을 설정하면, vi를 시작할 때 이 설정을 읽어서 적용한다. vi 내에서 명령행 모드 명령으로 설정한 것은 vi를 종료하면 해제된다. 환경 설정은 set 명령에 옵션을 주는 것으로, 자주 사용되는 옵션은 [표 4-19]와 같다.

표 4-19 vi 환경 설정 명령

set 명령과 옵션	기능
set nu	파일 내용의 각 행에 행 번호를 표시한다(보이기만 할 뿐 저장되지는 않는다).
set nonu	행 번호를 감춘다.
set list	눈에 보이지 않는 특수문자를 표시한다(tab:^I, eol:$ 등).
set nolist	특수문자를 감춘다.
set showmode	현재 모드를 표시한다.
set noshowmode	현재 모드를 감춘다.
set	set으로 설정한 모든 vi 환경 설정값을 출력한다.
set all	모든 vi 환경 변수와 현재 값을 출력한다.

행 번호 표시하기

:set nu를 입력하면 다음과 같이 행 번호가 표시된다.

파일: exec.txt	set nu 실행 후
Good morning everyone. Nice to meet you. We are linux experts. Now introduce yourself. ~	1 Good morning everyone. 2 Nice to meet you. 3 We are linux experts. 4 Now introduce yourself. ~ :set nu

행 번호는 사용자의 편의를 위해 보이는 것으로 파일에 저장되지는 않는다. ':set nonu'를 입력하면 행 번호가 없어진다.

특수문자 표시하기

행의 끝이나 탭 같은 특수문자들은 vi에서 보이지 않는다. 이런 특수문자를 보려면 ':set list' 명령을 입력해야 한다. 한글의 조판 부호 보기 기능과 비슷하다고 생각하면 된다. 다음 예는 exec.txt 파일의 마지막에 탭을 하나 추가하고 :set list 명령을 실행한 것이다.

파일: exec.txt	set list 실행 후
Good morning everyone. Nice to meet you. We are linux experts. Now introduce yourself.〈탭〉 ~	Good morning everyone.$ Nice to meet you.$ We are linux experts.$ Now introduce yourself.^I$ ~ :set list

exec.txt 파일에서 ':set list'를 입력하면 특수문자 $와 ^I가 보인다. $는 행의 끝을 표시하고 ^I는 탭을 나타낸다.

환경 설정 값 표시하기

:set 명령은 현재 사용 중인 vi의 환경 설정 상태를 보여준다. :set 명령의 결과는 다음과 같다. 시스템이 기본값으로 설정한 것과 사용자가 :set xxx 명령으로 설정한 것이 표시된다.

```
~
:set
--- Options ---
  scroll=11             ttymouse=sgr
  fileencoding=utf-8
  fileencodings=ucs-bom,utf-8,default,latin1
  runtimepath=~/.vim,/var/lib/vim/addons,/usr/share/vim/vimfiles,/usr/share/vim/
vim90,/usr/share/vim/vimfiles/after,/var/lib/vim/addons/after,~/.vim/after
Press ENTER or type command to continue
```

환경 설정 파일과 변수 이용하기

■ .exrc 파일에 환경 설정하기

vi 환경 설정은 사용자 홈 디렉터리에 .exrc 파일로 저장할 수 있다. 이 파일은 기본적으로 없는 파일이므로 사용자가 만들어야 한다. .exrc 파일에 환경을 설정할 때는 다음과 같이 set 명령을 지정하면 된다. 이 파일이 있을 경우 모든 파일에 동일한 vi 환경을 적용할 수 있다.

```
set nu
set list
```

■ EXINIT 환경 변수에 설정하기

vi 환경 설정은 다음과 같이 셸의 환경 변수인 EXINIT에도 가능하다.

```
user1@hanbit:~/study/ch04$ EXINIT='set nu list'
user1@hanbit:~/study/ch04$ export EXINIT
```

환경 변수가 무엇인지는 10장에 다룰 것이다. 여기서는 vi 환경 설정에 EXINIT라는 변수를 사용할 수 있다는 것만 알고 지나가도록 한다. 다음 실습을 위해 환경변수 EXINIT의 설정을 삭제한다.

```
user1@hanbit:~/study/ch04$ EXINIT=''
user1@hanbit:~/study/ch04$ export EXINIT
```

03 기타 편집기 사용

1절에서 살펴본 것처럼 리눅스에는 vi 외에 다른 편집기들이 있다. 1장에서는 그놈 환경에서 사용하는 편집기인 텍스트편집기gedit를 사용해보았다. 이 외에 터미널에서 사용 가능한 편집기로 nano와 emacs가 있다. 이 중 우분투에서 기본으로 제공하는 nano의 사용법을 간단하게 알아보자.

1 nano로 파일 열기

nano로 파일을 열 때는 파일명을 지정하면 된다.

```
user1@hanbit:~/study/ch04$ nano test2.txt
```

nano를 실행하면 [그림 4-4]와 같은 화면이 나온다. 상단에는 GNU nano의 버전과 파일명이 표시되고, 하단에는 명령키가 출력된다.

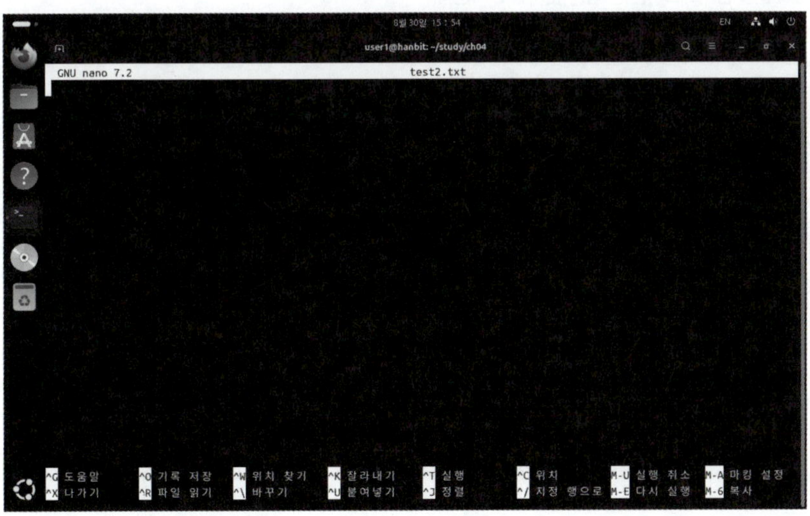

그림 4-4 nano 편집기 초기 화면

2 nano에서 파일 편집하기

nano는 vi와 같은 모드형 편집기가 아니다. 일반적인 편집기처럼 텍스트를 입력하거나 수정하면 된다. [그림 4-4]의 하단에 있는 명령키에서 ^는 Ctrl을 의미하고 M은 Alt를 의미한다. 따라서 nano를 종료하려면 Ctrl+X를 입력하면 된다.

nano의 초기 화면의 하단에는 주요 명령들이 표시된다. [표 4-20]에 nano의 주요 명령을 설명하였다.

표 4-20 nano의 주요 명령

명령키	기능
Ctrl+G	도움말을 출력한다.
Ctrl+O	작업 중인 내용을 파일에 저장한다.
Ctrl+W	지정한 문자열을 검색하여 표시한다. 계속해서 같은 문자열을 검색하려면 Alt+W를 누른다.
Ctrl+K	커서가 위치한 행을 잘라낸다.
Ctrl+T	명령을 실행하고 그 결과를 파일에 삽입한다. 예를 들어 ls 명령을 실행하면 ls 명령의 결과가 파일로 삽입된다.
Ctrl+C	현재 커서 위치를 행과 열, 문자 수 기준으로 출력한다.
Ctrl+X	nano 편집을 종료한다. 수정한 내용이 있을 경우 저장할 것인지 물어본다.
Ctrl+R	지정한 파일을 커서 위치에 삽입한다.
Ctrl+\	문자열을 검색하고 지정한 다른 문자열로 바꾼다.
Ctrl+U	잘라낸 행을 커서의 다음 행에 붙여넣는다.
Ctrl+J	화면 크기에 맞게 행을 병합한다.
Ctrl+/	지정한 행으로 이동한다.
Alt+6	커서가 위치한 행을 복사한다.
Alt+U	직전 동작을 취소한다.

[표 4-20]의 명령들 외에 nano에서 제공하는 다양한 명령이 있다. 이것은 nano 홈페이지(https://nano-editor.org/)에서 확인할 수 있다.

요약

01 모드형과 비모드형 편집기

- 모드형 편집기는 입력 모드와 명령 모드가 별도의 모드로 구분되어 있으며, 비모드형 편집기는 두 모드가 구분되어 있지 않다.
- 비모드형 편집기에서는 편집 기능을 보통 Ctrl이나 Alt와 같은 특수 키와 함께 사용한다. 예를 들어 C만 누르면 C가 입력되지만 Ctrl과 C를 같이 누르면 복사 명령이 되는 식이다.
- 모드형 편집기는 같은 글자라도 입력 모드에서는 텍스트로 처리되어 입력되지만, 명령 모드에서는 편집 명령으로 사용된다.
- 리눅스의 nano와 emacs도 비모드형 편집기이고, vi는 모드형 편집기이다.

02 vi의 동작 모드

- vi에는 입력 모드와 명령 모드 외에도 명령행 모드와 비주얼 모드가 있다. 명령 모드에서 입력한 키는 커서의 이동이나 삭제 같은 명령으로 해석되어 실행된다. 입력 모드에서 입력한 키는 보통의 편집기처럼 텍스트로 입력된다. 명령행 모드에서 사용하는 명령은 ex 편집기의 명령을 기반으로 한다. 비주얼 모드는 윈도에서 마우스로 글자나 행을 블록 선택하는 것과 유사한 기능을 명령키로 할 수 있도록 제공한다.

03 vi의 명령키

기능	명령 모드	명령행 모드
입력 모드로 이동	a, i, o, O	
명령행 모드로 이동	:, /, ?	
비주얼 모드 이용	v, V	
커서 이동	h, j, k, l, $, ^, Enter, w, b, e, 방향키, Home, End	
화면 이동	^f, ^b, Page Up, Page Down	
저장 및 종료	ZZ	:q, :q!, :w 파일명, :wq, :wq!
내용 수정	r, cw(#cw), s(#s)	
내용 삭제, 잘라내기	x(#x), dw(#dw), dd(#dd), D	:#d, :〈범위〉d
이전 동작 취소	u, U	
복사 및 붙이기	yy(#yy), p, P	:#y, :〈범위〉y, :pu, :#pu

행 이동	#G, G	:#, :$
검색		/문자열, ?문자열, n, N
바꾸기		:s/문자열1/문자열2/g :〈범위〉s/문자열1/문자열2/g :〈범위〉s/문자열1/문자열2/gc
다른 파일 읽어오기		:r 파일명
셸 명령 실행		:! 쉘명령, :sh
화면 재출력	^l	
아래 행 이어붙이기	J	
이전 명령 반복	.	

04 버퍼 사용하기

- vi에서는 복사하거나 잘라낸 내용을 임시로 버퍼에 저장할 수 있다. 이름이 없는 버퍼를 언네임드 버퍼라 하고, 이름이 있는 버퍼를 네임드 버퍼라고 한다. 언네임드 버퍼는 한 번에 하나씩만 저장하지만 네임드 버퍼는 버퍼별로 다른 값을 저장할 수 있다. 네임드 버퍼는 "+문자 또는 "+숫자의 형태로 사용한다. 숫자를 사용할 경우 숫자 버퍼라고도 한다.
  - 네임드 버퍼: "a, "b, "c, "d, …, "z
  - 숫자 버퍼: "1, "2, …, "9

05 vi 환경 설정

- vi 환경 설정은 다음 세 가지 방법으로 할 수 있다.
  - 사용자 홈 디렉터리에 .exrc 파일로 저장한다.
  - 환경 변수 EXINIT에 지정한다.
  - vi의 마지막 행 모드에서 명령으로 설정한다.

set 명령과 옵션	기능
set nu	파일 내용의 각 행에 행 번호를 표시한다(보이기만 할 뿐 저장되지는 않는다).
set nonu	행 번호를 감춘다.

set list	눈에 보이지 않는 특수문자를 표시한다(tab : ^I, eol : $ 등).
set nolist	특수문자를 감춘다.
set showmode	현재 모드를 표시한다.
set noshowmode	현재 모드를 감춘다.
set	set으로 설정한 모든 vi 환경 설정 값을 출력한다.
set all	모든 vi 환경 변수와 현재 값을 출력한다.

06 nano 편집기 사용

- nano는 일반적인 편집기처럼 텍스트를 입력하거나 수정하면 된다. nano 편집기 하단에 명령 키가 표시되는데, ^는 Ctrl을 의미하고 M은 Alt를 의미한다. nano를 종료하려면 Ctrl+X를 입력하면 된다.

연습문제

01 vi에서 제공하는 모드가 아닌 것은 무엇인가?

① 입력 모드 ② 명령 모드
③ 설정 모드 ④ 명령행 모드

02 다음 중 입력 모드로 전환하는 키가 아닌 것은 무엇인가?

① i ② a ③ o ④ p

03 다음 중 vi에서 작업한 내용을 저장하지 않고 종료하는 명령은 무엇인가?

① :w ② :q! ③ :q ④ :wq

04 다음 중 vi에서 커서나 화면을 이동하는 명령키가 아닌 것은 무엇인가?

① k ② y ③ w ④ e

05 파일의 크기가 총 10행이다. 파일의 마지막 행으로 커서를 이동시키는 명령이 아닌 것은 무엇인가?

① 10G ② :10 ③ :$ ④ :^

06 다음 중 커서 위치의 글자를 삭제하는 명령은 무엇인가?

① x ② r ③ d ④ dd

07 버퍼 이름이 a인 버퍼에 5행을 복사하여 저장한 후 이를 붙이기 하는 명령은 무엇인가?

① a5yy → a5p
② 'a5yy → 'a5p
③ "a5yy → "a5p
④ "a5y → "a5p

08 vi의 환경 설정에 사용하는 파일은 무엇인가?

① .bashrc ② .exrc ③ .virc ④ .profile

09 vi에서 문서를 편집할 때 행 번호가 보이게 하는 환경 설정 명령은 무엇인가?

① set nu ② set nonu ③ set sn ④ set line

10 nano 편집기에서 지정한 문자열을 검색하여 표시하는 명령은 무엇인가?

① ^J ② &T ③ ^W ④ ^K

11 모드형 편집기와 비모드형 편집기의 차이를 간단히 설명하시오.

12 o 명령키와 O 명령키의 차이를 설명하시오.

13 파일을 저장하고 vi를 종료하는 두 가지 명령키를 나열하시오.

14 명령행 모드로 이동하는 데 쓰이는 세 가지 명령키는 무엇인가?

15 현재 파일에서 문자열 'Hanbit'를 검색하는 방법을 설명하시오.

16 파일의 5~10행 사이에 있는 모든 ubuntu를 UBUNTU로 수정하는 명령은 무엇인가?

17 현재 편집 중인 파일을 중간에 저장하고 계속 편집하려고 할 때 사용하는 명령은 무엇인가?

18 vi로 파일을 열었더니 자동으로 행 번호가 붙어있다. 왜 행 번호가 표시되었는지 설명하시오.

19 vi 작업 중에 셸에서 ls 명령을 수행할 필요가 있을 때 vi를 종료하지 않고 셸 명령을 사용하는 방법을 설명하시오.

20 vi 작업 중에 브로드캐스트 메시지가 화면에 표시되면서 작업 내용이 이상해졌다. 화면을 다시 출력하려면 어떻게 해야 하는가?

CHAPTER 05
셸 사용법

학습목표

- 셸의 기능과 종류를 설명할 수 있다.
- 셸 특수문자의 종류를 이해하고 필요에 따라 적절하게 사용할 수 있다.
- 셸 변수와 환경 변수를 설정하거나 해제할 수 있다.
- 표준 입출력 장치를 이해하고 입출력 방향을 설정할 수 있다.
- 새로운 앨리어스를 만들거나 필요 없는 앨리어스를 삭제할 수 있다.
- 이스케이프 문자를 이해하고 프롬프트를 원하는 형태로 바꿀 수 있다.
- 시스템과 사용자 환경 설정 파일을 구분하고 사용자 환경을 직접 설정할 수 있다.

PREVIEW

4장에서는 리눅스의 대표적인 문서 편집기라고 할 수 있는 vi의 사용법을 배웠다. 이제 vi를 활용해 원하는 대로 파일을 편집하고 작업할 수 있을 것이다.

5장에서는 리눅스 커널과의 인터페이스 역할을 하는 셸에 대해 본격적으로 다룬다. 셸은 리눅스 커널과 사용자를 연결하는 중요한 역할을 수행한다. 사용자가 입력한 명령을 해석하여 실행하고 그 결과를 출력하므로 사용자는 셸을 통해 리눅스를 만난다고 말할 수 있다.

리눅스의 기본 셸로 제공되는 배시셸은 유닉스의 전통적인 셸인 본셸과 호환성을 유지하면서도 다양한 편의 기능을 제공해 널리 사용되고 있다. 5장에서는 셸의 기본 사용법, 입출력 방향 변경, 앨리어스와 히스토리 등 배시셸이 제공하는 다양한 기능들을 다룬다. 또한 프롬프트와 사용자 환경을 설정하는 방법을 배운다. 이를 통해 리눅스를 보다 효율적이고 편리하게 사용할 수 있을 것이다.

셸의 기능과 종류	셸의 기능	셸의 종류			
셸 기본 사용법	로그인 셸과 서브 셸	로그인 셸 변경	셸 내장 명령	특수문자 사용 방법	셸 변수와 환경 변수
입출력 방향 변경	표준 입출력 장치	출력 리다이렉션	오류 리다이렉션	입력 리다이렉션	
앨리어스와 히스토리	앨리어스	히스토리			
프롬프트 설정과 환경 설정 파일	이스케이프 문자	프롬프트 변경	시스템 환경 설정 파일	사용자 환경 설정 파일	

01 셸의 기능과 종류

셸은 사용자와 리눅스 커널 사이를 연결하는 역할을 수행한다. 최초의 셸은 본셸이며, 이후 다양한 셸이 개발되었다. 대부분의 리눅스에서는 배시셸을 기본으로 사용한다. 이 때문에 배시셸은 리눅스 셸이라고도 불린다.

다양한 셸이 제공하는 기본적인 기능은 서로 비슷하지만, 편리한 기능이나 사용자 환경 설정 등에서 약간의 차이가 있다. 여기서는 셸의 핵심 기능과 주요 셸의 특징을 알아본다.

1 셸의 기능

셸이 제공하는 기능은 크게 명령어 해석기 기능, 프로그래밍 기능, 사용자 환경 설정 기능으로 구분할 수 있다.

명령어 해석기 기능

셸의 가장 기본적인 기능은 사용자와 커널 사이에서 명령을 해석하여 전달하는 해석기interpreter 기능이다. 셸은 사용자가 입력한 명령이나 파일에서 읽어 들인 명령을 해석하고 적절한 프로그램을 실행한다. 사용자가 로그인하면 셸이 자동으로 실행되는데 이를 로그인 셸이라고 한다. 로그인 셸은 /etc/passwd 파일에 사용자별로 지정되어 있다. 로그인이 정상적으로 진행되면 로그인 셸은 사용자가 명령을 입력하기를 기다린다. 셸이 사용자의 명령을 기다리고 있음을 나타내는 표시를 프롬프트라고 한다.

셸은 프롬프트를 출력한 후 대기 상태로 있다가 사용자가 입력한 명령이나 스크립트를 읽어 들인다. 이것이 셸 자체의 내장 명령인지 외부 실행 파일인지 판단하여, 내장 명령인 경우 바로 실행한다. 만약 내장 명령이 아닌 경우, 별도의 명령 파일이 있음을 뜻하므로 셸은 자식 프로세스를 생성하고, 이 자식 프로세스가 해당 명령 파일을 실행하게 한다. 자식 프로세스가 명령 파일을 실행하는 동안 부모인 셸은 대기 상태가 되며, 자식 프로세스가 실행을 종료하면 셸은 대기 상태에서 해제되어 복귀하면서 다시 프롬프트를 출력한다.

프로그래밍 기능

셸은 자체적으로 프로그래밍 기능을 제공한다. 셸의 프로그래밍 기능을 이용하면 여러 명령을 사용하여 반복적으로 수행하는 작업을 하나의 프로그램으로 만들 수 있는데, 이렇게 작성된 셸 프로그램을 셸 스크립트라고 부른다. 셸 스크립트 작성 방법은 11장에서 다룰 것이다.

사용자 환경 설정 기능

셸은 사용자 환경을 설정할 수 있는 초기화 파일 기능을 제공한다. 초기화 파일에는 명령어 경로 설정, 새 파일과 디렉터리 생성 시 기본 권한 설정, 다양한 환경 변수 설정 등이 포함된다. 사용자가 로그인할 때 이 초기화 파일이 실행되어 사용자별로 특성에 맞는 초기 환경이 설정된다.

2 셸의 종류

셸은 유닉스에서 처음 제공하기 시작했으며, 최초의 셸인 본셸 이후 다양한 셸이 개발되었다. 주요 셸은 본셸, C셸, 콘셸, 배시셸, 대시셸이 있다. 일반적으로 명령을 입력하고 실행하는 기능은 비슷하지만, 앨리어스 설정, 초기화 파일, 스크립트 작성 문법 등에서 약간의 차이가 있다. 각 셸의 특징을 간략하게 살펴보자.

본셸

최초의 셸은 유닉스 V7에 처음 등장한 본셸bourne shell로, 개발자의 이름인 스티븐 본Stephen Bourne의 이름을 딴 것이다. 초기의 본셸은 단순하고 처리 속도가 빨라서 많이 사용되었다. 본셸의 명령 이름은 sh이다. 그러나 본셸은 히스토리, 앨리어스, 작업 제어 등 사용자의 편의를 위한 기능을 제공하지 않아 불편할 수 있다. 현재 본셸은 기존의 오리지널 본셸이 아니라 본셸의 업그레이드 버전이라 할 수 있는 배시셸이나 대시셸로 심볼릭 링크가 되어 있다.

C셸

C셸C shell은 캘리포니아 대학교에서 빌 조이Bill Joy가 개발했으며, 2BSD 유닉스에 포함되어 발표되었다. C셸은 본셸의 기능을 확장한 것으로, 본셸에는 없던 앨리어스나 히스토리 같은 사용자 편의 기능을 포함하고 있다. 셸 스크립트 작성을 위한 구문 형식이 C 언어와 같아 C셸이라는 이름을 가지게 되었다. C셸의 명령 이름은 csh이다.

콘셸

콘셸korn Shell은 1980년대 중반 AT&T 벨연구소의 데이비드 콘David Korn이 개발했다. 콘셸은 유닉스 SVR4에 포함되어 발표되었는데, C셸과 달리 본셸과의 호환성을 유지하면서도 히스토리, 앨리어스 기능 등 C셸의 특징을 모두 제공하면서 처리 속도도 빠르다는 장점을 가지고 있다. 콘셸의 명령 이름은 ksh이다.

배시셸

배시셸bash shell은 본셸을 기반으로 개발된 셸로서 1988년 브레인 폭스Brain Fox가 개발했다. 배시셸은 본셸과 호환성을 유지하면서 C셸, 콘셸의 편리한 기능도 포함하고 있다. 배시셸의 명령 이름은 bash이다. 배시셸의 모든 버전은 GPL 라이선스에 의거하여 자유롭게 사용할 수 있다. 배시셸은 GPL을 따르는 공개 소프트웨어로서 리눅스의 기본 셸로 제공되고 있어 리눅스 셸로도 많이 알려졌다. 우분투 리눅스에서도 사용자 계정의 기본 셸로 배시셸을 사용하고 있다.

TIP 배시셸의 명령인 bash는 Bourne Again Shell의 약자이다. 본셸을 업그레이드했다는 의미를 이름에서도 표현하고 있다.

대시셸

대시셸dash shell은 본셸을 기반으로 개발된 셸로, 포직스POSIX 표준을 준수하며 보다 작은 크기로 개발되었다. 대시셸은 암키스트 셸ash, Almquist shell의 NetBSD 버전에서 파생되었으며, 1997년 초 허버트 슈Herbert Xu가 리눅스에 이식하였고, 2002년에 dash로 이름이 변경되었다. 우분투는 6.10 버전부터 본셸 대신 대시셸을 시스템 기본 셸로 사용하고 있다. 대시셸은 기존의 셸에 비해 부팅 시 셸 스크립트를 빠르게 실행시키고 파일 크기가 작으며 신뢰성이 높기 때문이다. 우분투에서 /bin/sh를 확인해보면 dash로 심볼릭 링크가 되어 있다.

```
user1@hanbit:~$ ls -l /bin/sh
lrwxrwxrwx 1 root root 4  7월 11  2023 /bin/sh -> dash
```

TIP dash는 Debian Almquist shell의 약자이다.

02 셸 기본 사용법

우분투의 기본 셸인 배시셸을 중심으로 기본 셸 지정하고 바꾸기, 셸에서 출력하기, 특수문자 사용하기, 셸 변수와 환경 변수 설정 등 셸의 기본 사용법을 살펴보자.

1 로그인 셸과 서브 셸

사용자 계정의 기본 셸은 계정 등록 시에 지정하며 /etc/passwd 파일에 저장된다. 예를 들어 user1 계정의 기본 셸을 확인하면 다음과 같다.

```
user1@hanbit:~$ cat /etc/passwd
(생략)
user1:x:1000:1000:user:/home/user1:/bin/bash
(생략)
```

TIP 7장에서 다룰 grep 명령을 사용하여 특정 사용자 계정만 검색할 수도 있다(예 grep user1 /etc/passwd).

가장 앞에 나온 정보인 user1이 로그인 ID이고 가장 마지막에 나온 /bin/bash가 사용자의 기본 셸이다. 이렇게 사용자가 로그인하면 자동으로 실행되는 기본 셸을 로그인 셸이라고 부른다.

사용자는 프롬프트에서 다른 셸을 실행할 수 있는데 이렇게 새로 생성된 셸을 서브 셸이라고 부른다. [그림 5-1]과 같이 서브 셸은 또 다른 서브 셸을 생성할 수 있으며, 여러 개의 셸이 사슬처럼 연결될 수 있다. 서브 셸을 종료하는 명령은 Ctrl+D, exit 등이다. 서브 셸이 종료되면 서브 셸을 실행했던 이전 셸 환경으로 돌아가며, 로그인 셸에서 로그아웃을 하면 접속이 해제된다.

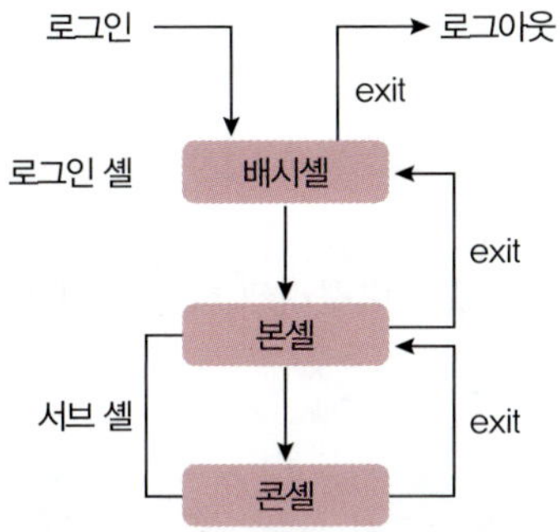

그림 5-1 로그인 셸과 서브 셸

2 로그인 셸 변경: chsh

우분투 리눅스의 로그인 셸은 배시셸이지만 사용자가 원하는 경우 다른 셸로 변경할 수 있다. 단, 다른 셸이 리눅스에 설치되어 있어야 한다. 로그인 셸을 변경하려면 chsh 명령을 사용한다.

chsh

- **기능** 사용자 로그인 셸을 바꾼다.
- **형식** chsh [옵션] [사용자명]
- **옵션** -s shell: 지정하는 셸(절대 경로)로 로그인 셸을 바꾼다.
- **사용 예** chsh
  chsh -s /bin/sh user1

chsh 명령으로 변경할 수 있는 셸의 종류는 /etc/shells 파일에 지정되어 있다. 예를 들어 /etc/shells 파일의 내용을 확인하면 본셸(/bin/sh)과 배시셸(/bin/bash), 대시셸(/usr/bin/dash)이 사용 가능하다는 것을 알 수 있다. rbash는 기능이 제약된 배시셸로 특별한 경우에만 사용한다.

```
user1@hanbit:~$ cat /etc/shells
# /etc/shells: valid login shells
/bin/sh
/usr/bin/sh
/bin/bash
/usr/bin/bash
/bin/rbash
```

```
/usr/bin/rbash
/usr/bin/dash
```

로그인 셸을 변경해보자. 다음 예는 user1 계정의 로그인 셸을 본셸로 바꾸려고 하는 것인데, 단순히 셸의 이름만 지정하면 잘못된 셸이라는 메시지가 출력된다.

```
user1@hanbit:~$ chsh -s sh user1
암호:
chsh: sh is an invalid shell
```

이 문제를 해결하려면, chsh 명령으로 셸의 절대 경로를 지정해야 한다. 다음과 같이 절대 경로를 사용하면 셸이 변경되지만, 성공했다는 메시지는 출력되지 않는다.

```
user1@hanbit:~$ chsh -s /bin/sh user1
암호:
```

로그인 셸이 변경되었는지 확인하려면 /etc/passwd 파일을 확인한다. 셸이 /bin/sh로 바뀌어 있음을 알 수 있다.

```
user1@hanbit:~$ grep user1 /etc/passwd
user1:x:1000:1000:user:/home/user1:/bin/sh
```

만약 -s 옵션 없이 chsh 명령만 사용하면 변경할 셸을 입력하라는 메시지가 출력된다. 기본값은 배시셸이므로 Enter 만 입력하면 배시셸로 변경된다. 우분투 리눅스의 기본 환경을 계속 학습하기 위해 user1 사용자의 기본 셸을 다시 배시셸로 변경한다.

```
user1@hanbit:~$ chsh
암호:
user1의 로그인 쉘을 변경하고 있습니다
새로운 값을 넣거나, 기본값을 원하시면 엔터를 치세요
        로그인 쉘 [/bin/sh]: /bin/bash
user1@hanbit:~$ grep user1 /etc/passwd
user1:x:1000:1000:user:/home/user1:/bin/bash
```

❸ 셸 내장 명령

셸은 자체적으로 포함된 내장 명령이 있다. 일반적인 리눅스 명령들이 /bin이나 /usr/bin 디렉터리에 별도의 실행 파일로 존재하는 것과 달리, 셸 내장 명령은 별도의 실행 파일이 없고 셸 내부에 포함되어 있다. 대표적인 셸 내장 명령은 cd 명령이다. whereis 명령으로 cd 명령을 검색하면 검색되지 않는다. /usr/bin이나 /bin 디렉터리에도 실행 파일이 없다.

```
user1@hanbit:~$ whereis cd
cd:
user1@hanbit:~$ ls /bin/cd /usr/bin/cd
ls: '/bin/cd'에 접근할 수 없음: 그런 파일이나 디렉터리가 없습니다
ls: '/usr/bin/cd'에 접근할 수 없음: 그런 파일이나 디렉터리가 없습니다
```

일반적인 실행 파일은 file 명령으로 확인해보면 다음 예와 같이 executable로 출력된다. 이는 실행 파일을 의미한다. 실행 파일은 바이너리 파일이므로 cat 명령으로 파일의 내용을 확인할 수 없으므로 주의한다.

```
user1@hanbit:~$ file /usr/bin/pwd
/usr/bin/pwd: ELF 64-bit LSB pie executable, x86-64, version 1 (SYSV), (생략)
```

실습해보기 5-1 셸 변경과 내장 명령

❶ 변경이 가능한 셸의 목록을 확인한다.

❷ 현재 로그인 셸을 대시셸로 변경한다.

❸ 현재 로그인 셸이 대시셸로 변경되었는지 확인한다.

❹ alias 명령의 실행 파일이 있는지 확인한다.

❺ man 명령이 실행 파일인지 확인한다.

❻ zgrep 명령이 실행 파일인지 확인한다.

❼ 현재 로그인 셸을 배시셸로 변경한다.

4 특수문자 사용 방법

특수문자는 셸에서 특별한 의미를 가진 문자로 각 특수문자에 따라 특수 기능을 수행한다. 특수문자의 종류와 사용법은 대부분의 셸에서 유사한데 여기서는 배시셸을 기준으로 설명한다. 주요 특수문자에는 *, ?, |, ;, [ ], ~, ' ', " ", ` ` 등이 있다. 사용자가 명령을 입력하면 셸은 먼저 입력한 내용 중에 특수문자가 있는지 확인하고 해당 문자를 기능에 따라 적절한 형태로 변경한 후 명령을 실행한다. 특수문자의 사용법을 자세히 살펴보자.

특수문자 *

*는 임의의 문자열을 나타내는 특수문자로 셸에서 0개 이상의 문자로 대체된다. 주로 여러 파일의 이름을 나열할 때 파일 이름을 간단히 표현하는 데 사용된다. 명령을 실행할 때 파일명 대신 *를 사용하면 모든 파일을 나타낸다.

표 5-1 특수문자 * 사용 예

사용 예	의미
ls *	현재 디렉터리의 모든 파일과 서브 디렉터리를 출력한다. 이때 현재 디렉터리에 있는 서브 디렉터리의 내용도 함께 출력한다.
ls *.txt	현재 디렉터리에서 .txt로 끝나는 모든 파일을 출력한다.
ls a*	현재 디렉터리에서 a로 시작하는 모든 파일과 서브 디렉터리를 출력한다.
ls a*t	현재 디렉터리에서 a로 시작하고 t로 끝나는 모든 파일과 서브 디렉터리를 출력한다.

다음 예는 /etc 디렉터리에서 pas로 시작하는 모든 파일을 출력한 것이다.

```
user1@hanbit:~$ ls /etc/pas*
/etc/passwd  /etc/passwd-
```

특수문자 ?와 [ ]

?와 [ ]는 하나의 문자를 나타내는 데 사용된다. ?는 임의의 문자 하나를 의미하고, [ ]는 괄호 안에 포함된 문자 중 하나를 의미한다. [ ]에는 여러 문자를 나열하거나 범위를 지정할 수 있으며, 다른 특수문자와 혼합하여 사용할 수도 있다.

표 5-2 특수문자 ?와 [ ] 사용 예

사용 예	의미
ls ?.txt	.txt 앞에 한 글자를 가진 파일을 출력한다. 예를 들어 a.txt, b.txt 등이다.
ls hello.?	hello. 다음에 한 글자를 가진 파일을 출력한다. 예를 들어 hello.c, hello.x 등이다.
ls data[123]	data 다음에 1, 2, 3 중 하나가 오는 파일을 출력한다. 예를 들어 data1, data2, data3이다.
ls [1-9]*.txt	1에서 9 사이의 숫자로 시작하는 임의의 이름을 가진 .txt 파일을 출력한다. 예를 들어 1a.txt, 2data.txt 등이다.

특수문자 ~와 –

~(틸드)와 –(하이픈)은 디렉터리를 나타내는 특수문자이다. ~는 홈 디렉터리를 의미한다. 예를 들어 ~만 사용하면 현재 작업 중인 사용자의 홈 디렉터리를 나타낸다. 다른 사용자의 로그인 ID와 함께 사용하면(~로그인 ID) 해당 사용자의 홈 디렉터리를 나타낸다. –은 현재 디렉터리로 이동하기 직전의 디렉터리를 나타낸다.

표 5-3 특수문자 ~와 - 사용 예

사용 예	의미
cd ~	현재 사용자 계정의 홈 디렉터리로 이동한다.
cd ~user2	user2 계정의 홈 디렉터리로 이동한다.
cp *.txt ~/tmp	확장자가 txt인 모든 파일을 현재 사용자 계정의 홈 디렉터리 아래에 있는 tmp 디렉터리로 복사한다.
cp ~user2/linux.txt .	user2 계정의 홈 디렉터리 아래에서 linux.txt 파일을 찾아 현재 디렉터리로 복사한다.
cd –	이전 작업 디렉터리로 이동한다.

특수문자 ;과 |

;(세미콜론)과 |(파이프)는 명령과 명령을 연결한다. ;은 연결된 명령을 왼쪽부터 차례로 실행하고, |는 왼쪽 명령의 실행 결과를 오른쪽 명령의 입력으로 전달한다. [표 5-4]의 사용 예를 통해 두 특수문자의 사용법을 확인해보자.

표 5-4 특수문자 ;과 | 사용 예

사용 예	의미
pwd;ls	왼쪽부터 차례대로 pwd 명령을 실행한 후 ls 명령을 실행한다.
cat /etc/services | more	/etc/services 파일의 내용을 한 화면씩 출력한다.

특수문자 ' '와 " ", ` `

' '(작은따옴표)와 " "(큰따옴표)는 하나 이상의 문자를 감싸서 문자열로 만들어주고, 문자열 안의 특수문자 기능을 없앤다. ' '는 모든 특수문자를, " "는 $, `, \를 제외한 모든 특수문자를 일반 문자로 간주하여 처리한다. 예를 들어 *, ?, ; 등 특수문자를 화면에 문자 그대로 출력하려고 할 때 셸이 이 문자를 특수문자로 간주하여 미리 처리하지 않도록 해야 하는데, 이때 따옴표를 사용한다.

` `(백쿼터)는 키보드 상단의 숫자 1 키 앞에 있는 문자로, 작은따옴표(' ')와 혼동하지 않도록 주의해야 한다. 셸은 ` `로 감싸진 문자열을 명령으로 해석하여, 명령의 실행 결과가 바뀌게 된다.

셸 변수에 저장된 값을 출력할 때는 뒤에서 다룰 echo 명령을 사용하며 셸 변수 앞에 $를 붙인다. [표 5-5]의 사용 예를 보면 $를 문자 그대로 사용하려면 작은따옴표를 쓰고, 셸 변수의 값으로 처리하려면 큰따옴표를 사용한다는 것을 알 수 있다.

표 5-5 특수문자 ' '와 " ", ` ` 사용 예

사용 예	의미
echo '$SHELL'	셸 변수를 의미하는 $의 기능이 없어지고 그냥 $SHELL 문자열을 출력한다.
echo "$SHELL"	환경 변수인 SHELL에 저장된 값이 출력된다.
echo "Today: `date`"	`date`가 명령으로 해석되어 현재 날짜와 시간을 출력하고, 그 결과를 포함한 문자열을 출력한다.

[표 5-5]의 사용 예를 실제로 실행해보면 다음과 같이 출력된다.

```
user1@hanbit:~$ echo '$SHELL'
$SHELL
user1@hanbit:~$ echo "$SHELL"
/bin/bash
user1@hanbit:~$ echo "Today: `date`"
Today: 2024. 05. 30. (목) 16:42:41 KST
```

특수문자 \

\(역슬래시, ₩와 동일)는 특수문자 바로 앞에 사용하며, 해당 특수문자의 기능을 없애고 일반 문자로 처리한다.

표 5-6 특수문자 \ 사용 예

사용 예	의미
ls -l a*	*의 기능을 없애고, a*라는 이름을 가진 파일의 상세 정보를 출력한다.
echo \$SHELL	$SHELL을 문자 그대로 출력한다.

특수문자 >, >>, <

>, >>, <는 입출력의 방향을 바꾸는 특수문자로 다음 절에서 자세히 설명한다.

실습해보기 5-2 특수문자 사용

❶ user1 계정의 홈 디렉터리로 이동한다.

❷ /etc 디렉터리에서 ho로 시작하는 모든 파일을 출력한다.

❸ study 디렉터리에 ch05 디렉터리를 생성한다.

❹ /etc 디렉터리에서 a, b, c 중 한 문자로 시작하고 .conf로 끝나는 모든 파일을 study/ch05 디렉터리로 복사한다.

❺ study/ch05 디렉터리에 있는 adduser.conf 파일의 내용을 화면 단위로 확인한다.

❻ $USER를 문자 그대로 출력하는 두 가지 방법을 사용해본다.

❼ uname -n 명령은 호스트 이름을 출력한다. 이 명령을 사용하여 "Hostname: 호스트명"과 같은 형식으로 출력한다. 이때 호스트명에는 실제 호스트명을 출력한다.

5 셸 변수와 환경 변수

셸은 환경 설정값을 저장하고 스크립트 작성을 위해 변수를 제공한다. 셸이 사용하는 변수에는 셸 변수와 환경 변수가 있다. 셸 변수는 현재 셸에서만 사용 가능하고 서브 셸로는 전달되지 않지만, 환경 변수는 현재 셸뿐만 아니라 서브 셸로도 전달된다. 셸 변수는 해당 셸의 지역 변수이고, 환경 변수는 현재 셸과 서브 셸에서 공통적으로 사용할 수 있는 전역 변수라고 보면 된다. [그림 5-2]를 보면 셸 변수는 각 셸별로 따로 지정되어 서로 독립적인 반면, 환경 변수는 로그인 셸과 서브 셸 모두 공통적으로 적용된다.

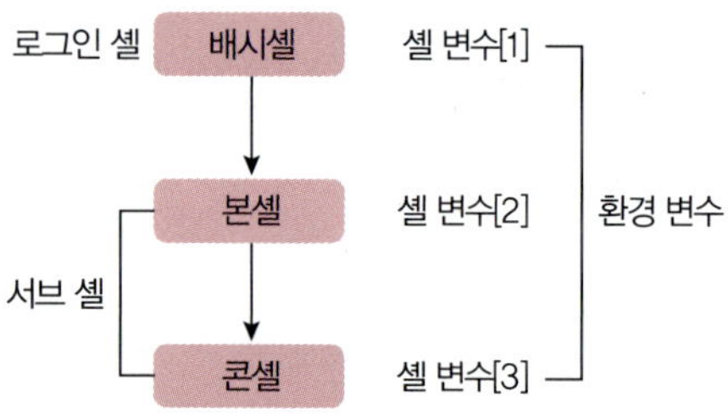

그림 5-2 셸 변수와 환경 변수

일반적으로 환경 변수의 이름은 대문자로 지정하는 것이 관습이다. 소문자로 지정해도 동작에는 문제가 없지만, 특별한 이유가 없는 한 대문자를 사용하는 것이 좋다. 환경 변수에는 사용자 정보, 명령을 찾아오는 경로, 각 사용자의 프롬프트 모양 등 다양한 정보가 저장되어 있으며, 이를 통해 사용자의 작업 환경을 편리하게 설정할 수 있다. 자주 사용하는 주요 환경 변수는 [표 5-7]과 같다.

표 5-7 주요 셸 환경 변수

환경 변수	의미
HISTSIZE	히스토리 저장 크기
HOME	사용자 홈 디렉터리의 절대 경로
LANG	사용하는 언어
LOGNAME	사용자 계정 이름
PATH	명령을 탐색할 경로
PWD	작업 디렉터리의 절대 경로
SHELL	로그인 셸

전체 변수 출력하기

셸의 변수를 출력하는 명령은 set과 env이다. 이 중 set은 셸 변수와 환경 변수를 모두 출력하고 env는 환경 변수만 출력한다. set은 변수뿐만 아니라 함수로 정의된 것들도 출력한다. set 명령의 실행 예는 다음과 같다(사용자에 따라 다를 수 있다).

```
user1@hanbit:~$ set | more
BASH=/bin/bash
BASHOPTS=checkwinsize:cmdhist:complete_fullquote:expand_aliases:extglob:extquote
:force_fignore:globasciiranges:globskipdots:histappend:interactive_comments:logi
n_shell:patsub_replacement:progcomp:promptvars:sourcepath
BASH_ALIASES=()
(생략)
quote_readline ()
{
    local ret;
    _quote_readline_by_ref "$1" ret;
    printf %s "$ret"
}
```

env 명령의 실행 예는 다음과 같다.

```
user1@hanbit:~$ env
SHELL=/bin/bash
(생략)
PWD=/home/user1
LOGNAME=user1
(생략)
```

특정 변수 출력하기

배시셸의 대표적인 출력 명령으로 echo가 있다. 출력 명령은 문자열 출력이나 셸 변수 값 출력, 명령 결과 출력 등에 사용된다.

echo

- **기능** 화면에 한 줄의 문자열을 출력한다.
- **형식** echo [-n] [문자열]
- **옵션** -n: 마지막에 줄 바꿈을 하지 않는다.
- **사용 예** echo
  echo text
  echo -n text

다음 예는 echo 명령을 사용하여 문자열을 출력하는 것이다.

```
user1@hanbit:~$ echo linux
linux
user1@hanbit:~$ echo "Ubuntu Linux"
Ubuntu Linux
```

echo 명령으로 변수의 값을 출력할 때는 변수명 앞에 특수문자 $를 붙여야 한다. 다음 예는 명령이나 파일을 찾는 경로를 저장하고 있는 환경 변수인 PATH 변수의 값을 출력한 것이다.

```
user1@hanbit:~$ echo $PATH
/usr/local/sbin:/usr/local/bin:/usr/sbin:/usr/bin:/sbin:/bin:/usr/games:/usr/local/
games:/snap/bin
```

셸 변수 설정하기

셸 변수는 다음과 같이 변수명과 값(문자열)으로 설정한다. 이때 변수명과 문자열 사이에 공백이 있으면 안 된다.

셸 변수 정의

- **형식** 변수명=문자열
- **사용 예** TEST=test

셸 변수를 설정하는 예는 다음과 같다.

```
user1@hanbit:~$ LINUX=ubuntu
user1@hanbit:~$ echo $LINUX
ubuntu
```

셸 변수를 set 명령과 env 명령으로 각각 확인해보면, env 명령으로는 LINUX 변수를 확인할 수 없다. LINUX가 아직 환경 변수로 설정되지 않았기 때문이다.

```
user1@hanbit:~$ set | grep LINUX
LINUX=ubuntu
user1@hanbit:~$ env | grep LINUX
user1@hanbit:~$
```

환경 변수 설정하기

환경 변수를 설정하려면 먼저 셸 변수를 정의하고, export 명령을 사용하여 이를 환경 변수로 바꾼다. export는 셸 내장 명령이다.

export

- **기능** 지정한 셸 변수를 환경 변수로 바꾼다.
- **형식** export [옵션] [셸 변수]
- **옵션** -n: 환경 변수를 셸 변수로 변경한다.
- **사용 예** export
  export TEST
  export TEST=test

앞에서 설정한 셸 변수인 LINUX를 다음과 같이 환경 변수로 변경할 수 있다.

```
user1@hanbit:~$ export LINUX
user1@hanbit:~$ env | grep LINUX
LINUX=ubuntu
```

export 명령과 함께 변수를 정의하면 한 번에 환경 변수로 설정할 수도 있다.

```
user1@hanbit:~$ export LINUX1=rocky
user1@hanbit:~$ env | grep LINUX
LINUX1=rocky
LINUX=ubuntu
```

export 명령으로 환경 변수로 전환한 셸 변수를 다시 셸 변수로 변경하려면 export -n 명령을 사용한다. 다음 예는 앞에서 환경 변수로 설정했던 LINUX1을 다시 셸 변수로 바꾸는 것이다. env 명령으로 확인해보면 LINUX는 출력되지만 LINUX1은 출력되지 않는다.

```
user1@hanbit:~$ export -n LINUX1
user1@hanbit:~$ env | grep LINUX
LINUX=ubuntu
```

변수 해제하기

지정한 변수의 설정을 해제할 때는 unset 명령을 사용한다.

unset

- **기능** 지정한 변수의 설정을 해제한다.
- **형식** unset [변수]
- **사용 예** unset TEST

다음 예에서는 앞에서 설정한 LINUX, LINUX1 변수를 해제했다. 변수 설정을 해제하고 echo 명령으로 확인해보면 아무 값도 출력되지 않는다.

```
user1@hanbit:~$ echo $LINUX
ubuntu
user1@hanbit:~$ echo $LINUX1
rocky
user1@hanbit:~$ unset LINUX
user1@hanbit:~$ unset LINUX1
user1@hanbit:~$ echo $LINUX
```

```
user1@hanbit:~$ echo $LINUX1

user1@hanbit:~$
```

실습해보기 5-3 변수 설정하기

❶ 셸 변수에 HOSTNAME이 설정되어 있는지 확인한다.

❷ 환경 변수에 TERM이 설정되어 있는지 확인한다.

❸ 환경 변수 LANG에 설정된 값을 출력한다.

❹ 셸 변수 HAN의 값을 han으로 설정한다.

❺ 환경 변수 BIT의 값을 bit로 설정한다.

❻ 본셸을 실행하여 서브 셸로 이동한다.

❼ 셸 변수 HAN의 값을 확인한다. 값이 출력되는가?

❽ 환경 변수 BIT의 값을 확인한다. 값이 출력되는가?

❾ 서브 셸에서 로그인 셸로 복귀한다.

❿ 변수 HAN과 BIT의 설정을 해제한다.

03 입출력 방향 변경

리눅스에서는 기본적으로 명령을 입력하는 입력 장치가 키보드이고, 명령 실행 결과를 출력하는 출력 장치가 화면(모니터)이다. 그러나 리눅스는 입력을 파일에서 읽어오거나, 명령의 실행 결과를 파일로 저장하는 방법을 제공한다. 이 과정에서 입출력 장치를 변경하여 원하는 대로 데이터를 처리할 수 있다.

1 표준 입출력 장치

리눅스에서 셸이 정보를 입력받는 장치를 표준 입력 장치라 하고, 실행 결과를 내보내는 장치를 표준 출력 장치라 한다. 표준 출력과 별도로 오류 메시지를 내보내는 장치를 표준 오류 장치라고 한다. 기본적으로 표준 입력 장치는 키보드로 설정되어 있고, 표준 출력 및 표준 오류 장치는 화면(모니터)으로 설정되어 있다.

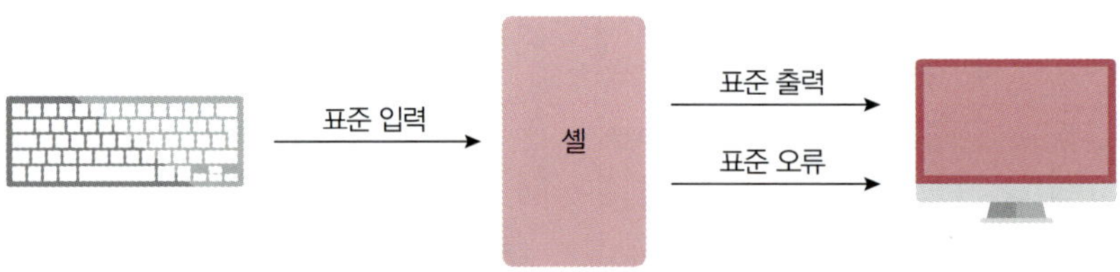

그림 5-3 표준 입출력 장치

셸은 작업 중 필요한 파일에 일련번호를 붙여서 관리하며 이를 파일 디스크립터file desctiptor라고 한다. 표준 입출력 장치도 파일로 관리되기 때문에 [표 5-8]과 같이 파일 디스크립터가 기본값으로 부여되어 있다. 입출력 장치를 변경할 때는 이 파일 디스크립터를 사용한다.

표 5-8 표준 입출력 장치의 파일 디스크립터

파일 디스크립터	파일 디스크립터 대신 사용하는 이름	정의
0	stdin	명령의 표준 입력
1	stdout	명령의 표준 출력
2	stderr	명령의 표준 오류

표준 입출력 장치를 파일로 바꾸는 것을 리다이렉션redirection이라고 한다. 리다이렉션을 하기 위해서는 특수문자를 사용한다.

2 출력 리다이렉션

출력 리다이렉션은 명령의 실행 결과를 화면 대신 파일로 저장하는 방법이다. 이때 사용하는 특수문자는 >와 >>이다. 기존 파일의 내용을 삭제하고 새로 결과를 저장할 때는 >를, 기존 파일의 내용 뒤에 결과를 추가할 때는 >>를 사용한다.

파일 내용 덮어쓰기

표준 출력 리다이렉션 문자로 >는 다음과 같은 형식으로 사용할 수 있다.

```
① 명령 1> 파일명
② 명령 > 파일명
```

①에서 1은 [표 5-8]의 파일 디스크립터 1번을 의미한다. 1번은 표준 출력(화면)이므로 이를 대신하여 파일을 사용한다는 것은 결국 표준 출력이 화면에서 파일로 바뀌는 것을 의미한다. 파일 디스크립터 1은 생략 가능하며, 보통 1이 생략된 ②번 형식을 사용한다.

셸은 >를 사용한 리다이렉션에서 지정한 파일명의 파일이 없으면 파일을 생성하여 명령의 수행 결과를 저장한다. 만약 해당 파일이 있으면 기존 내용은 삭제되고 명령의 수행 결과로 대체되므로 출력 리다이렉션을 할 때는 먼저 해당 파일이 있는지 확인해야 한다. 다음 예에서는 study/ch05 디렉터리에서 작업한다.

```
user1@hanbit:~$ cd study/ch05
user1@hanbit:~/study/ch05$ ls redir          → redir이 있는지 확인한다.
ls: 'redir'에 접근할 수 없음: 그런 파일이나 디렉터리가 없습니다
user1@hanbit:~/study/ch05$ ls                → 명령의 결과가 화면(표준 출력)으로 출력된다.
adduser.conf   apg.conf   brltty.conf   ca-certificates.conf
user1@hanbit:~/study/ch05$ ls > redir        → 명령의 결과를 redir 파일에 저장한다.
user1@hanbit:~/study/ch05$ cat redir         → 파일 내용을 확인한다.
adduser.conf
apg.conf
```

```
brltty.conf
ca-certificates.conf
redir
user1@hanbit:~/study/ch05$ date > redir       → 명령의 결과를 redir 파일에 저장한다.
user1@hanbit:~/study/ch05$ cat redir
2024. 05. 30. (목) 19:08:00 KST               → ls 명령의 실행 결과가 없어졌다.
```

위의 예에서는 먼저 ls 명령의 결과를 redir로 리다이렉션했다가 다시 date 명령의 결과를 redir로 리다이렉션했다. 두 번 모두 특수문자 >를 사용했으므로 파일 내용을 덮어쓴다. 따라서 최종적으로 수행한 리다이렉션만 파일에 남아 date 명령의 결과가 저장된 것이다.

다음과 같이 set 명령을 사용하면 예상치 않게 파일 내용을 덮어쓰는 일을 예방할 수 있다. 이를 항상 적용하려면 5절에서 배울 사용자 초기화 파일에 해당 설정을 추가하면 된다.

```
user1@hanbit:~/study/ch05$ set -o noclobber
user1@hanbit:~/study/ch05$ ls > redir
bash: redir: 이미 있는 파일을 덮어쓸 수 없음     → 파일에 저장하는 것이 거부되었다.
```

이 설정을 해제하려면 다음과 같이 + 옵션을 사용한다.

```
user1@hanbit:~/study/ch05$ set +o noclobber
user1@hanbit:~/study/ch05$ ls > redir          → 파일에 저장되었다.
```

파일에 내용 추가하기

표준 출력을 리다이렉션하는 두 번째 특수문자는 >>이다. 사용 형식은 다음과 같다.

```
명령 >> 파일명
```

>>를 사용한 출력 리다이렉션에서는 지정한 파일명의 파일이 없으면 파일을 생성하고, 해당 파일이 있으면 그 파일의 끝에 명령의 실행 결과를 추가한다.

```
user1@hanbit:~/study/ch05$ cat redir           → 기존 파일 내용을 확인한다.
adduser.conf
apg.conf
brltty.conf
ca-certificates.conf
redir
user1@hanbit:~/study/ch05$ date >> redir       → 출력 리다이렉션한다(내용 추가).
user1@hanbit:~/study/ch05$ cat redir           → 파일 내용을 확인한다.
(생략)
ca-certificates.conf
redir
2024. 05. 30. (목) 19:15:10 KST                → 내용이 추가되어 있다.
```

3 오류 리다이렉션

명령을 실행하는 과정에서 셸은 명령의 정상적인 실행 결과와 명령 실행 중 발생하는 오류 메시지를 출력한다. 정상적인 실행 결과는 앞서 살펴본 것처럼 표준 출력이고, 오류 메시지는 표준 오류라고 한다. 표준 오류도 기본적으로 화면에 출력되며 표준 출력처럼 리다이렉션할 수 있다. 다음 예를 통해 표준 출력과 표준 오류를 확인해보자.

```
user1@hanbit:~/study/ch05$ ls
adduser.conf  ca-certificates.conf  apg.conf   brltty.conf  redir
                                                            → 정상 실행(표준 출력)
user1@hanbit:~/study/ch05$ ls /user1
ls: '/user1'에 접근할 수 없음: 그런 파일이나 디렉터리가 없습니다    → 오류 메시지(표준 오류)
```

첫 번째 ls 명령은 정상적으로 처리되어 파일 목록이 표준 출력 장치로 출력되었다. 그러나 두 번째 ls /user1 명령은 정상적으로 처리되지 않았기 때문에 오류 메시지가 표준 오류 장치로 출력되었다. 표준 출력과 표준 오류 모두 기본 장치가 화면으로 지정되어 있어서 같은 것처럼 보이지만 실은 다르게 관리되고 있다. 이 두 가지가 다르다는 것을 확인하기 위해 위의 두 명령을 실행하면서 표준 출력을 리다이렉션해보자.

```
user1@hanbit:~/study/ch05$ ls > ls.out                → 표준 출력을 리다이렉션한다.
user1@hanbit:~/study/ch05$ ls /user1 > ls.err         → 표준 출력을 리다이렉션한다.
ls: '/user1'에 접근할 수 없음: 그런 파일이나 디렉터리가 없습니다
user1@hanbit:~/study/ch05$ cat ls.err                 → 오류 메시지가 저장되지 않았다.
user1@hanbit:~/study/ch05$ cat ls.out                 → 표준 출력 내용이 출력된다.
adduser.conf
apg.conf
(생략)
```

앞의 예를 보면 표준 출력은 정상적으로 리다이렉션되어 결과가 ls.out 파일에 저장되었지만 오류 메시지는 ls.err 파일에 저장되지 않고 화면에 그대로 출력되었다. 오류 메시지는 표준 출력으로 리다이렉션되지 않은 것이다.

[표 5-8]을 보면 표준 출력은 1번, 표준 오류는 2번 장치 파일이다. 앞의 예에서 >는 1>와 같은 것이므로 >으로 표준 오류가 리다이렉션되지 않았다. 그럼 2번인 표준 오류는 어떻게 리다이렉션할까? 1>처럼 2>와 같이 장치 번호를 지정하면 된다.

```
명령 2> 파일명
```

2>는 2번 파일, 즉 stderr 파일로 나갈 내용을 지정한 파일에 저장하라고 셸에 알려주는 것이다. 오류 리다이렉션에서는 파일 디스크립터 번호를 생략할 수 없다. 다음 예에서 오류 메시지를 새로운 파일로 리다이렉션해보자.

```
user1@hanbit:~/study/ch05$ ls /user1 2> ls.err   → 표준 오류를 리다이렉션한다.
user1@hanbit:~/study/ch05$ cat ls.err
ls: '/user1'에 접근할 수 없음: 그런 파일이나 디렉터리가 없습니다
                                                 → 파일에 오류 메시지가 저장되어 있다.
```

표준 출력과 표준 오류를 한 번에 리다이렉션하기

표준 출력과 표준 오류를 한 번에 리다이렉션하여 파일에 저장하려면 >와 2>를 함께 사용하면 된다. 다음 예에서 한 번의 명령으로 ls.out 파일과 ls.err 파일에 실행 결과와 오류 메시지

를 저장하였다.

```
user1@hanbit:~/study/ch05$ ls . /user1 > ls.out 2> ls.err
```

오류 메시지 버리기

명령 실행 중 나타나는 오류 메시지를 무시하고 싶을 때는 리눅스의 특수 파일인 /dev/null을 사용하면 된다. /dev/null 파일은 버리고 싶은 내용을 담는 장치 파일로, 이 파일로 전달된 모든 내용은 시스템에서 사라지고 복구할 수 없다.

```
user1@hanbit:~/study/ch05$ ls /user1 2> /dev/null
```

표준 출력과 표준 오류를 한 파일로 리다이렉션하기

표준 출력과 표준 오류를 한 파일로 리다이렉션하여 저장할 수도 있다.

① 명령의 정상 실행 결과를 파일로 리다이렉션한다(2>&1).

② 그 명령 전체의 오류 메시지를 1번 파일(표준 출력 파일, &1이라고 표현함)로 리다이렉션한다(2>&1).

이와 같이 하면 ①번을 실행하면서 표준 출력이 먼저 변경된다. 표준 출력이 변경된 다음에는 ②번에서는 오류 메시지를 1번 파일로 보내면 된다. 2>&1는 2번 파일을 1번으로 리다이렉션하라는 뜻이다. 이때 2>와 &1 사이에 공백이 있으면 안 된다.

```
user1@hanbit:~/study/ch05$ ls . /user1 > ls.out 2>&1
user1@hanbit:~/study/ch05$ cat ls.out
ls: '/user1'에 접근할 수 없음: 그런 파일이나 디렉터리가 없습니다    → 저장된 오류 메시지이다.
.:                                                                   → 현재 디렉터리 내용이다.
adduser.conf
apg.conf
(생략)
```

4 입력 리다이렉션

<는 표준 입력 장치를 키보드에서 파일로 리다이렉션하는 기능을 제공한다. <를 이용하여 표준 입력을 바꾸는 방법은 다음과 같다.

```
① 명령 0< 파일명
② 명령 < 파일명
```

cat 명령은 파일의 내용을 읽어 출력하거나, 키보드로 입력된 데이터를 받아 출력하는 명령이다. 보통 파일의 내용을 출력할 때는 < 기호를 생략할 수 있으며, 이 경우 표준 입력이 자동으로 파일로 리다이렉션된다. 다음 예를 통해 비교해보자.

```
user1@hanbit:~/study/ch05$ cat redir          → 파일 내용을 출력한다.
adduser.conf
apg.conf
(생략)
user1@hanbit:~/study/ch05$ cat < redir        → 표준 입력을 리다이렉션한다(< 사용).
adduser.conf
apg.conf
(생략)
user1@hanbit:~/study/ch05$ cat 0< redir       → 표준 입력을 리다이렉션한다(0< 사용).
adduser.conf
apg.conf
(생략)
```

실습해보기 5-4 입출력 방향 변경

❶ 환경 변수에 HOSTNAME의 값을 h.out 파일에 저장한다.

❷ 환경 변수에 USER의 값을 h.out 파일의 끝에 저장한다.

❸ /test 디렉터리의 내용을 h.err 파일에 저장한다.

❹ /tmp 디렉터리와 /test 디렉터리의 내용을 ls 명령을 확인하여 h.out 파일에 저장한다. h.out 파일에 오류 메시지도 저장이 되었는가?

❺ /tmp 디렉터리와 /test 디렉터리의 내용을 확인한 결과를 h.out에 저장하고 오류 메시지는 h.err에 저장한다.

❻ /tmp 디렉터리와 /test 디렉터리의 내용을 확인한 결과와 오류 메시지를 h.all 파일에 함께 저장한다.

04 앨리어스와 히스토리

배시셸은 앨리어스와 히스토리라는 편리한 기능을 제공한다. 앨리어스는 복잡한 명령을 짧은 별명으로 사용할 수 있게 해주고, 히스토리는 앞에서 입력했던 명령을 다시 불러서 재사용하는 것이다.

1 앨리어스: alias

앨리어스alias는 기존의 명령에 다른 이름(별칭)을 붙여서 더 간편하게 사용할 수 있도록 해주는 셸의 기능이다. 이를 통해 긴 명령 대신 짧은 명령을 만들어 사용할 수 있고, 여러 명령을 연결하여 하나의 명령으로 만들 수도 있으며, 자주 사용하는 옵션을 포함하여 새로운 이름을 붙여서 사용할 수도 있다. 앨리어스를 만들 때는 alias 명령을 사용한다.

alias

- **기능** 앨리어스를 생성한다.
- **형식** `alias 이름='명령'`
- **사용 예** `alias`: 현재 설정된 별칭 목록을 출력한다.
  `alias 이름='명령'`: 명령을 수정해 사용하는 경우이다.
  `alias 이름='명령;명령2;...'`: 여러 명령을 하나의 이름으로 사용하는 경우이다.

아무것도 지정하지 않고 alias 명령을 실행시키면 현재 설정되어 있는 앨리어스가 출력된다. 기본으로 설정된 앨리어스는 시스템에 따라 다르다.

```
user1@hanbit:~/study/ch05$ alias
alias alert='notify-send --urgency=low -i "$([ $? = 0 ] && echo terminal || echo
error)" "$(history|tail -n1|sed -e '\''s/^\s*[0-9]\+\s*//;s/[;&|]\s*alert$//'\'')"'
alias egrep='egrep --color=auto'
alias fgrep='fgrep --color=auto'
```

```
alias grep='grep --color=auto'
alias l='ls -CF'
alias la='ls -A'
alias ll='ls -alF'
alias ls='ls --color=auto'
```

앨리어스 중에서 ll은 ls 명령에 옵션을 지정하여 설정한 것이다. 이를 실행하여 ls 명령과 비교해보자. 실행 결과를 보면 ls 명령의 결과와 앨리어스인 ll의 차이를 알 수 있다. ll의 경우 ls –alF 명령을 실행하도록 앨리어스한 것으로 숨김 파일을 포함하여 상세 내용을 출력한다. 이와 같이 앨리어스는 자주 사용하는 명령과 옵션을 묶어서 설정하면 편리하다.

```
user1@hanbit:~/study/ch05$ ls
adduser.conf   brltty.conf             h.all   h.out   ls.out
apg.conf       ca-certificates.conf    h.err   ls.err  redir
user1@hanbit:~/study/ch05$ ll
합계 80
drwxrwxr-x 2 user1 user1  4096  5월 30 19:53 ./
drwxrwxr-x 9 user1 user1  4096  5월 30 17:07 ../
-rw-r--r-- 1 user1 user1  3444  5월 30 17:12 adduser.conf
-rw-r--r-- 1 user1 user1   433  5월 30 17:12 apg.conf
-rw-r--r-- 1 user1 user1 29830  5월 30 17:12 brltty.conf
-rw-r--r-- 1 user1 user1  5892  5월 30 17:12 ca-certificates.conf
-rw-rw-r-- 1 user1 user1  1059  5월 30 19:53 h.all
-rw-rw-r-- 1 user1 user1    86  5월 30 19:53 h.err
(생략)
```

앨리어스 설정하기

앨리어스는 alias 앨리어스명='명령' 형식을 사용한다. 이때 = 기호 좌우에 공백이 있으면 안 된다. 명령에 옵션을 사용하여 공백이 포함되는 경우, 작은따옴표를 사용하여 전체 명령을 묶어야 한다.

다음 예는 ls 명령에 –a 옵션을 지정하여 다시 ls 명령으로 지정하는 것이다. 앨리어스로 ls –a를 지정한 다음 확인해보면 –a 옵션이 적용되어 숨김 파일도 출력되었다. 앨리어스에서는 이렇게 앨리어스명으로 기존의 명령을 그대로 사용할 수 있다. 사용자가 입력한 명령을 실행할 때 앨리어스가 있는지 셸이 먼저 확인하기 때문이다.

```
user1@hanbit:~/study/ch05$ ls
adduser.conf    brltty.conf               h.all    h.out    ls.out
apg.conf        ca-certificates.conf      h.err    ls.err   redir
user1@hanbit:~/study/ch05$ alias ls='ls -a' → 공백이 있으면 작은따옴표를 사용한다.
user1@hanbit:~/study/ch05$ ls    → 앨리어스의 ls를 실행하여 ls -a의 결과를 출력한다.
.   adduser.conf    brltty.conf             h.all    h.out    ls.out
..  apg.conf        ca-certificates.conf    h.err    ls.err   redir
```

파일을 삭제하는 rm 명령은 삭제된 파일을 복구할 수 없기 때문에 실수로 중요한 파일을 삭제할 위험이 있다. 이를 방지하기 위해 다음 예와 같이 rm 명령에 안전장치를 할 수도 있다. 앨리어스를 사용하여 rm 명령에 –i 옵션을 추가하면, 파일을 삭제할 때마다 사용자에게 삭제 여부를 확인하고 y로 승인된 경우에만 삭제한다. 여기에서는 n을 누르고 다음 실습으로 넘어간다.

```
user1@hanbit:~/study/ch05$ alias rm='rm -i'
user1@hanbit:~/study/ch05$ rm redir
rm: 일반 파일 'redir'를 제거할까요?
```

앨리어스 삭제하기

기존의 앨리어스를 삭제할 때는 unalias 명령을 사용한다.

unalias

- **기능** 앨리어스를 삭제한다.
- **형식** unalias 앨리어스명

앞에서 설정한 앨리어스는 다음과 같이 삭제한다. ls 명령을 실행해보면 숨김 파일은 나오지 않음을 알 수 있다.

```
user1@hanbit:~/study/ch05$ unalias ls
user1@hanbit:~/study/ch05$ unalias rm
user1@hanbit:~/study/ch05$ ls
adduser.conf   brltty.conf             h.all   h.out   ls.out
apg.conf       ca-certificates.conf    h.err   ls.err  redir
```

2 히스토리: history

명령 기반으로 리눅스를 사용하다 보면 명령, 옵션, 인자 등이 복잡한 경우가 있다. 이때 실수로 오타라도 나면 그 명령을 다시 입력해야 하므로 불편하다. 이럴 때 유용하게 사용할 수 있는 기능이 히스토리history이다. 히스토리는 사용자가 이전에 입력한 명령을 불러내서 재사용하는 것이다. 배시셸이 제공하는 히스토리 기능의 특징과 사용법을 살펴보자.

이전 명령 보기

사용자가 로그인하여 작업한 명령은 임시 버퍼에 저장되므로 다시 불러서 사용할 수 있다. 이는 배시셸 내장 명령인 history 명령으로 이전 명령의 확인이 가능하다.

history

- **기능** 히스토리(명령 입력 기록)를 출력한다.
- **형식** history

history 명령을 실행시키면 다음과 같이 사용자가 입력한 명령 목록이 히스토리 번호와 함께 출력된다.

```
user1@hanbit:~/study/ch05$ history
(생략)
 2211  unalias ls
 2212  unalias rm
 2213  ls
 2214  history
(생략)
```

명령 재실행하기

히스토리로 저장되어 있는 명령은 다시 불러서 재실행할 수 있다. 특수문자 !를 사용하여 실행했던 명령을 지정할 수 있으며, !는 [표 5-9]와 같이 세 가지 형태로 사용할 수 있다.

표 5-9 !를 사용한 명령 재실행 방법

사용법	기능
!!	바로 직전에 실행한 명령을 재실행한다.
!번호	히스토리에서 해당 번호의 명령을 재실행한다.
!문자열	히스토리에서 해당 문자열로 시작하는 마지막 명령을 재실행한다.

다음 예는 !!를 사용한 것으로 !!는 바로 직전에 실행한 명령을 다시 실행한다.

```
user1@hanbit:~/study/ch05$ ls
adduser.conf    brltty.conf                 h.all    h.out    ls.out
apg.conf        ca-certificates.conf        h.err    ls.err   redir
user1@hanbit:~/study/ch05$ !!               → 바로 직전 명령을 재실행한다.
ls                                          → 어떤 명령인지 먼저 출력한다.
adduser.conf    brltty.conf                 h.all    h.out    ls.out
apg.conf        ca-certificates.conf        h.err    ls.err   redir
```

직전 명령이 아니라 이전에 실행한 명령 중에서 선택하여 재실행하려면, 재실행할 명령의 히스토리 번호나 명령의 앞 글자를 이용한다. 다음 예에서 확인해보자.

```
user1@hanbit:~/study/ch05$ history          → 히스토리를 확인한다.
(생략)
 2207  alias ls='ls -a'
 2208  ls
 2209  alias rm='rm -i'
 2210  rm redir
 2211  unalias ls
 2212  unalias rm
(생략)
user1@hanbit:~/study/ch05$ !2209            → 히스토리 번호로 재실행한다.
```

```
alias rm='rm -i'
user1@hanbit:~/study/ch05$ !u        → 명령의 앞 글자로 재실행한다.
unalias rm
```

명령의 앞 글자를 이용할 경우, 해당하는 글자로 시작하는 명령 중에서 가장 최근에 실행한 명령이 재실행된다.

명령 편집 및 재실행하기

명령을 입력할 때 오타 때문에 오류가 발생하는 경우가 있다. 이때는 명령을 다시 입력해야 하는데, 화살표 키를 사용하여 오류가 난 명령을 불러와 수정한 뒤 재실행할 수 있다. ↑, ↓로 이전 명령을 불러오고, ←, →로 명령의 잘못된 부분을 수정하면 된다. 다음 예를 통해 살펴보자.

우선 명령에 오타를 입력한다. history 명령의 매뉴얼을 보려고 하는데 hisdory라고 잘못 입력한 것이다.

```
user1@hanbit:~/study/ch05$ man hisdory
hisdory의 설명서 항목이 없습니다
```

오타가 난 명령을 수정해보자. 프롬프트에서 ↑를 누르면 방금 실행한 명령이 다시 나타나고 커서가 행의 끝에서 대기한다.

```
user1@hanbit:~/study/ch05$ man hisdory
```

이 상태에서 ←, →로 커서를 이동시키고 백스페이스로 삭제한 후 다시 글자를 입력하면 된다.

```
user1@hanbit:~/study/ch05$ man history
```

이제 Enter를 입력하면 명령이 재실행된다.

실습해보기 5-5 앨리어스와 히스토리

❶ pwd 명령과 ls 명령을 묶어서 앨리어스 pls를 만든다.

❷ history 명령을 앨리어스 h로 만든다.

❸ 위방향키로 이전 명령을 불러서 clear 명령에 대한 앨리어스 c를 만든다.

❹ 위방향키로 이전 명령을 불러서 alias 명령에 대한 앨리어스 a를 만든다.

❺ 앨리어스 pls를 삭제한다.

05 프롬프트 설정

명령어 기반 인터페이스를 사용하는 시스템에서 프롬프트는 사용자에게 명령을 입력받을 준비가 되었음을 알리는 표시이며, 사용자가 명령을 입력하는 위치를 나타낸다. 지금까지 사용한 프롬프트는 user1@hanbit:~$와 같은 모양이었다. 이 프롬프트의 모양을 사용자가 원하는 형식으로 바꿀 수 있다.

1 이스케이프 문자

배시셸에서는 환경 변수 PS1에 프롬프트로 사용할 문자열을 저장한다. 먼저 PS1의 현재 설정값을 알아보자.

```
user1@hanbit:~$ echo $PS1
\[\e]0;\u@\h: \w\a\]${debian_chroot:+($debian_chroot)}\u@\h:\w\$   → PS1의 현재 값이다.
```

PS1의 현재 설정값을 보면 \u, \h, \W 등 의미를 알 수 없는 문자로 구성되어 있다. 이렇게 \로 시작하는 특별한 문자들을 이스케이프 문자라고 한다. 이스케이프 문자들은 텍스트로 보면 두 글자로 보이지만 실제로는 한 글자로 처리된다. 이스케이프 문자는 화면에 문자 그대로 출력되지 않고 셸이 문자의 의미를 해석하여 실행한다. 프롬프트에서 사용할 수 있는 이스케이프 문자는 [표 5-10]에 정리했다.

[표 5-10]을 참고하여 PS1의 마지막 부분의 "\u@\h:\w\$"를 해석해보면 \u는 사용자 이름, \h는 호스트 이름, \w는 현재 작업 디렉터리명이다. $ 앞의 \는 $를 특수문자가 아니라 일반 문자로 인식하게 한다. 따라서 user1@hanbit:~$와 같은 형태가 되는 것이다.

표 5-10 이스케이프 문자

이스케이프 문자	기능
\a	아스키 종소리 문자(07)
\d	'요일 월 일' 형식으로 날짜를 표시(예 Wed May 1)
\e	아스키의 이스케이프 문자로 터미널에 고급 옵션을 전달
\h	첫 번째 .(마침표)까지의 호스트 이름(예 server.co.kr에서 server)
\H	전체 호스트 이름
\n	줄 바꾸기
\s	셸 이름
\t	24시간 형식으로 현재 시간을 표시(HH:MM:SS 형식)
\T	12시간 형식으로 현재 시간을 표시(HH:MM:SS 형식)
\@	12시간 형식으로 현재 시간을 표시(오전/오후 형식)
\u	사용자 이름
\v	배시셸의 버전
\w	현재 작업 디렉터리(절대 경로)
\W	현재 작업 디렉터리의 절대 경로에서 마지막 디렉터리명
\!	현재 명령의 히스토리 번호
\[	출력하지 않을 문자열의 시작 부분을 표시
\]	출력하지 않을 문자열의 끝 부분을 표시

2 프롬프트 변경

프롬프트의 변경은 환경 변수 PS1에 새로운 형태의 문자열을 지정하면 된다. PS1의 값을 바꾸기 전에 먼저 현재 PS1의 값을 임시 변수에 저장해 둔다. 나중에 실습을 마치고 원래 프롬프트로 돌아갈 때 사용하기 위해서이다.

```
user1@hanbit:~$ PROMPT=$PS1
```

프롬프트를 다양한 형태로 바꿔보자.

프롬프트를 간단한 문자열로 바꿔보자. 프롬프트의 끝을 표시하기 위해 마지막에]나 $ 같은 기호를 추가하고 공백문자를 하나 두는 것이 좋다. 공백이 없는 경우, 프롬프트로 사용하는 문자열과 사용자가 입력한 명령을 구분하기가 어렵기 때문이다.

```
user1@hanbit:~$ PS1='HANBIT] '
HANBIT]
```

환경 변수를 사용해 보자. 다음은 프롬프트에 현재 작업 디렉터리가 출력되도록 한 것이다. 이 경우 디렉터리를 이동하면 프롬프트의 내용도 자동으로 바뀐다.

```
HANBIT] PS1='[$PWD] '
[/home/user1] cd study
[/home/user1/study]
```

특수문자를 이용하여 명령의 실행 결과를 사용해보자. uname -n 명령은 호스트 이름을 출력하는데 여기에 프롬프트의 끝을 표시하기 위해 $ 기호를 추가했다.

```
[/home/user1/study] PS1='`uname -n`$ '
hanbit$
```

이스케이프 문자 \u, \T, \s를 사용해보자. 각 문자의 의미는 [표 5-10]을 참조한다.

```
hanbit$ PS1='[\u \T\s]$ '
[user1 09:09:26-bash]$
```

프롬프트를 원래 모양으로 복구한다.

```
[user1 09:09:26-bash]$ PS1=$PROMPT
user1@hanbit:~/study$
```

06 환경 설정 파일

지금까지 환경 변수 설정, 입출력 방향 전환, 앨리어스와 히스토리, 프롬프트 설정 등 배시셸 환경에서 사용할 수 있는 유용한 기능을 살펴보았다. 그러나 이렇게 설정한 앨리어스나 프롬프트 모양 등은 로그아웃하면 모두 사라진다. 로그인할 때마다 앨리어스 등을 새로 설정하는 번거로움을 피하는 방법은 환경 설정 파일에 필요한 설정을 저장하고 로그인할 때 불러오는 것이다.

사용자가 로그인할 때마다 자동으로 실행되는 명령을 저장해놓은 것이 환경 설정 파일이다. 환경 설정 파일에는 시스템 환경 설정 파일과 사용자 환경 설정 파일이 있으며, 셸마다 다른 이름의 파일을 사용한다. 환경 설정 파일은 주로 사용자가 로그인할 때 실행되어 사용자 환경을 초기화하므로 초기화 파일이라고도 부른다. 여기서는 리눅스의 배시셸을 기준으로 시스템 환경 설정 파일과 사용자 환경 설정 파일을 살펴본다.

1 시스템 환경 설정 파일

시스템 환경 설정 파일은 시스템을 사용하는 전체 사용자의 공통 환경을 설정하는 파일로 모든 사용자가 로그인할 때마다 무조건 실행된다. 배시셸의 시스템 환경 설정 파일은 /etc 디렉터리에 있다. 시스템 환경 설정 파일은 일반 사용자가 수정할 수 없으며 시스템 관리자가 관리한다.

배시셸에서 시스템 환경 설정 파일은 [표 5-11]과 같이 세 가지로 구분된다.

표 5-11 배시셸의 시스템 환경 설정 파일

파일	기능
/etc/profile	• 본셸이나 본셸과 호환되는 모든 셸에 공통으로 적용되는 환경 설정 파일이다. • 배시셸의 경우 bash.bashrc 파일을 호출한다. • 배시셸이 아닌 경우 프롬프트를 #(root 계정) 또는 $(일반 계정)로 설정한다. • /etc/profile.d/*.sh 파일을 실행한다.

/etc/bash.bashrc	• 시스템 공통으로 적용되는 .bashrc 파일이다. • 기본 프롬프트를 설정한다. • sudo 명령과 관련된 힌트를 설정한다.
/etc/profile.d/*.sh	• 언어나 명령별로 각각 필요한 환경을 설정한다. • 필요시 설정 파일을 추가한다.

이 중 /etc/profile과 /etc/bash.bashrc 파일은 향후 리눅스 업데이트 시 일관성 있는 관리를 위해 수정하지 않는 것이 좋다. 시스템별로 환경을 다르게 구성할 필요가 있으면 /etc/profile.d에 .sh 파일을 추가하도록 권장한다. 참고로 /etc/profile 파일의 앞부분을 약간만 출력해보면 다음과 같다. 전체 내용은 각자 파일을 열어서 확인하기 바란다.

```
user1@hanbit:~$ more /etc/profile
# /etc/profile: system-wide .profile file for the Bourne shell (sh(1))
# and Bourne compatible shells (bash(1), ksh(1), ash(1), ...).

if [ "${PS1-}" ]; then
  if [ "${BASH-}" ] && [ "$BASH" != "/bin/sh" ]; then
    # The file bash.bashrc already sets the default PS1.
    # PS1='\h:\w\$ '
    if [ -f /etc/bash.bashrc ]; then
      . /etc/bash.bashrc
    fi
(생략)
```

2 사용자 환경 설정 파일

사용자 환경 설정 파일은 각 사용자의 홈 디렉터리에 숨김 파일로 존재하며, 사용자가 내용을 수정하고 관리할 수 있다. 사용자가 로그인하면 제일 먼저 시스템 환경 설정 파일이 실행되어 시스템 공통 환경을 만들고, 이후 사용자 환경 설정 파일을 순서대로 실행하여 사용자별 환경이 설정된다. 우분투 배시셸에서 사용자 환경 설정 파일은 [표 5-12]와 같다.

표 5-12 배시셸의 사용자 환경 설정 파일

파일	기능
.profile	• .bashrc 파일이 있으면 실행한다. • 경로 추가 등 사용자가 정의할 수 있다.
.bashrc	• 히스토리의 크기를 설정한다. • 기본 앨리어스나 함수 등을 설정한다.
.bash_logout	• 로그아웃 시 실행할 필요가 있는 함수 등을 설정한다.
.bash_aliases	• 사용자가 정의한 앨리어스를 저장한다. • 기본으로 있는 파일은 아니며 필요시 만들 수 있다.

이 중 .profile 파일의 내용을 살펴보면 다음과 같다.

```
user1@hanbit:~$ cat .profile
# ~/.profile: executed by the command interpreter for login shells.
# This file is not read by bash(1), if ~/.bash_profile or ~/.bash_login
# exists.
(생략)
# the default umask is set in /etc/profile; for setting the umask
# for ssh logins, install and configure the libpam-umask package.
#umask 022                      → 기본 umask를 설정한다.

# if running bash
if [ -n "$BASH_VERSION" ]; then
    # include .bashrc if it exists
    if [ -f "$HOME/.bashrc" ]; then
        . "$HOME/.bashrc"       → .bashrc 파일을 실행한다.
    fi
fi

# set PATH so it includes user's private bin if it exists
if [ -d "$HOME/bin" ] ; then
    PATH="$HOME/bin:$PATH"      → 경로를 설정한다.
fi

# set PATH so it includes user's private bin if it exists
```

```
if [ -d "$HOME/.local/bin" ] ; then
    PATH="$HOME/.local/bin:$PATH"
fi
```

사용자 환경 설정 파일 만들기

이 장에서 배운 환경 설정 명령을 이용하여 나만의 환경을 만들어보자. vi를 사용하여 .bash_aliases 파일을 열고, 앞에서 실습했던 앨리어스를 입력해보자. 다음과 같이 마지막 행 다음에 앨리어스를 추가하면 된다.

```
user1@hanbit:~$ vi .bash_aliases
alias rm='rm -i'
alias h=history
alias c=clear
~
:wq                → 저장하고 종료한다.
```

사용자 환경 설정 파일 적용하기

사용자 환경 설정 파일을 수정한 경우, 이를 적용하려면 로그아웃했다가 다시 로그인하거나, 다음과 같이 .(마침표) 또는 source 명령을 사용하여 환경 설정 파일을 실행해야 한다. 앞의 예에서 .bash_aliases 파일을 만들었으므로 이를 바로 적용하려면 다음과 같이 .(마침표)나 source 명령을 실행한다.

```
user1@hanbit:~$ . .bash_aliases
```

```
user1@hanbit:~$ source .bash_aliases
```

실습해보기 5-6 사용자 환경 설정하기

❶ 현재 umask 값을 확인한다.

❷ .profile 파일을 vi로 연다.

❸ .profile 파일의 내용에 행 번호가 보이도록 한다.

❹ 9행의 umask 앞에 있는 # 기호를 삭제한다.

❺ vi를 저장하고 종료한다.

❻ .profile을 적용한 후 umask 값이 수정되었는지 확인한다.

❼ .bash_aliases 파일에 앨리어스를 추가한다.

```
p=pwd
```

❽ .bash_aliases를 적용하고 앨리어스 p가 동작하는지 확인한다.

❾ .profile 파일에서 umask의 값을 002로 수정하고 저장한다.

01 셸의 기능과 종류

- 셸은 사용자와 리눅스 커널 사이에서 중간자 역할을 하며 명령어 해석기 기능, 프로그래밍 기능, 사용자 환경 설정 기능을 제공한다.
- 주요 셸은 본셸, C셸, 콘셸, 배시셸, 대시셸 등이 있다.
- 사용자가 로그인할 때 자동으로 실행되는 기본 셸을 로그인 셸이라고 하며 /etc/passwd 파일에 지정되어 있다. 기본 셸은 chsh 명령으로 변경할 수 있다.

02 셸 특수문자

특수문자	기능	예
*	임의의 문자 또는 문자열	$ ls t*
?	임의의 문자 하나	$ ls t?.txt
[ ]	괄호 안에 포함된 문자 중 하나	$ ls [0-9]*
~	홈 디렉터리	$ cd ~user1
-	이전 작업 디렉터리	$ cd -
;	한 행에 여러 개의 명령 입력	$ date;ls;pwd
|	왼쪽 명령의 결과를 오른쪽 명령의 입력으로 전달	$ ls -al | more
' '	모든 특수문자를 일반 문자로 처리	$ echo '$HOME'
" "	$, `, \을 제외한 모든 특수문자를 일반 문자로 처리	$ echo "$HOME"
` `	문자열을 명령으로 해석하여 실행	$ echo `date`
\	특수문자 기능을 제거하고 일반 문자로 처리	$ echo "\$HOME"
>, >>, <	입출력 방향 전환	$ ls > ls.out

03 셸 변수와 환경 변수

- 지정한 셸에서만 사용할 수 있는 셸 변수와 전체 셸에서 사용할 수 있는 환경 변수가 있다.

동작	설정 방법	예
변수 정의	[셸 변수] 변수 이름=문자열 [환경 변수] export 변수 이름=문자열	$ data=linux $ export PS1="Linux $"
변수 정의 해제	unset 변수	$ unset data
전체 변수 출력	set, env	$ set
특정 변수 출력	echo $변수	$ echo $HOME

- 주요 환경 변수는 다음과 같다.

환경 변수	의미
HISTSIZE	히스토리 저장 크기
HOME	사용자 홈 디렉터리의 절대 경로
LANG	사용하는 언어 지정
LOGNAME	사용자 계정 이름
PATH	명령을 탐색할 경로
PWD	작업 디렉터리 절대 경로
SHELL	로그인 셸

04 입출력 방향 변경(리다이렉션)

구분	특수문자		사용 예
표준 출력 방향 바꾸기	>	파일 내용 덮어쓰기	ls -al > ls.out
	>>	파일에 내용 추가하기	ls /tmp >> ls.out
표준 오류 방향 바꾸기	2>		ls /user1 2> ls.err
입력 방향 바꾸기	<		cat < out.txt

- 표준 출력과 표준 오류를 한 번에 리다이렉션하기: 예 ls ./user1 > ls.out 2> ls.err
- 표준 출력과 표준 오류를 한 파일로 리다이렉션하기: 예 ls ./user1 > ls.out 2>&1

05 앨리어스와 히스토리

- 앨리어스: 명령에 다른 별칭을 붙이는 기능이다.

앨리어스 생성	alias 이름=명령	$ alias ls='ls -lF'
앨리어스 삭제	unalias 앨리어스 이름	$ unalias ls

- 히스토리: 사용한 명령을 기억했다가 재실행할 수 있도록 하는 기능이다.

히스토리 목록 보기	history
이전 명령 불러오기	!c !120
명령 편집	화살표 키(↑, ↓)를 이용하여 명령을 불러오고 수정할 수 있다.

06 프롬프트 설정

- 프롬프트는 환경 변수 PS1에 값을 지정한다.
- 터미널을 제어하는 이스케이프 문자를 사용하여 프롬프트를 만들 수 있다.
  - 예 PS1='HANBIT] '

07 환경 설정 파일

- 시스템 환경 설정 파일과 사용자 환경 설정 파일로 구분된다.
- 로그인 시 '시스템 환경 설정 파일 → 사용자 환경 설정 파일' 순서로 실행하여 사용자 환경을 설정한다.

- 배시셸의 시스템 환경 설정 파일

파일	기능
/etc/profile	• 본셸이나 본셸과 호환되는 모든 셸에 공통으로 적용되는 환경 설정 파일이다. • 배시셸의 경우 bash.bashrc 파일을 호출한다. • 배시셸이 아닌 경우 프롬프트를 #(root 계정) 또는 $(일반 계정)로 설정한다. • /etc/profile.d/*.sh 파일을 실행한다.
/etc/bash.bashrc	• 시스템 공통으로 적용되는 .bashrc 파일이다. • 기본 프롬프트를 설정한다. • sudo 명령과 관련된 힌트를 설정한다.
/etc/profile.d/*.sh	• 언어나 명령별로 각각 필요한 환경을 설정한다. • 필요시 설정 파일을 추가한다.

- 배시셸의 사용자 환경 설정 파일

파일	기능
.profile	• .bashrc 파일이 있으면 실행한다. • 경로 추가 등 사용자가 정의할 수 있다.
.bashrc	• 히스토리의 크기를 설정한다. • 기본 앨리어스나 함수 등을 설정한다.
.bash_logout	• 로그아웃 시 실행할 필요가 있는 함수 등을 설정한다.
.bash_aliases	• 사용자가 정의한 앨리어스를 저장한다. • 기본으로 있는 파일은 아니며 필요시 만들 수 있다.

연습문제

01 셸의 세 가지 기능에 해당하지 않는 것은 무엇인가?

① 명령어 해석 기능 ② 문서 편집 기능
③ 프로그래밍 기능 ④ 사용자 환경 설정 기능

02 본셸과 호환성을 유지하고 있지 않은 셸은 어느 것인가?

① 콘셸 ② 배시셸 ③ C셸 ④ 대시셸

03 사용자 계정의 기본 셸이 저장된 파일은 무엇인가?

① /etc/shadow ② /etc/group
③ /etc/shells ④ /etc/passwd

04 로그인 셸을 대시셸로 변경하려고 다음과 같이 chsh 명령을 실행하였는데 오류가 발생했다. 원인은 무엇인가?

```
$ chsh -s dash user1
```

① 시스템에 대시셸이 없다.
② 대시셸의 이름은 dsh다.
③ chsh -s user1 dash로 실행해야 한다.
④ 바꾸려는 셸을 절대 경로로 지정한다.

05 현재 디렉터리에 파일이 다음과 같이 있을 때 'ls t?.exe' 명령을 실행하였다. 이 명령의 실행 결과에서 제외되는 파일은 어느 것인가?

```
$ ls
t.exe t1.exe t2.exe ta.exe
```

① t.exe ② t1.exe ③ t2.exe ④ ta.exe

06 환경 변수 SHELL의 값이 /bin/bash로 설정되어 있다. 다음과 같이 echo 명령을 실행하면 출력 결과는 무엇인가?

```
$ echo '"$SHELL"'
```

① /bin/bash ② "$SHELL"
③ "/bin/bash" ④ $SHELL

07 현재 data 파일의 내용이 다음과 같다. 이 상태에서 ls -l 〉〉 data 명령을 수행하면 data 파일의 내용은 어떻게 되는가?

```
Hanbit Ubuntu Linux
```

① 기존 내용은 삭제되고, 현재 디렉터리의 상세 내용이 저장된다.
② 기존 내용이 그대로 유지되고 현재 디렉터리의 상세 내용은 화면으로 출력된다.
③ 기존 내용의 뒤에, 현재 디렉터리의 상세 내용이 추가된다.
④ 파일 내용이 모두 삭제되고 빈 파일이 된다.

08 다음과 같이 앨리어스를 설정하였더니 오류가 발생하였다. 오류의 원인은 무엇인가?

```
alias lla=ls -l
```

① 앨리어스에는 원래 옵션을 지정할 수 없다.
② 명령을 따옴표로 묶지 않았다.
③ = 다음에 공백문자를 하나 넣어야 한다.
④ lla와 = 사이에 공백문자를 하나 넣어야 한다.

09 히스토리를 이용하여 명령을 재실행하는 방법이 아닌 것은 무엇인가?

① !! ② !번호 ③ !문자열 ④ !!번호

10 우분투 리눅스에서 배시셸의 사용자 환경 설정 파일이 아닌 것은 무엇인가?

① .login　　② .profile　　③ .bashrc　　④ .bash_logout

11 셸의 세 가지 주요 기능을 간단히 설명하시오.

12 로그인 셸과 서브 셸의 차이는 무엇인지 설명하시오.

13 userX의 로그인 셸을 대시셸로 바꾸기 위한 명령은 무엇인가?

14 특수문자 “ ”와 ‘ ’, ` `의 차이를 설명하시오.

15 변수 TESTQ를 서브 셸에서도 적용받을 수 있게 하려면 어떻게 설정해야 하는가?

16 명령의 실행에 따른 표준 출력과 표준 오류를 모두 s.out에 저장하는 명령을 설명하시오.

17 〉를 사용하여 출력 리다이렉션을 할 때 기존 파일의 내용을 덮어쓰는 것을 방지하기 위한 방법을 설명하시오.

18 rm 명령을 rm -i로 앨리어스를 만들고 파일을 삭제하는데 계속 삭제할 것인지 물어봐서 번거롭다. 잠시만 앨리어스 설정에 따른 삭제 여부 질문을 받지 않고 rm 명령을 사용하려면 어떻게 해야 하는지 설명하시오.

19 프롬프트를 현재 디렉터리와 히스토리 번호로 설정하시오.

20 수정된 환경 파일인 .profile 파일을 적용하기 위한 세 가지 방법을 설명하시오.

CHAPTER 06
파일 접근 권한 관리

학습목표

- 파일의 속성과 접근 권한의 개념을 이해할 수 있다.
- 접근 권한의 종류와 표기 방법을 이해하고 설명할 수 있다.
- 문자와 숫자로 표기된 접근 권한을 바꿀 수 있다.
- 기본 접근 권한을 확인하고 원하는 값으로 바꿀 수 있다.
- 특수 접근 권한의 종류와 용도를 이해하고 설정할 수 있다.

PREVIEW

리눅스는 기본적으로 여러 사용자가 함께 사용하는 시스템이므로 각 사용자의 파일과 정보에 대한 접근 권한을 제어하는 보안 관리 기능이 필수적이다. 3장에서 배운 ls 명령으로 파일의 상세 정보를 확인할 수 있는데, 상세 정보에는 파일에 대한 접근 권한도 포함된다. 접근 권한은 누가 해당 파일을 열어보거나 수정, 삭제할 수 있는지를 정의하며, 이를 사용 권한이라고도 한다.

6장에서는 리눅스에서 접근 권한의 종류와 표기 방법을 알아보고 명령을 사용해 접근 권한을 설정하고 변경하는 방법을 알아본다. 또한 파일을 생성할 때 기본적으로 설정되는 기본 접근 권한과 특별한 상황에서 사용할 수 있는 특수 접근 권한도 살펴본다.

윈도만 사용해 보았다면 이런 접근 권한 설정이 조금 생소할 수 있다. 윈도에서도 접근 권한을 제어할 수 있지만 일반적인 사용자는 대부분 이를 의식하지 못하고 사용한다. 이에 비해 리눅스는 명확하게 접근 권한을 제어하는데 이는 유닉스에서부터 사용된 방법이다. 접근 권한 관리 방법을 잘 익혀 자신의 파일을 잘 보호하기 바란다.

파일 속성과 접근 권한	파일 속성	접근 권한	사용자 카테고리와 접근 권한	접근 권한 표기 방법	접근 권한 변경 명령
파일 접근 권한 변경	문자를 이용한 접근 권한 변경	숫자를 이용한 접근 권한 변경			
기본 접근 권한 설정	기본 접근 권한 확인	기본 접근 권한 변경	마스크값 적용 과정		
특수 접근 권한 설정	SetUID	SetGID	스티키 비트		

01 파일 속성과 접근 권한

리눅스는 처음부터 여러 명의 사용자가 같은 시스템에서 작업할 수 있는 다중 사용자 시스템으로 개발되었다. 다중 사용자 시스템에서는 사용자의 파일에 다른 사용자가 마음대로 접근하지 못하도록 제한하는 기능이 필요하다. 리눅스를 개인용 운영체제로 사용할 수도 있지만 이런 접근 제한 기능은 기본적으로 제공된다. 사용자는 자신의 파일과 디렉터리 중에서 다른 사용자가 접근해도 되는 것과 그렇지 않은 것을 구분하여 접근 권한을 설정할 수 있다.

1 파일 속성

접근 권한은 파일의 속성 중 하나이다. 파일의 속성은 3장에서 다룬 ls -l 명령으로 출력되는 상세 정보를 의미한다. 파일의 상세 정보 중 두 번째 속성이 바로 접근 권한이다. 예를 들어 다음과 같이 ls -l 명령으로 /etc/hosts 파일의 상세 정보를 출력했을 때 rw-r--r--이 이 파일에 설정된 접근 권한이다. 파일의 상세 정보에 대한 자세한 내용은 3장의 [표 3-5]를 참고한다.

```
user1@hanbit:~$ ls -l /etc/hosts
-rw-r--r-- 1 root root 221  2월  7 17:23 /etc/hosts
```

2 접근 권한

리눅스에서 접근 권한은 읽기 권한, 쓰기 권한, 실행 권한의 세 가지로 구성된다. 읽기 권한은 파일 내용을 볼 수 있는 권한으로 내용을 변경할 수는 없다. 공개하면 안 되는 파일인 경우, 읽기 권한도 부여해서는 안 된다. 쓰기 권한은 파일을 수정하거나 삭제할 수 있는 권한이다. 이 권한을 다른 사용자에게 부여하면 그 사용자가 파일을 마음대로 수정하거나 삭제할 수 있으므로 주의해야 한다. 실행 권한은 파일을 실행할 수 있는 권한으로, 실행 가능한 파일에만 이 권한을 부여할 수 있다. 접근 권한은 파일과 디렉터리에서 다르게 해석되며, 자세한 내용은 [표 6-1]을 참고한다.

표 6-1 파일과 디렉터리의 접근 권한

권한	파일	디렉터리
읽기	파일을 읽거나 복사할 수 있다.	ls 명령으로 디렉터리 목록을 볼 수 있다(ls 명령의 옵션은 실행 권한이 있어야 사용할 수 있다).
쓰기	파일을 수정·이동·삭제할 수 있다(디렉터리에 쓰기 권한이 있어야 한다).	파일을 생성하거나 삭제할 수 있다.
실행	파일을 실행할 수 있다(셸 스크립트나 실행 파일의 경우).	cd 명령을 사용할 수 있다. 파일을 디렉터리로 이동하거나 복사할 수 있다.

3 사용자 카테고리와 접근 권한

리눅스는 사용자를 파일 소유자, 파일이 속한 그룹, 그 외 기타 사용자라는 세 카테고리로 구분한다. 사용자가 파일을 생성하면 그 파일의 소유자가 되고 사용자가 속한 기본 그룹이 파일이 속한 그룹이 된다. 소유자도 아니고 그룹에 속한 사용자도 아닌 나머지 사용자는 모두 기타 사용자가 된다.

리눅스는 사용자 카테고리별로 접근 권한을 다르게 부여하여 파일을 보호한다. 예를 들어 소유자는 읽고 쓰고 실행할 수 있는 모든 권한을 가지고, 그룹에는 읽고 실행할 수 있는 권한을, 기타 사용자에게는 실행할 수 있는 권한만 부여할 수 있다. 사용자 카테고리별로 파일 접근 권한을 조정하는 것은 소유자나 시스템 관리자가 수행할 수 있다.

4 접근 권한 표기 방법

접근 권한은 ls -l 명령의 결과에서 문자로 표시된다. 읽기 권한은 r, 쓰기 권한은 w, 실행 권한은 x로 나타나며, 읽기(r), 쓰기(w), 실행(x)의 순서로 표시된다. 해당 권한이 없을 경우에는 -으로 표기된다.

즉, 사용자 카테고리가 세 개이고 권한도 세 개이므로 총 아홉 개의 문자로 나타낸다. 앞의 예를 다시 살펴보면 ls -l 명령의 결과 중 접근 권한을 나타낸 부분은 첫 항목인 -rw-r--r--이다.

```
-rw-r--r-- 1 root root 221  2월  7 17:23 /etc/hosts
```

이 중 맨 앞의 −은 파일의 종류를 나타내는 부분으로 접근 권한과는 관계가 없다. 실제 접근 권한은 −을 제외한 rw−r−−r−−이 된다. 이는 사용자 카테고리별로 세 문자씩 한 묶음으로 표기한 것이다. 즉 [그림 6−1]과 같이 소유자의 권한은 rw−, 그룹의 권한은 중간의 r−−, 기타 사용자의 권한은 마지막의 r−−이 된다.

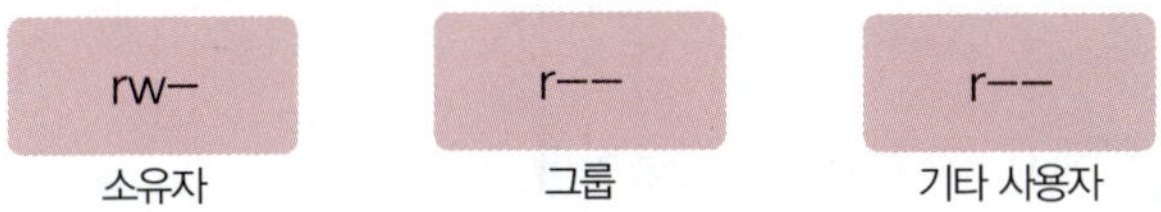

그림 6−1 사용자 카테고리별 접근 권한 표기

[그림 6−1]은 소유자는 읽기와 쓰기 권한을 가지고 있으며, 그룹과 기타 사용자는 읽기 권한만 가지고 있음을 나타낸다. 접근 권한은 이처럼 다양한 조합이 가능하다. 다양한 접근 권한의 예는 [표 6−2]와 같다.

표 6−2 다양한 접근 권한 조합의 예

접근 권한	의미
rwxr−xr−x	소유자는 읽기, 쓰기, 실행 권한을 모두 가지고 있으며, 그룹과 기타 사용자는 읽기와 실행 권한을 가지고 있다.
r−xr−xr−x	소유자, 그룹, 기타 사용자 모두 읽기와 실행 권한을 가지고 있다.
rw−−−−−−−	소유자만 읽기와 쓰기 권한을 가지고 있으며, 그룹과 기타 사용자에게는 아무 권한이 없다.
rw−rw−rw−	소유자, 그룹, 기타 사용자 모두 읽기와 쓰기 권한을 가지고 있다.
rwxrwxrwx	소유자, 그룹, 기타 사용자 모두 읽기, 쓰기, 실행 권한을 가지고 있다.
rwx−−−−−−	소유자만 읽기, 쓰기, 실행 권한을 가지고, 그룹과 기타 사용자에게는 아무 권한이 없다.
r−−−−−−−−	소유자만 읽기 권한을 가지고 있다.

5 접근 권한 변경 명령: chmod

파일의 소유자와 시스템 관리자는 접근 권한을 변경할 수 있다. 일반 사용자는 자신이 소유한 파일에서 자신의 접근 권한뿐만 아니라 그룹과 기타 사용자의 권한도 변경할 수 있지만 다른 사용자가 소유한 파일의 접근 권한은 변경할 수 없다. 접근 권한을 변경하려면 chmod 명령을 사용한다.

chmod

- **기능** 파일이나 디렉터리의 접근 권한을 변경한다.
- **형식** chmod [옵션] 권한 파일(디렉터리)
- **옵션** -R: 하위 디렉터리까지 권한을 모두 변경할 수 있다.

chmod 명령으로 접근 권한을 변경할 때 문자 모드와 숫자 모드를 사용할 수 있다.

- 문자 모드: 접근 권한을 변경하기 위해 문자와 기호를 사용하여 권한을 표시한다. 기호 모드라고도 한다.
- 숫자 모드: 접근 권한을 변경하기 위해 0~7의 숫자를 사용한다.

02 문자를 이용한 파일 접근 권한 변경

문자 모드로 파일 접근 권한을 변경할 때는 [그림 6-2]와 같이 사용자 카테고리 문자, 연산자 기호, 접근 권한 문자를 사용한다.

chmod	사용자 카테고리 문자 (u, g, o, a)	연산자 기호 (+, −, =)	접근 권한 문자 (r, w, x)	파일명

그림 6-2 문자 모드의 구성요소

문자 모드에서 각 항목별로 사용할 수 있는 문자와 기호는 [표 6-3]과 같이 정해져 있다. 사용자 카테고리는 소유자, 그룹, 기타 사용자를 나타내는 문자로 표기되고, 연산자는 권한 부여나 제거를 나타내는 기호로 표기된다. 또한 접근 권한 기호로는 읽기, 쓰기, 실행을 나타내는 문자를 사용한다.

표 6-3 문자 모드에서 사용하는 문자와 기호

구분	문자/기호	의미
사용자 카테고리 문자	u	파일 소유자
	g	파일 소유 그룹
	o	소유자와 그룹 이외의 기타 사용자
	a	전체 사용자
연산자 기호	+	권한 부여
	−	권한 제거
	=	접근 권한 설정
접근 권한 문자	r	읽기 권한
	w	쓰기 권한
	x	실행 권한

[표 6-3]의 문자와 기호를 다양한 형식으로 조합하여 권한을 부여하거나 제거할 수 있다. 다양한 권한 설정을 어떻게 조합하여 사용할 수 있는지 [표 6-4]의 예를 통해 살펴보자.

표 6-4 문자 모드를 사용한 접근 권한 설정의 예

권한 표기	의미
u+w	소유자(u)에게 쓰기(w) 권한 부여(+)
u-x	소유자(u)의 실행(x) 권한 제거(-)
g+w	그룹(g)에 쓰기(w) 권한 부여(+)
o-r	기타 사용자(o)의 읽기(r) 권한 제거(-)
g+wx	그룹(g)에 쓰기(w)와 실행(x) 권한 부여(+)
+wx	umask에 따라 쓰기(w)와 실행(x) 권한 부여(+)
a+rwx	모든 사용자에게 읽기(r), 쓰기(w), 실행(x) 권한 부여(+)
u=rwx	소유자(u)에게 읽기(r), 쓰기(w), 실행(x) 권한 설정(=)
go+w	그룹(g)과 기타 사용자(o)에게 쓰기(w) 권한 부여(+)
u+x,go+w	소유자(u)에게 실행(x) 권한을 부여하고(+) 그룹(g)과 기타 사용자(o)에게 쓰기(w) 권한 부여(+)

[표 6-4]의 예를 chmod 명령에 적용하여 접근 권한이 어떻게 설정되는지 확인해보자. 먼저 다음과 같이 ch06 디렉터리와 파일을 준비한다.

```
user1@hanbit:~$ mkdir study/ch06
user1@hanbit:~$ cd study/ch06
user1@hanbit:~/study/ch06$ cp /etc/hosts test.txt
```

현재 접근 권한을 확인한다. test.txt 파일의 현재 접근 권한은 rw-r--r--이다.

```
user1@hanbit:~/study/ch06$ ls -l test.txt
-rw-r--r-- 1 user1 user1 221  3월 31 19:34 test.txt
```

현재 읽기 권한이 모든 사용자 카테고리에 있으므로 모두 읽을 수 있고, 소유자만 쓰기 권한이 있으므로 파일 수정은 소유자만 가능하다. 먼저 소유자의 쓰기 권한을 제거해보자. 소유자의 쓰기 권한 제거는 u-w이다.

```
user1@hanbit:~/study/ch06$ chmod u-w test.txt
user1@hanbit:~/study/ch06$ ls -l test.txt
-r--r--r-- 1 user1 user1 221  3월 31 19:34 test.txt
```

test.txt 파일을 vi로 열고 수정한 뒤 저장하려고 하면 다음과 같은 오류 메시지가 출력되고 수정 내용을 저장할 수 없다.

```
"test.txt" E212: Can't open file for writing
```

접근 권한을 변경하는 예를 더 살펴보자. 각각의 경우에 문자를 조합하는 방법과 실행 후 접근 권한이 어떻게 표시되는지 확인한다.

그룹에 쓰기 권한을 부여한다(g+w).

```
user1@hanbit:~/study/ch06$ chmod g+w test.txt
user1@hanbit:~/study/ch06$ ls -l test.txt
-r--rw-r-- 1 user1 user1 221  3월 31 19:34 test.txt
```

소유자와 그룹에 실행 권한을 부여한다(ug+x).

```
user1@hanbit:~/study/ch06$ chmod ug+x test.txt
user1@hanbit:~/study/ch06$ ls -l test.txt
-r-xrwxr-- 1 user1 user1 221  3월 31 19:34 test.txt
```

test.txt 파일의 이름이 초록색으로 바뀌거나 끝에 *가 붙는 경우가 있을 수 있다. 이는 파일에 실행 권한이 부여되어 실행 파일로 인식되기 때문이다. 다만, 이러한 표시 방식은 사용하는 터미널의 설정에 따라 달라질 수 있다.

기타 사용자에게 쓰기와 실행 권한을 부여한다(o+wx).

```
user1@hanbit:~/study/ch06$ chmod o+wx test.txt
user1@hanbit:~/study/ch06$ ls -l test.txt
-r-xrwxrwx 1 user1 user1 221  3월 31 19:34 test.txt
```

소유자, 그룹, 기타 사용자의 실행 권한을 제거한다(a-x 또는 uwo-x).

```
user1@hanbit:~/study/ch06$ chmod a-x test.txt
user1@hanbit:~/study/ch06$ ls -l test.txt
-r--rw-rw- 1 user1 user1 221  3월 31 19:34 test.txt
```

소유자에게 쓰기 권한을 부여하고 그룹과 기타 사용자의 쓰기 권한은 제거한다(u+w,g-w).

```
user1@hanbit:~/study/ch06$ chmod u+w,go-w test.txt
user1@hanbit:~/study/ch06$ ls -l test.txt
-rw-r--r-- 1 user1 user1 221  3월 31 19:34 test.txt
```

u+w,g-w와 같이 사용할 때는 u+w와 g-w 사이에 쉼표 외에 공백문자가 있으면 안 된다.

실습해보기 6-1 문자 모드로 접근 권한 변경하기

❶ test.txt 파일에서 모든 사용자에게 쓰기 권한을 부여한다.

❷ test.txt 파일에서 그룹과 기타 사용자의 읽기, 쓰기 권한을 한 번에 모두 제거한다.

❸ test.txt 파일에서 그룹과 기타 사용자에게 쓰기 권한을 한 번에 부여한다.

❹ 디렉터리 temp를 생성하고 접근 권한을 확인한다.

❺ 디렉터리 temp에서 소유자의 읽기 권한을 삭제한 후 ls temp 명령을 실행하면 어떤 메시지가 출력되는지 확인한다.

❻ 디렉터리 temp에서 소유자의 실행 권한을 삭제한 후 cd temp 명령을 실행한다. temp 디렉터리로 이동할 수 있는가?

03 숫자를 이용한 파일 접근 권한 변경

chmod 명령은 문자와 기호를 사용하여 접근 권한을 변경하는 문자 모드 외에, 숫자를 사용하여 권한을 설정할 수 있는 숫자 모드도 제공한다. 문자 모드는 사용자 카테고리와 권한을 문자와 기호로 조합하여 권한을 부여하거나 제거할 때 사용된다. 하지만 변경할 접근 권한의 조합이 복잡할 경우 문자 모드는 불편할 수 있다.

반면 chmod 명령을 숫자 모드로 사용하면 소유자, 그룹, 기타 사용자의 접근 권한을 숫자로 표현하여 더 간단하게 원하는 권한을 설정할 수 있다.

1 접근 권한을 숫자로 표현하는 방법

1절에서 설명한 것처럼 접근 권한은 세 가지 사용자 카테고리(소유자, 그룹, 기타 사용자)로 구분되며, 각 카테고리마다 읽기, 쓰기, 실행의 세 가지 권한이 부여될 수 있다. 숫자 모드에서는 각 권한이 있을 경우 1, 없을 경우 0으로 표기하고, 이를 다시 10진수로 환산하여 0~7 사이의 숫자로 표현한다. 각 사용자 카테고리별로 권한의 조합에 따라 0부터 7까지의 숫자로 나타내는 것이다. 결과적으로 숫자 모드는 [그림 6-3]과 같이 세 자리수로 표현된다.

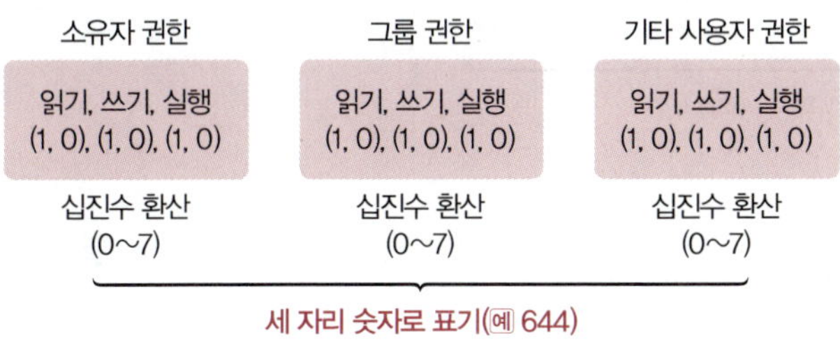

그림 6-3 숫자 모드의 숫자 표기 과정

사용자 카테고리별 권한 묶음(rwx)을 숫자로 환산하는 방법을 알아보자. 읽기, 쓰기, 실행의 각 권한이 있으면 1, 없으면 0으로 바꾸면 이진수의 세 자리 숫자가 생성된다. 예를 들어 권한이 rw-이면 110이라는 이진수 숫자가 생성되는 것이다. 이를 다시 십진수로 환산하면 0~7까지의 숫자 중 하나로 표기할 수 있으며, 이진수 110은 십진수 6이 된다. 즉, 접근 권한 rw-

는 십진수 6으로 표기할 수 있다. 접근 권한의 표기와 숫자의 대응 관계를 [표 6-5]를 통해 살펴보자.

표 6-5 접근 권한과 숫자의 대응 관계

접근 권한	환산	숫자	의미
rwx	111 → 4+2+1	7	읽기, 쓰기, 실행
rw-	110 → 4+2+0	6	읽기, 쓰기
r-x	101 → 4+0+1	5	읽기, 실행
r--	100 → 4+0+0	4	읽기
-wx	011 → 0+2+1	3	쓰기, 실행
-w-	010 → 0+2+0	2	쓰기
--x	001 → 0+0+1	1	실행
---	000 → 0+0+0	0	권한이 없음

이와 같은 방식으로 각 사용자 카테고리(소유자, 그룹, 기타 사용자)의 권한을 숫자로 환산할 수 있다. 이렇게 생성된 세 개의 숫자를 결합하면 전체 접근 권한을 나타낼 수 있다.

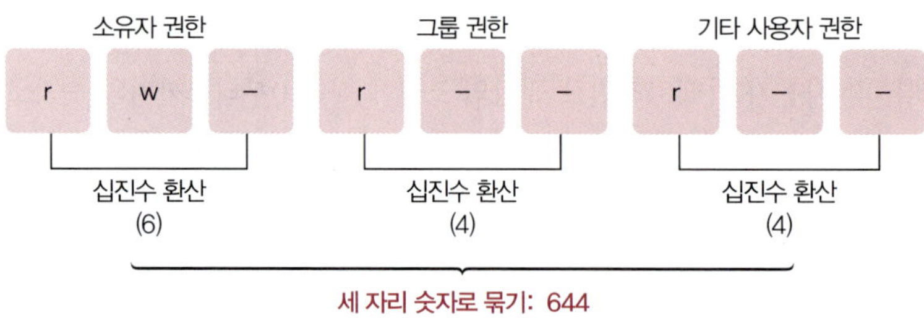

그림 6-4 전체 접근 권한을 숫자로 표기한 예

전체 접근 권한을 숫자로 표시한 대표적인 형태는 [표 6-6]과 같다. 이는 chmod 명령의 숫자 모드에서 사용하는 형식이다.

표 6-6 숫자로 표현한 접근 권한의 예

접근 권한	숫자 모드	접근 권한	숫자 모드
rwxrwxrwx	777	rw-r--r--	644
rwxr-xr-x	755	rwx------	700
rw-rw-rw-	666	rw-r-----	640
r-xr-xr-x	555	r--------	400

2 숫자 모드를 이용한 접근 권한 변경

이제 chmod 명령에서 숫자 모드를 사용해보자. chmod 명령을 사용하는 형식은 [그림 6-5]와 같이 문자 모드에서 문자와 기호가 들어갈 자리에 [표 6-6]과 같은 숫자를 사용하는 방식이다.

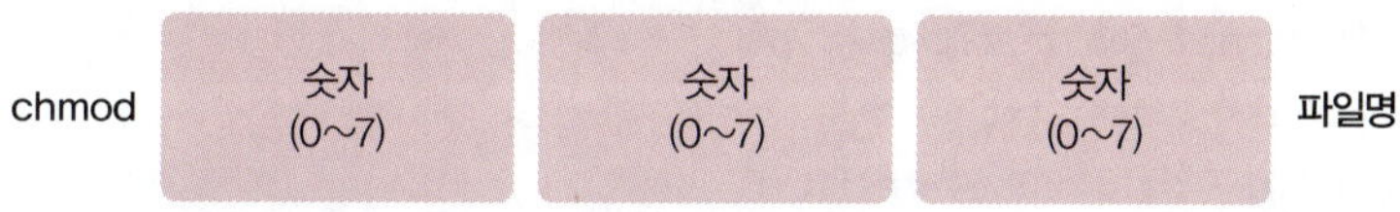

그림 6-5 숫자 모드를 이용한 접근 권한 변경

숫자 모드가 문자 모드와 다른 점은 숫자가 이미 사용자 카테고리별 접근 권한을 모두 반영하여 만들어진 것이므로 문자 모드처럼 사용자 카테고리를 따로 지정할 필요가 없다는 것이다. 또한 항상 세 자리 숫자를 사용해야 하므로, 변경하려는 카테고리를 포함한 전체 카테고리의 권한을 반드시 함께 명시해야 한다.

예를 들어, 현재 접근 권한이 644(rw-r--r--)일 때 소유자의 쓰기 권한을 제거하려면 소유자의 권한 값인 6(rw-)을 4(r--)로 바꾸고 나머지는 그대로 결합하여 444(r--r--r--)로 권한을 변경해야 한다. 만약 chmod 4 test.txt와 같이 숫자를 세 자리가 아니라 한 자리만 지정할 경우, 4를 400(r--------)이 아닌 004(------r--)로 해석하여 접근 권한이 다르게 설정되므로 주의해야 한다.

이제 예제와 실습을 통해 숫자 모드로 chmod 명령을 사용하는 방법을 연습해보자. 앞 절에서 실습한 test.txt 파일을 그대로 사용한다. test.txt 파일의 현재 접근 권한은 다음과 같이 622(rw--w--w-)이다.

```
user1@hanbit:~/study/ch06$ ls -l test.txt
-rw--w--w- 1 user1 user1 221  3월 31 19:34 test.txt
```

먼저 그룹과 기타 사용자에게 읽기 권한만 갖도록 해보자. 이를 숫자로 표기하면 최종 권한의 형태가 rw-r--r--이 되어 644가 된다. 접근 권한을 644로 변경하면 결과는 다음과 같다.

```
user1@hanbit:~/study/ch06$ chmod 644 test.txt
user1@hanbit:~/study/ch06$ ls -l test.txt
-rw-r--r-- 1 user1 user1 221  3월 31 19:34 test.txt
```

이제 그룹과 기타 사용자에게 쓰기 권한을 부여해보자. 최종 권한이 rw-rw-rw-가 되므로 이를 숫자로 표시하면 666이 된다.

```
user1@hanbit:~/study/ch06$ chmod 666 test.txt
user1@hanbit:~/study/ch06$ ls -l test.txt
-rw-rw-rw- 1 user1 user1 221  3월 31 19:34 test.txt
```

[실습해보기 6-2]를 통해 test.txt 파일의 접근 권한을 다양하게 변경해보자.

실습해보기 6-2 숫자 모드로 접근 권한 변경하기

❶ 기타 사용자에게 실행 권한을 부여한다.

❷ 그룹과 기타 사용자의 쓰기 권한을 제거한다.

❸ 모두에게 실행 권한을 부여한다.

❹ 모든 실행 권한을 제거하고, 그룹에는 쓰기 권한을 부여한다.

❺ 소유자의 권한만 남기고 나머지 사용자의 권한은 모두 제거한다.

❻ temp 디렉터리의 접근 권한을 소유자에게는 읽기, 쓰기, 실행 권한을 부여하고, 그룹에게는 읽기와 실행 권한을 부여하며, 기타 사용자에게는 접근 권한을 제거한다.

04 기본 접근 권한 설정

리눅스에서는 파일이나 디렉터리를 생성할 때 접근 권한이 기본값으로 설정된다. 이를 기본 접근 권한이라고 하는데 리눅스 배포판에 따라 약간씩 차이가 있을 수 있다. 우분투에서는 일반 파일의 경우 소유자와 그룹에는 읽기와 쓰기 권한이 설정되고 기타 사용자에게는 읽기 권한만 설정된다. 디렉터리의 경우 소유자와 그룹에는 읽기, 쓰기, 실행 권한이 설정되고 기타 사용자에게는 읽기, 실행 권한만 설정된다. 다음 예에서 새로 만든 linux.txt 파일과 work 디렉터리의 기본 접근 권한을 확인할 수 있다. 기본 접근 권한은 사용자가 변경할 수 있다.

```
user1@hanbit:~/study/ch06$ touch linux.txt
user1@hanbit:~/study/ch06$ mkdir work
user1@hanbit:~/study/ch06$ ls -l
합계 12
-rw-rw-r-- 1 user1 user1     0  4월  3  15:15  linux.txt
drwxr-x--- 2 user1 user1  4096  3월 31  20:51  temp
-rw------- 1 user1 user1   221  3월 31  19:34  test.txt
drwxrwxr-x 2 user1 user1  4096  4월  3  15:15  work
```

1 기본 접근 권한 확인 및 변경: umask

umask 명령을 사용하여 마스크 값을 확인하거나 다른 값으로 변경할 수 있다. 기본 접근 권한은 이 마스크 값을 기준으로 환산하여 지정된다.

umask

- **기능** 마스크 값을 출력하거나 변경한다.
- **형식** umask [옵션] [마스크 값]
- **옵션** -S: 마스크 값을 문자로 출력한다.
- **사용 예** umask
  umask 002

인자나 옵션 없이 umask 명령만 사용하면 현재 설정된 마스크 값을 출력한다.

```
user1@hanbit:~/study/ch06$ umask
0002
```

맨 앞의 0은 현재 출력된 마스크 값이 일반 접근 권한으로 적용될 것임을 의미한다. 이외 설정이 가능한 다른 값은 5절에서 다룰 것이다. 맨 앞의 0을 제외한 002는 파일이나 디렉터리를 생성할 때 적용되는 마스크 값이다.

마스크 값의 의미

마스크 값은 파일이나 디렉터리를 만들 때 부여하지 않을 권한을 지정하는 것이다. 현재 설정된 마스크 값인 002의 경우, 이를 접근 권한의 숫자 모드로 해석하면 -------w-이 된다. 이는 기타 사용자에게 쓰기 권한은 부여하지 않겠다는 뜻이다. umask 명령에 -S 옵션을 적용하여 마스크 값을 문자로 출력하면 이를 명확히 알 수 있다.

```
user1@hanbit:~/study/ch06$ umask -S
u=rwx,g=rwx,o=rx
```

umask -S의 결과로 출력된 u=rwx,g=rwx,o=rx는 소유자와 그룹에는 읽기, 쓰기, 실행 권한을 부여하고, 기타 사용자에게는 읽기와 실행 권한만 부여한다는 의미이다.

마스크 값 변경하기

umask 명령으로 마스크 값을 변경할 수 있다.

```
user1@hanbit:~/study/ch06$ umask 077
user1@hanbit:~/study/ch06$ umask
0077
```

umask로 마스크 값을 변경하면 파일이나 디렉터리를 생성할 때 적용되는 기본 접근 권한도 바뀐다. han.txt 파일을 만들어 이를 확인해보자. 다음 예를 보면 han.txt 파일의 기본 접근 권한이 600(rw-------)으로 설정된 것을 확인할 수 있다.

```
user1@hanbit:~/study/ch06$ touch han.txt
user1@hanbit:~/study/ch06$ ls -l han.txt
-rw------- 1 user1 user1 0  4월  3 15:27 han.txt
```

2 마스크 값의 적용 과정

마스크 값은 파일이 생성될 때마다 적용된다. 사용자가 마스크 값을 쉽게 적용하는 방법은 최대 접근 권한에서 마스크 값을 빼는 것이다. 예를 들어 마스크 값이 002일 경우 이를 접근 권한으로 해석하면 -------w-이 된다. 일반 파일은 실행 파일이 아니면 실행 권한을 부여하지 않으므로 일반 파일의 최대 접근 권한은 rw-rw-rw-(666)이 된다. 여기서 마스크 값인 -------w-을 빼면 파일의 기본 접근 권한은 rw-rw-r--이 된다. 이를 숫자로 계산하면 666-002=664와 같다. 이 과정을 [그림 6-6]으로 정리했다.

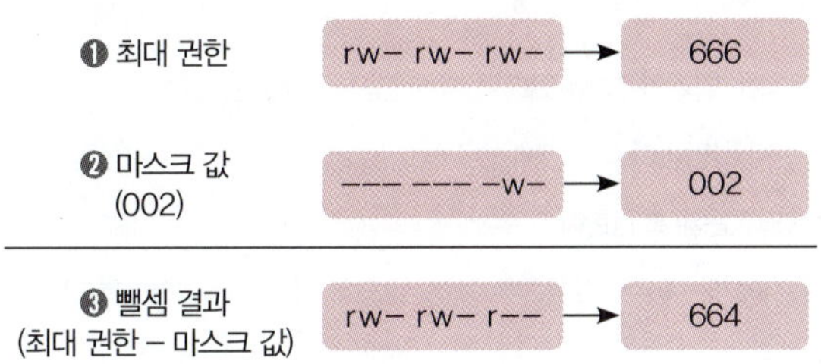

그림 6-6 마스크 값 계산 방법

디렉터리의 경우 기본적으로 실행 권한을 부여하므로 최대 접근 권한인 rwxrwxrwx에서 마스크 값을 빼면 기본 접근 권한은 rwxrwxr-x가 된다(777-002=775). 실행 파일도 기본적으로 실행 권한을 가져야 하므로 디렉터리와 같은 형태로 권한이 부여된다. 실행 파일을 생성할 때의 권한 설정은 12장에서 확인해보자.

여러 가지 마스크 값

리눅스의 기본 마스크 값은 배포판과 버전에 따라 다를 수 있는데 이를 필요에 따라 적절히 변경하여 자신의 파일과 디렉터리를 보호할 수 있다. [표 6-7]은 여러 가지 마스크 값의 의미를 정리한 것이다.

표 6-7 마스크 값의 의미

마스크 값	파일	디렉터리	의미
022	664	755	그룹과 기타 사용자는 읽기만 가능하며, 디렉터리로 이동은 모두 가능하다.
077	600	700	그룹과 기타 사용자의 접근 권한을 모두 제거한다.
027	640	750	그룹은 파일 읽기만 가능하며, 디렉터리로 이동과 내용 보기가 가능하다. 기타 사용자의 접근 권한은 모두 제거한다.

umask로 마스크 값을 바꿀 때 파일과 디렉터리에 모두 적용해서 의도한 대로 접근 권한이 설정되는지 확인해봐야 한다. 마스크 값이 파일에는 적합하지만 디렉터리에는 적합하지 않을 수도 있기 때문이다. 예를 들어 마스크 값이 026일 경우, 파일은 640으로 설정되지만, 디렉터리는 751로 설정되어 기타 사용자의 접근 권한은 실행 권한만 있게 된다.

실습해보기 6-3 기본 접근 권한 변경하기

❶ 현재의 기본 접근 권한을 확인한다.

❷ 소유자는 읽기와 쓰기가 가능하고, 그룹과 기타 사용자는 읽기만 할 수 있도록 기본 접근 권한을 변경한다.

❸ m.txt 파일을 생성하여 기본 접근 권한이 적용되었는지 확인한다.

❹ 디렉터리 work2를 생성하여 기본 접근 권한이 적용되었는지 확인한다.

❺ 그룹에는 읽기, 쓰기, 실행 권한을 부여하고 기타 사용자에게는 아무 권한을 부여하지 않도록 마스크 값을 변경한다.

❻ m2.txt 파일과 work3 디렉터리를 생성하여 기본 접근 권한이 변경되었는지 확인한다.

❼ 기본 마스크 값(002)으로 변경한다.

05 특수 접근 권한 설정

지금까지 살펴본 접근 권한은 일반 접근 권한이다. 리눅스에서는 이러한 일반 접근 권한 외에도 특수 접근 권한을 제공한다. 특수 접근 권한은 파일이나 디렉터리에 특정 동작을 추가하여 더욱 세부적인 권한 제어를 가능하게 한다.

리눅스에서 파일이나 디렉터리의 기본 접근 권한은 umask 명령어를 통해 확인할 수 있다. umask 명령어의 출력 값은 네 자리 숫자로 표시되며, 이 값을 통해 기본 접근 권한 설정과 특수 접근 권한의 설정 여부를 파악할 수 있다.

```
user1@hanbit:~/study/ch06$ umask
0002
```

출력된 값의 맨 앞자리의 숫자가 0이면 일반 접근 권한을 의미하며 1, 2, 4가 있으면 특수 접근 권한이 설정된 것이다. 특수 접근 권한은 다음과 같이 세 가지가 있다.

① SetUID: 맨 앞자리가 4

② SetGID: 맨 앞자리가 2

③ 스티키 비트sticky bit: 맨 앞자리가 1

각각의 특수 접근 권한이 어떤 특징을 지니는지 살펴보자.

1 SetUID

SetUID는 실행 파일에 설정된다. SetUID가 설정된 파일을 실행하면, 해당 파일이 실행되는 동안 파일을 실행한 사용자의 권한이 아니라 파일 소유자의 권한이 적용된다. SetUID가 어떻게 적용되는지 예를 통해 살펴보자. 먼저 set.exe 파일을 만들고 실행 권한을 부여한다.

```
user1@hanbit:~/study/ch06$ touch set.exe
user1@hanbit:~/study/ch06$ chmod 755 set.exe          → 실행 권한을 부여한다.
user1@hanbit:~/study/ch06$ ls -l set.exe
-rwxr-xr-x 1 user1 user1 0  4월  3 17:30 set.exe
```

이제 SetUID를 설정해보자. SetUID는 접근 권한에서 맨 앞자리에 4를 설정해야 한다. set.exe 파일에 SetUID를 적용하려면 접근 권한을 4755로 수정한다.

```
user1@hanbit:~/study/ch06$ chmod 4755 set.exe
user1@hanbit:~/study/ch06$ ls -l set.exe
-rwsr-xr-x 1 user1 user1 0  4월  3 17:30 set.exe
```

ls –l 명령의 결과를 보면 변경된 것은 무엇인가? SetUID가 설정되면 소유자의 실행 권한에 s가 표시된다. 이것은 set.exe 파일을 실행할 때 항상 user1의 권한으로 실행한다는 의미이다. 리눅스에서 SetUID가 설정된 대표적인 명령어는 passwd 명령이다.

```
user1@hanbit:~/study/ch06$ ls -l /usr/bin/passwd
-rwsr-xr-x 1 root root 64152  2월  6 21:53 /usr/bin/passwd
```

passwd 명령은 사용자 계정의 암호를 변경하는 데 사용된다. 그러나 계정의 암호가 저장된 /etc/shadow 파일은 다음과 같이 root 계정으로만 수정할 수 있다.

```
user1@hanbit:~/study/ch06$ ls -l /etc/shadow
-rw-r----- 1 root shadow 1348  2월  7 22:34 /etc/shadow
```

따라서 일반 사용자가 passwd 명령으로 암호를 변경하려 할 때, 본인의 권한으로 실행하면 암호를 변경할 수 없다. 이는 /etc/shadow 파일을 수정할 수 없기 때문이다. 그러나 passwd 명령에는 SetUID가 설정되어 있기 때문에 소유자인 root 권한으로 실행되어 /etc/shadow 파일을 수정해 암호를 변경할 수 있는 것이다. SetUID는 일반 사용자가 root 권한으로 명령을 실행할 필요가 있는 일부 명령에 주로 설정하여 사용한다.

❷ SetGID

SetGID는 SetUID와 거의 동일하다. SetGID가 설정된 파일을 실행하면 해당 파일이 실행되는 동안에는 파일 소유 그룹의 권한으로 실행된다. SetGID는 접근 권한의 맨 앞자리에 2를 설정한다. set.exe 파일에 SetGID를 설정하면 다음과 같이 그룹의 실행 권한에 s가 표시된다.

```
user1@hanbit:~/study/ch06$ chmod 2755 set.exe
user1@hanbit:~/study/ch06$ ls -l set.exe
-rwxr-sr-x 1 user1 user1 0  4월  3 17:30 set.exe
```

❸ 스티키 비트

스티키 비트는 디렉터리에 설정한다. 스티키 비트가 설정된 디렉터리에서는 누구나 파일을 생성할 수 있다. 생성된 파일은 파일을 생성한 계정이 소유하게 되며, 다른 사용자는 자신이 생성한 파일을 제외한 파일을 삭제할 수 없다. 스티키 비트가 설정된 대표적인 디렉터리는 /tmp 디렉터리이다. 스티키 비트가 설정되면 기타 사용자의 실행 권한에 t가 표시된다. /tmp 디렉터리의 권한을 확인해보자.

```
user1@hanbit:~/study/ch06$ ls -ld /tmp
drwxrwxrwt 19 root root 4096  4월  3 14:52 /tmp
```

스티키 비트는 접근 권한의 맨 앞자리에 1을 설정해야 한다. 예를 들어 temp 디렉터리의 권한을 1755로 수정하면 다음과 같이 스티키 비트가 설정된다.

```
user1@hanbit:~/study/ch06$ chmod 1755 temp
user1@hanbit:~/study/ch06$ ls -ld temp
drwxr-xr-t 2 user1 user1 4096  3월 31 20:51 temp
```

여기서 잠깐 특수 접근 권한 설정 오류

특수 권한을 설정하는 파일이나 디렉터리에는 반드시 실행 권한이 있어야 한다. 만약 실행 권한이 없는 파일에 SetUID나 SetGID를 설정하면 s가 아니라 S가 표시된다. 또한 디렉터리에 실행 권한이 없는 상태에서 스티키 비트를 설정하면 T가 표시된다. 이렇게 대문자 S나 T가 나타나면 특수 접근 권한이 잘못 설정된 것이다.

```
user1@hanbit:~/study/ch06$ chmod 4644 test.txt
user1@hanbit:~/study/ch06$ ls -l test.txt
-rwSr--r-- 1 user1 user1 221  3월 31 19:34 test.txt
user1@hanbit:~/study/ch06$ chmod 2644 test.txt
user1@hanbit:~/study/ch06$ ls -l test.txt
-rw-r-Sr-- 1 user1 user1 221  3월 31 19:34 test.txt
user1@hanbit:~/study/ch06$ chmod 1644 temp
user1@hanbit:~/study/ch06$ ls -ld temp
drw-r--r-T 2 user1 user1 4096  3월 31 20:51 temp
```

실습해보기 6-4 특수 접근 권한 설정하기

❶ linux.txt 파일의 접근 권한을 확인한다.

❷ 현재 접근 권한을 유지하면서 linux.txt에 SetUID를 설정한다. 접근 권한이 어떻게 표시되는가? 왜 그렇게 표시되는가?

❸ linux.txt 파일에 실행 권한을 부여하며 SetUID를 설정한다. SetUID 설정이 정상적으로 되었는가?

❹ 디렉터리 work에 스티키 비트를 설정한다. 스티키 비트가 정상적으로 설정되었는지 확인한다.

요약

01 접근 권한

- 파일에는 해당 파일을 읽고 쓰고 실행할 수 있는 권한을 나타내는 속성이 있으며, ls –l 명령으로 접근 권한을 확인할 수 있다.
- 접근 권한은 사용자의 파일을 보호하는 가장 기본적인 보안 기능이다.
- 접근 권한은 사용자를 소유자, 그룹, 기타 사용자의 세 카테고리로 나누고, 각 카테고리별로 읽기, 쓰기, 실행 권한을 정의한다.

02 접근 권한의 표기

- 접근 권한의 표기는 사용자 카테고리별로 누가 파일을 읽고 쓰고 실행할 수 있는지를 문자로 표현한 것이다.
- 읽기 권한은 r, 쓰기 권한은 w, 실행 권한은 x로 표기하고, 해당 권한이 없는 경우에는 -으로 표기한다.
- 사용자 카테고리별로 세 가지 권한의 부여 여부를 rwx 세 문자로 묶어서 표기한다.

03 문자를 이용한 접근 권한 변경

- chmod 명령으로 접근 권한을 변경할 때 접근 권한을 문자와 기호로 표기하는 모드를 문자 모드라고 한다.
- 문자 모드에서 소유자는 u, 그룹은 g, 기타 사용자는 o, 전체 사용자는 a로 표기한다.

04 숫자를 이용한 접근 권한 변경

- 숫자 모드에서는 변경하고자 하는 접근 권한을 0부터 7의 숫자로 나타낸다.
- 카테고리의 접근 권한을 권한이 있는 것은 1, 없는 것은 0으로 바꿔 10진수로 환산해 하나씩 연결하면 10진수 세 자리 수가 된다.
- 예를 들어 접근 권한이 'rw-r--r--'이면 644로 환산된다. 이를 chmod 명령에 적용하면 'chmod 644 파일명'과 같다.

05 기본 접근 권한 설정

- 리눅스에서는 파일이나 디렉터리를 생성할 때 기본 접근 권한이 자동으로 설정된다.
  - 일반 파일: 소유자와 그룹은 읽기 및 쓰기 권한을 가지고, 기타 사용자는 읽기 권한만 가진다.
  - 디렉터리: 소유자와 그룹은 읽기, 쓰기, 실행 권한을 가지며, 기타 사용자는 읽기 및 실행 권한을 가진다.
- 기본 접근 권한을 확인하고 설정하는 데는 umask 명령을 사용한다. 인자 없이 umask 명령만 사용하면 현재 설정된 기본 마스크 값을 보여준다.
- 최대 접근 권한과 마스크 값을 비교하여 마스크 값이 1인 권한을 제외하고 기본 접근 권한을 결정한다. 간단하게 계산하려면 최대 접근 권한에서 마스크 값을 빼면 된다. 예를 들어 마스크 값이 002일 때 최대 접근 권한인 666에서 002을 빼면 664가 되는데 이것이 기본 접근 권한이다.

06 특수 접근 권한

- SetUID: 해당 파일이 실행되는 동안에는 파일을 실행한 사용자의 권한이 아니라 파일 소유자의 권한으로 실행할 수 있도록 한다.
- SetGID: 해당 파일이 실행되는 동안에는 파일을 실행한 사용자의 권한이 아니라 파일 소유 그룹의 권한으로 실행할 수 있도록 한다.
- 스티키 비트: 디렉터리에 스티키 비트가 설정되어 있으면 이 디렉터리에는 누구나 파일을 생성할 수 있으며, 파일을 생성한 계정으로 소유자가 설정되고 다른 사용자가 생성한 파일은 삭제할 수 없다.

연습문제

01 리눅스는 접근 권한에서 사용자를 세 카테고리로 구분한다. 이 카테고리에 해당하지 않는 것은 무엇인가?

① 소유자 ② 세션 ③ 기타 사용자 ④ 그룹

02 리눅스에서 사용하는 접근 권한 표기 문자가 아닌 것은 무엇인가?

① r ② w ③ x ④ a

03 다음 중 디렉터리에 r 권한이 설정되어 있지 않은 경우에 대한 설명으로 옳은 것은 무엇인가?

① 해당 디렉터리를 삭제할 수 없다.
② 해당 디렉터리에 파일을 생성할 수 없다.
③ 해당 디렉터리의 내용을 ls 명령으로 확인할 수 없다.
④ 해당 디렉터리로 이동할 수 없다.

04 ls -l 명령의 결과가 다음과 같을 때 그룹의 권한은 무엇인가?

```
-rw-r----- 1 root root 221  2월  7 17:23 /etc/hosts
```

① 읽기, 쓰기 ② 읽기 ③ 쓰기 ④ 아무 권한 없음

05 text.txt 파일의 현재 접근 권한은 다음과 같다. 여기서 소유자와 그룹에 실행 권한을 부여하기 위한 명령으로 옳지 않은 것은 무엇인가?

```
-r--r--r-- 1 user1 user1 223 4월 10 15:41 test.txt
```

① chmod u+x,g+x test.txt
② chmod 554 test.txt
③ chmod ug+x test.txt
④ chmod 664 test.txt

06 text.txt 파일의 현재 접근 권한은 다음과 같다. 여기서 소유자와 그룹에 쓰기 권한을 부여하고, 기타 사용자에게는 아무 권한도 주지 않으려 한다. 이를 문자 모드로 바르게 수행한 것은 무엇인가?

```
-r--r--r-- 1 user1 user1 223 4월 10 15:41 test.txt
```

① chmod a+w test.txt

② chmod ug+w,o−r test.txt

③ chmod 660 test.txt

④ chmod ugo+w test.txt

07 text.txt 파일의 접근 권한을 소유자는 읽을 수만 있게 하고, 그룹과 기타 사용자에게는 아무 권한도 주지 않으려 한다. 이를 숫자 모드로 바르게 수행한 것은 무엇인가?

① chmod 700 test.txt

② chmod 500 test.txt

③ chmod 400 test.txt

④ chmod 100 test.txt

08 touch 명령으로 빈 파일을 생성했는데 접근 권한이 rw−r−−−−−으로 설정되었다. 이 경우 umask에 설정된 값은 무엇인가?

① 0037 ② 0027 ③ 0022 ④ 0020

09 test 디렉터리의 현재 접근 권한은 다음과 같다. 여기에 SetGID 특수 접근 권한을 부여하려고 한다. 알맞은 명령으로 짝지어진 것은 무엇인가?

```
drwxr-xr-x user1 user1 4096 4월 12 20:20 test
```

① chmod g+a test, chmod 4775 test

② chmod g+s test, chmod 2755 test

③ chmod g+t test, chmod 1755 test

④ chmod g+w test, chmod 0755 test

10 다음 중 파일이나 디렉터리에 설정된 특수 접근 권한을 확인할 수 있는 명령은 무엇인가?

① chmod ② touch ③ pwd ④ ls

11 파일의 읽기 권한과 디렉터리의 읽기 권한은 어떤 차이가 있는지 설명하시오.

12 디렉터리에 실행 권한이 없다는 것은 무엇을 의미하는지 설명하시오.

13 파일의 접근 권한이라고 가정할 때, 다음 접근 권한은 어떤 의미가 있는지 설명하시오.

접근 권한	소유자 권한	그룹 권한	기타 사용자 권한
rwxr-xr-x			
rw-r--r--			
r--r--r--			

14 /etc 디렉터리에 있는 group, passwd, shadow 파일의 권한을 확인해보고 다음 표의 빈칸을 채우시오.

파일/디렉터리	소유자 권한	그룹 권한	기타 사용자 권한
group			
passwd			
shadow			

15 다음 접근 권한을 숫자로 표기하시오.

① rwxr-xr-x

② rw-r--r--

③ rw-r-----

④ r--r--r--

⑤ r-xr-xr-x

16 ex.txt 파일의 현재 권한을 변경된 권한처럼 바꾸는 명령을 빈칸에 쓰시오.

① 문자 모드

현재 권한	변경된 권한	명령
rwxr-xr-x	r-x------	
rw-r--r--	r--r--r--	

② 숫자 모드

현재 권한	변경된 권한	명령
rw-------	rw-rw-rw-	
r--r--r--	r-xr-xr-x	

17 마스크 값이 007일 때 파일과 디렉터리를 생성하면 기본 접근 권한은 어떻게 되는가?

18 파일의 접근 권한을 확인했더니 'rwSr--r--'이었다. S가 의미하는 것은 무엇인가?

19 스티키 비트에 대해 간단히 설명하시오.

20 /bin 디렉터리에서 SetUID가 설정된 명령의 예를 세 개만 제시하시오.

PART 03
리눅스 활용

PART 03 리눅스 활용

CHAPTER 07
파일 검색과 텍스트 처리

학습목표

- 문자 코드가 무엇인지 이해하고 설명할 수 있다.
- 파일이 어느 디렉터리에 있는지 검색할 수 있다.
- 파일의 내용을 검색하고 두 파일의 내용이 같은지 비교할 수 있다.
- 파일의 내용을 정렬하고 분할할 수 있다.
- 두 파일의 내용을 연결할 수 있다.

PREVIEW

앞선 장들에서는 디렉터리와 파일의 내용 확인, 복사, 이동, 삭제 등의 명령을 살펴보고, vi를 사용하여 파일을 생성하고 편집하는 방법을 알아보았다. 파일은 문서 작성이나 사용자의 데이터 관리, 코딩 등 다양한 작업을 위해 생성하고, 편집하며 삭제하기도 한다. 리눅스에서 파일은 사용자가 작업하는 기본 단위로, 리눅스에서는 이 파일들을 효과적으로 관리할 수 있는 다양한 명령을 제공한다.

7장에서는 먼저 파일 작성에 사용되는 문자 코드에 대해 이해한 후, 파일의 위치를 찾고, 파일의 내용을 검색하는 방법과 파일의 내용을 정렬하는 명령을 살펴본다. 또한 두 개 또는 세 개의 파일을 비교하는 명령과 파일을 분할 및 병합하는 명령을 알아본다. 이러한 명령들을 복합적으로 활용하면 파일에서 필요한 정보를 손쉽게 검색하고 활용할 수 있을 것이다.

문자 코드 이해	아스키	유니코드	UTF-8		
파일 및 명령 검색과 내용 검색	파일 검색하기 : find	명령의 위치 찾기: whereis, which	grep	egrep	fgrep
파일 정렬과 중복 제거	파일 내용 정렬: sort	중복 내용 제거: uniq			
파일 내용 비교	두 파일 내용 비교: diff	세 파일 내용 비교: diff3	두 파일 내용 비교: cmp		
파일 분할과 병합	파일 분할하기: split	파일 내용 잘라내기: cut	파일 병합하기: paste		

01 문자 코드 이해

컴퓨터는 기본적으로 2진수를 기반으로 동작한다. 따라서 문자를 처리하기 위해서는 문자를 2진수로 변환해야 한다. 이렇게 문자를 2진수로 변환하여 매핑하는 체계를 문자 코드라고 한다. 예를 들어 'A'라는 문자는 컴퓨터 내부에서 65(2진수 01000001)로 변환되어 저장되고 사용된다.

이 절에서는 대표적인 문자 코드인 아스키와 유니코드를 알아보고 유니코드의 인코딩 방식 중 하나인 UTF-8을 간단히 살펴본다. 리눅스에서도 명령의 처리나 텍스트 파일의 작성 및 저장에 기본적으로 문자 코드를 사용하므로 이에 대한 이해가 필요하다.

1 아스키

1963년에 미국 표준 협회에서 만든 아스키ASCII는 American Standard Code for Information Interchange로, 정보 교환을 위한 미국 표준 코드라는 뜻이다. 아스키는 영어권에서 만든 것이므로 영어 대문자와 소문자, 숫자, 특수문자, 제어 문자들로 구성되며 기본적으로 7비트를 사용하여 0부터 127까지의 숫자로 표현된다. 아스키는 현재도 컴퓨터의 기본 문자 코드로 널리 사용되고 있으며, [표 7-1]과 같이 문자와 2진수를 매핑한다.

표 7-1 아스키 표

10진수	8진수	16진수	문자	10진수	8진수	16진수	문자	10진수	8진수	16진수	문자	10진수	8진수	16진수	문자
0	000	0x00	NULL	32	040	0x20	SP	64	100	0x40	@	96	140	0x60	`
1	001	0x01	SOH	33	041	0x21	!	65	101	0x41	A	97	141	0x61	a
2	002	0x02	STX	34	042	0x22	"	66	102	0x42	B	98	142	0x62	b
3	003	0x03	ETX	35	043	0x23	#	67	103	0x43	C	99	143	0x63	c
4	004	0x04	EOT	36	044	0x24	$	68	104	0x44	D	100	144	0x64	d
5	005	0x05	ENQ	37	045	0x25	%	69	105	0x45	E	101	145	0x65	e
6	006	0x06	ACK	38	046	0x26	&	70	106	0x46	F	102	146	0x66	f
7	007	0x07	BEL	39	047	0x27	'	71	107	0x47	G	103	147	0x67	g

8	010	0x08	BS	40	050	0x28	(	72	110	0x48	H	104	150	0x68	h
9	011	0x09	HT	41	051	0x29	)	73	111	0x49	I	105	151	0x69	i
10	012	0x0A	LF	42	052	0x2A	*	74	112	0x4A	J	106	152	0x6A	j
11	013	0x0B	VT	43	053	0x2B	+	75	113	0x4B	K	107	153	0x6B	k
12	014	0x0C	FF	44	054	0x2C	,	76	114	0x4C	L	108	154	0x6C	l
13	015	0x0D	CR	45	055	0x2D	-	77	115	0x4D	M	109	155	0x6D	m
14	016	0x0E	SO	46	056	0x2E	.	78	116	0x4E	N	110	156	0x6E	n
15	017	0x0F	SI	47	057	0x2F	/	79	117	0x4F	O	111	157	0x6F	o
16	020	0x10	DLE	48	060	0x30	0	80	120	0x50	P	112	160	0x70	p
17	021	0x11	DC1	49	061	0x31	1	81	121	0x51	Q	113	161	0x71	q
18	022	0x12	DC2	50	062	0x32	2	82	122	0x52	R	114	162	0x72	r
19	023	0x13	DC3	51	063	0x33	3	83	123	0x53	S	115	163	0x73	s
20	024	0x14	DC4	52	064	0x34	4	84	124	0x54	T	116	164	0x74	t
21	025	0x15	NAK	53	065	0x35	5	85	125	0x55	U	117	165	0x75	u
22	026	0x16	SYN	54	066	0x36	6	86	126	0x56	V	118	166	0x76	v
23	027	0x17	ETB	55	067	0x37	7	87	127	0x57	W	119	167	0x77	w
24	030	0x18	CAN	56	070	0x38	8	88	130	0x58	X	120	170	0x78	x
25	031	0x19	EM	57	071	0x39	9	89	131	0x59	Y	121	171	0x79	y
26	032	0x1A	SUB	58	072	0x3A	:	90	132	0x5A	Z	122	172	0x7A	z
27	033	0x1B	ESC	59	073	0x3B	;	91	133	0x5B	[	123	173	0x7B	{
28	034	0x1C	FS	60	074	0x3C	<	92	134	0x5C	\	124	174	0x7C	|
29	035	0x1D	GS	61	075	0x3D	=	93	135	0x5D	]	125	175	0x7D	}
30	036	0x1E	RS	62	076	0x3E	>	94	136	0x5E	^	126	176	0x7E	~
31	037	0x1F	US	63	077	0x3F	?	95	137	0x5F	_	127	177	0x7F	DEL

아스키는 기본적으로 7비트를 사용하지만 8번째 비트를 추가하여 확장한 8비트 아스키도 있다. 8비트 아스키는 기존 127 문자를 포함하여 총 256개의 문자를 표현할 수 있다. 그러나 8비트로는 한글을 포함한 다양한 언어를 지원하는 데 한계가 있어 유니코드와 같은 다국어 지원 문자 코드가 정의되어 사용되고 있다.

2 유니코드

유니코드Unicode의 정식 명칭은 The Unicode Standard이다. 유니코드는 영어뿐만 아니라 전 세계의 모든 문자를 컴퓨터에서 처리할 수 있도록 정의한 문자 코드 체계이며 국제 산업 표준이다. 유니코드는 다국어 지원과 시스템 간 데이터 일관성을 보장하기 위해 도입되었다. 이 표준은 다양한 언어의 알파벳과 기호, 숫자 등 컴퓨터에서 다루는 모든 문자를 포함하며 현재 14만 개가 넘는 문자를 포함하고 있다.

3 UTF-8

유니코드 자체는 문자와 숫자를 매핑해 놓은 테이블이다. 이 유니코드를 실제 컴퓨터 시스템에서 사용하려면 문자를 숫자로 인코딩하는 방법이 필요하다. UTF-8Unicode Transformation Format-8-bit은 유니코드를 인코딩하는 대표적인 방식으로 유니코드를 1바이트에서 4바이트까지 가변 길이 방식으로 인코딩한다. 아스키는 UTF-8에서도 1바이트로 표현되기 때문에, 기존 아스키 기반 시스템과의 호환성이 뛰어나다. 또한 대부분의 웹 페이지와 인터넷 프로토콜에서 UTF-8을 사용하고 있어 표준적인 인코딩 방식으로 널리 채택하고 있다. 리눅스에서도 UTF-8을 지원한다.

예를 들어 영어로 된 파일과 한글로 된 파일의 인코딩 방식을 확인하면 다음과 같이 영어는 아스키로, 한글은 UTF-8로 인코딩된 것을 확인할 수 있다. 인코딩 방식 확인은 file 명령의 -i 옵션을 사용한다.

인코딩 방식을 확인해보기 위해 vi로 예제 파일을 만들어보자. hangul.txt 파일에는 '가나다라'를 입력하고, eng.txt 파일에는 'abcde'를 입력하고 저장한 뒤 아래 명령을 입력한다.

```
user1@hanbit:~$ cat hangul.txt
가나다라
user1@hanbit:~$ cat eng.txt
abcde
user1@hanbit:~$ file -i hangul.txt
hangul.txt: text/plain; charset=utf-8
user1@hanbit:~$ file -i eng.txt
eng.txt: text/plain; charset=us-ascii
```

02 파일 및 명령 검색

리눅스를 사용하다 보면 특정 파일이나 명령이 어느 디렉터리에 있는지 확인이 필요할 때가 있다. 이때 사용할 수 있는 명령으로 find, whereis, which가 있다.

1 파일 검색하기: find

find 명령은 리눅스의 디렉터리 계층 구조에서 특정 파일이 어느 디렉터리에 있는지 찾아준다. 물론 접근 권한이 있는 디렉터리에서만 검색할 수 있다. find 명령은 파일의 생성 일자, 이름, 소유자 등 다양한 조건을 설정하여 파일을 검색할 수 있고 검색한 파일을 삭제하거나 복사하는 등의 명령을 지정하여 실행할 수도 있다.

find

- **기능** 지정한 위치에서 검색 조건에 맞는 파일을 찾는다.
- **형식** find [경로] [검색 조건] [동작]
- **검색 조건** -name filename: 파일명으로 검색한다.
  - -type 파일 종류: 파일 종류로 검색한다.
  - -user loginID: 지정한 사용자가 소유한 모든 파일을 검색한다.
  - -perm 모드 또는 -모드 또는 /모드: 모드에 지정한 접근 권한에 해당하는 파일을 검색한다.
  - -empty: 빈 디렉터리 또는 크기가 0인 파일을 검색한다.
  - -size +#[ckMG]: #에 지정한 크기보다 큰 파일을 검색한다.
- **동작** -exec 명령 {} \;: 검색된 파일에 명령을 실행한다.
  - -ok 명령 {} \;: 사용자의 확인을 받아서 명령을 실행한다.
  - -print: 검색된 파일의 절대 경로명을 화면에 출력한다(기본 동작).
  - -ls: 검색 결과를 긴 목록 형식으로 출력한다.
- **사용 예** find ~ -name hanbit.txt
  - find /tmp -user user1 -exec rm {} \;

find 명령에는 많은 옵션이 있지만 이 책에서는 기본적인 사용법만 살펴본다.

파일명으로 검색하기

find 명령에서 파일의 이름을 지정하여 검색하려면 -name 조건을 사용한다. 다음 예는 /usr 디렉터리에서 ls 파일의 위치를 찾는 것이다.

```
user1@hanbit:~$ find /usr -name ls
/usr/lib/klibc/bin/ls
/usr/src/linux-headers-6.5.0-26/arch/arm/boot/dts/nxp/ls
/usr/src/linux-headers-6.5.0-17/arch/arm/boot/dts/nxp/ls
/usr/bin/ls
```

파일 종류로 검색하기

파일의 종류로 검색할 때는 -type 조건을 사용한다. -type에서 지정할 수 있는 파일의 종류는 [표 7-2]와 같다.

표 7-2 파일 종류 문자

문자	의미
b	블록 장치
c	문자 장치
d	디렉터리
p	네임드 파이프(FIFO)
f	일반 파일
l	심볼릭 링크
s	소켓

-type으로 /home/user1/study에서 디렉터리를 검색하는 예는 다음과 같다.

```
user1@hanbit:~$ find /home/user1/study -type d
/home/user1/study
/home/user1/study/ch06
/home/user1/study/ch06/temp
/home/user1/study/ch06/work3
/home/user1/study/ch06/work2
```

```
/home/user1/study/ch06/work
/home/user1/study/ch05
/home/user1/study/ch04
/home/user1/study/ch03
/home/user1/study/ch03/temp
/home/user1/study/ch03/temp/temp4
```

사용자 계정으로 검색하기

특정 사용자 계정이 소유한 파일을 검색하려면 다음 예와 같이 -user 조건으로 지정한다.

```
user1@hanbit:~$ find /home -user user1
/home/user1
/home/user1/.ssh
/home/user1/.ssh/authorized_keys
/home/user1/.config
(생략)
```

접근 권한으로 검색하기

파일의 접근 권한으로 검색할 때는 -perm 조건을 사용한다. -perm에서 접근 권한을 지정할 때는 문자 모드나 숫자 모드를 사용할 수 있다. -perm에 모드를 지정할 때 -이나 / 없이 그냥 모드를 지정할 때는 검색하려는 권한을 정확하게 지정해야 한다. - 모드 또는 / 모드일 경우 모드에 지정한 권한을 가진 파일이나 디렉터리를 검색한다. 다음 예에서 확인해보자. 검색 결과를 줄이기 위해 ch06 디렉터리에서 실행하였다. 현재 ch06 디렉터리에 있는 파일과 하위 디렉터리는 다음과 같다.

```
user1@hanbit:~$ cd study/ch06
user1@hanbit:~/study/ch06$ ls -l
합계 20
-r-------- 1 user1 user1     0 4월  3  15:27 han.txt
-rwsr-xr-x 1 user1 user1     0 4월  3  15:15 linux.txt
-rw-r--r-- 1 user1 user1     0 4월  3  16:45 m.txt
-rw-rw---- 1 user1 user1     0 4월  3  16:51 m2.txt
```

```
-rwxr-sr-x 1 user1 user1     0 4월  3  17:30 set.exe
drw-r--r-T 2 user1 user1  4096 3월 31  20:51 temp
-rw-r-Sr-- 1 user1 user1   221 3월 31  19:34 test.txt
drwxrwxr-t 2 user1 user1  4096 4월  3  15:15 work
drwxr-sr-x 2 user1 user1  4096 4월  3  16:47 work2
drwxrwx--- 2 user1 user1  4096 4월  3  16:51 work3
```

먼저 '-perm 400'으로 검색하면 다음과 같은 결과가 나타난다. '-type f'를 지정하여 파일만 검색하였다. '-perm 400'으로 검색하면 접근 권한이 정확히 400인 han.txt만 검색된다.

```
user1@hanbit:~/study/ch06$ find . -type f -perm 400
./han.txt
```

이제 '-perm -400'으로 검색해보자. 다음 실행 결과에서 보듯이 소유자가 읽기 권한을 가진 모든 파일이 검색된다.

```
user1@hanbit:~/study/ch06$ find . -type f -perm -400
./m.txt
./set.exe
./test.txt
./han.txt
./linux.txt
./m2.txt
```

문자 모드로 검색할 경우 '-perm -u=r'로 하면 된다.

```
user1@hanbit:~/study/ch06$ find . -type f -perm -u=r
./m.txt
./set.exe
./test.txt
./han.txt
./linux.txt
./m2.txt
```

빈 파일 검색하기

빈 파일이나 빈 디렉터리를 검색할 때는 –empty 조건을 사용한다. 다음 예를 보면 빈 파일과 디렉터리가 검색되었다.

```
user1@hanbit:~/study/ch06$ find . -empty
./m.txt
./set.exe
./han.txt
./temp
./work3
./work2
./linux.txt
./m2.txt
./work
```

파일 크기로 검색하기

파일의 크기를 지정하여 이보다 큰 파일을 검색할 때는 '–size +크기' 조건을 사용한다. 파일 크기의 단위는 c(바이트), k(킬로 바이트), M(메가 바이트), G(기가 바이트)를 사용한다. 다음 예는 100바이트보다 큰 파일을 검색하는 것이다.

```
user1@hanbit:~/study/ch06$ find . -type f -size +100c
./test.txt
```

검색하여 명령 실행하기

find 명령으로 검색한 모든 파일을 대상으로 동일한 명령을 수행하려면 –exec 또는 –ok 옵션을 지정한다. 예를 들어 ch06 디렉터리에서 m.txt 파일을 찾아 파일명을 data.txt로 변경하려면 다음과 같이 한다. –exec와 \; 사이에 기술된 부분이 '–name m.txt' 조건으로 검색된 파일에 적용될 명령이다. find 명령으로 찾은 파일의 절대 경로는 exec 다음의 {} 위치에 삽입되어 명령이 처리된다. 이때 mv 명령과 {} 사이, {}와 \ 사이에 공백이 있어야 하며, \와 ;은 공백 없이 붙어야 한다.

```
user1@hanbit:~/study/ch06$ ls m.txt
m.txt
user1@hanbit:~/study/ch06$ find . -name m.txt -exec mv {} data.txt \;
user1@hanbit:~/study/ch06$ ls data.txt
data.txt
```

find 명령으로 검색한 파일에 대해 명령을 실행하기 전에 정말 실행할 것인지 확인하고 싶으면 −exec 대신 −ok를 사용한다. 명령을 실행할 것인지 질문할 때 y라고 답하면 명령이 실행되며, n으로 답하면 실행되지 않는다. 다음 예는 data.txt를 다시 m.txt로 파일명을 변경하는 것이다.

```
user1@hanbit:~/study/ch06$ find . -name data.txt -ok mv {} m.txt \;
< mv ... ./data.txt > ? y
user1@hanbit:~/study/ch06$ ls data.txt
ls: 'data.txt'에 접근할 수 없음: 그런 파일이나 디렉터리가 없습니다
user1@hanbit:~/study/ch06$ ls m.txt
m.txt
```

2 명령의 위치 찾기: whereis, which

whereis와 which는 명령과 관련된 파일이 어느 디렉터리에 있는지를 찾아 절대 경로를 출력한다. find 명령은 검색하려는 디렉터리를 지정할 수 있지만, 이 두 명령은 검색하는 디렉터리가 미리 지정되어 있다는 차이가 있다.

whereis

- **기능** 지정된 경로에서 명령의 바이너리 파일이나 매뉴얼 파일의 위치를 찾는다.
- **형식** whereis [옵션] [파일]
- **옵션** -b: 바이너리 파일만 검색한다.
  -m: 매뉴얼 파일만 검색한다.
  -s: 소스 파일만 검색한다.
- **사용 예** whereis ls

whereis 명령은 환경 변수 $PATH와 $MANPATH에 지정된 디렉터리를 검색하여 파일의 위치를 찾는다. 환경 변수는 10장에서 자세히 설명할 것이다. 이 환경 변수에 지정된 디렉터리들은 다음과 같이 확인할 수 있다. 현재 $PATH에는 디렉터리들이 지정되어 있지만 $MANPATH에는 지정된 디렉터리가 없다.

```
user1@hanbit:~$ echo $PATH
/usr/local/sbin:/usr/local/bin:/usr/sbin:/usr/bin:/sbin:/bin:/usr/games:/usr/local/
games:/snap/bin
user1@hanbit:~$ echo $MANPATH
```

다음 예는 ls 명령과 관련된 파일의 위치를 whereis 명령으로 검색한 것이다. 실행 파일의 위치와 man 파일의 위치가 출력되었다.

```
user1@hanbit:~$ whereis ls
ls: /usr/bin/ls /usr/share/man/man1/ls.1.gz
```

which

- **기능** 명령 파일의 위치를 찾아서 그 경로나 앨리어스를 출력한다.
- **형식** which [명령]
- **옵션** -a: $PATH에 지정된 모든 디렉터리를 검색한다.
- **사용 예** which ls

which 명령은 현재 설정된 앨리어스나 $PATH에 지정한 디렉터리에서 명령을 검색한다. 앨리어스는 10장에서 다룬다. which 명령은 사용자 초기화 파일에 지정된 앨리어스를 먼저 찾아보기 때문에 앨리어스가 지정된 명령의 경우에는 해당 앨리어스가 출력된다. 앨리어스가 없으면 $PATH에 지정된 경로에서 파일을 검색하여 절대 경로를 출력한다. -a 옵션을 지정하지 않으면 명령을 처음 찾은 경로만 출력하고 바로 종료한다. 이 경로가 바로 사용자가 명령을 입력할 때 실행되는 파일이다.

다음 예는 ls 명령과 관련된 파일의 위치를 which 명령으로 검색한 것이다. whereis 명령과 달리 실행 파일 위치만 출력한다.

```
user1@hanbit:~$ which ls
/usr/bin/ls
```

-a 옵션을 지정하면 실행 결과가 달라진다.

```
user1@hanbit:~$ which -a ls
/usr/bin/ls
/bin/ls
```

실습해보기 7-1 파일 위치 검색하기

❶ find 명령을 사용하여 /etc 디렉터리에서 hosts 파일을 검색한다. 어떤 파일들이 검색되는가?

❷ find 명령을 사용하여 /usr/bin 디렉터리에서 심볼릭 링크를 검색한다.

❸ find 명령을 사용하여 /etc 디렉터리에서 소유자와 그룹에만 읽기 권한이 있는 파일을 검색하면 어떤 파일이 검색되는가?

❹ find 명령을 사용하여 /usr/bin 디렉터리에서 파일의 크기가 1MB 이상인 파일들을 검색한다.

❺ whereis 명령으로 mv 명령이 위치한 디렉터리를 검색한다.

❻ which 명령으로 mv 명령이 위치한 디렉터리를 검색한다. whereis 명령을 검색한 결과와 차이는 무엇인가?

03 파일 내용 검색

파일의 내용에서 특정 문자열의 검색이 필요한 경우가 있다. 이때 사용할 수 있는 명령으로 grep, egrep, fgrep이 있다.

1 grep

grep 명령은 파일 내에서 특정 문자열을 검색할 때 사용한다.

grep

- **기능** 지정한 패턴이 포함된 행을 찾는다.
- **형식** grep [옵션] [패턴] [파일]
- **옵션** -i: 대문자와 소문자를 모두 검색한다.
  -l: 지정한 패턴이 포함된 파일명을 출력한다.
  -n: 행 번호를 출력한다.
  -E: 확장 패턴을 적용한다.
  -F: 정규 표현식을 적용하지 않고 일반 문자로 적용한다.
- **사용 예** grep root /etc/passwd
  grep -n unix ~/text.txt
  grep -l hello hello.c

다음 예는 grep의 가장 기본적인 사용법으로 인자로 지정한 문자열을 검색하는 것이다. /etc/services 파일에서 'HTTP'가 포함된 행을 찾아 출력한다.

```
user1@hanbit:~$ grep HTTP /etc/services
http            80/tcp          www             # WorldWideWeb HTTP
https           443/udp                         # HTTP/3
hkp             11371/tcp                       # OpenPGP HTTP Keyserver
```

-n 옵션을 사용하면 검색된 행 번호도 함께 출력된다. 다음 예를 참조하자.

```
user1@hanbit:~$ grep -n HTTP /etc/services
39:http         80/tcp          www          # WorldWideWeb HTTP
84:https        443/udp                      # HTTP/3
274:hkp         11371/tcp                    # OpenPGP HTTP Keyserver
```

grep 명령은 정규 표현식을 이용하여 복잡한 검색도 가능하다. 먼저 정규 표현식이 무엇인지 알아보자.

정규 표현식

정규 표현식regular expression은 문자열의 패턴 매칭을 도와주는 특별한 문자들로 구성된다. 정규 표현식은 grep뿐만 아니라 파이썬 등 다양한 프로그래밍 언어에서 문자열을 처리하기 위해 널리 사용된다. 리눅스에서 사용하는 정규 표현식의 대표적인 특수문자들은 [표 7-3]과 같다.

표 7-3 리눅스의 정규 표현식 특수문자

구분	표현식	의미	예
기본 정규 표현식	.	점의 개수만큼 다른 문자로 대체	a..b → ..에 아무 문자나 대체
	^	문자열의 시작 부분	^a → a로 시작하는 문자열
	$	문자열의 끝 부분	a$ → a로 끝나는 문자열
	*	앞의 문자가 0회 이상 반복	a*t → a가 0회 이상 반복으로 나오고 t가 나오는 문자열
	[ ]	대괄호 안의 문자 중 하나와 일치	[abc] → a, b, c 중 하나와 일치
확장 정규 표현식	?	앞의 문자가 0 또는 1회 일치	a?t → a가 0 또는 1회 나오고 t가 나오는 문자열
	+	앞의 문자가 1회 이상 반복	a+t → a가 1회 이상 나오고 t가 나오는 문자열
	|	두 패턴 중 하나와 일치	a|b → a 또는 b와 일치
	( )	문자나 패턴을 그룹화하며 한번 만들어진 그룹 재사용 가능	(ab) → ab 패턴을 그룹화

기본 정규 표현식을 이용해 문자열 검색하기

기본 정규 표현식을 이용하여 문자열을 검색해보자. 먼저 sample 파일을 생성한다. sample 파일은 study 디렉터리에 ch07 디렉터리를 생성하고 이 디렉터리 아래에 만든다.

```
user1@hanbit:~/study/ch07$ vi sample
game
apple
ball
people
book
tomato
taste
linux
Linux
ubuntu
grape
what?
:wq
```

■ .

점은 점의 개수만큼 다른 문자로 대체하여 검색한다. 다음 예는 a...으로 검색하였다. a 다음에 문자가 3개가 있는 문자열을 검색한다.

```
user1@hanbit:~/study/ch07$ grep a... sample
apple
taste
```

■ ^

^ 다음에 지정한 문자로 시작하는 문자열을 검색한다. 다음 예는 t로 시작하는 문자열을 검색하였다.

```
user1@hanbit:~/study/ch07$ grep ^t sample
tomato
taste
```

■ $

$ 앞에 지정한 문자로 끝나는 문자열을 검색한다. 다음 예는 x로 끝나는 문자열을 검색하였다.

```
user1@hanbit:~/study/ch07$ grep x$ sample
linux
Linux
```

■ *

* 앞의 문자가 0회 이상 반복하는 문자열을 검색한다. 다음 예는 k 앞에 o가 0회 이상 나오는 문자열을 검색한다.

```
user1@hanbit:~/study/ch07$ grep "o*k" sample
book
```

■ [ ]

대괄호 안에 지정한 문자 중 하나가 나오는 문자열을 검색한다. 다음 예는 대문자 L이나 소문자 l 중 하나가 나오고 inux로 연결되는 문자열을 검색한다.

```
user1@hanbit:~/study/ch07$ grep [Ll]inux sample
linux
Linux
```

확장 정규 표현식을 이용한 문자열 검색은 egrep 명령에서 다룬다.

2 egrep

확장 정규 표현식을 이용해 문자열 검색하기

egrep는 확장 정규 표현식을 이용하여 문자열을 검색한다. [표 7-3]의 확장 정규 표현식에 사용하는 문자를 사용하여 검색해보자. sample 파일을 그대로 이용한다.

■ ?

? 앞의 문자가 0 또는 1회 나오는 문자열을 검색한다. 다음 예는 p?e로 검색하였다. p가 없을 수도 있거나 1회 나오고 e가 있는 문자열을 검색한다.

```
user1@hanbit:~/study/ch07$ egrep p?e sample
game
apple
people
taste
grape
```

■ +

+ 앞에 지정한 문자가 1회 이상 나오는 문자열을 검색한다. 다음 예는 o가 1회 이상 나오는 문자열을 검색하였다.

```
user1@hanbit:~/study/ch07$ egrep o+ sample
people
book
tomato
```

■ |

|의 좌우에 지정한 패턴 중 하나와 일치하는 문자열을 검색한다. 다음 예는 ba 또는 bo 패턴을 가진 문자열을 검색하였다.

```
user1@hanbit:~/study/ch07$ egrep "ba|bo" sample
ball
book
```

■ ()

()는 문자나 패턴을 그룹으로 묶는다. 그룹으로 만들어지는 순서에 따라 1, 2, 3번으로 불러올 수 있다. 다음 예는 to를 그룹화하고, 1번(\1)으로 지정하여 다시 사용하여 검색한다.

```
user1@hanbit:~/study/ch07$ egrep "(to)ma\1" sample
tomato
```

egrep와 grep

egrep에서 사용하는 확장 정규 표현식을 grep 명령에서 -E 옵션을 지정하거나 \를 적용하여 사용할 수 있다. 확장 정규 표현식 중 ?만 비교하여 보자.

egrep 명령을 "t?"로 검색하면 t가 0회 또는 1회 나오는 패턴을 검색하므로 실행 결과는 다음과 같다.

```
user1@hanbit:~/study/ch07$ egrep "t?" sample
game
apple
ball
people
book
tomato
taste
linux
Linux
ubuntu
grape
what?
```

grep 명령에서 "t?"를 검색하면 이것을 정규 표현식으로 이해하지 않고 단순히 "t?"가 검색된다.

```
user1@hanbit:~/study/ch07$ grep "t?" sample
what?
```

grep 명령에서 "t?"를 확장 정규 표현식으로 적용하려면 -E 옵션을 사용한다. -E 옵션을 적용한 결과는 다음과 같다. egrep 명령과 동일한 결과가 출력된다.

```
user1@hanbit:~/study/ch07$ grep -E "t?" sample
game
apple
ball
(생략)
ubuntu
grape
what?
```

grep 명령에서 ? 앞에 \를 지정하면 확장 정규 표현식으로 이해한다. 실행 결과는 다음과 같다.

```
user1@hanbit:~/study/ch07$ grep "t\?" sample
game
apple
ball
(생략)
ubuntu
grape
what?
```

3 fgrep

fgrep 명령은 정규 표현식 문자를 일반 문자로 해석하여 검색한다. 예를 들어 ^t를 검색할 때 grep은 정규 표현식으로 해석하여 t로 시작하는 문자열을 검색하지만, fgrep은 단순히 ^t 패턴을 검색한다. 따라서 이런 패턴이 없으므로 검색 결과가 없다.

```
user1@hanbit:~/study/ch07$ grep ^t sample
tomato
taste
user1@hanbit:~/study/ch07$ fgrep ^t sample
```

grep 명령에서 -F 옵션을 지정하면 fgrep 명령과 동일하게 실행된다.

```
user1@hanbit:~/study/ch07$ grep -F ^t sample
```

실습해보기 7-2 파일 내용 검색하기

❶ 실습을 위한 sample2 파일을 만든다.

```
Hello World
Ubuntu
Rocky Linux
Good
morning
afternoon
evening
what??
monday
sunday
```

❷ oo가 들어간 문자열을 검색하여 행 번호와 함께 출력한다.

❸ g로 끝나는 문자열을 검색한다.

❹ day 앞에 임의의 세 글자가 나오는 문자열을 검색한다.

❺ 대문자 R이나 G 다음에 o가 나오는 문자열을 검색한다.

❻ o가 0회 이상 나오고 그 뒤에 nd가 나오는 문자열을 검색한다.

❼ i가 1회 이상 나오는 문자열을 검색한다.

❽ morn 또는 even 패턴이 나오는 문자열을 검색한다.

❾ ❽을 grep 명령으로 실행하려면 어떻게 해야 하는가?

❿ "t??"를 grep -F, egrep, fgrep 명령으로 실행한 결과를 비교하라.

04 파일 정렬과 중복 제거

리눅스에서는 명령으로 파일의 내용을 정렬하거나 일부 내용을 추출하고, 중복된 내용을 제거할 수 있다. 파일의 내용을 정렬할 때는 sort 명령을 사용하고, 중복을 제거할 때는 uniq 명령을 사용하며, 파일에서 일부 내용을 추출할 때는 cut 명령을 사용한다.

1 파일 내용 정렬: sort

sort 명령은 텍스트 파일의 내용을 정렬하여 화면으로 출력한다.

sort

- **기능** 텍스트 파일의 내용을 정렬한다.
- **형식** sort [옵션] 파일
- **옵션** -f: 대소문자를 구분하지 않고 정렬한다.
  -k#: #에 지정한 필드를 기준으로 정렬한다.
  -r: 역순으로 정렬한다.
  -u: 정렬 후에 중복된 내용을 제거한다.
  -o 파일명: 정렬 결과를 지정한 파일에 저장한다.
  -t 문자: 지정한 문자를 필드 구분자로 사용한다.
- **사용 예** sort sample
  sort -d sample
  sort -o sort.out sample

sort 명령의 실습을 위해 데이터 파일을 준비한다. 먼저 sample 파일을 sort.dat 파일로 복사하고 파일의 내용에서 1행의 game을 복사하여 붙이기하고 일부 내용을 삭제한 후 파일의 뒤에 숫자와 한글을 추가한다.

```
user1@hanbit:~/study/ch07$ cp sample sort.dat
user1@hanbit:~/study/ch07$ vi sort.dat
game
game
```

```
apple
ball
people
taste
linux
Linux
12345
우분투
:wq
```

sort 명령을 옵션 없이 사용하면 숫자, 영어 대문자, 영어 소문자, 한글 순서로 정렬된다.

```
user1@hanbit:~/study/ch07$ sort sort.dat
12345
Linux
apple
ball
game
game
linux
people
taste
우분투
```

–f 옵션을 지정하면 대소문자를 구분하지 않고 정렬한다. 옵션이 없는 경우와 비교해보면 Linux의 위치가 바뀌었음을 알 수 있다.

```
user1@hanbit:~/study/ch07$ sort -f sort.dat
12345
apple
ball
game
game
Linux
linux
```

```
people
taste
우분투
```

-r 옵션을 사용하면 옵션 없이 정렬했을 때와 역순으로 정렬한다. 실행 결과를 보면 한글이 제일 먼저 나오고 숫자가 가장 나중에 출력된 것을 볼 수 있다.

```
user1@hanbit:~/study/ch07$ sort -r sort.dat
우분투
taste
people
linux
game
game
ball
apple
Linux
12345
```

-u 옵션을 사용하면 중복 내용을 삭제하고 출력한다. 다음 실행 결과를 보면 중복되어 있던 game이 하나만 출력되었다.

```
user1@hanbit:~/study/ch07$ sort -u sort.dat
12345
Linux
apple
ball
game
linux
people
taste
우분투
```

지금까지 sort 명령의 실행 결과는 화면으로 출력되었다. 이를 파일에 저장하려면 -o 옵션을 사용한다. 다음 예는 sort 명령의 실행 결과를 sort.out 파일에 저장하는 것을 보여준다.

```
user1@hanbit:~/study/ch07$ sort -o sort.out sort.dat
user1@hanbit:~/study/ch07$ cat sort.out
12345
Linux
apple
ball
game
game
linux
people
tast
우분투
```

-k 옵션을 사용하면 정렬 기준으로 사용할 필드를 지정할 수 있다. 실습을 위해 sort.dat 파일에 필드를 추가한다.

```
user1@hanbit:~/study/ch07$ vi sort.dat
game dd
game cc
apple a1
ball a2
people 55
taste bb
linux dd
Linux xx
12345 33
우분투 4.0
:wq
```

이제 -k 옵션을 사용하여 두 번째 필드를 기준으로 정렬해보면 다음과 같다.

```
user1@hanbit:~/study/ch07$ sort -k2 sort.dat
12345 33
우분투 4.0
people 55
apple a1
ball a2
taste bb
game cc
game dd
linux dd
Linux xx
```

현재 필드 구분자는 공백문자이다. 만약 필드 구분자를 다른 문자로 하고 싶을 경우 -t 옵션을 사용한다. 실습을 위해 sort.dat 파일에서 공백문자를 :으로 수정하였다.

```
user1@hanbit:~/study/ch07$ sort -t: -k2 sort.dat
12345:33
우분투:4.0
people:55
apple:a1
ball:a2
taste:bb
game:cc
game:dd
linux:dd
Linux:xx
```

2 중복 내용 제거: uniq

uniq 명령은 파일의 내용에서 중복된 내용을 보고하거나 하나로 합병한다. 단, 중복 내용을 무조건 합병하는 것이 아니라 중복 내용이 연속으로 나오는 경우에만 합병한다.

uniq

- **기능** 파일에서 중복 내용을 보고하거나 하나로 합병하여 출력한다.
- **형식** uniq [옵션] 파일 [결과 파일]
- **옵션** -c: 중복 횟수를 각 행의 앞부분에 표시한다.
  -d: 중복된 행만 한 행으로 출력한다.
  -i: 중복 여부를 비교할 때 대소문자를 구분하지 않는다.
  -u: 중복되지 않은 행만 출력한다.
- **사용 예** uniq sample
  uniq -c sample

uniq 명령의 실습을 위해 데이터 파일을 준비한다. 먼저 sample 파일을 uniq.dat 파일로 복사한 후 다음과 같이 game을 처음과 중간에 추가하고 일부 내용을 삭제한다.

```
user1@hanbit:~/study/ch07$ cp sample uniq.dat
user1@hanbit:~/study/ch07$ vi uniq.dat
game
game
apple
ball
people
book
tomato
game
linux
Linux
:wq
```

uniq 명령을 아무 옵션 없이 실행하면 연속적으로 중복된 행이 제거되고, 중복되지 않은 행만 출력된다. 즉 1행과 2행의 game은 연속적으로 중복되었기 때문에 하나만 출력된다.

```
user1@hanbit:~/study/ch07$ uniq uniq.dat
game
apple
ball
```

```
people
book
tomato
game
linux
Linux
```

-c 옵션을 사용하면 각 행의 앞에 중복된 숫자가 표시된다. 숫자가 1보다 크면 중복 행이 연속으로 있음을 의미한다. 다음 예에서는 game이 2로 표시되었다. 이는 game이 연속으로 두 개가 있다는 것이다.

```
user1@hanbit:~/study/ch07$ uniq -c uniq.dat
      2 game
      1 apple
      1 ball
      1 people
      1 book
      1 tomato
      1 game
      1 linux
      1 Linux
```

-d 옵션은 중복된 행만 선택하여 한 행만 출력한다. uniq.dat 파일의 1행과 2행이 중복되므로 -d 옵션을 지정하여 실행하면 다음과 같이 game 하나만 출력된다.

```
user1@hanbit:~/study/ch07$ uniq -d uniq.dat
game
```

-u 옵션은 -d와 반대로 중복되지 않은 행만 출력한다. 다음 예에서는 중복된 1행과 2행의 game을 제외한 나머지 행들이 출력되었다.

```
user1@hanbit:~/study/ch07$ uniq -u uniq.dat
apple
ball
people
book
tomato
game
linux
Linux
```

-i 옵션은 대소문자를 구분하지 않고 중복 여부를 판단한다. 따라서 uniq.dat 파일에서 Linux와 linux는 대소문자 구분 없이 중복으로 간주된다. 다음 예에서는 Linux와 linux가 중복으로 처리되어 하나만 출력되었다.

```
user1@hanbit:~/study/ch07$ uniq -i uniq.dat
game
apple
ball
people
book
tomato
game
linux
user1@hanbit:~/study/ch07$ uniq -di uniq.dat
game
linux
```

uniq 명령은 연속적으로 중복된 행만 중복으로 판단한다. uniq.dat 파일에서 game은 1행과 2행 외에도 8행에 나타나지만 기본적으로 연속된 중복만 처리한다. 이 세 행을 모두 중복으로 처리하려면 먼저 sort 명령으로 파일을 정렬한 후 uniq 명령을 사용해야 한다. 이 경우 sort 명령으로 정렬한 것을 파일로 저장한 후 uniq 명령을 사용할 수도 있고, 10장에서 다룰 |(파이프) 기능을 이용하여 한 번에 실행할 수도 있다. 먼저 정렬한 내용을 파일로 저장하여 중복을 제거해보면 다음과 같다.

```
user1@hanbit:~/study/ch07$ sort -o u.dat uniq.dat
user1@hanbit:~/study/ch07$ cat u.dat
Linux
apple
ball
book
game
game
game
linux
people
tomato
user1@hanbit:~/study/ch07$ uniq u.dat
Linux
apple
ball
book
game
linux
people
tomato
```

파이프 기능을 이용하면 다음과 같이 명령을 연결하여 실행할 수 있다. 이는 10장에서 자세히 다룰 것이다.

```
user1@hanbit:~/study/ch07$ sort uniq.dat | uniq
Linux
apple
ball
book
game
linux
people
tomato
```

실습해보기 7-3 파일 정렬과 중복 제거하기

❶ sample2 파일을 대소문자 구분 없이 정렬한다.

❷ sample2 파일을 역순으로 정렬한다.

❸ sample2 파일을 정렬하여 sort.sam 파일에 저장한다.

❹ sample2 파일의 두 번째 필드를 기준으로 정렬한다. 결과가 어떻게 나오는가?

❺ sample2 파일의 1행에 good를 추가한 후 저장한다.

❻ uniq 명령을 실행하여 중복된 행이 있는지 확인한다.

❼ 대소문자를 구분하지 않고 중복된 행이 있는지 확인한다. 중복된 행이 있는가? 대소문자를 구분하지 않는데 good와 Good는 왜 중복으로 판단하지 않는가?

❽ sample2 파일을 대소문자 구분 없이 정렬한 후 대소문자를 구분하지 않고 중복된 행이 있는지 확인한다.

05 파일 내용 비교

리눅스에서 작업을 하다 보면 파일의 내용이 다른 파일의 내용과 같은지 아닌지 비교해야 하는 경우가 있다. 이렇게 파일의 내용을 비교할 때 사용할 수 있는 명령이 diff, diff3, cmp이다.

1 두 파일 내용 비교: diff

diff 명령은 두 파일의 내용을 행 단위로 비교하여 결과를 출력한다.

diff

- **기능** 두 파일의 내용을 행 단위로 비교한다.
- **형식** diff [옵션] 파일1 파일2
- **옵션** -q: 두 파일에 다른 부분이 있는지만 간단하게 출력한다.
  -c#: 두 파일의 비교 결과를 #에 지정한 행만큼 출력한다(기본값은 3행).
  -r: 디렉터리의 내용을 비교한다.
  -i: 대소문자를 구분하지 않고 비교한다.
- **사용 예** diff sample sample2
  diff -q sample sample2
  diff -r temp temp2

diff 명령의 실습을 위해 데이터 파일을 준비한다. 먼저 sample 파일을 diff.dat 파일로 복사하고 파일의 내용에서 1행의 game을 Game으로 수정한다.

```
user1@hanbit:~/study/ch07$ cp sample diff.dat
user1@hanbit:~/study/ch07$ vi diff.dat
Game
apple
ball
people
book
tomato
```

```
taste
linux
Linux
ubuntu
grape
what?
:wq
```

아무 옵션 없이 diff 명령을 실행하면 두 파일 간의 차이점을 다음과 같이 출력한다. 이 예에서는 sample 파일의 1행은 game이고, diff.dat 파일의 1행은 Game이므로 두 파일의 내용이 다름을 보여준다.

```
user1@hanbit:~/study/ch07$ diff sample diff.dat
1c1
< game
---
> Game
```

diff.dat 파일의 2행에 school을 추가한 후 diff 명령으로 비교해보면 다음과 같이 diff.dat 파일에 추가된 school이 출력된다.

```
user1@hanbit:~/study/ch07$ vi diff.dat
Game
school
apple
(생략)
:wq
user1@hanbit:~/study/ch07$ diff sample diff.dat
1c1,2
< game
---
> Game
> school
```

-q 옵션을 사용하면 다음과 같이 두 파일이 다르다는 간단한 메시지만 출력된다.

```
user1@hanbit:~/study/ch07$ diff -q sample diff.dat
파일 sample와(과) diff.dat이(가) 다릅니다
```

-c 옵션을 사용하면 파일이 최종 수정된 일시와 파일의 내용에서 다른 부분 외에 같은 부분도 일부 출력한다. 기본값은 3행이며 출력할 행의 수를 지정할 수 있다. -c 옵션의 결과를 출력할 때 다른 부분에는 !를 표시한다. 다음 실행 결과를 보면 diff.dat 파일에서 sample과 다른 부분인 school 다음의 3행이 추가로 출력되었고, 이에 맞춰서 sample 파일의 같은 내용 3행도 함께 출력되었다.

```
user1@hanbit:~/study/ch07$ diff -c sample diff.dat
*** sample      2024-04-19 10:17:41.534584645 +0900
--- diff.dat    2024-04-22 18:41:20.786108559 +0900
***************
*** 1,4 ****
! game
  apple
  ball
  people
--- 1,5 ----
! Game
! school
  apple
  ball
  people
```

-i 옵션은 대소문자를 구분하지 않고 비교하므로, 두 파일에서 game과 Game은 대소문자를 구분하지 않을 경우 같은 내용으로 판단된다. 이 옵션을 사용하면 다음과 같이 school만 출력된다.

```
user1@hanbit:~/study/ch07$ diff -i sample diff.dat
1a2
> school
```

-r 옵션은 디렉터리의 내용을 비교한다. 즉 디렉터리에 있는 파일의 목록을 비교한다. 실습을 위해 temp와 temp2 디렉터리를 만들고 그 아래에 각각 다른 파일을 복사한 다음 diff -r 명령을 비교하면 다음과 같이 출력된다. diff.dat 파일이 temp 디렉터리에만 있고, sample 파일이 temp2 디렉터리에만 있다는 뜻이다.

```
user1@hanbit:~/study/ch07$ mkdir temp
user1@hanbit:~/study/ch07$ mkdir temp2
user1@hanbit:~/study/ch07$ cp diff.dat temp
user1@hanbit:~/study/ch07$ cp sample temp2
user1@hanbit:~/study/ch07$ diff -r temp temp2
temp에만: diff.dat
temp2에만: sample
```

2 세 파일 내용 비교: diff3

diff 명령은 두 파일의 내용을 비교한다. 세 파일의 내용을 비교하려면 diff3 명령을 사용한다.

diff3

- **기능** 세 파일의 내용을 행 단위로 비교한다.
- **형식** diff3 파일1 파일2 파일3
- **사용 예** diff3 sample sample2 sample3

diff3 명령의 실습을 위해 diff.dat 파일을 diff3.dat로 복사하고 파일의 내용에서 2행의 school을 SCHOOL로 수정한다.

```
user1@hanbit:~/study/ch07$ cp diff.dat diff3.dat
user1@hanbit:~/study/ch07$ vi diff3.dat
Game
SCHOOL
apple
(생략)
:wq
```

diff3로 sample, diff.dat, diff3.dat 파일을 비교하면 다음과 같이 서로 다른 부분을 출력한다.

```
user1@hanbit:~/study/ch07$ diff3 sample diff.dat diff3.dat
====
1:1c
  game
2:1,2c
  Game
  school
3:1,2c
  Game
  SCHOOL
```

❸ 두 파일 내용 비교: cmp

cmp 명령은 두 파일의 내용을 바이트 단위로 비교하여 결과를 출력한다.

cmp

- **기능** 두 파일의 내용을 바이트 단위로 비교한다.
- **형식** cmp [옵션] 파일1 파일2
- **옵션** -b: 두 파일에서 다른 부분을 바이트로 출력한다.
- **사용 예** cmp sample sample2
  cmp -b sample sample2

cmp 명령의 실습은 sample 파일과 diff.dat 파일을 그대로 사용한다. 아무 옵션 없이 cmp 명령을 실행하면 다음과 같이 두 파일에서 다른 첫 번째 바이트를 출력한다. 1행에서 다른 바이트가 1개 나왔다는 뜻이다.

```
user1@hanbit:~/study/ch07$ cmp sample diff.dat
sample diff.dat 다름: 1바이트, 1행
```

-b 옵션을 지정하면 두 파일에서 다른 첫 번째 바이트가 무엇인지 알려준다. 다음 실행 결과를 보면 두 파일에서 다른 바이트는 g(147)와 G(107)임을 알 수 있다. 여기서 147, 107은 아

스키 값을 8진수로 출력한 것이다.

```
user1@hanbit:~/study/ch07$ cmp -b sample diff.dat
sample diff.dat 다름: 1바이트, 1행에 147 g 107 G
```

실습해보기 7-4 파일 내용 비교하기

❶ sample2 파일을 test.dat로 복사한 후 test.dat 파일에서 3행의 Ubuntu를 UBUNTU로 수정하고, 5행의 Good을 GOOD으로 수정한다.

❷ diff 명령으로 sample2와 test.dat 파일을 비교한다.

❸ diff 명령에서 -c 옵션을 지정하여 두 행만 출력하도록 한다.

❹ diff 명령에서 -i 옵션을 지정하여 실행한 결과는 무엇인가? 왜 이렇게 나오는가?

❺ temp 디렉터리에서 diff.dat 파일을 삭제한 후 temp와 temp2 디렉터리를 비교한다.

❻ test.dat 파일을 test2.dat 파일로 복사한다.

❼ diff3 명령으로 sample2, test.dat, test2.dat 파일을 비교하면 결과가 어떻게 나오는가?

❽ sample2 파일과 test.dat 파일을 cmp 명령으로 비교한다. 두 파일에서 다르게 나오는 첫 바이트는 무엇인가?

06 파일 분할과 병합

파일 하나를 여러 개의 파일로 분할하거나, 여러 개로 나누어진 파일을 병합해야 할 때가 있다. 이런 작업을 수행할 때 사용할 수 있는 명령은 split, cut, paste이다.

1 파일 분할하기: split

split 명령은 파일을 일정한 크기를 가진 여러 개의 파일로 분할한다. 분할된 파일의 파일명은 PREFIXaa, PREFIXab 등으로 생성되며, 기본 PREFIX는 x이다. 옵션을 지정하지 않으면 기본적으로 1000행씩 분할된다.

split

- **기능** 파일을 작은 파일로 분할한다.
- **형식** split [옵션] 파일 [PREFIX]
- **옵션** -b SIZE: SIZE에 지정한 바이트 크기로 파일을 분할한다.
  -l n: n에 지정한 행만큼씩 파일을 분할한다.
- **사용 예** split sample
  split -b 1K sample
  split -l 30 sample
  split sample pre

grep 명령에서 사용한 sample 파일을 분할해보자. 먼저 파일의 크기와 행수를 확인해보면 12행이고, 72바이트임을 알 수 있다.

```
user1@hanbit:~/study/ch07$ cat -n sample
     (생략)
    12  what?
user1@hanbit:~/study/ch07$ ls -l sample
-rw-rw-r-- 1 user1 user1 72  4월 19 10:17 sample
```

sample 파일이 12행이므로 -l 옵션을 사용하여 6행씩 두 개의 파일로 분할하면 다음과 같이 xaa, xab 파일이 된다.

```
user1@hanbit:~/study/ch07$ split -l 6 sample
user1@hanbit:~/study/ch07$ ls x*
xaa      xab
```

-b 옵션을 사용하여 30바이트씩 분할해보자. PREFIX도 han으로 지정하여 분할하면 다음과 같다.

```
user1@hanbit:~/study/ch07$ split -b30 sample han
user1@hanbit:~/study/ch07$ ls -l han*
-rw-rw-r-- 1 user1 user1 30  4월 23 20:42 hanaa
-rw-rw-r-- 1 user1 user1 30  4월 23 20:42 hanab
-rw-rw-r-- 1 user1 user1 12  4월 23 20:42 hanac
```

2 파일 내용 잘라내기: cut

cut 명령은 파일의 내용에서 열을 기준으로 일부 섹션을 잘라내어 출력한다.

cut

- **기능** 파일에서 일부 열을 추출하여 출력한다.
- **형식** cut 옵션 파일
- **옵션** -b 범위: 범위로 지정된 바이트를 기준으로 열을 추출한다.
  -c 범위: 범위로 지정된 문자 수를 기준으로 열을 추출한다.
  -d 구분자: 지정한 구분자로 필드를 구분한다.
  -f 필드: 지정한 필드를 추출한다.
- **사용 예** cut -c2 sample
  cut -f2 sample

cut 명령을 아무 옵션 없이 사용하면 다음과 같이 메시지가 출력된다. 열을 추출할 기준을 바이트, 문자 또는 필드로 지정해야 한다는 것을 의미한다.

```
user1@hanbit:~/study/ch07$ cut sort.dat
cut: 바이트, 문자, 또는 필드로 된 목록을 지정해야 합니다
자세한 정보는 'cut --help'를 입력하십시오.
```

sort.dat 파일에서 열을 추출해보자. 현재 sort.dat 파일의 내용은 다음과 같다.

```
user1@hanbit:~/study/ch07$ cat sort.dat
game:dd
game:cc
apple:a1
ball:a2
people:55
taste:bb
linux:dd
Linux:xx
12345:33
우분투:4.0
```

sort.dat 파일에서 -b 옵션을 사용하여 두 번째 바이트를 기준으로 열을 추출하면 다음과 같이 출력된다. cut 명령에서 한글을 일부 잘라내면 정상적으로 처리되지 않을 수 있다.

```
user1@hanbit:~/study/ch07$ cut -b2 sort.dat
a
a
p
a
e
a
i
i
2
▒
```

-c 옵션을 사용하여 각 행의 앞 두 글자를 추출하려면 다음과 같이 범위를 지정한다.

```
user1@hanbit:~/study/ch07$ cut -c1-2 sort.dat
ga
ga
ap
ba
pe
ta
li
Li
12
▒
```

sort.dat 파일은 :으로 구분된 두 번째 필드가 있다. -d와 -f 옵션을 사용하여 두 번째 필드를 추출해보자.

```
user1@hanbit:~/study/ch07$ cut -d: -f2 sort.dat
dd
cc
a1
a2
55
bb
dd
xx
33
4.0
```

3 파일 병합하기: paste

paste 명령은 파일의 내용을 병합한다. 각 파일의 내용을 독립적인 필드로 하여 병합할 수도 있고 한 파일의 끝에 다음 파일을 병합할 수도 있다.

paste

- **기능** 두 파일의 내용을 병합하여 출력한다.
- **형식** paste [옵션] 파일1 파일2 [파일n]
- **옵션** -d 구분자: 필드 구분자를 지정한다.
  -s: 파일1 다음에 파일2를 병합한다.
- **사용 예** paste sample sample2
  paste -s sample sample2

앞에서 split 명령으로 분리한 xaa, xab 파일을 paste 명령으로 병합해보자. paste 명령은 기본적으로 두 파일의 내용을 각 필드로 병합하며, 필드를 구분하는 기본 구분자는 Tab이다.

```
user1@hanbit:~/study/ch07$ paste xaa xab
game	taste
apple	linux
ball	Linux
people	ubuntu
book	grape
tomato	what?
```

-s 옵션을 사용하면 각 파일의 내용이 수평으로 나열되며, 행을 구분하여 병합된다.

```
user1@hanbit:~/study/ch07$ paste -s xaa xab
game	apple	ball	people	book	tomato
taste	linux	Linux	ubuntu	grape	what?
```

실습해보기 7-5 파일 분할과 병합하기

❶ sample2 파일을 5행씩 분할한다. PREFIX를 bit로 설정한다.

❷ sample2 파일에서 앞의 네 글자를 추출한다.

❸ sample2 파일에서 첫 글자와 네 번째 글자를 추출한다.

❹ sort.dat 파일에서 첫 번째 필드를 추출한다.

❺ xaa와 bitaa 파일을 병합한다. xaa 파일이 bitaa 파일보다 1행이 더 많은데 병합 결과는 어떻게 나오는가?

❻ xaa, xab, bitab 파일을 병합한다.

요약

01 문자 코드

- 컴퓨터는 문자를 처리하기 위해서는 문자를 2진수로 변환해야 한다. 이렇게 문자를 2진수로 변환하여 매핑하는 체계를 문자 코드라고 한다.
- 아스키ASCII: 1963년에 미국 표준 협회에서 정보 교환을 위해 만든 미국 표준 코드로 영어 대문자와 소문자, 숫자, 특수문자, 제어 문자들로 구성되며 기본적으로 7비트를 사용하여 0부터 127까지의 숫자로 표현된다.
- 유니코드Unicode: 영어뿐만 아니라 전 세계의 모든 문자를 컴퓨터에서 처리할 수 있도록 정의한 문자 코드 체계이다.
- UTF-8: 유니코드를 인코딩하는 대표적인 방식으로 유니코드를 1바이트에서 4바이트까지 가변 길이 방식으로 인코딩한다. 기존 아스키 기반 시스템과의 호환성이 뛰어나고, 대부분의 웹 페이지와 인터넷 프로토콜에서 사용하고 있다.

02 파일 검색과 텍스트 처리 관련 명령

구분	명령	기능	사용 예
파일 및 명령 검색	find	디렉터리 계층 구조에서 특정 파일이 어느 디렉터리에 있는지 검색	find /usr -name ls
	whereis which	명령과 관련된 파일이 어느 디렉터리에 있는지 검색	whereis ls which ls
파일 내용 검색	grep	파일에서 지정한 패턴이 포함된 행을 검색	grep root /etc/passwd
	egrep	확장 정규 표현식을 이용하여 문자열을 검색	egrep p?e sample-file
	fgrep	정규 표현식 문자를 일반 문자로 해석하여 검색	fgrep ^t sample-file
파일 정렬과 중복 제거	sort	텍스트 파일의 내용을 정렬	sort -k2 sample-file
	uniq	파일에서 중복 내용을 보고하거나 하나로 합병하여 출력	uniq -c sample-file
파일 내용 비교	diff	두 파일의 내용을 행 단위로 비교	diff sample-file sample2
	diff3	세 파일의 내용을 행 단위로 비교	diff3 sample-file sample2 sample3
	cmp	두 파일의 내용을 바이트 단위로 비교	cmp sample-file sample2
파일 분할과 병합	split	파일을 작은 파일로 분할	split -b 1K sample-file
	cut	파일에서 일부 열을 추출하여 출력	cut -c2 sample-file
	paste	두 파일의 내용을 병합하여 출력	paste sample-file sample2

01 find 명령으로 파일의 종류를 지정하여 검색할 때 사용하는 옵션은 무엇인가?

① −name ② −file ③ −type ④ −ls

02 사용자 홈 디렉터리에서 f.txt 파일을 찾아 삭제하기 위해 find 명령을 사용하려고 한다. 삭제하기 전에 사용자에게 확인을 받도록 하려면 어떻게 해야 하는가?

① rm −i f.txt

② find ~ −name f.txt exec rm {} \;

③ find ~ −user f.txt ok rm {} \;

④ find ~ −name f.txt ok rm {} \;

03 다음 중 파일의 위치를 찾을 때 사용할 수 있는 명령이 아닌 것은 무엇인가?

① which ② file ③ whereis ④ find

04 /etc/services 파일에서 "ISO"를 검색하여 행번호와 함께 출력하는 명령은 무엇인가?

① find −name ISO /etc/services

② find −type ISO /etc/services

③ grep −n ISO /etc/services

④ grep −t ISO /etc/services

05 grep 명령에서 a로 끝나는 행을 검색하기 위한 정규 표현식은 무엇인가?

① $a ② ^a ③ a$ ④ a*

06 sort 명령에서 대소문자를 구분하지 않고 검색하기 위해 지정하는 옵션은 무엇인가?

① −f ② −a ③ −A ④ −i

07 ex.txt 파일에서 중복되지 않은 행만 출력하는 명령은 무엇인가?

① uniq −i ex.txt　　② uniq ex.txt

③ uniq −c ex.txt　　④ uniq −u ex.txt

08 다음 중 파일을 비교할 때 사용하는 명령이 아닌 것은 무엇인가?

① diff　　② comp　　③ diff3　　④ cmp

09 ex.txt 파일을 50행씩 분할하고 PREFIX로 ex를 붙이는 명령으로 옳은 것은 무엇인가?

① split −n 50 ex.txt ex

② split −x 50 ex ex.txt

③ split −b 50 ex ex.txt

④ split −l 50 ex.txt ex

10 ex.txt 파일의 내용은 필드가 −으로 구분되어 있다. 이 중 세 번째 필드를 추출하는 명령으로 옳은 것은 무엇인가?

① cut −d − −f3 ex.txt

② cut −f − −d3 ex.txt

③ cut −r − −d3 ex.txt

④ cut −c − −f3 ex.txt

11 find 명령을 사용하여 /usr/lib 디렉터리에서 파일의 크기가 100MB 이상인 파일들을 검색하려면 어떻게 해야 하는가?

12 cp의 실행 파일이 있는 위치를 검색하시오.

13 /etc/passwd 파일에서 bash 또는 false가 들어있는 행을 검색하기 위한 명령은 무엇인가?

14 ex.txt 파일을 두 번째 필드의 역순으로 정렬하기 위한 명령은 무엇인가?

15 u.txt 파일의 내용은 다음과 같다. uniq 명령으로 중복을 확인했더니 hanbit이 2개만 나온다. hanbit은 다른 행에도 있는데 중복으로 처리되지 않은 이유는 무엇인가?

```
$ cat u.txt
game
apple
ball
hanbit
hanbit
book
tomato
hanbit
linux
```

```
$ uniq -c u.txt
      1 game
      1 apple
      1 ball
      2 hanbit
      1 book
      1 tomato
      1 hanbit
      1 linux
```

16 u.txt 파일에서 hanbit를 모두 중복 처리하려면 어떻게 해야 하는가?

17 u.txt 파일과 x.txt 파일이 같은지를 확인만 하려고 한다. 어떤 명령을 사용해야 하는가?

18 mp 명령의 실행 결과 다음과 같은 메시지가 출력되었다. 이 메시지는 어떻게 해석해야 하는가?

```
$ c$ cmp -b u.txt x.txt
u.txt x.txt differ: byte 12, line 3 is 142 b 102 B
```

19 u.txt 파일을 5행씩 분할하는 명령은 무엇인가? PREFIX로 ch07을 지정한다.

20 /etc/passwd 파일은 :으로 각 필드를 구분한다. 이 중에서 UID만 추출하는 명령은 무엇인가?

CHAPTER 08
프로세스 다루기

학습목표

- 프로세스가 무엇인지 설명할 수 있다.
- 프로세스의 목록을 확인하고 특정 프로세스를 검색할 수 있다.
- 프로세스를 강제로 종료할 수 있다.
- 프로세스 관리 도구로 전체 프로세스의 상태를 확인할 수 있다.
- 포그라운드와 백그라운드 작업의 차이를 설명할 수 있다.

PREVIEW

7장까지는 주로 파일을 다루었다면, 8장에서는 프로세스 관리에 대해 다룬다. 프로세스는 현재 실행 중인 프로그램을 의미하며, 리눅스에서 사용자가 입력한 명령은 프로세스가 되어 실행된다. 리눅스 시스템에서는 여러 개의 프로세스가 동시에 실행되므로 현재 어떤 프로세스가 실행 중인지 확인할 수 있어야 한다. 사용자가 실행한 프로세스 외에도 사용자 관리, 메모리 관리, 네트워크 접속 관리 등 다양한 기능을 수행하는 많은 프로세스가 실행되고 있다. 일상적으로 사용하는 대부분의 명령은 실행 시간이 짧아 실행 후 바로 종료되기 때문에 짧은 시간 동안만 프로세스 상태를 유지한다.

이 장에서는 다양한 프로세스의 종류를 살펴보고, 동작 중인 프로세스를 확인하고 강제로 종료하는 명령을 다룬다. 또한 프로세스를 포그라운드와 백그라운드에서 실행하고 작업을 전환하는 방법을 배운다. 끝으로 프로세스에 간단하게 메시지를 보내는 시그널에 대해서도 알아본다. 프로세스 관련 명령은 주로 시스템 관리자가 사용하지만, 일반 사용자도 본인의 계정에서 실행되는 프로세스를 파악하고 관리할 수 있어야 한다. 이 장을 통해 프로세스를 잘 관리하는 방법을 익히기를 바란다.

프로세스의 이해	프로세스의 개념	프로세스의 생성과 부모-자식 관계	프로세스 번호	특별한 프로세스
프로세스 관리 명령	프로세스 정보 검색 명령	프로세스 종료 명령	프로세스 관리 기타명령과 도구	
작업 제어	포그라운드 작업	백그라운드 작업	작업 제어	
시그널	시그널의 개념	주요 시그널	시그널 보내기	

01 프로세스의 이해

리눅스 시스템에서는 여러 가지 프로그램들이 동작하고 있다. 이렇게 실행되고 있는 프로그램을 프로세스라고 한다. 프로세스를 관리하는 기능은 운영체제의 주요 기능 중 하나이다. 이 절에서는 프로세스의 기본 개념과 종류를 살펴본다.

1 프로세스의 개념

현재 시스템에서 실행되고 있는 프로그램을 프로세스process라고 한다. 리눅스는 기본적으로 다중 프로세스 시스템으로, 여러 개의 프로세스가 동시에 실행되고 있다. 이렇게 실행 중인 프로세스에는 [그림 8-1]의 예와 같이 시스템 프로세스와 사용자 프로세스가 있다. 시스템 프로세스는 리눅스 시스템의 운영에 필요한 기능을 수행하고, 사용자 프로세스는 사용자가 실행한 명령이나 프로그램을 처리한다.

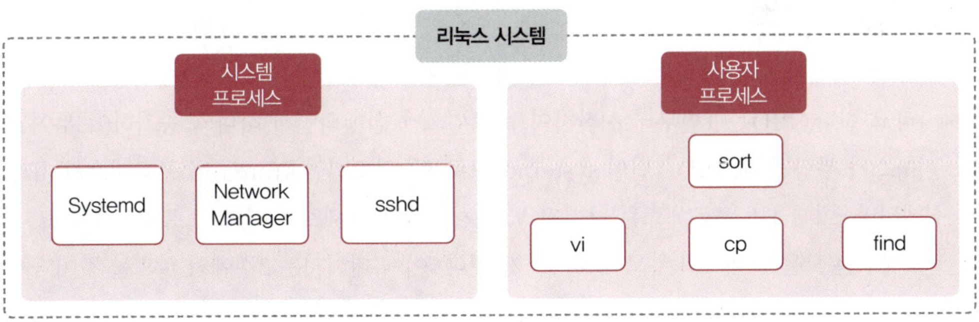

그림 8-1 시스템 프로세스와 사용자 프로세스의 예

2 프로세스의 생성과 부모-자식 관계

리눅스 시스템은 부팅 시 스케줄러가 systemd와 kthreadd 프로세스를 생성하며 이 두 프로세스가 다른 시스템 프로세스를 생성한다. 따라서 systemd와 kthreadd 프로세스는 모든 프로세스의 조상이라고 할 수 있다. 사용자 프로세스는 사용자가 명령이나 프로그램을 실행할 때 생성된다.

리눅스 시스템에서 systemd와 kthreadd 프로세스를 제외한 모든 프로세스는 부모–자식 관계를 가진다. 필요에 따라 부모 프로세스parent process는 자식 프로세스child process를 생성하며, 자식 프로세스는 자신의 자식 프로세스를 만들 수도 있다.

[그림 8–2]와 같이 자식 프로세스는 부모 프로세스에 의해 생성된다. 자식 프로세스는 작업을 완료하면 부모 프로세스에 결과를 반환하고 종료된다. 예를 들어 사용자가 find 명령을 입력하면 셸이 자식 프로세스를 생성하여 find 녕령을 실행한다. 이 녕우 셸은 부모 프로세스가 되고, find를 실행하는 프로세스는 자식 프로세스가 된다. find 명령의 실행이 끝나면 자식 프로세스는 종료되고 셸은 다시 부모 프로세스 상태로 돌아간다.

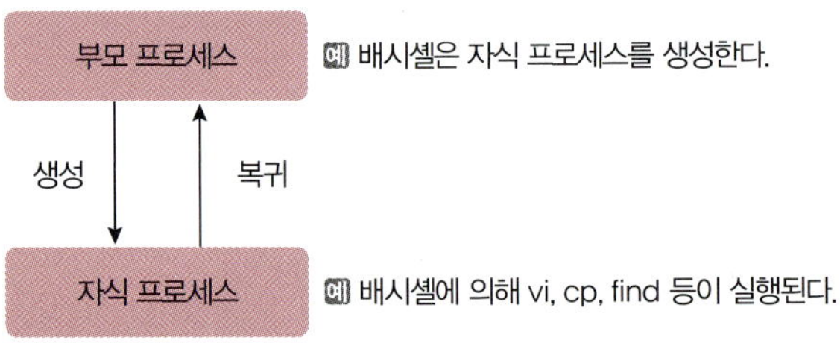

그림 8–2 부모 프로세스와 자식 프로세스

3 프로세스의 번호

리눅스 시스템에서 모든 프로세스는 고유한 번호를 가지고 있는데 이를 PIDprocess identification number라고 한다. PID는 1번부터 시작하여 프로세스가 실행되면서 하나씩 증가하여 부여된다. 리눅스가 부팅될 때, PID 1번인 systemd 프로세스와 2번인 kthreadd 프로세스가 차례로 실행된다. 이때 1번 프로세스는 나머지 모든 시스템 프로세스의 부모 프로세스가 되고, 2번 프로세스는 모든 스레드의 부모 프로세스가 된다. 이에 대해서는 2절에서 살펴볼 것이다.

여기서 잠깐 1번 프로세스

전통적으로 유닉스에서 1번 프로세스는 init 프로세스이다. 그러나 최근 대부분의 리눅스에서는 systemd가 1번 프로세스로 사용된다. 이는 리눅스 시스템에서 데몬을 관리하는 방식이 기존의 init 스크립트 방식에서 데몬 방식으로 변경되었기 때문이다. 현재 init는 systemd에 대한 심볼릭 링크로 제공하고 있다.

```
user1@hanbit:~$ ls -l /sbin/init
lrwxrwxrwx 1 root root 20  9월 20  2023 /sbin/init -> ../lib/systemd/systemd
```

4 특별한 프로세스

대부분의 일반적인 프로세스는 명령 실행이 끝나면 바로 종료된다. 그러나 이렇게 바로 종료되는 프로세스 외에 다음과 같은 특별한 프로세스가 있다.

데몬 프로세스

데몬daemon 프로세스는 특정 서비스를 제공하는 프로세스이다. 데몬은 평소에는 대기 상태로 있다가 서비스 요청이 들어오면 실행 상태로 전환하여 서비스를 제공한다. 리눅스에서는 다양한 서비스를 제공하기 위해 여러 데몬이 동작한다. 예를 들어 ssh 서버 데몬이라고 하는 sshd 프로세스가 있으며, 원격 접속 서비스를 제공한다. 데몬은 리눅스 시스템 설치 시에 기본적으로 설치되기도 하고, 시스템 관리자가 추가로 설치할 수도 있다. 예를 들어 웹 서비스를 추가하면 웹 서버 데몬인 httpd가 설치되어 동작하게 된다.

고아 프로세스와 좀비 프로세스

자식 프로세스는 종료될 때 부모 프로세스에 종료 정보exit status를 보내고, 부모 프로세스가 이 정보를 확인하면 자식 프로세스는 프로세스 목록에서 삭제된다. 그러나 자식 프로세스가 아직 실행 중인데 부모 프로세스가 먼저 종료되면 자식 프로세스는 고아orphan 프로세스가 된다. 이 경우 1번 프로세스가 이런 고아 프로세스의 새로운 부모 프로세스가 되어 고아 프로세스가 작업을 마치고 종료될 수 있도록 한다.

반면 자식 프로세스가 실행을 종료했는데도 프로세스 목록에 남아 있는 경우가 있는데 이를 좀비zombie 프로세스라고 한다. 자식 프로세스의 종료 정보를 부모 프로세스가 읽어 가기를 기다리고 있는 것이다. 부모 프로세스가 자식 프로세스의 종료 정보를 제대로 처리하지 않았기 때문에 이런 일이 발생한다. 좀비 프로세스는 defunct 프로세스라고도 표시된다.

좀비 프로세스는 실제로 실행하고 있는 상태가 아닌데 동작 중인 프로세스 테이블을 차지하고 있다. 따라서 좀비 프로세스가 많아지면 프로세스 테이블의 용량이 부족해져 다른 프로세스를 실행할 수 없게 될 수 있다. 일반적으로 좀비 프로세스는 kill 명령으로 제거할 수 없으며, 부모 프로세스에 SIGCHLD 시그널을 보내어 부모 프로세스가 자식 프로세스를 정리하도록 하거나 부모 프로세스 자체를 종료해야 한다. 부모 프로세스가 종료되면 좀비 프로세스는 고아 프로세스가 되고, 새로운 부모인 1번 프로세스는 주기적으로 자식 프로세스의 종료 정보를 확인하여 정리한다.

02 프로세스 관리 명령

프로세스 관리를 위한 명령에는 현재 실행 중인 프로세스의 정보를 검색하는 명령과 프로세스를 강제로 종료하는 명령이 있다. 또한 리눅스 GUI인 그놈의 시스템 정보 툴을 통해 프로세스를 검색하고 종료할 수도 있다.

1 프로세스 정보 검색 명령: ps

프로세스의 정보를 검색하는 대표적인 명령은 ps로, 실행 중인 프로세스의 목록을 검색하거나, 특정 프로세스를 검색한다.

ps

- **기능** 현재 실행 중인 프로세스에 대한 정보를 출력한다.
- **형식** ps [옵션]
- **옵션** <SVR4 옵션>
  - -e: 시스템에서 실행 중인 모든 프로세스의 정보를 출력한다.
  - -f: 프로세스에 대한 자세한 정보를 출력한다.
  - -l: 실행 우선 순위 값인 nice를 포함하여 출력한다.
  - -u uid: 특정 사용자에 대한 모든 프로세스의 정보를 출력한다.
  - -p pid: pid로 지정한 특정 프로세스의 정보를 출력한다.

  <BSD 옵션>
  - a: 터미널에서 실행시킨 프로세스의 정보를 출력한다.
  - u: 프로세스 소유자 이름, CPU 사용량, 메모리 사용량 등 상세 정보를 출력한다.
  - x: 터미널과 연계되지 않은 프로세스의 정보도 포함하여 출력한다.
- **사용 예**

```
ps
ps -ef
ps aux
```

옵션 없이 사용하기

ps 명령을 옵션 없이 사용하면 현재 셸이나 터미널에서 실행한 사용자 프로세스의 정보를 출력한다. 옵션 없이 ps 명령을 실행하면 [표 8-1]과 같은 정보를 출력한다.

표 8-1 ps 명령만 실행한 출력 정보

항목	의미
PID	프로세스 번호
TTY	프로세스를 실행한 터미널 번호
TIME	해당 프로세스가 사용한 CPU 시간의 양
CMD	프로세스가 실행 중인 명령

다음 예를 보면 2번 터미널(pts는 가상 터미널을 의미)에서 bash와 ps 두 개의 프로세스가 실행되었으며, 각각 PID가 102930, 102943이고 CPU를 사용한 시간이 1초도 되지 않음을 알 수 있다. PID는 실행 환경에 따라 다르게 나타난다.

```
user1@hanbit:~$ ps
    PID TTY          TIME   CMD
 102930 pts/2    00:00:00   bash
 102943 pts/2    00:00:00   ps
```

ps 명령의 옵션은 SVR4 옵션과 BSD 옵션으로 두 가지 형식이 있다. 이 두 형식은 옵션으로 각기 다른 문자를 사용한다. 옵션 형식별 사용 방법을 살펴보자.

SVR4 옵션 사용하기

■ 프로세스 상세 정보 출력하기: -f 옵션

-f 옵션은 [표 8-2]와 같이 프로세스의 상세한 정보를 출력한다.

표 8-2 -f 옵션의 출력 정보

항목	의미	항목	의미
UID	프로세스를 실행한 사용자 ID	STIME	프로세스의 시작 날짜나 시간
PID	프로세스 번호	TTY	프로세스가 실행된 터미널의 종류와 번호
PPID	부모 프로세스 번호	TIME	프로세스 실행 시간
C	CPU 사용량(% 값)	CMD	실행되고 있는 프로그램 이름(명령)

-f 옵션을 사용한 출력 결과를 보면 PID를 통해 프로세스의 부모-자식 관계도 확인할 수 있다. 다음 예를 보면 user1 사용자는 bash를 13시 17분에 2번 터미널에서 실행하였으며, 부모 프로세스의 PID(PPID)는 102929번임을 알 수 있다.

```
user1@hanbit:~$ ps -f
UID          PID    PPID  C STIME TTY          TIME CMD
user1     102930  102929  0 13:17 pts/2    00:00:00 -bash
user1     102944  102930 99 13:20 pts/2    00:00:00 ps -f
```

■ **전체 프로세스 목록 출력하기: -e 옵션**

-e 옵션은 시스템에서 실행 중인 전체 프로세스를 출력한다. 이때 TTY의 값이 ?인 프로세스는 대부분 시스템에서 실행된 프로세스들이다. -e 옵션을 실행한 결과를 페이지 단위로 확인하려면 |(파이프)와 함께 more 또는 less 명령을 사용한다. 다음 예에서는 1번 프로세스가 systemd이고 2번 프로세스가 kthreadd임을 알 수 있다.

```
user1@hanbit:~$ ps -e | more
    PID TTY          TIME CMD
      1 ?        00:08:36 systemd
      2 ?        00:00:00 kthreadd
      3 ?        00:00:00 rcu_gp
      4 ?        00:00:00 rcu_par_gp
(생략)
     27 ?        00:00:00 inet_frag_wq
     29 ?        00:00:00 kauditd
--More--
```

TIP more 출력이 여러 페이지로 나올 때, 계속 진행하지 않고 그만 보고 싶다면 q 키를 눌러 종료할 수 있다.

전체 프로세스의 세부 정보를 확인하려면 -e 옵션과 -f 옵션을 함께 사용한다. 이 두 옵션을 함께 사용할 때는 -ef를 입력한다. 스레드는 CMD에 [ ]로 표시하여 구분한다.

```
user1@hanbit:~$ ps -ef | more
UID          PID    PPID  C STIME TTY          TIME CMD
root           1       0  0  4월22 ?      00:08:36 /lib/systemd/systemd --system
 --deserialize=64 splash
```

```
root           2       0  0  4월22 ?    00:00:00  [kthreadd]
root           3       2  0  4월22 ?    00:00:00  [rcu_gp]
(생략)
root          26       2  0  4월22 ?    00:00:00  [kdevtmpfs]
root          27       2  0  4월22 ?    00:00:00  [inet_frag_wq]
--More--
```

■ **특정 사용자의 프로세스 목록 출력하기: –u 옵션**

–u 옵션을 사용하면 특정 사용자가 실행한 프로세스의 목록을 확인할 수 있다. 다음 예에서는 user1 사용자 계정으로 실행된 프로세스만 출력했다.

```
user1@hanbit:~$ ps -u user1 | more
    PID TTY          TIME   CMD
   1600 ?        00:06:30   systemd
   1606 ?        00:00:00   (sd-pam)
   1612 ?        00:00:14   pipewire
(생략)
 102930 pts/2    00:00:00   bash
 102981 pts/2    00:00:00   ps
```

더욱 상세한 정보를 보고 싶으면 –f 옵션을 함께 사용한다. 이 경우 –u 옵션이 –f 뒤에 와야 한다.

```
user1@hanbit:~$ ps -fu user1 | more
UID          PID    PPID  C STIME TTY          TIME  CMD
user1       1600       1  0  4월22 ?        00:06:31  /lib/systemd/systemd --user
user1       1606    1600  0  4월22 ?        00:00:00  (sd-pam)
user1       1612    1600  0  4월22 ?        00:00:14  /usr/bin/pipewire
(생략)
user1     102929  102822  0  13:17 ?        00:00:00  sshd: user1@pts/2
user1     102930  102929  0  13:17 pts/2    00:00:00  -bash
user1     102983  102930  0  13:37 pts/2    00:00:00  ps -fu user1
```

■ **특정 PID의 프로세스 정보 출력하기: -p 옵션**

-p 옵션과 함께 특정 PID를 지정하면 해당 프로세스의 정보를 출력할 수 있다. 이때 -f 옵션을 함께 사용하는 것이 좋다.

```
user1@hanbit:~$ ps -p 102930
    PID TTY          TIME CMD
 102930 pts/2    00:00:00 bash
user1@hanbit:~$ ps -fp 102930
UID          PID    PPID  C STIME TTY          TIME CMD
user1     102930  102929  0 13:17 pts/2    00:00:00 -bash
```

BSD 옵션 사용하기

■ **터미널에서 실행한 프로세스 정보 출력하기: a 옵션**

BSD 옵션인 a 옵션은 터미널에서 실행된 모든 프로세스의 정보를 출력한다. 다음 예에서는 콘솔 터미널(tty2)과 가상 터미널(pts/0, pts/2)에서 실행한 프로세스 정보를 출력한 것이다. 기본 ps 명령을 사용한 것과 달리, 현재 열려 있는 터미널에서 실행된 모든 프로세스를 보여준다.

```
user1@hanbit:~$ ps a
    PID TTY      STAT   TIME COMMAND
   1708 tty2     Ssl+   0:00 /usr/libexec/gdm-wayland-session env GNOME_SHELL_SE
   1712 tty2     Sl+    0:00 /usr/libexec/gnome-session-binary --session=ubuntu
   2714 pts/0    Ss+    0:00 bash
 102930 pts/2    Ss     0:00 -bash
 103000 pts/2    R+     0:00 ps a
```

출력 내용 중 STAT는 BSD 옵션에서만 출력되는 정보로 프로세스의 상태를 나타낸다. 상태를 나타내는 주요 문자의 의미는 [표 8-3]과 같다. 예를 들어 pts/2 터미널의 'ps a'는 현재 실행 중이며 포그라운드 프로세스임을 알 수 있다. 포그라운드 프로세스에 대한 자세한 사항은 3절에서 다룬다.

표 8-3 STAT에 사용하는 문자의 의미

문자	의미	비고
R	실행 중(running)	
S	인터럽트가 가능한 대기(sleep) 상태	
T	작업 제어에 의해 정지된(stopped) 상태	
Z	좀비 프로세스(defunct)	
STIME	프로세스의 시작 날짜나 시간	
s	세션 리더 프로세스	
+	포그라운드 프로세스 그룹	BSD 형식
l	멀티스레드	

■ 프로세스 상세 정보 출력하기: u 옵션

u 옵션을 함께 사용하면 터미널에서 실행한 프로세스의 상세 정보를 출력한다. 단순히 a 옵션이나 -f 옵션을 사용한 것과 비교해보면, CPU와 메모리 사용량 등 추가적인 정보가 포함된다. 추가 정보에 대해서는 [표 8-4]에 정리했다.

```
user1@hanbit:~$ ps u
USER          PID %CPU %MEM    VSZ   RSS TTY      STAT  START   TIME  COMMAND
user1        1708  0.0  0.1 231680  6272 tty2     Ssl+  4월22   0:00  /usr/libexe
user1        1712  0.0  0.4 294376 16512 tty2     Sl+   4월22   0:00  /usr/libexe
user1        2714  0.0  0.1   6820  5120 pts/0    Ss+   4월22   0:00  bash
user1      102930  0.0  0.1   6928  5376 pts/2    Ss    13:17   0:00  -bash
user1      103093  0.0  0.1   9976  5120 pts/2    R+    14:10   0:00  ps u
```

표 8-4 u 옵션의 출력 정보

항목	의미
USER	사용자 계정 이름
%CPU	퍼센트로 표시한 CPU 사용량
%MEM	퍼센트로 표시한 물리적 메모리 사용량
VSZ	사용 중인 가상 메모리의 크기(KB)
RSS	사용 중인 물리적 메모리의 크기(KB)
START	프로세스 시작 시간

그런데 u 옵션은 현재 사용자 계정으로 사용 중인 터미널에서 실행한 프로세스의 정보만 출력한다. 예를 들어 user2 계정을 추가하고 ps u 명령을 실행하면 다음과 같이 user2 계정이 실행한 프로세스 정보만 출력된다.

TIP 사용자 계정 추가는 13장에서 다룬다.

```
$ ps u
USER          PID %CPU %MEM    VSZ   RSS TTY      STAT START   TIME COMMAND
user2      103300  0.0  0.0   2776  1920 pts/1    Ss   14:21   0:00 -sh
user2      103373  0.0  0.1   9976  5120 pts/1    R+   14:22   0:00 ps u
```

u 옵션을 a 옵션과 함께 사용하면 터미널에서 실행한 모든 사용자의 프로세스 세부 정보를 출력한다. 다음 예를 보면 u 옵션만 사용할 때와 달리 user2가 실행한 103300 프로세스 정보도 함께 출력하였다.

```
user1@hanbit:~$ ps au
USER          PID %CPU %MEM    VSZ   RSS TTY      STAT  START   TIME COMMAND
user1        1708  0.0  0.1 231680  6272 tty2     Ssl+  4월22   0:00 /usr/libexe
user1        1712  0.0  0.4 294376 16512 tty2     Sl+   4월22   0:00 /usr/libexe
user1        2714  0.0  0.1   6820  5120 pts/0    Ss+   4월22   0:00 bash
user1      102930  0.0  0.1   7080  5504 pts/2    Ss    13:17   0:00 -bash
user2      103300  0.0  0.0   2776  1920 pts/1    Ss+   14:21   0:00 -sh
user1      103377  0.0  0.1   9976  5248 pts/2    R+    14:28   0:00 ps au
```

■ **전체 프로세스 목록 출력하기: x 옵션**

x 옵션은 현재 로그인한 사용자 계정이 시스템에서 실행 중인 모든 프로세스를 출력한다. 다음 예를 보면 터미널과 연계되지 않은 프로세스들도 출력된다.

```
user1@hanbit:~$ ps x
    PID TTY      STAT   TIME  COMMAND
   1600 ?        Ss     6:31  /lib/systemd/systemd --user
   1606 ?        S      0:00  (sd-pam)
   1612 ?        Ssl    0:14  /usr/bin/pipewire
   1615 ?        Ssl    0:00  /usr/bin/pipewire -c filter-chain.conf
(생략)
```

x 옵션을 u 옵션과 함께 사용하면 세부 정보가 출력되어 어느 사용자 계정이 실행한 프로세스인지 알 수 있다.

```
user1@hanbit:~$ ps xu
USER   PID   %CPU %MEM  VSZ     RSS    TTY  STAT  START TIME COMMAND
user1  1600  0.0  0.3   21892   13056  ?    Ss    4월22  6:32 /lib/systemd/systemd
--user
user1  1606  0.0  0.1   171068  6688   ?    S     4월22  0:00 (sd-pam)
user1  1612  0.0  0.3   175900  14012  ?    Ssl   4월22  0:14 /usr/bin/pipewire
user1  1615  0.0  0.1   92700   5504   ?    Ssl   4월22  0:00 /usr/bin/pipewire -c
filter-chain.conf
(생략)
```

a 옵션을 함께 사용하면 시스템에서 실행 중인 모든 프로세스에 대한 정보를 출력한다.

```
user1@hanbit:~$ ps aux
USER  PID  %CPU %MEM  VSZ     RSS    TTY  STAT  START  TIME COMMAND
root  1    0.0  0.3   170908  14720  ?    Ss    4월22  8:38 /lib/systemd/systemd
--system --deserialize=64 splash
root  2    0.0  0.0   0       0      ?    S     4월22  0:00 [kthreadd]
root  3    0.0  0.0   0       0      ?    I<    4월22  0:00 [rcu_gp]
root  4    0.0  0.0   0       0      ?    I<    4월22  0:00 [rcu_par_gp]
(생략)
```

특정 프로세스 정보 검색하기: ps와 grep

시스템에서 실행 중인 프로세스 중 특정 프로세스를 바로 검색하려면 ps 명령과 grep 명령을 |(파이프)로 연결하여 검색하거나 pgrep 명령으로 검색하는 방법이 있다.

■ ps와 grep 명령 연결하여 검색하기

ps 명령과 grep 명령을 |로 연결하여 특정 프로세스에 대한 정보를 검색할 수 있다. 다음 예와 같이 'ps -ef | grep'의 형태로 연결해서 사용한다. bash 셸에 대한 정보를 검색하려면 다음과 같이 입력한다.

```
user1@hanbit:~$ ps -ef | grep bash
user1       2714    2684  0  4월22 pts/0   00:00:00 bash
user1     102930  102929  0  13:17 pts/2   00:00:00 -bash
user1     103418  102930  0  14:39 pts/2   00:00:00 grep --color=auto bash
```

■ pgrep 명령으로 검색하기

pgrep 명령은 ps와 grep 명령을 하나로 통합하여 만든 명령이라고 생각하면 된다. pgrep 명령은 인자로 지정한 패턴과 일치하는 프로세스를 찾아 PID를 알려주며, 옵션의 지정에 따라 검색 결과를 다양하게 출력한다.

pgrep

- **기능** 지정한 패턴과 일치하는 프로세스의 정보를 출력한다.
- **형식** pgrep [옵션] [패턴]
- **옵션** -x: 패턴과 정확히 일치하는 프로세스의 정보를 출력한다.
  -u 사용자 이름: 특정 사용자에 대한 모든 프로세스를 출력한다.
  -l: PID와 프로세스 이름을 출력한다.
  -t term: 특정 단말기와 관련된 프로세스의 정보를 출력한다.
- **사용 예** pgrep bash

pgrep 명령을 옵션 없이 실행하면 인자로 지정한 패턴과 일치하는 프로세스의 PID만 출력된다. 다음 예에서는 현재 bash를 실행하고 있는 프로세스의 PID는 2714와 102930이다.

```
user1@hanbit:~$ pgrep bash
2714
102930
```

-x 옵션을 지정하면 지정한 패턴에 정확하게 일치하는 프로세스의 정보만 출력한다.

```
user1@hanbit:~$ pgrep -x sh
103300
```

-u 옵션을 사용하면 특정 사용자에 대한 프로세스 정보만 출력한다.

```
user1@hanbit:~$ pgrep -u user1
1600
1606
1612
(생략)
```

-l 옵션을 지정하면 PID 외에 명령 이름도 출력한다.

```
user1@hanbit:~$ pgrep -l bash
2714 bash
102930 bash
```

-t 옵션은 인자로 지정한 터미널과 관련된 프로세스의 정보만 출력한다.

```
user1@hanbit:~$ pgrep -t pts/1
103300
user1@hanbit:~$ pgrep -t pts/2
102930
```

기본적으로 pgrep 명령의 검색 결과는 PID만 출력된다. 더 자세한 정보는 pgrep 명령으로 검색한 PID를 ps 명령과 연결하여 확인할 수 있다. 다음 예에서는 bash의 PID를 검색한 후, 이를 ps -fp 옵션을 사용하여 자세한 정보를 검색하였다.

```
user1@hanbit:~$ ps -fp $(pgrep -x bash)
UID          PID    PPID  C STIME  TTY      STAT   TIME  CMD
user1       2714    2684  0 4월22  pts/0    Ss+    0:00  bash
user1     102930  102929  0 13:17  pts/2    Ss     0:00  -bash
```

만약 리눅스 시스템에서 여러 사용자가 동시에 작업하고 있을 때 위의 예처럼 검색한다면 다른 사용자가 실행한 bash가 모두 검색된다. 이때 -u 옵션을 사용해 특정 사용자명을 지정하면 그 사용자의 프로세스 정보만 검색할 수 있다.

```
user1@hanbit:~$ ps -fp $(pgrep -u user1 bash)
UID          PID    PPID  C STIME  TTY     STAT   TIME   CMD
user1       2714    2684  0 4월22  pts/0   Ss+    0:00   bash
user1     102930  102929  0 13:17  pts/2   Ss     0:00   -bash
```

실습해보기 8-1 프로세스 정보 검색 명령

❶ 새로운 터미널을 열고 user1로 로그인한 후 ps 명령의 결과를 확인한다. bash 프로세스의 PID는 무엇인가?

❷ –f 옵션의 검색 결과와 u 옵션의 검색 결과를 비교해보자. 검색 결과의 주요 차이점은 무엇인가?

❸ ❷의 u 옵션을 사용한 검색 결과와 유사한 검색 결과를 얻으려면 –f 옵션을 –u와 함께 사용한 출력 결과를 egrep 명령으로 검색해야 한다. 어떻게 사용할 수 있는가?

❹ 프로세스의 세부 정보에서 STAT 정보가 Ss+인 프로세스를 검색한다.

❺ bash를 실행 중인 프로세스의 PID를 검색한다.

❻ pgrep과 ps 명령을 조합하여 pts/2 터미널에서 실행 중인 프로세스의 세부 정보를 검색한다.

2 프로세스 종료

사용자는 현재 실행 중인 프로세스를 종료할 수 있다. 프로세스를 종료하는 데는 kill, pkill, killall 명령을 사용한다. 종료할 프로세스의 PID를 ps 명령으로 검색하고 이를 사용하여 프로세스를 종료한다.

프로세스 종료하기: kill

kill 명령은 인자로 지정한 프로세스를 종료한다. 이 명령은 프로세스에 시그널을 보내며, 시그널에 관한 자세한 내용은 4절에서 살펴본다.

kill

- **기능** 프로세스를 종료한다(시그널을 프로세스에 보낸다).
- **형식** kill [-시그널] PID...
- **시그널** 9: 프로세스를 강제로 종료한다.
- **사용 예** kill 1001
  kill -9 1001

kill 명령은 PID로 지정한 프로세스를 종료시킨다. 물론 종료시킬 프로세스에 대한 소유권이 있어야 한다.

프로세스 종료를 실습하기 위해 터미널을 하나 더 생성하여 두 개의 터미널에서 작업한다. 터미널 번호는 실습환경에 따라 다를 수 있으므로 tty 명령을 사용하여 터미널 번호를 확인한다. 여기서 사용하는 터미널 번호는 가상터미널 2와 3(pts2, pts3)이다. 먼저 터미널 3에서 man ps 명령을 실행하고, 터미널 2에서 해당 프로세스를 검색하여 종료시킬 것이다.

```
user1@hanbit:~$ tty
/dev/pts/3
user1@hanbit:~$  man ps          ➜ 터미널 3에서 실행한다.
PS(1)                User Commands          PS(1)

NAME
       ps - report a snapshot of the current processes.
(생략)
```

터미널 2에서 pgrep과 ps 명령으로 터미널 3에서 실행한 man 프로세스의 PID를 확인한다. 다음 예에서는 터미널 3에서 실행시킨 man 프로세스의 PID가 104065임을 알 수 있다.

```
user1@hanbit:~$ ps -fp $(pgrep -x man)       ➜ 터미널 2에서 실행한다.
UID          PID    PPID  C STIME TTY      TIME     CMD
user1      104065  103725  0 17:25 pts/3    00:00:00 man ps
```

이제 man 프로세스를 종료해보자. 다음과 같이 man 프로세스의 PID인 104065를 지정하여 kill 명령을 실행하면 된다.

```
user1@hanbit:~$ kill 104065
```

kill 명령을 실행하면 터미널 3에서 man이 종료되고, 터미널 2에서 pgrep 명령으로 검색해도 나오지 않는다. man 프로세스가 종료되어 사라진 것이다.

```
(생략)
 Manual page ps(1) line 1 (press h for help or q to quit)종료됨 → 터미널 3의 상태이다.
user1@hanbit:~$
```

```
user1@hanbit:~$ pgrep -x ma       → 터미널 2에서 실행한다.
user1@hanbit:~$
```

TIP 리눅스에서 작업을 하다 보면 단순히 kill 명령으로는 종료되지 않는 경우가 발생한다. 이럴 때는 9번 시그널을 사용하여 강제 종료한다(kill –9 pid).

프로세스 종료하기: pkill

pkill 명령은 PID가 아니라 프로세스의 명령 이름(CMD)으로 프로세스를 찾아 종료한다. pkill 명령은 명령 이름으로 검색하여 종료시키므로 같은 명령이 여러 개 검색될 경우 한 번에 모두 종료시킨다. 물론 자신이 소유한 프로세스만 종료할 수도 있다.

실습을 위해 터미널을 하나 더 실행한다. 현재 터미널은 pts/2, pts/3, pts/4이다. 실습환경에 따라 터미널 번호는 다를 수 있다. 터미널 3에서 man pkill을, 터미널 4에서 man kill을 실행하고 터미널 2에서 이들 프로세스를 검색하면 다음과 같이 출력된다.

```
user1@hanbit:~$ ps -fp $(pgrep -x man)               → 터미널 3에서 실행한다.
UID          PID    PPID  C STIME TTY      STAT    TIME     CMD
user1     104288  103725  0 17:33 pts/3    S+      0:00     man pkill
user1     104302  104197  0 17:33 pts/4    S+      0:00     man kill
```

이제 pkill 명령으로 man 프로세스를 모두 종료해보자.

```
user1@hanbit:~$ pkill man        → 터미널 2에서 실행한다.
user1@hanbit:~$ pgrep -x man
user1@hanbit:~$
```

터미널 3과 터미널 4에서 man 명령이 모두 종료되고 프로세스 정보도 더 이상 검색되지 않는다. pkill 명령을 사용할 때 주의할 것은 명령에 지정한 패턴과 일치하는 모든 프로세스가 종료된다는 것이다. 예를 들어 앞의 예에서 터미널 3과 4에서 실행 중인 man 명령 중 man kill만 종료하려고 한다면 pkill 명령은 적합하지 않다. 이런 경우 kill 명령을 사용하여 해당 프로세스 하나만 종료시켜야 한다.

프로세스 종료하기: killall

killall 명령도 pkill 명령처럼 프로세스의 명령 이름(CMD)으로 프로세스를 찾아 종료한다. 인자로 지정한 패턴에 해당하는 모든 프로세스를 한 번에 종료할 수 있으며, 명령을 수행한 사용자 계정이 소유하고 있는 프로세스만 종료할 수도 있다.

실습해보기 8-2 프로세스 종료

❶ 터미널 A에서 more /etc/services 명령을 실행한다(터미널 번호는 실습환경에 맞게 사용한다).

❷ 터미널 A에서 실행한 프로세스를 터미널 B에서 찾는다. -t 옵션이나 a 옵션을 사용한다.

❸ 터미널 A에서 실행한 more 명령을 터미널 B에서 종료시킨다.

❹ 터미널 A와 B에서 각각 man ps, man ls를 실행한다. 터미널 C에서 man 프로세스를 검색한 후 killall 명령으로 모두 종료시킨다.

3 기타 프로세스 관리 명령과 도구

ps 명령 외에도 프로세스 관리에 유용한 여러 명령과 도구가 있다. 예를 들어 실행 우선 순위를 조정하는 nice 명령과 터미널에서 사용할 수 있는 top 명령, GUI인 그놈이 제공하는 시스템 정보가 있다. 각 명령과 도구의 사용법을 간단하게 살펴보자.

프로세스 우선 순위 조정하기: nice

리눅스에서 프로세스는 실행 우선 순위를 표시하는 nice 값을 가지고 있다. 이 값은 ps 명령에서 -l 옵션으로 확인할 수 있으며, 이후에 설명할 top 명령에서도 확인할 수 있다.

프로세스의 실행 우선 순위는 19(가장 낮음)에서 -20(가장 높음)까지의 숫자로 설정된다. 우선 순위가 높을수록 프로세스는 시스템 자원을 더 많이 할당받아 더 빠르게 실행된다. 대부분의 일반적인 명령은 기본적으로 nice 값이 0으로 설정된다.

nice

- **기능** 프로세스의 실행 우선 순위를 조정한다.
- **형식** nice [옵션] [명령]
- **옵션** -n 숫자: 지정한 숫자로 nice 값을 조정한다.
- **사용 예** nice
  nice -n 5 ps

다음 예와 같이 ps -l 명령을 사용하여 현재 터미널에서 실행 중인 프로세스의 nice 값을 알아보자. 예에서 보이는 NI 항목이 nice 값이다. bash와 ps 모두 0임을 알 수 있다. 일반 사용자 계정에서는 nice 값을 음수로 줄 수 없다. 오직 root만이 높은 우선 순위인 음수를 지정할 수 있다.

```
user1@hanbit:~$ ps -l
F S   UID     PID    PPID  C PRI  NI ADDR     SZ  WCHAN   TTY      TIME     CMD
0 S  1000  102930  102929  0  80   0 -      1770  do_wai  pts/2    00:00:00 bash
0 R  1000  105182  102930  0  80   0 -      2494  -       pts/2    00:00:00 ps
```

터미널 3에서 man 명령의 nice 값을 5로 조정하여 실행하고 터미널 2에서 nice 값을 확인해 보면 다음과 같다.

```
user1@hanbit:~$ nice -n 5 man ps              → 터미널 3에서 실행한다.
PS(1)                          User Commands                          PS(1)

NAME
       ps - report a snapshot of the current processes.
(생략)
```

터미널 2에서 확인해 보면 다음과 같이 nice 값이 5로 나오는 것을 볼 수 있다.

```
user1@hanbit:~$ ps -el | grep man        → 터미널 2에서 실행한다.
1 I    0    107       2 0 60 -20 - 0     -      ?      00:00:00  charger_manager
0 S 1000 105208 103725 0 85  5   - 1690 do_wai  pts/3 00:00:00  man → nice 값이 5이다.
```

프로세스 관리 도구: top

top 명령은 현재 실행 중인 프로세스의 정보를 터미널에 주기적으로 출력하는데, 프로세스의 자세한 요약 정보를 상단에 출력하고 각 프로세스의 정보를 하단에 출력한다. top 명령이 출력하는 프로세스의 세부 정보는 [표 8-5]와 같다.

표 8-5 top 명령의 출력 정보

항목	의미
PID	프로세스 ID
USER	사용자 계정
PR	우선 순위
NI	Nice 값
VIRT	프로세스가 사용하는 가상 메모리의 크기
RES	프로세스가 사용하는 메모리의 크기
SHR	프로세스가 사용하는 공유 메모리의 크기
%CPU	퍼센트로 표시한 CPU 사용량
%MEM	퍼센트로 표시한 메모리 사용량
TIME+	CPU 누적 이용 시간
COMMAND	명령 이름

top 명령의 실행 화면은 다음과 같다.

```
user1@hanbit:~$ top
top - 20:23:31 up 13 days, 11:21,  6 users,  load average: 0.31, 0.31, 0.28
작  업: 302 총계,   1 실행, 301 대기,   0 멈춤,   0 좀비
%Cpu:  0.2 us,  0.2 sy,  0.0 ni, 99.7 id,  0.0 wa,  0.0 hi,  0.0 si,  0.0 st
MiB 메모리 :   3870.3 총계,    330.8 잔여,   1524.8 사용,   2323.9 버퍼/캐시
MiB 스  왑:   3870.0 총계,   3869.5 잔여,      0.5 사용.   2345.5 가용  메모리

    PID USER      PR  NI    VIRT    RES    SHR S  %CPU  %MEM     TIME+ COMMAND
   1866 user1     20   0 3870380 286028 124184 S   0.3   7.2  26:08.16 gnome-s+
 105139 root      20   0       0      0      0 I   0.3   0.0   0:02.15 kworker+
      1 root      20   0  170908  14720   9216 S   0.0   0.4   8:48.84 systemd
      2 root      20   0       0      0      0 S   0.0   0.0   0:00.49 kthreadd
```

```
      3 root      0 -20      0      0      0 I  0.0  0.0   0:00.03 rcu_gp
      4 root      0 -20      0      0      0 I  0.0  0.0   0:00.03 rcu_par+
(생략)
```

top 명령은 종료하지 않고 실시간으로 프로세스의 상태를 보여주며, 내부적으로 사용할 수 있는 명령도 있다. top의 내부 명령은 [표 8-6]과 같다.

표 8-6 top 명령의 내부 명령

내부 명령	기능
Enter, BackSpace	화면을 즉시 다시 출력한다.
h, ?	도움말 화면을 출력한다.
k	프로세스를 종료한다. 종료할 프로세스의 PID를 물어본다.
n	출력하는 프로세스의 개수를 바꾼다.
u	사용자에 따라 정렬하여 출력한다.
M	사용하는 메모리 크기에 따라 정렬하여 출력한다.
p	CPU 사용량에 따라 정렬하여 출력한다.
q	top 명령을 종료한다.

시스템 감시

리눅스의 GUI인 그놈에서는 기본적으로 시스템 감시 도구를 제공한다. 사용자는 [앱 표시]에서 [시스템 감시]를 선택하여 도구를 실행할 수 있다. 시스템 감시 화면은 [그림 8-3]과 같이 프로세스 이름, 사용자, CPU 사용량, PID, 메모리 사용량 등의 정보를 보여준다. 프로세스 목록 중에서 특정 프로세스를 선택하면 하단에 [프로세스 중단] 버튼이 나타나며, 이를 사용하여 프로세스를 종료할 수도 있다. 이 외에 시스템 감시에서는 시스템 자원이나 파일 시스템 관련 정보도 확인할 수 있어 윈도 환경에 익숙한 사용자들은 프로세스를 관리하는 데 편리하게 사용할 수 있을 것이다.

그림 8-3 시스템 감시 화면

실습해보기 8-3 프로세스 관리 기타 명령과 도구

❶ 현재 터미널에서 nice 명령을 실행하면 어떤 값이 출력되는가?

❷ nice 값을 10으로 설정하여 nice 명령을 실행하면 어떤 값이 출력되는가?

❸ 다른 터미널에서 nice 값을 5로 설정하여 vi를 실행하고 현재 터미널에서 vi의 nice 값을 확인한다.

❹ top 명령을 실행한 다음 nice 값이 −20인 프로세스들은 어떤 것이 있는지 확인해본다.

03 작업 제어

사용자가 터미널에서 작업할 때 보통의 경우 명령을 실행하면 이 명령이 끝날 때까지 기다려야 다시 터미널을 사용할 수 있다. 그러나 명령의 실행이 끝나기 전에 사용자가 다른 명령을 실행해야 할 때가 있다.

작업 제어job control는 한 터미널에서 동시에 여러 프로세스를 실행하고 관리하기 위해 개발되었다. 작업 제어는 C셸에서 처음 개발되었으며, 이후 대부분의 셸에 포함하여 제공하고 있다. 작업 제어에서는 프로세스를 작업이라는 단위로 관리한다. 작업에는 포그라운드foreground 작업과 백그라운드background 작업이 있다. 포그라운드 작업을 전위 작업, 백그라운드 작업을 후위 작업이라고 번역하기도 한다.

1 포그라운드 작업

터미널에서 작업할 때 일반적으로 사용자가 명령을 입력하면 셸이 그 명령을 해석하여 실행하고 결과를 화면으로 출력한다. 이렇게 사용자가 입력한 명령이 실행되어 결과가 출력될 때까지 기다리는 방식으로 처리되는 프로세스를 포그라운드 프로세스라고 하며, 작업 제어에서는 이를 포그라운드 작업이라고 한다. 다음은 포그라운드 작업의 예로 sleep 명령이 끝날 때까지 기다려야 프롬프트를 출력한다.

```
user1@hanbit:~$ sleep 100        → 포그라운드 작업(포그라운드 프로세스)
█                                → sleep 명령이 끝날 때까지 기다린다.
```

2 백그라운드 작업

백그라운드 방식으로 명령을 실행하면 명령의 처리가 끝나는 것과 관계없이 곧바로 프롬프트가 출력되어 사용자가 다른 작업을 계속할 수 있다. 즉 여러 작업을 백그라운드로 실행할 수 있고 터미널에서는 포그라운드 작업을 계속 진행할 수 있다. 백그라운드 방식으로 처리되는 프로세스를 백그라운드 프로세스라고 하며, 작업 제어에서는 이를 백그라운드 작업이라고 한다. 백그라운드 작업은 명령을 실행한 후 바로 다른 작업을 할 필요가 있을 때 주로 사용한다.

명령을 백그라운드 작업으로 실행하려면 다음 예와 같이 명령의 마지막에 &(앰퍼샌드) 기호를 추가한다. 백그라운드로 작업을 실행하면 프롬프트가 바로 나온다.

```
user1@hanbit:~$ sleep 100&        → 백그라운드 작업(백그라운드 프로세스)
[1] 105730
user1@hanbit:~$                   → 바로 프롬프트가 나와 다른 작업을 할 수 있다.
```

백그라운드 작업의 실행이 끝나면 실행 결과가 화면으로 출력되어 현재 터미널 화면의 내용과 뒤섞일 수 있다. 따라서 백그라운드 작업은 보통 다음 예와 같이 출력과 오류 방향을 전환하고, 실행 결과와 오류 메시지는 파일로 저장하는 방법을 많이 사용한다.

```
user1@hanbit:~$ find / -name passwd > pw.dat 2>&1 &  → pw.dat에 결과와 오류를 저장한다.
```

3 작업 제어

작업 제어는 작업 목록 보기, 작업 전환, 작업 일시 중지, 작업 종료를 포함한다. 작업 전환은 포그라운드 작업을 백그라운드 작업으로 전환하거나, 반대로 백그라운드 작업을 포그라운드 작업으로 전환하는 것을 말한다. 작업 일시 중지는 작업을 잠시 중단하는 것이고, 작업 종료는 프로세스를 종료하는 것처럼 작업을 완전히 종료하는 것이다.

작업 목록 보기: jobs

현재 실행 중인 백그라운드 작업을 보는 명령은 jobs이다. jobs는 배시셸의 내부 명령이다.

jobs

- **기능** 백그라운드 작업을 모두 보여준다. 특정 작업 번호를 지정하면 해당 작업의 정보만 보여준다.
- **형식** jobs [%작업 번호]
- **%작업 번호** %작업 번호: 해당 번호의 작업 정보를 출력한다.
  %+ 또는 %%: 작업 순서가 +인 작업 정보를 출력한다.
  %-: 작업 순서가 -인 작업 정보를 출력한다.
- **사용 예** jobs %1
  jobs

다음 예는 sleep 명령을 백그라운드로 실행하고 jobs 명령으로 확인한 것이다. jobs 명령이 출력하는 결과의 의미는 [표 8-7]에 정리했다.

```
user1@hanbit:~$ sleep 100&
[1] 106041
user1@hanbit:~$ jobs
[1]+  실행중                  sleep 100 &
```

표 8-7 jobs 명령의 출력 정보

항목	출력 예	의미
작업 번호	[1]	작업 번호로, 백그라운드로 실행할 때마다 순차적으로 증가한다([1], [2], [3], …).
작업 순서	+	작업 순서를 표시한다. • +: 가장 최근에 접근한 작업이다. • -: + 작업 이전에 접근한 작업이다. • 공백: 그 외의 작업이다.
상태	실행중	작업 상태를 표시한다. • 실행중: 현재 실행 중이다. • 완료: 작업이 정상적으로 종료되었다. • 종료됨: 작업이 비정상적으로 종료되었다. • 멈춤: 작업이 잠시 중단되었다.

작업 전환하기

작업 전환은 포그라운드 작업을 백그라운드 작업으로 전환하거나, 백그라운드 작업을 포그라운드 작업으로 전환하는 것을 의미한다. [표 8-8]에 작업 전환과 관련된 명령을 정리했다.

표 8-8 작업 전환 명령

명령	기능
Ctrl+Z	포그라운드 작업을 중지한다(종료가 아닌 잠시 중단).
bg %작업 번호	작업 번호가 지시하는 작업을 백그라운드 작업으로 전환한다.
fg %작업 번호	작업 번호가 지시하는 작업을 포그라운드 작업으로 전환한다.

■ 포그라운드 작업을 백그라운드 작업으로 전환하기

현재 포그라운드로 실행 중인 작업을 백그라운드로 전환하려면 먼저 Ctrl+Z로 작업을 중지해야 한다. 그 다음 'bg %작업 번호' 명령으로 작업을 백그라운드로 전환한다.

```
user1@hanbit:~$ jobs                         → 현재 백그라운드 작업이 없다.
user1@hanbit:~$ sleep 100                    → 포그라운드로 실행한다.
^Z                                           → Ctrl+Z로 일시 중지한다.
[1]+  멈춤                  sleep 100        → 일시 중지된 상태이다.
user1@hanbit:~$ bg %1                        → 백그라운드로 전환한다.
[1]+ sleep 100 &
user1@hanbit:~$ jobs
[1]+  실행중                sleep 100 &      → 백그라운드로 실행 중이다.
```

위의 예에서 포그라운드로 실행 중인 'sleep 100' 명령을 Ctrl+Z로 정지한 다음 'bg %1' 명령으로 백그라운드로 전환했다. 이때 작업 번호를 지정하지 않고 bg 명령만 사용하면 작업 순서가 +인 작업에 적용된다.

■ 백그라운드 작업을 포그라운드 작업으로 전환하기

백그라운드로 실행 중인 작업을 다시 포그라운드로 전환하려면 'fg %작업 번호' 명령을 사용한다. bg 명령과 마찬가지로 작업 번호를 지정하지 않고 fg 명령만 사용하면 작업 순서가 +인 작업에 적용된다.

```
user1@hanbit:~$ jobs
[1]+  실행중                sleep 100 &      → 백그라운드로 실행 중이다.
user1@hanbit:~$ fg                           → 포그라운드로 전환한다.
sleep 100                                    → 포그라운드로 실행 중이다.
```

작업 종료하기

포그라운드 작업은 Ctrl+C를 입력하면 대부분 종료된다. 만약 프로그램에서 Ctrl+C를 무시하도록 설정되어 있다면 종료되지 않을 수 있다. 포그라운드 작업을 종료하는 또 다른 방법은 다른 터미널에서 해당 프로세스의 PID를 검색하여 강제 종료하는 것이다.

```
user1@hanbit:~$ sleep 100          → 포그라운드로 실행 중이다.
^C                                 → 강제 종료한다.
user1@hanbit:~$
```

백그라운드 작업은 kill 명령으로 강제 종료한다. 이때 kill 명령의 인자로 PID 대신 '%작업번호'를 지정할 수도 있다.

```
user1@hanbit:~$ sleep 100&                      → 백그라운드로 실행 중이다.
[1] 106082
user1@hanbit:~$ kill %1                         → 강제 종료한다.
user1@hanbit:~$ jobs
[1]+  종료됨                 sleep 100          → 종료 메시지가 출력된다.
```

로그아웃 후에도 백그라운드 작업 계속 실행하기: nohup

백그라운드 작업을 실행하고 있는 터미널이 종료되거나 사용자가 로그아웃하면 실행 중이던 백그라운드 작업도 함께 종료된다. 로그아웃한 다음에도 작업이 완료될 때까지 백그라운드 작업을 계속 실행해야 할 경우 nohup 명령을 사용한다.

nohup

- **기능** 로그아웃 후에도 백그라운드 작업을 계속 실행한다.
- **형식** nohup 명령&

nohup 명령을 사용할 때는 반드시 백그라운드 작업으로 실행해야 한다. 별도로 출력 방향 전환을 하지 않으면 명령의 실행 결과와 오류 메시지가 현재 디렉터리에 nohup.out 파일로 자동 저장된다. 다음 예를 보면 nohup로 find 명령을 실행했으며, 로그아웃한 후에도 명령이 계속 실행되어 결과가 파일로 저장된다.

```
user1@hanbit:~$ nohup find / -name passwd &
[1] 106093
user1@hanbit:~$ nohup: 입력을 무시하고 'nohup.out'(으)로 출력을 추가합니다
```

다시 로그인하여 파일 내용을 확인해보면 다음과 같다.

```
user1@hanbit:~$ more nohup.out
find: '/root': 허가 거부
/usr/share/bash-completion/completions/passwd
/usr/share/doc/passwd
/usr/share/lintian/overrides/passwd
/usr/bin/passwd
(생략)
```

명령 실행 시 출력 방향을 전환하면 nohup.out 파일을 생성하지 않고 지정한 파일에 결과와 오류 메시지를 출력한다.

```
user1@hanbit:~$ nohup find / -name passwd > pw.dat 2>&1 &
[1] 106126
```

로그아웃한 후 다시 로그인하여 pw.dat 파일의 내용을 확인해보면 다음과 같다.

```
user1@hanbit:~$ more pw.dat
nohup: 입력 무시
find: '/root': 허가 거부
/usr/share/bash-completion/completions/passwd
/usr/share/doc/passwd
/usr/share/lintian/overrides/passwd
/usr/bin/passwd
(생략)
```

실습해보기 8-4 작업 관리

❶ sleep 명령 두 개를 백그라운드로 실행한다.

❷ 현재 실행 중인 백그라운드 작업을 확인한다. 현재 –인 작업은 무엇인가?

❸ 백그라운드로 실행 중인 sleep 프로세스 중 1번 작업을 종료한다. 출력되는 메시지는 무엇인가?

❹ 남아 있는 백그라운드 작업을 포그라운드 작업으로 전환한다.

❺ 포그라운드 작업을 강제 종료한다.

❻ 'vi /etc/hosts' 명령을 실행한 후 Ctrl+Z를 실행하여 vi를 정지된 작업으로 만든다.

❼ jobs 명령으로 백그라운드 작업을 확인한다. vi는 현재 어떤 상태인가?

❽ 정지 중인 작업을 fg 명령을 사용하여 복구한다.

❾ q!로 vi를 종료한다.

여기서 잠깐 vi와 Ctrl+Z

vi에서 하기 쉬운 실수 중의 하나가 vi로 작업을 하다가 Ctrl+Z를 누르는 것이다. 저장키와 헷갈렸거나 아니면 vi를 일시 정지하고 셸에서 다른 작업을 하려고 했을 수도 있다. 이때 vi를 일시 정지시킨 것을 잊어버리고 다시 vi로 같은 파일을 열고 작업하면 동일한 파일을 동시에 작업하는 상황이 되어 혼란이 생길 수 있으므로 주의해야 한다. 만약 Ctrl+Z를 잘못 눌러 셸로 나왔다면, fg 명령을 입력하여 다시 vi로 복귀할 수 있다.

4 시그널

시그널signal은 시스템의 예기치 않은 상황이 발생했을 때 프로세스에 보내는 간단한 메시지이다. 시그널은 전하려는 메시지가 미리 정의된 번호로 구성되며, 각각의 번호는 이름을 가지고 있다. 리눅스에서 지원하는 시그널의 목록은 kill –l 명령으로 알 수 있다.

```
user1@hanbit:~$ kill -l
 1) SIGHUP       2) SIGINT       3) SIGQUIT      4) SIGILL       5) SIGTRAP
 6) SIGABRT      7) SIGBUS       8) SIGFPE       9) SIGKILL     10) SIGUSR1
11) SIGSEGV     12) SIGUSR2     13) SIGPIPE     14) SIGALRM     15) SIGTERM
16) SIGSTKFLT   17) SIGCHLD     18) SIGCONT     19) SIGSTOP     20) SIGTSTP
21) SIGTTIN     22) SIGTTOU     23) SIGURG      24) SIGXCPU     25) SIGXFSZ
26) SIGVTALRM   27) SIGPROF     28) SIGWINCH    29) SIGIO       30) SIGPWR
```

```
31) SIGSYS       34) SIGRTMIN     35) SIGRTMIN+1   36) SIGRTMIN+2   37) SIGRTMIN+3
38) SIGRTMIN+4   39) SIGRTMIN+5   40) SIGRTMIN+6   41) SIGRTMIN+7   42) SIGRTMIN+8
43) SIGRTMIN+9   44) SIGRTMIN+10  45) SIGRTMIN+11  46) SIGRTMIN+12  47) SIGRTMIN+13
48) SIGRTMIN+14  49) SIGRTMIN+15  50) SIGRTMAX-14  51) SIGRTMAX-13  52) SIGRTMAX-12
53) SIGRTMAX-11  54) SIGRTMAX-10  55) SIGRTMAX-9   56) SIGRTMAX-8   57) SIGRTMAX-7
58) SIGRTMAX-6   59) SIGRTMAX-5   60) SIGRTMAX-4   61) SIGRTMAX-3   62) SIGRTMAX-2
63) SIGRTMAX-1   64) SIGRTMAX
```

주로 사용하는 시그널들은 [표 8-9]와 같다.

표 8-9 주요 시그널

시그널	번호	기본 처리	의미
SIGHUP	1	종료	터미널과의 연결이 끊어졌을 때 발생한다.
SIGINT	2	종료	인터럽트로 사용자가 Ctrl+C를 입력하면 발생한다.
SIGQUIT	3	종료, 코어덤프	종료 신호로 사용자가 Ctrl+\를 입력하면 발생한다.
SIGKILL	9	종료	이 시그널을 받은 프로세스는 무시할 수 없으며 강제로 종료된다.
SIGALRM	14	종료	알람에 의해 발생한다.
SIGTERM	15	종료	kill 명령이 보내는 기본 시그널이다.

예를 들어 앞선 절에서 포그라운드 작업을 종료하기 위해 사용한 Ctrl+C는 2번 시그널인 SIGINT를 프로세스에 보내는 것이다. 시그널을 프로세스에 보낼 때는 kill 명령을 사용하며, 시그널 번호를 옵션으로 지정할 수 있다. 시그널 번호를 지정하지 않고 kill 명령만 사용하면 기본적으로 15번 시그널인 SIGTERM이 전송되어, 이를 받은 프로세스는 종료된다.

kill 명령으로 시그널을 보낼 때의 형식은 다음과 같다. 이때 시그널을 이름으로 지정할 경우, 시그널 이름에서 SIG를 생략하고 지정한다.

- kill [–시그널 번호 또는 –시그널 이름] PID
  예 kill 10112, kill –9 10112, kill –INT 10112
- kill [–시그널 번호 또는 –시그널 이름] %작업 번호
  예 kill %1, kill –9 %1, kill –TERM %1

다음 예에서는 sleep 명령을 포그라운드로 실행한 다음 Ctrl+C를 입력하였다. 이 경우

sleep 명령은 2번 시그널인 SIGINT를 받아 프로세스가 즉시 종료된다.

```
user1@hanbit:~$ sleep 100
^C
user1@hanbit:~$
```

프로세스는 시그널을 받았을 때 어떻게 처리할 것인지 동작이 지정되어 있다. 시그널을 받은 프로세스는 수행하던 작업을 멈추고 시그널을 처리한다. 따라서 시그널은 소프트웨어 인터럽트라고 할 수 있다. 시그널을 받은 프로세스의 기본 동작은 프로세스를 종료하는 것이지만, 시그널을 무시하거나 다른 동작을 하도록 지정되어 있다면 프로세스가 종료되지 않을 수도 있다. 프로그램에 따라 시그널을 받아서 처리하는 별도의 코드를 작성할 수도 있다. 이는 리눅스 시스템 프로그래밍 분야에서 다룬다. 또한 9번 시그널은 강제 종료이므로 프로세스가 무조건 종료되지만, 좀비 프로세스의 경우 9번 시그널을 받아도 종료되지 않을 수 있다.

다음 예는 sleep 명령을 백그라운드로 실행한 후 시그널 이름을 지정하여 kill 명령을 사용하였다. sleep 작업은 SIGINT 시그널을 받아서 메시지(인터럽트)를 출력하고 종료되었다.

```
user1@hanbit:~$ sleep 100&
[1] 1987
user1@hanbit:~$ kill -INT 1987
user1@hanbit:~$
[1]+  인터럽트              sleep 100
user1@hanbit:~$ jobs
user1@hanbit:~$
```

실습해보기 8-5 시그널

❶ 터미널 A에서 sh 프로세스를 실행한다. 실습에 사용하는 터미널 번호는 실습환경에 맞게 바꿔서 사용한다.

❷ 터미널 A에서 man more 명령을 실행한다.

❸ 터미널 A에서 실행한 프로세스를 터미널 B에서 찾는다.

❹ 터미널 A에서 실행한 man 명령을 터미널 B에서 종료시킨다.

❺ 터미널 A에서 실행한 sh 프로세스에 15번 시그널을 보낸다. sh가 종료되는가?

❻ 터미널 A에서 sh가 종료되지 않으면 터미널 B에서 -9 시그널로 터미널 A에서 실행한 sh 프로세스를 종료시킨다.

요약

01 프로세스의 개념

- 프로세스는 현재 실행 중인 프로그램으로, 리눅스의 운영에 필요한 다양한 기능을 수행하는 시스템 프로세스와 사용자들이 실행한 사용자 프로세스로 나뉜다.
- 프로세스는 부모-자식 관계를 가지며, 각 프로세스는 고유한 번호인 PID를 부여받는다.

02 프로세스의 종류

- 데몬 프로세스: 리눅스 커널에 의해 실행되고 특정 서비스를 제공하는 프로세스이다.
- 부모 프로세스: 자식 프로세스를 만드는 프로세스이다.
- 자식 프로세스: 부모 프로세스에 의해 만들어지는 프로세스이다.
- 고아 프로세스: 자식 프로세스가 아직 실행 중인데 부모 프로세스가 먼저 종료되면 자식 프로세스는 고아 프로세스가 된다.
- 좀비 프로세스: 이미 사용 중인 모든 자원을 반납했지만 부모 프로세스로부터 작업 종료에 대한 승인을 받지 못한 상태의 프로세스이다.

03 프로세스 관리 명령

- 프로세스 정보 검색 명령
  - ps: 현재 실행 중인 프로세스에 대한 정보를 출력한다.
  - pgrep: 지정한 패턴과 일치하는 프로세스에 대한 정보를 출력한다.
- 프로세스 종료
  - kill PID: 인자로 지정한 프로세스를 종료한다.
  - pkill, killall: 프로세스 번호 대신 명령어 이름으로 프로세스를 찾아 종료한다.
- 프로세스 우선 순위 조정
  - nice: 프로세스의 실행 우선 순위를 표시하는 nice 값을 조정한다(19 ~ −20).
- 프로세스 관리 도구
  - 시스템에서 실행 중인 모든 프로세스를 확인하고 주기적으로 통계 정보를 출력한다.
  - top 명령과 시스템 정보가 있다.

04 포그라운드와 백그라운드 작업

- 포그라운드 작업: 사용자가 명령을 입력한 후 결과가 출력될 때까지 기다려야 한다.
- 백그라운드 작업: 명령의 처리와 관계없이 곧바로 프롬프트가 출력되어 사용자가 다른 작업을 계속할 수 있다. 백그라운드 방식은 명령의 마지막에 & 기호를 추가한다.
- 작업 관리 명령
  - jobs: 백그라운드 작업 목록을 출력한다.
  - fg [%작업 번호]: 해당 작업을 포그라운드 작업으로 전환한다.
  - bg [%작업 번호]: 해당 작업을 백그라운드 작업으로 전환한다.
  - Ctrl+Z: 포그라운드 작업을 잠시 중단한다.
  - kill [%작업 번호]: 해당 작업을 종료한다.
  - nohup: 로그아웃한 후에도 백그라운드 작업을 계속 실행한다.

05 시그널

- 시그널은 시스템에 예기치 않은 상황이 발생했을 때 프로세스에 보내는 간단한 메시지이다.
- 시그널은 전달하려는 메시지를 나타내는 미리 정의된 번호를 사용하며, 각각의 고유한 이름도 가지고 있다.
- 명령을 사용하여 프로세스에 시그널을 보낼 때는 kill 명령을 사용한다(예 kill -9 5000).

01 현재 실행되고 있는 프로그램을 무엇이라고 하는가?

① 프로세서

② 실행 파일

③ 프로세스

④ 프로시저

02 다음 중 프로세스에 대한 설명으로 옳지 않은 것은 무엇인가?

① 시스템 프로세스와 사용자 프로세스가 있다.

② 프로세스는 부모-자식 관계를 가지고 있다.

③ 프로세스는 PID라는 번호가 있다.

④ 프로세스는 PUID라는 부모 프로세스 번호를 가지고 있다.

03 시스템에서 특정한 서비스를 제공하는 프로세스를 무엇이라고 하는가?

① 시스템 프로세스

② 데몬 프로세스

③ 특별 프로세스

④ 좀비 프로세스

04 프로세스의 상세 정보를 확인하는 옵션은 무엇인가?

① −e, a

② −f, u

③ −u, x

④ −t, a

05 다음 프로세스 중에서 ps -f의 부모 프로세스는 무엇인가?

```
user1@hanbit:~$ ps -f
UID          PID    PPID  C STIME TTY          TIME  CMD
user1     102930  102929  0 13:17 pts/2    00:00:00  -bash
user1     102943  102930 50 13:20 pts/2    00:00:00  vi a.txt
user1     102944  102930 99 13:20 pts/2    00:00:00  ps -f
```

① ps ② vi

③ sh ④ bash

06 사용자 han1과 관련된 프로세스의 정보를 확인하는 명령으로 옳지 않은 것은 무엇인가?

① ps -u han1

② ps -fu han1

③ ps -fp $(pgrep -u han1)

④ ps u han1

07 nice 값을 10으로 조정하여 ps 명령을 실행하는 것으로 옳은 것은 무엇인가?

① nice -t 10 ps

② nice -n 10 ps

③ nice -a 10 ps

④ nice -x 10 ps

08 포그라운드 작업을 잠시 중단할 때 사용하는 키는 무엇인가?

① Ctrl+A

② Ctrl+Z

③ Ctrl+C

④ Ctrl+\

09 작업 번호가 3번인 작업을 종료하려고 한다. kill 명령 다음에 지정해야 하는 것은 무엇인가?

① 3　　② −3

③ %3　　④ +3

10 Ctrl+\를 입력하면 발생하는 시그널 이름과 번호가 맞게 짝지어진 것은 무엇인가?

① SIGINT, 15

② SIGKILL, 9

③ SIGHUP, 1

④ SIGQUIT, 3

11 일반 프로세스와 데몬 프로세스의 차이를 설명하시오.

12 ps −f 명령의 결과가 다음과 같을 때 프로세스의 부모-자식 관계를 설명하시오.

```
$ ps -f
UID    PID   PPID  C STIME    TTY    TIME  CMD
user1 15761 15721 0 18:14:17  pts/1  0:00  vi /etc/hosts
user1 15721 15710 0 18:14:09  pts/1  0:00  sh
user1 15710 15701 0 18:12:59  pts/1  0:00  -bash
```

13 터미널 A에서 cron 프로세스를 사용자 ID와 터미널 번호가 보이도록 검색하는 명령은 무엇인가?

14 ps u 명령의 검색 결과보다 ps a 명령의 검색 결과가 많게 나왔다. 원인은 무엇인가?

15 guest 사용자가 실행한 프로세스를 모두 찾으려고 할 때 사용할 수 있는 명령은 무엇인가?

16 프로세스를 종료할 때 kill 명령보다 pkill 명령이 더 편리한 경우는 어떤 경우인가?

17 현재 실행 중인 포그라운드 작업을 백그라운드 작업으로 전환하는 방법을 다음 예를 사용하여 설명하시오.

```
$ find / -name sort.txt
```

18 현재 실행 중인 백그라운드 작업을 포그라운드 작업으로 전환하는 방법을 다음 예를 사용하여 설명하시오.

```
$ jobs
[1] + 실행 중 sleep 100
```

19 로그아웃한 다음에도 find / –name sort.txt 명령이 계속 실행하도록 하는 명령을 기술하시오.

20 PID가 5000인 프로세스를 kill 5000으로 종료하려는데 종료되지 않는다. 이 프로세스를 강제로 종료하려면 어떻게 해야 하는지 설명하시오.

CHAPTER 09 사용자 정보 다루기

학습목표

- 사용자 계정과 관련된 파일의 구조를 이해하고 설명할 수 있다.
- 사용자 확인 명령으로 사용자 정보를 관리하고 확인할 수 있다.
- 다른 사용자로 전환하고, root 권한을 사용할 수 있다.
- UID와 EUID의 차이를 이해하고 설명할 수 있다.

PREVIEW

리눅스는 다중 사용자 시스템이므로 시스템에는 여러 사용자가 등록될 수 있다. 또한 리눅스의 사용자는 하나 이상의 그룹에 소속되어 있으므로 그룹 정보도 알아야 한다. 9장에서는 사용자 정보와 관련된 파일과 명령을 살펴본다.

먼저 1절에서는 리눅스에서 사용자 계정 정보와 암호 정보, 그룹 정보, 그룹 암호 정보를 관리하는 파일들을 알아본다. 이 파일들의 역할과 구조를 먼저 이해하는 것이 필요하다. 이 파일 중 일부는 시스템 관리자만 볼 수 있으므로 3절에서 다루는 root 권한을 사용해야 한다. 2절에서는 사용자 정보와 관련된 명령을 다룬다. 이 명령은 사용자의 로그인 정보 확인, 로그인하고 있는 다른 사용자 확인, 사용자 계정의 로그인 기록 확인, 소속 그룹 확인 등을 포함한다. 3절에서는 root 권한을 사용할 수 있는 두 가지 방법을 알아본다. 끝으로 4절에서 사용자 계정을 구분하는 번호인 UID와 EUID의 개념을 알아보고 이를 확인할 수 있는 명령을 살펴본다.

이 장에서는 일반 사용자들이 사용자 정보와 관련하여 알아야 할 개념과 파일, 명령을 다루고 있다. 시스템 관리자의 관점에서 사용자를 관리하는 명령은 13장에서 간략하게 다루며, 보다 자세한 내용은 시스템 관리 분야를 깊이 있게 공부해야 한다.

사용자 정보 관련 파일	/etc/passwd 파일	/etc/shadow 파일	/etc/login.defs 파일	/etc/group 파일	/etc/gshadow 파일
사용자 정보 보기	사용자 로그인 정보 확인하기	로그인하고 있는 사용자 확인하기	사용자 계정의 로그인 기록 확인하기	소속 그룹 확인하기	
root권한 사용하기	su 명령 사용하기	sudo 명령			
UID와 EUID	UID와 EUID의 개념 이해	UID와 EUID 확인하기			

01 사용자 정보 관련 파일

리눅스는 기본적으로 다중 사용자 시스템으로, 여러 사용자가 하나의 시스템을 공유하며 사용할 수 있다. 따라서 리눅스에서는 사용자를 구별하고 적절한 자원을 할당하기 위해 사용자 계정을 사용한다. 사용자가 리눅스 시스템을 이용하기 위해서는 사용자 계정이 필수적이다.

사용자 계정 관리는 시스템 관리자의 주요 업무 중 하나로, 사용자 계정의 생성과 수정, 삭제와 그룹의 생성과 수정, 삭제 등이 포함된다. 리눅스에서 사용자 계정과 관련된 파일은 /etc/passwd, /etc/shadow, /etc/login.defs, /etc/group, /etc/gshadow로 다섯 개이다. 이 절에서는 이 파일들에 대해 알아본다.

1 /etc/passwd 파일

/etc/passwd 파일은 사용자 계정 정보를 저장하는 기본 파일이다. 초기 유닉스 시스템에서는 사용자 암호도 이 파일에 저장했으나, 보안이 강화되면서 현재는 암호 정보는 별도의 /etc/shadow 파일에 저장한다. /etc/passwd 파일은 root 계정 권한으로 수정할 수 있다. 그러나 파일의 중요성을 고려할 때 직접 수정하기보다는 관련 명령을 사용하는 것이 바람직하다. 사용자 관리와 관련된 명령은 13장을 참조한다.

/etc/passwd 파일의 구조

/etc/passwd 파일은 행별로 사용자 계정 정보를 기록한다. 사용자 계정 정보는 [그림 9-1]과 같이 쌍점(:)으로 구분되는 일곱 개의 항목으로 구성되어 있다.

로그인 ID : x : UID : GID : 설명 : 홈 디렉터리 : 로그인 셸
❶ ❷ ❸ ❹ ❺ ❻ ❼

그림 9-1 /etc/passwd 파일의 사용자 계정 정보 구성

❶ 로그인 ID: 로그인 ID는 사용자 계정의 이름을 의미하며 사용자 ID라고도 한다. 로그인 ID는 최대 32자까지 사용 가능하고, 소문자, 대문자, 숫자, 언더스코어(_), 하이픈(-)을

사용할 수 있다. 하이픈으로 시작하거나 로그인 ID 전체가 숫자여서는 안 되고, 중복된 이름을 사용해서는 안 된다. 다만 리눅스 버전별로 특수문자 사용 가능 여부는 다를 수 있다.

❷ x: 초기 유닉스 시스템에서 사용자 암호가 기록되던 항목이다. 현재는 보안상의 이유로 사용자 암호를 /etc/shadow 파일에 별도로 보관하고 있다. 이 항목은 이전 프로그램과의 호환성을 위해 그대로 유지하고 있으며 x로 표시한다.

❸ UID: 로그인 ID 번호로 시스템이 사용자를 구별하기 위해 사용하는 번호이다. 일반적으로 0~999번과 65534번은 시스템 계정용 UID로 예약되어 있다. 시스템 계정은 시스템의 내부 작업에 사용되므로 임의로 수정해서는 안 된다. 일반 사용자에게는 UID 1000번부터 할당된다. 우분투 리눅스에 등록된 시스템 계정의 예는 다음과 같다. 이는 리눅스 배포판에 따라 다를 수 있다.

- 0(root): root 계정
- 1(daemon): 시스템 데몬 계정
- 2(bin): 명령어 관리를 위한 계정
- 3(sys): 시스템 로그와 관련된 계정

로그인 ID가 다르더라도 UID가 같으면 리눅스 시스템은 동일한 사용자로 판단한다. 예를 들어 user1의 UID가 0번이면 시스템은 user1을 root 계정으로 인식한다. 따라서 사용자 계정의 UID가 중복되지 않도록 주의해야 한다.

❹ GID: 그룹 ID를 나타낸다. 리눅스에서는 사용자가 무조건 하나 이상의 그룹에 속하게 되며, 사용자의 기본 그룹은 사용자를 등록할 때 자동으로 설정된다. 특별히 소속 그룹을 지정하지 않으면 자동적으로 로그인 ID가 그룹 ID로 등록된다. 시스템에 등록된 그룹에 대한 정보는 /etc/group 파일에 저장되어 있다.

❺ 설명: 사용자의 실명이나 부서명, 연락처 등 일반적인 사용자 정보가 기록되는 부분이다.

❻ 홈 디렉터리: 사용자 계정에 할당된 홈 디렉터리의 절대 경로를 기록한다. 홈 디렉터리는 사용자 계정에 할당된 고유 영역으로, 사용자가 로그인할 때 자동적으로 로그인되는 디렉터리이다. 사용자 계정은 기본적으로 홈 디렉터리 아래에 다른 디렉터리나 파일을 생성할 수 있다.

❼ 로그인 셸: 사용자 계정의 로그인 셸을 지정한다. 로그인 셸은 사용자가 로그인할 때 기본적으로 동작하는 셸이다. 대부분의 리눅스에서는 배시셸(/bin/bash)을 기본 셸로 사용하고 있다.

/etc/passwd 파일의 예

다음은 /etc/passwd 파일의 예이다. /etc/passwd 파일은 누구나 읽을 수 있도록 접근 권한이 설정되어 있다.

```
user1@hanbit:~$ ls -l /etc/passwd
-rw-r--r-- 1 root root 2895  5월  7 14:23 /etc/passwd
user1@hanbit:~$ cat /etc/passwd
root:x:0:0:root:/root:/bin/bash
daemon:x:1:1:daemon:/usr/sbin:/usr/sbin/nologin
bin:x:2:2:bin:/bin:/usr/sbin/nologin
sys:x:3:3:sys:/dev:/usr/sbin/nologin
(생략)
user1:x:1000:1000:user1:/home/user1:/bin/bash
```

위의 /etc/passwd 파일에서 시스템 계정의 셸은 대부분 /usr/sbin/nologin으로 설정되어 있다. 이는 로그인을 위해서가 아니라 시스템 관리를 위해 내부적으로 사용되기 때문이다. 보안상 root 계정을 제외한 시스템 계정에는 /bin/bash 같은 일반 셸이 설정되지 않도록 해야 한다. 리눅스 시스템을 설치할 때 등록한 일반 사용자 계정인 user1의 UID가 1000번으로 정의되어 있다.

/etc/passwd- 파일이 있을 수 있는데 이 파일은 /etc/passwd의 백업 파일이다.

```
user1@hanbit:~$ ls -l /etc/passwd-
-rw-r--r-- 1 root root 2934  5월  7 14:42 /etc/passwd-
```

2 /etc/shadow 파일

/etc/shadow 파일은 사용자 계정의 암호를 관리하는 파일이다. 아래 명령의 결과에서 확인할 수 있듯이 /etc/passwd 파일은 누구나 읽을 수 있지만 /etc/shadow 파일은 보안상의 이유로 root 계정만이 읽기와 쓰기 권한을 가지고, shadow 그룹에 속한 사용자 계정은 읽기 권한만 가진다. 리눅스 버전에 따라 /etc/shadow 파일의 접근 권한이 다를 수 있다.

```
user1@hanbit:~$ ls -l /etc/passwd /etc/shadow
-rw-r--r-- 1 root root   2895  5월  7 14:23 /etc/passwd
-rw-r----- 1 root shadow 1348  5월  7 14:23 /etc/shadow
```

/etc/shadow- 파일이 있을 수 있는데 이 파일은 /etc/shadow의 백업 파일이다.

```
user1@hanbit:~$ ls -l /etc/shadow-
-rw-r----- 1 root shadow 1348  5월  7 14:35 /etc/shadow-
```

/etc/shadow 파일의 구조

/etc/shadow 파일에는 사용자 계정의 암호뿐만 아니라 사용자 계정과 관련된 부가적인 정보도 함께 저장된다. 이 파일은 [그림 9-2]와 같이 9개의 항목으로 구성되어 있으며 각 항목은 :으로 구분된다.

로그인 ID : 암호(패스워드) : 최종 변경일 : MIN : MAX : WARNING : INACTIVE : EXPIRE : Flag
❶ ❷ ❸ ❹ ❺ ❻ ❼ ❽ ❾

그림 9-2 /etc/shadow 파일의 정보 구성

❶ 로그인 ID: 사용자 계정의 이름으로 /etc/passwd 파일의 로그인 ID와 동일하다.

❷ 암호(패스워드): 실제 비밀번호가 암호화되어 저장된다. 이 암호 항목에 아무 값도 없으면 암호가 지정되지 않은 계정임을 뜻한다. 시스템 계정은 * 또는 !로 표시된다. 암호는 6~8자로 구성한다. 사용자는 일반적으로 passwd 명령으로 자신의 암호만 변경할 수 있다.

❸ 최종 변경일: 암호가 마지막으로 변경된 날짜를 의미한다. 이 날짜는 일반적인 연월일 형태로 기록되는 것이 아니라, 유닉스의 전통을 따라 1970년 1월 1일을 기준으로 경과한 일수로 기록된다. 예를 들어 2024년 5월 7일에 암호가 변경되었으면 19850으로 표시된다. 이는 1970년 1월 1일부터 19850일이 지났다는 의미다.

TIP date 명령으로 1970년 1월 1일을 기준으로 날짜를 알아보는 방법의 예

```
user1@hanbit:~$ date -d "1970-01-01 19850 days"
2024. 05. 07. (화) 00:00:00 KST
```

❹ MIN: MIN과 다음에 나오는 MAX, WARNING, INACTIVE, EXPIRE 항목을 패스워드 에이징이라고 한다. 각각 패스워드와 관련된 유효 기간을 지정한다. MIN은 암호를 변경한

후 그 암호를 사용해야 하는 최소 기간이다. 예를 들어 MIN이 3이면 암호 변경 후 최소한 3일은 그 암호를 그대로 사용해야 한다. 이 값이 0이면 사용자는 언제든 암호를 변경할 수 있다.

❺ MAX: 암호를 사용할 수 있는 최대 기간이다. 예를 들어 MAX가 30이면 암호를 30일 동안만 사용할 수 있으며 30일이 지나면 암호를 변경해야 한다.

❻ WARNING: 암호가 만료되기 전에 사용자에게 경고를 시작하는 날수이다. 예를 들어 WARNING이 7이면 암호 만료 7일 전부터 로그인할 때 경고 메시지가 출력된다.

❼ INACTIVE: 암호 만료 후 로그인이 비활성화되기까지의 기간을 나타낸다. 예를 들어 INACTIVE 값이 10이면 암호 만료 후 10일 동안은 로그인이 가능하며, 이 기간 동안 암호를 변경하지 않으면 계정이 잠긴다.

❽ EXPIRE: 사용자 계정이 만료되는 날로, 이 날짜가 지나면 해당 계정으로 로그인할 수 없다. 이 항목은 최종 변경일처럼 1970년 1월 1일을 기준으로 한 날짜 수로 표시된다.

❾ Flag: 향후 사용할 목적으로 비워둔 항목이다.

/etc/shadow 파일의 예

다음은 /etc/shadow 파일의 예이다. 이 파일은 root 계정으로 변경한 뒤 확인할 수 있다.

```
user1@hanbit:~$ sudo cat /etc/shadow
[sudo] user1 암호:
root:*:19646:0:99999:7:::
daemon:*:19646:0:99999:7:::
bin:*:19646:0:99999:7:::
sys:*:19646:0:99999:7:::
sync:*:19646:0:99999:7:::
(생략)
gdm:!:19646::::::
nm-openvpn:!:19646::::::
user1:$6$o3l9SXUi6gBuC1wi$2yNWNqkaD7Nui9PpSEdQtfXr02KT.bLTguG2Ecwluc2Wyg6jco5y3t
uzonVGu9E.1mDPOKOmJq9CjFVvwcumn.:19760:0:99999:7:::
```

예에서 user1 계정만 암호가 설정되어 있고 나머지 시스템 계정은 암호가 * 또는 !로 설정되어 있음을 알 수 있다. user1 계정의 패스워드 에이징 정보를 보면 MIN이 0, MAX가

99999, WARNING이 7로 설정되어 있다. 이는 /etc/login.defs 파일에 설정된 기본값을 적용한 것이다.

3 /etc/login.defs 파일

/etc/login.defs 파일은 사용자 계정의 설정과 관련된 기본값을 정의한 파일이다. 이 파일의 내용 중 암호와 관련된 부분은 다음과 같다.

```
user1@hanbit:~$ cat /etc/login.defs
(생략)
# Password aging controls:
#
#       PASS_MAX_DAYS   Maximum number of days a password may be used.
#       PASS_MIN_DAYS   Minimum number of days allowed between password changes.
#       PASS_WARN_AGE   Number of days warning given before a password expires.
#
PASS_MAX_DAYS   99999
PASS_MIN_DAYS   0
PASS_WARN_AGE   7
(생략)
```

우분투에서 /etc/login.defs 파일에 정의된 주요 설정값은 [표 9-1]과 같다. 이 파일에는 사용자 계정과 관련된 다양한 설정값도 가지고 있다. 주석이 잘 되어 있어 주석만 보아도 각 설정 항목이 무엇인지 쉽게 이해할 수 있으므로 각자 더 살펴보기를 바란다.

표 9-1 /etc/login.defs 파일의 내용

항목	기본값	의미
MAIL_DIR	/var/mail	기본 메일 디렉터리
PASS_MAX_DAYS	99999	패스워드 에이징
PASS_MIN_DAYS	0	
PASS_WARN_AGE	7	
UID_MIN, UID_MAX	1000, 60000	사용자 계정의 UID 범위
GID_MIN, GID_MAX	1000, 60000	사용자 계정의 GID 범위

HOME_MODE	0750	홈 디렉터리의 기본 접근 권한
UMASK	022	기본 umask 값 설정
USERGROUPS_ENAB	yes	사용자 계정 삭제 시 그룹 삭제 여부
ENCRYPT_METHOD	SHA512	암호화 기법

❹ /etc/group 파일

/etc/group 파일은 그룹의 정보가 저장된 파일이다. 리눅스에서 사용자는 기본적으로 하나 이상의 그룹에 속해 있다. 사용자의 기본 그룹은 /etc/passwd 파일의 GID 항목에 지정되며, 추가로 속한 2차 그룹은 /etc/group 파일에 지정된다.

/etc/group 파일의 구조

/etc/group 파일은 [그림 9-3]과 같이 네 항목으로 구성되어 있으며, 각 항목은 :으로 구분된다.

그룹 이름 : x : GID : 그룹 멤버

❶ ❷ ❸ ❹

그림 9-3 /etc/group 파일의 정보 구성

❶ 그룹 이름: 그룹의 이름이다.

❷ x: 그룹의 암호를 저장하는 곳으로, 예전 유닉스에서는 비어 있거나 *로 표시되었다. 리눅스에서는 암호화된 그룹 암호를 여기에 저장하거나 /etc/gshadow 파일에 저장한다. 그룹 암호는 newgrp 명령을 사용하여 자신이 속하지 않은 그룹으로 전환할 때 사용된다.

❸ GID: 그룹을 식별하는 번호이다.

❹ 그룹 멤버: 그룹에 속한 멤버들의 사용자 계정 이름으로 쉼표(,)로 사용자를 구분한다. 사용자의 2차 그룹을 나타낸다.

/etc/group 파일의 예

다음은 /etc/group 파일의 예로 user1 그룹이 생성되어 있는 것을 확인할 수 있다. user1 계정은 adm 그룹에도 속해 있다. 리눅스에서는 사용자 계정을 생성할 때 특별히 지정하지 않으면 사용자 이름과 동일한 이름으로 그룹을 생성한다.

```
user1@hanbit:~$ more /etc/group
root:x:0:
daemon:x:1:
bin:x:2:
sys:x:3:
adm:x:4:syslog,user1
(생략)
user1:x:1000:
```

/etc/group- 파일이 있을 수 있는데 이 파일은 /etc/group의 백업 파일이다.

```
user1@hanbit:~$ ls -l /etc/group-
-rw-r--r-- 1 root root 1097  5월  7 14:42 /etc/group-
```

5 /etc/gshadow 파일

/etc/gshadow 파일은 그룹 암호가 저장된 파일이다. 유닉스에서는 그룹에 암호가 필요할 경우 /etc/group 파일의 그룹 암호 자리에 암호화된 그룹 암호를 설정했는데, 리눅스에서는 /etc/shadow 파일과 비슷하게 /etc/gshadow 파일을 만든 것이다.

/etc/gshadow 파일의 구조

/etc/gshadow 파일도 :으로 구분되는 네 항목으로 구성되어 있다.

그룹 이름 : 그룹 암호 : 관리자 : 그룹 멤버
❶ ❷ ❸ ❹

그림 9-4 /etc/gshadow 파일의 정보 구성

❶ 그룹 이름: 그룹의 이름으로 /etc/group 파일에 지정한 그룹 이름과 동일하다.

❷ 그룹 암호: 암호화된 그룹 암호이다.

❸ 관리자: 그룹의 암호나 멤버를 바꿀 수 있는 사용자 계정으로 여러 개일 경우 쉼표로 구분한다.

❹ 그룹 멤버: 그룹에 속한 멤버들의 사용자 계정 이름이며, 쉼표로 사용자를 구분한다.

/etc/passwd 파일과 마찬가지로 /etc/group 파일은 누구나 읽을 수 있지만 root 계정은 /etc/gshadow 파일에 대해 읽기와 쓰기 권한이 있고, shadow 그룹에 속한 사용자 계정은 읽기 권한만 있다.

```
user1@hanbit:~$ ls -l /etc/passwd /etc/shadow
-rw-r--r-- 1 root root   2895  5월  7 14:23 /etc/passwd
-rw-r----- 1 root shadow 1348  5월  7 14:23 /etc/shadow
```

/etc/gshadow 파일의 예

다음은 /etc/gshadow 파일의 예로, 현재 암호가 설정된 그룹이 없는 상태이다.

```
user1@hanbit:~$ sudo cat /etc/gshadow
[sudo] user1 암호:
root:*::
daemon:*::
bin:*::
sys:*::
adm:*::syslog,user1
(생략)
user1:!::
```

/etc/gshadow- 파일이 있을 수 있는데 이 파일은 /etc/gshadow의 백업 파일이다.

```
user1@hanbit:~$ ls -l /etc/gshadow-
-rw-r----- 1 root shadow 916  5월  7 14:42 /etc/gshadow-
```

02 사용자 정보 보기 명령

사용자 계정을 등록하고 삭제하는 것은 시스템 관리자 기능에 속하며 이와 관련된 내용은 13장에서 간략하게 다룬다. 이 절에서는 시스템의 사용자 정보를 볼 수 있는 명령들을 살펴본다. 주로 사용되는 명령으로는 현재 로그인한 사용자를 확인하는 명령과 소속 그룹을 확인하는 명령이 있다.

사용자 로그인 정보 확인하기: who

어떤 사용자 계정이 로그인하는지, 로그인해서 현재 어떤 작업을 하고 있는지 확인하는 기본 명령은 who이다. who 명령은 현재 시스템에 로그인한 사용자의 이름, 로그인한 단말기 번호, 로그인 시간 등의 정보를 출력한다.

who

- **기능** 현재 시스템을 사용하는 사용자의 정보를 출력한다.
- **형식** who [옵션]
- **옵션** -a: 전체 옵션을 모두 적용하여 출력한다.
  -q: 사용자명과 사용자 숫자를 출력한다.
  -H: 출력 항목의 제목도 함께 출력한다.
  -b: 마지막으로 재부팅한 날짜와 시간을 출력한다.
  -m: 현재 사용자 계정의 정보를 출력한다.
  -r: 현재 런레벨을 출력한다.
  -u: 현재 로그인하고 있는 사용자 계정의 정보를 출력한다.
  -d: 종료된 프로세스들을 출력한다.
- **사용 예** who
  who -H

who 명령을 옵션 없이 사용하면 사용자명, 사용자가 접속한 단말기 번호, 로그인한 시간, 외부 네트워크에서 접속했을 경우 외부 컴퓨터 이름이나 IP 주소가 출력된다. 다음 예에서는 seat0와 tty2는 리눅스 데스크탑 환경에서 로그인한 것이고 pts/1은 외부에서 네트워크를 통해 로그인한 것이다. seat0는 처음 부팅한 시스템을 의미하며 tty1에 로그인 스크린이 표시되고 GUI는 tty2에 표시된다. who 명령에서 tty1은 seat0로 표시된다.

```
user1@hanbit:~$ who
user1    seat0        2024-09-10 20:53 (login screen)
user1    tty2         2024-09-10 20:53 (tty2)
user1    pts/1        2024-09-10 20:55 (192.168.74.1)
```

-H 옵션을 사용하면 각 항목의 제목과 함께 출력된다.

```
user1@hanbit:~$ who -H
이름     행       시각                 설명
user1    seat0    2024-09-10 20:53     (login screen)
user1    tty2     2024-09-10 20:53     (tty2)
user1    pts/1    2024-09-10 20:55     (192.168.74.1)
```

-m 옵션은 현재 사용자 계정을 출력한다. 이 옵션은 외부에서 연결된 터미널에서만 결과를 출력한다.

```
user1@hanbit:~$ who -m
user1    pts/1        2024-09-10 20:55 (192.168.74.1)
```

-u 옵션은 현재 로그인하고 있는 사용자 계정을 출력한다.

TIP 다음 예에서는 user2 계정이 나오는데 이는 13장에 나오는 useradd 명령으로 사용자 계정을 추가한 후 2장에서 다룬 PuTTy를 열고 로그인한 것이다.

```
user1@hanbit:~$ sudo useradd user2
[sudo] user1 암호:
user1@hanbit:~$ sudo passwd user2
신규 비밀번호:
신규 비밀번호 재 입력:
passwd: 암호를 성공적으로 업데이트했습니다
```

다음 예에서 대기는 시스템에서 최종 작업한 이후의 대기 시간으로 '.'은 최근 1분 이내에 작업 중이었음을 의미한다. 24시간 이상 대기일 경우 대기에 'old'가 표시된다.

```
user1@hanbit:~$ who -uH
이름      행        시각                대기       PID 설명
user1    seat0     2024-09-10 20:53    ?         2006 (login screen)
user1    tty2      2024-09-10 20:53    00:15     2006 (tty2)
user1    pts/1     2024-09-10 20:55    .         2995 (192.168.74.1)
user2    pts/2     2024-09-10 21:08    .         3208 (192.168.74.1)
```

–q 옵션은 로그인한 사용자 수와 계정 이름을 출력한다.

```
user1@hanbit:~$ who -q
user1 user1 user1 user2
사용자 수=4
```

–b 옵션은 사용자 정보를 출력하는 것이 아니라 현재 시스템이 부팅한 날짜와 시간 정보를 출력한다. 다음 예는 2024년 9월 10일 20시 52분에 시스템이 부팅되었음을 나타낸다.

```
user1@hanbit:~$ who -b
         시스템 부팅 2024-09-10 20:52
```

–r 옵션은 현재 런레벨을 출력한다. 다음 예는 2024년 9월 10일 20시 53분에 런레벨이 5로 설정되었음을 나타낸다. 런레벨 5는 리눅스 윈도 환경으로 부팅되었다는 의미다.

```
user1@hanbit:~$ who -r
         런레벨 5    2024-09-10 20:53
```

–a 옵션은 주요 옵션을 한 번에 적용하여 출력한다. 다음 예에서는 –b, –r, –u 옵션이 실행되었다. –d 옵션도 적용되었지만 종료된 프로세스가 없어서 출력되지 않았다.

```
user1@hanbit:~$ who -a
            시스템 부팅       2024-09-10 20:52
            런레벨 5          2024-09-10 20:53
user1     ? seat0             2024-09-10 20:53   ?          2006 (login screen)
```

```
user1    + tty2       2024-09-10 20:53 00:18      2006 (tty2)
user1    + pts/1      2024-09-10 20:55   .        2995 (192.168.74.1)
user2    + pts/2      2024-09-10 21:08 00:02      3208 (192.168.74.1)
```

여기서 잠깐 런레벨

전통적으로 유닉스에서는 시스템의 상태를 일곱 개로 정의하여 구분하고 각 상태에 따라 셸 스크립트를 실행하였는데, 이러한 상태를 런레벨이라고 한다. 기존 유닉스와 우분투 리눅스의 런레벨은 다음과 같다.

표 9-2 유닉스와 리눅스의 런레벨

런레벨	유닉스	리눅스
0	시스템 종료	시스템 종료
1, S	단일 사용자 모드	단일 사용자/복구 모드
2	다중 사용자 모드(NFS 실행 안 함)	다중 사용자 모드
3	다중 사용자 모드(NFS 포함)	
4	사용하지 않음	GUI 상태로 부팅
5	GUI 상태로 부팅	재시작

사용자 로그인 정보 확인하기: w

w 명령은 현재 시스템에 로그인한 사용자의 정보와 함께 사용자가 현재 실행 중인 작업에 대한 정보를 알려준다. w 명령의 인자로 사용자명을 지정하면 해당 사용자의 정보만 출력한다.

w

- **기능** 현재 시스템을 사용하는 사용자의 정보와 작업 정보를 출력한다.
- **형식** w [옵션] [사용자명]
- **옵션** -s: 일부 항목을 제외하고 출력한다.
- **사용 예** w
  w -s
  w user

w 명령을 실행하면 who 명령에서 제공하는 정보 외에도 활동, CPU 사용량, 시스템 로드 정보 등이 추가로 출력된다. JCPU는 연결된 터미널과 관련된 모든 프로세스에서 사용한 CPU 시간이고 PCPU는 현재 수행한 프로세스가 사용한 CPU 시간이다.

```
user1@hanbit:~$ w
 21:12:13 up 19 min,  3 users,  load average: 0.90, 0.41, 0.30
USER   TTY   FROM          로그인  대기   JCPU   PCPU   세션
user1  tty2  -             20:53  19:31  0.03초  0.03초  /usr/libexec/gnome-session-b
user1        192.168.74.1  20:55  19:00  0.00초  0.05초  sshd: user1 [priv]
user2        192.168.74.1  21:08  19:00  0.00초  0.04초  sshd: user2 [priv]
```

–s 옵션을 지정하면 로그인 시간과 JCPU, PCPU 등의 정보를 생략하고 출력한다.

```
user1@hanbit:~$ w -s
 21:12:13 up 19 min,  3 users,  load average: 0.90, 0.41, 0.30
USER     TTY      FROM             대기     세션
user1    tty2     -                19:31    /usr/libexec/gnome-session-b
user1             192.168.74.1     19:00    sshd: user1 [priv]
user2             192.168.74.1     19:00    sshd: user2 [priv]
```

w 명령에서 특정 사용자를 지정하면 해당 사용자 정보만 출력한다.

```
user1@hanbit:~$ w user1
 15:43:45 up 1 day, 23:38,  2 users,  load average: 0.27, 0.25, 0.20
USER     TTY      FROM             로그인   대기     JCPU    PCPU    세션
user1    pts/0    192.168.74.1     09:04    1.00초   0.03초   0.01초   w user1
```

로그인하고 있는 사용자 확인하기: users

users 명령은 현재 시스템에 로그인하고 있는 사용자명을 출력한다.

users

- **기능** 시스템에 로그인한 사용자명을 출력한다.
- **형식** users

다음 예와 같이 users 명령은 현재 시스템에 로그인하고 있는 사용자명만 간단하게 출력한다.

```
user1@hanbit:~$ users
user1 user1 user1 user2
```

사용자 계정의 로그인 기록 확인하기: last

last 명령은 사용자명과 로그인한 시간, 로그아웃한 시간, 터미널 번호 또는 IP 주소를 출력한다. 이 정보를 보면 누가 언제 로그인해서 로그아웃했는지를 한눈에 알 수 있다.

last

- **기능** 시스템의 부팅 시간 정보와 사용자 계정이 로그인하고 로그아웃한 정보를 출력한다.
- **형식** last

다음 예를 보면 시스템이 부팅한 시간, 사용자가 로그인하고 로그아웃한 시간을 알 수 있다.

```
user1@hanbit:~$ last
user2    pts/2        192.168.74.1     Tue Sep 10 21:08   still logged in
user1    pts/1        192.168.74.1     Tue Sep 10 20:55   still logged in
user1    tty2         tty2             Tue Sep 10 20:53   still logged in
user1    seat0        login screen     Tue Sep 10 20:53   still logged in
reboot   system boot  6.8.0-41-generic Tue Sep 10 20:52   still running
 (생략)
user1    tty2         tty2             Fri Jun 21 17:13 - crash  (16:03)
user1    seat0        login screen     Fri Jun 21 17:13 - crash  (16:03)
reboot   system boot  6.8.0-35-generic Fri Jun 21 17:12 - 20:52 (81+03:40)

wtmp begins Fri Jun 21 17:12:12 2024
```

소속 그룹 확인하기: groups

groups 명령은 사용자 계정이 속해 있는 그룹명을 출력한다.

groups

- **기능** 사용자 계정이 속한 그룹을 출력한다.
- **형식** groups [계정명]

특별히 사용자를 시정하지 않고 groups 명령을 실행하면 현재 사용자 계정이 속한 그룹을 출력한다.

```
user1@hanbit:~$ groups
user1 adm cdrom sudo dip plugdev users lpadmin
```

사용자 계정을 인수로 지정하면 해당 사용자 계정이 속한 그룹 정보를 출력한다.

```
user1@hanbit:~$ groups user2
user2 : user2
```

실습해보기 9-1 사용자 정보 보기 명령

❶ who 명령으로 현재 로그인한 사용자 정보를 확인한다.

❷ 현재 로그인한 사용자들이 사용하는 터미널 번호는 무엇인가?

❸ 시스템이 부팅한 날짜와 시간 정보를 확인한다.

❹ 시스템이 부팅한 지 며칠이 지났는지를 가장 빠르게 알려주는 명령은 무엇인가?

❺ 시스템이 부팅한 날짜와 시간을 last 명령으로 확인하려면 어떻게 할 수 있는가?

❻ 현재 로그인하고 있는 사용자 숫자를 간단하게 확인할 수 있는 명령은 무엇인가?

❼ root 계정이 속한 그룹이 무엇인지 확인한다.

03 root 권한 사용 방법

시스템을 사용하다 보면 root 권한이 필요한 경우가 있다. 일반 사용자가 root 권한을 사용하려면 su 명령을 사용하여 root 계정으로 전환하거나, sudo 명령을 사용하여 root 권한이 필요한 명령을 실행해야 한다.

1 su 명령

su substitute user 명령은 현재 사용자 계정이 아닌 대체 사용자 계정의 권한으로 명령을 실행한다.

su

- **기능** 명령을 대체 사용자 계정의 권한으로 실행한다.
- **형식** su [옵션][대체할 사용자 계정]
- **옵션** -s 셸: 지정한 셸로 적용한다. 셸의 경로는 절대경로로 지정한다.
  -: 대체할 사용자 계정의 사용자 환경을 적용한다.
- **사용 예** su
  su -
  su user2
  su - user2
  su -s /bin/bash user2

su 명령은 현재 로그인하고 있는 사용자 계정을 로그아웃하지 않고 다른 사용자 계정으로 전환하여 명령을 실행할 수 있도록 한다. 물론 다른 사용자 계정으로 전환하려면 해당 계정의 암호를 알고 있어야 한다. 다음 예는 user1 계정에서 su 명령을 사용하여 user2 계정으로 바꾼 것이다.

```
user1@hanbit:~$ su user2
암호:
$ pwd
/home/user1
$ exit
```

현재 user2 계정의 기본 셸이 본셸로 설정되어 있어서 프롬프트가 $로 표시된 것이다. 그리고 user2 계정의 사용자 환경이 적용되지 않아 user2로 계정이 전환되었음에도 여전히 현재 디렉터리는 /home/user1으로 유지되고 있다.

su 명령에서 – 옵션을 사용하면 대체 사용자 계정의 사용자 환경이 적용되어 셸을 시작한다. 다음 예를 보면 user2 계정의 사용자 환경이 적용되어 현재 디렉터리가 user2 계정의 홈 디렉터리로 변경된 것을 확인할 수 있다.

```
user1@hanbit:~$ su - user2
암호:
$ pwd
/home/user2
$ exit
```

–s 옵션을 사용하면 셸을 지정할 수 있다. 예를 들면 user2 계정의 로그인 셸은 본셸(/bin/sh)인데 다음과 같이 배시셸로 지정하여 사용자를 전환할 수 있다.

```
user1@hanbit:~$ su -s /bin/bash user2
암호:
user2@hanbit:/home/user1$ exit
```

su 명령에서 사용자 계정을 지정하지 않으면 root 계정으로 전환된다. root 계정으로 전환하려면 root 계정의 암호를 알고 있어야 한다. 현재 root 계정에 암호가 설정되어 있지 않다면, su 명령으로 root 계정을 전환하기 전에 sudo 명령을 사용하여 root 계정의 암호를 설정해야 한다.

```
user1@hanbit:~$ sudo passwd root
[sudo] user1 암호:
신규 비밀번호:
신규 비밀번호 재 입력:
passwd: 암호를 성공적으로 업데이트했습니다
```

암호 설정 후 su 명령을 사용하여 root 계정으로 전환하였다.

```
user1@hanbit:~$ su
암호:
root@hanbit:/home/user1# exit
```

이는 시스템의 최고 관리 계정인 root 계정으로 전환하는 것이므로 모든 권한을 가지게 되어 보안상 매우 위험하므로 주의해야 한다.

2 sudo 명령

sudo superuser do 명령은 root 권한으로 명령을 실행할 수 있게 한다. 일반 사용자가 sudo 명령으로 root 권한을 실행하려면 특정 권한을 부여받아야 한다. 이 권한은 /etc/sudoers 파일에 설정하며 오직 root 계정으로만 수정이 가능하다.

/etc/sudoers 파일은 vi로 편집이 가능하지만 visudo 명령을 사용할 것을 권장한다. visudo 명령은 파일을 수정한 후 문법이 맞는지 확인하고 저장한다. root 계정에서 visudo 명령을 실행하면 다음과 같이 나온다.

```
user1@hanbit:~$ sudo visudo
#
# This file MUST be edited with the 'visudo' command as root.
#
# Please consider adding local content in /etc/sudoers.d/ instead of
# directly modifying this file.
#
# See the man page for details on how to write a sudoers file.
#
Defaults        env_reset
Defaults        mail_badpass
Defaults        secure_path="/usr/local/sbin:/usr/local/bin:/usr/sbin:/usr/bin:>
(생략)
                              [ 57 행 읽음 ]
^G 도움말    ^O 기록 저장 ^W 위치 찾기 ^K 잘라내기  ^T 실행      ^C 위치
^X 나가기    ^R 파일 읽기 ^\ 바꾸기    ^U 붙여넣기  ^J 정렬      ^/ 지정 행으로
```

/etc/sudoers 파일을 보면 root 계정과 admin 그룹에 대한 권한 설정이 다음과 같이 설정되어 있다. 이는 어디서나 어떤 명령이든지 실행할 수 있음을 의미한다.

```
# User privilege specification
root    ALL=(ALL:ALL) ALL

# Members of the admin group may gain root privileges
%admin ALL=(ALL) ALL
```

우분투 리눅스를 설치할 때 생성한 user1 계정은 다음과 같이 adm 그룹에 속해 있어 sudo 명령의 사용이 가능한 것이다.

```
user1@hanbit:~$ head -5 /etc/group
root:x:0:
daemon:x:1:
bin:x:2:
sys:x:3:
adm:x:4:syslog,user1
```

sudo 명령 사용하기

sudo 명령은 다음과 같은 형식으로 사용한다.

```
sudo 명령
```

예를 들어 사용자 계정 user3을 추가하려면 다음과 같이 입력할 수 있다. 이때 root 계정의 권한을 사용하므로 주의하라는 메시지가 표시된다.

TIP 사용자 계정 추가 명령은 13장에서 다룬다.

```
user1@hanbit:~$ sudo useradd user3
[sudo] user1의 암호:
user1@hanbit:~$
```

이 경우 root 계정의 암호가 아니라 user1 계정의 암호를 입력하면 사용자 계정이 추가된다.

```
user1@hanbit:~$ grep user3 /etc/passwd
user3:x:1002:1002::/home/user3:/bin/sh
```

만약 sudo 권한이 없는 user2 계정에서 sudo 명령을 사용한다면 다음과 같은 오류 메시지가 출력된다.

```
$ sudo passwd root
[sudo] user2 암호:
user2은(는) sudoers 파일에 없습니다.
```

실습해보기 9-2 root 권한 사용 방법

❶ su 명령으로 root 계정으로 전환한다. 현재 디렉터리는 어디인가? 디렉터리를 확인한 후 exit를 실행한다.

❷ su - 명령으로 root 계정으로 전환한다. 현재 디렉터리는 어디인가? 디렉터리를 확인한 후 exit를 실행한다.

❸ ❶과 ❷에서 현재 디렉터리는 왜 차이가 나는가?

❹ 본셸로 지정하여 root 계정으로 전환한다. 프롬프트 모양이 무엇으로 변했는가?

❺ sudo 명령을 사용하여 user2 계정의 암호를 변경한다.

❻ user2 계정에서 sudo 명령으로 user1 계정의 암호를 변경한다. 어떤 메시지가 출력되는가?

❼ user1 계정으로 돌아온다.

04 UID와 EUID

1절에서 사용자 계정을 등록할 때 UID가 지정된다는 것을 살펴보았다. 명령을 실행할 때 이 명령을 실행한 사용자 계정의 UID도 함께 관리된다. 이는 8장에서 프로세스 정보를 검색할 때 이미 확인하였다. 명령 실행과 권한 부여를 이해하기 위해서는 UID뿐만 아니라 EUIDeffective UID를 알아야 한다.

1 UID와 EUID의 개념

UID는 실제 사용자 ID로 RUID라고도 하며, EUID는 유효 사용자 ID를 의미한다. UID(RUID)는 사용자가 로그인할 때 사용한 계정의 UID를 의미하고, EUID는 현재 명령을 수행하는 주체의 UID를 의미한다. 일반적으로 로그인한 UID와 명령을 실행하는 주체인 EUID는 같으나, UID와 EUID가 달라지는 두 가지 경우가 있다.

① 실행 파일에 setuid가 설정되어 있는 경우: 해당 파일을 실행한 프로세스의 UID는 사용자 계정의 UID가 아니라 실행 파일 소유자의 UID가 된다. 이때 실행 파일 소유자의 UID를 EUID라고 한다. setuid는 이미 6장에서 살펴보았으므로 여기서는 EUID가 바뀌는 것만 이해하자.

② su 명령을 사용하여 다른 계정으로 전환한 경우: 사용자가 로그인을 하면 처음에는 UID와 EUID가 같은 값을 갖는다. 하지만 su 명령을 사용하여 다른 사용자로 전환하면 UID와 EUID가 달라진다. 예를 들어 [그림 9-5]와 같이 user1로 로그인하면 처음에는 UID와 EUID가 모두 user1(1000)이지만, 여기서 su user2를 사용하여 user2로 전환하면 UID는 user1(1000), EUID는 user2(1001)가 된다. su 명령으로 사용자가 임시로 바뀌어 명령을 실행하는 주체가 user2가 되었다는 의미다.

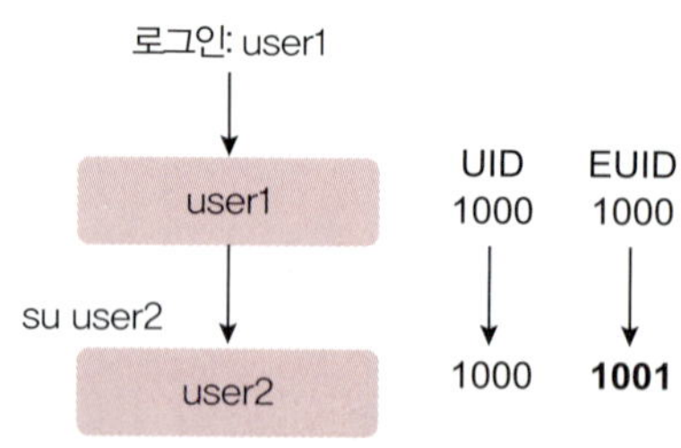

그림 9-5 UID와 EUID의 관계

2 UID와 EUID 확인하기

현재 작업 중인 내가 누구인지, UID와 EUID는 무엇인지 확인하는 명령은 whoami, who am i, id이다. 각 명령은 다음과 같이 구별된다.

① UID 출력: who am i, who −m

② EUID 출력: whoami, id

user1로 로그인한 경우 위의 세 가지 명령을 실행하면 다음과 같이 모두 user1(1000)을 출력한다. 다음 예는 네트워크로 접속한 외부 터미널에서 확인해야 한다.

```
user1@hanbit:~$ whoami
user1
user1@hanbit:~$ id
uid=1000(user1) gid=1000(user1) groups=1000(user1),4(adm),24(cdrom),27(sudo),30(dip),
46(plugdev),100(users),118(lpadmin)
user1@hanbit:~$ who am i
user1    pts/0        2024-05-12 14:43 (192.168.74.1)
```

이제 su 명령을 사용하여 사용자를 user2로 전환하고 다시 앞의 세 가지 명령을 실행해보면 다음과 같이 출력된다. 이 예 또한 네트워크로 접속한 외부 터미널에서 확인해야 한다.

```
user1@hanbit:~$ su user2
암호:
$ whoami
user2
$ id
uid=1001(user2) gid=1001(user2) groups=1001(user2)
$ who am i
user1    pts/0        2024-09-10 20:55 (192.168.74.1)
$ who -m
user1    pts/0        2024-09-10 20:55 (192.168.74.1)
```

whoami와 id 명령은 user2(1001)를 출력하지만 who am i(who −m과 동일) 명령은 user1을 출력한다. 즉 who am i는 UID(RUID)를 출력하고, whoami와 id는 EUID를 출력하는 것이다.

01 사용자 정보 관련 파일

- /etc/passwd 파일: 로그인 ID, UID, GID, 홈 디렉터리, 로그인 셸 등 사용자 계정 정보가 저장되는 기본 파일이다.

구성 요소	내용
로그인 ID	사용자를 구별하는 이름으로 중복되어서는 안 된다. 사용자 아이디(ID), 사용자 이름, 로그인 이름(login name)이라고도 한다.
암호	해당 사용자가 맞는지를 인증해주는 암호이다.
사용자번호(UID)	사용자별로 부여되는 번호이다.
그룹(GID)	리눅스에서 사용자는 그룹에 속하게 되는데, 사용자가 속한 기본 그룹의 번호이다.
홈 디렉터리	사용자의 홈 디렉터리로 사용자가 로그인했을 때 기본적으로 로그인되는 디렉터리이다. 홈 디렉터리 아래에 서브 디렉터리나 파일들을 생성할 수 있다.
로그인 셸	로그인 시 기본적으로 동작할 셸을 지정한다.

- /etc/shadow 파일: 보안 문제로 인해 사용자 암호에 관한 정보를 별도로 관리하는 파일이다. 이 파일에는 사용자의 암호 외에 암호의 사용 가능 기간과 관련된 패스워드 에이징 정보가 추가로 저장된다.
- /etc/login.defs 파일: 사용자 계정의 설정과 관련된 기본값을 정의한 파일이다.
- /etc/group 파일: 리눅스에서 사용자는 기본적으로 하나 이상의 그룹에 속한다. 각 그룹의 정보는 /etc/group 파일에 저장된다. 사용자가 속한 그룹 중 /etc/passwd 파일의 GID 항목에 지정된 그룹이 기본 그룹이며, 사용자가 속한 2차 그룹은 /etc/group 파일에 지정한다.
- /etc/gshadow: 그룹 암호가 저장된 파일이다.

02 사용자 정보 보기 명령

- 사용자 로그인 정보 확인: who, w
- 로그인하고 있는 사용자 확인: users
- 사용자 계정의 로그인 기록 확인: last
- 소속 그룹 확인: groups

03 root 권한 사용 방법

- su 명령 사용: 사용자 계정을 root로 전환한다.
- sudo 명령 사용: /etc/sudoers 파일에 root 권한으로 사용할 명령을 설정한다.

04 UID와 EUID

- UID(RUID): 사용자가 로그인할 때 사용한 계정의 UID
- EUID: 현재 명령을 수행하는 주체의 UID
- 일반적으로 로그인한 UID와 명령을 실행하는 주체인 EUID는 같으나, 실행 파일에 setuid가 설정되어 있거나 su 명령을 사용하여 다른 계정으로 전환한 경우 달라진다.
- UID 확인 명령: who am i, who -m
- EUID 확인 명령: whoami, id

연습문제

01 사용자 계정과 관련된 파일이 아닌 것은 무엇인가?

① /etc/passwd ② /etc/shadow
③ /etc/group ④ /etc/users

02 /etc/passwd 파일의 구성 요소가 아닌 것은?

① UID ② GID ③ 최종 변경일 ④ 로그인 셸

03 who 명령에서 로그인한 사용자 숫자를 출력하는 옵션은 무엇인가?

① -b ② -q ③ -r ④ -u

04 who 명령에서 사용자 계정이 최종 작업한 이후의 대기 시간을 출력하는 옵션은 무엇인가?

① -u ② -m ③ -q ④ -d

05 다음 중 사용자 계정이 로그인한 터미널 정보를 출력하지 않는 명령은 무엇인가?

① w ② who ③ who -u ④ who -q

06 시스템이 언제 부팅했는지 확인할 수 있는 명령으로 맞게 연결된 것은 무엇인가?

① who -b, users ② who -m, users
③ who -b, last ④ who -m, last

07 사용자 계정이 속한 2차 그룹을 확인할 수 있는 명령은 무엇인가?

① users ② who -a ③ last ④ groups

08 user1 계정에서 root 계정의 권한으로 명령을 실행하려고 한다. 이에 맞지 않는 것은 무엇인가?

① su ② sudo ③ su - ④ sudo -

09 EUID를 확인하는 명령으로 옳은 것은?

① whoami　　② who am i

③ who −m　　④ who −r

10 user1(1000) 계정에서 user3(1002) 계정으로 전환하였다. UID와 EUID는 어떻게 되는가?

① UID: 1000, EUID: 1000

② UID: 1000, EUID: 1002

③ UID: 1002, EUID: 1000

④ UID: 1002, EUID: 1002

11 /etc/passwd 파일에서 두 번째 항목의 역할은 무엇인가?

12 패스워드 에이징 정보는 무엇이며, 어떤 파일에 저장되는가?

13 패스워드 에이징 중 MAX 값은 무엇을 의미하는가?

14 사용자 계정이 속한 2차 그룹의 정보는 어느 파일에서 관리하는가?

15 시스템의 부팅과 관련된 정보를 확인할 수 있는 명령은 어떤 것들이 있는가?

16 w 명령에서 JCPU와 PCPU 값은 무엇을 의미하는가?

17 특정 사용자 계정이 로그인했다가 로그아웃한 시간을 확인할 수 있는 명령은 무엇인가?

18 su 명령을 사용하여 hanbit 계정으로 전환하려고 한다. 이때 hanbit 계정의 사용자 환경을 적용하여 변경하려면 어떻게 해야 하는가?

19 hanbit 계정에서 sudo 명령을 사용하려고 하였더니 권한이 없다고 나온다. hanbit 계정에 sudo 명령의 사용 권한을 부여하려면 어떻게 해야 하는가?

20 hanbit(UID 2002)로 로그인했다가 su user1(1000) 명령으로 사용자를 전환했다. UID와 EUID는 어떻게 변화하는지 설명하시오.

CHAPTER 10

파일 아카이브와 백업

학습목표

- 새로운 디스크를 추가하고 파티션을 나누고 파일 시스템을 생성하는 과정을 이해하고 설명할 수 있다.
- 파일 시스템별 사용량과 사용자별 디스크 사용량을 확인할 수 있다.
- 파일을 묶어 아카이브파일을 만들 수 있다.
- 파일과 디렉터리를 압축하거나 압축 파일을 다시 풀 수 있다.
- 파일의 일부를 복사하고 대소문자로 변환할 수 있다.

PREVIEW

다른 컴퓨터 시스템과 마찬가지로 리눅스를 설치하고 사용하기 위해서는 파일을 저장할 수 있는 디스크 장치가 필요하다. 물론 디스크 장치의 설치와 운영은 시스템 관리자의 역할이지만, 리눅스 사용자는 디스크 관리에 대한 기본적인 내용을 이해하고, 디스크 사용량을 확인하거나 파일을 전달 및 백업하기 위한 아카이브 생성 방법을 알아두는 것이 중요하다.

1절에서는 시스템에 디스크를 장착한 후, 파티션을 나누고 파일 시스템을 생성하여 마운트하는 과정까지 디스크 관리의 기초를 다룬다. 2절에서는 시스템에 설치된 디스크의 사용량을 확인하는 명령을 알아본다. 3절과 4절에서는 파일을 묶어 아카이브를 만들고 이를 압축하는 명령을 차례로 살펴본다. 이는 파일의 전송이나 백업에 유용한 명령이므로 잘 숙지해야 한다. 마지막으로 dd 명령을 사용하여 파일을 생성하고 삭제하는 방법과 파일 내용을 변환하는 방법을 알아본다. dd 명령은 파일을 바이트 또는 블록 단위로 처리할 때 유용한 명령이다.

디스크 관리	디스크 사용을 위한 준비	디스크 사용				
파일 사용량 보기	파일 시스템별 사용량 확인하기	디렉터리나 사용자별 사용량 확인하기				
파일 아카이브	아카이브 생성하기	아카이브의 내용 확인하기	아카이브 풀기	아카이브 업데이트 하기	아카이브에 파일 추가하기	아카이브와 압축 같이 진행하기
파일 압축	compress uncompress. real	zip unzip	gzip zcat gunzip	bzip2 bzcat bunzip2		
파일 복사와 변환	dd 명령으로 파일 복사	dd 명령으로 파일 삭제	dd 명령으로 파일 변환			

01 디스크 관리

1장에서 우분투를 설치할 때 가상 머신에 디스크를 할당하고 파일 시스템을 생성하는 과정이 진행되었다. 시스템에서 디스크 사용을 위한 준비가 완료되면, 사용자들은 파일을 생성하고 수정하거나 삭제하는 등의 작업을 할 수 있다. 이 과정을 간단히 표현하면 [그림 10-1]과 같다.

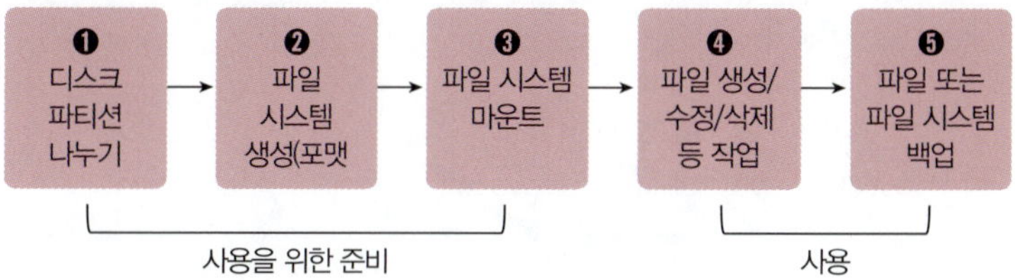

그림 10-1 디스크 관리와 사용 과정

1 디스크 파티션 나누기

파티션이란 하나의 디스크를 독립된 영역으로 나누는 작업을 의미한다. 디스크 전체를 하나의 파티션으로 사용할 수도 있고, 여러 개의 파티션으로 나누어 사용할 수도 있다. 이는 윈도에서 디스크 하나를 C 드라이브와 D 드라이브로 나누어 사용하는 것과 같은 개념이다.

디스크의 파티션을 나누기 위해서는 디스크 장치의 이름을 알아야 한다. 리눅스에서는 IDE, SCSI, SATA 컨트롤러에 장착된 디스크는 /dev/sd로 시작하는 이름을 사용하며, NVMe 컨트롤러의 경우 /dev/nvme로 시작한다. 예를 들어 SCSI 컨트롤러에 연결되는 디스크의 순서에 따라 다음과 같이 알파벳이 추가된다.

- /dev/sda: 첫 번째 디스크
- /dev/sdb: 두 번째 디스크

하나의 디스크를 여러 개의 파티션으로 구분할 경우 각 파티션은 디스크 장치명 뒤에 숫자를 붙여서 표시된다. 예를 들어 장치명이 /dev/sda라면 파티션의 이름은 다음과 같다.

- /dev/sda: 첫 번째 디스크 전체를 의미
- /dev/sda1: 디스크의 첫 번째 파티션

- /dev/sda2: 디스크의 두 번째 파티션

파티션을 나누는 명령은 fdisk가 있으며, 이는 root 권한으로만 사용할 수 있다. 여기서는 이 명령을 자세히 다루지 않는다. 다음 예는 현재 디스크 파티션의 예이다. /dev/sda가 장치명이며 크기는 20GB이고, /dev/sda1과 /dev/sda2의 두 개의 파티션으로 나누어져 있음을 알 수 있다. 디스크 장치명은 리눅스 설치 환경에 따라 다를 수 있다.

```
user1@hanbit:~$ sudo fdisk -l /dev/sda
Disk /dev/sda: 20 GiB, 21474836480 bytes, 41943040 sectors
Disk model: VMware Virtual S
(생략)
Device      Start      End  Sectors Size Type
/dev/sda1    2048     4095     2048   1M BIOS boot
/dev/sda2    4096 41940991 41936896  20G Linux filesystem
```

2 파일 시스템 생성

디스크의 파티션 작업이 끝난 후에는 각 파티션에 파일 시스템을 생성해야 한다. 파티션이 디스크를 독립적인 영역으로 구분하는 작업이라면, 파일 시스템 생성은 파티션에서 파일과 디렉터리를 관리할 구조를 만드는 것이다. 이는 윈도에서 디스크를 포맷하는 작업과 비슷하다. 파일 시스템의 구조와 종류는 이미 3장에서 다루었다. 파일 시스템을 생성하는 명령으로는 mkfs, mke2fs 등이 있으며, 이 명령들은 root 권한으로만 사용이 가능하다.

3 파일 시스템 마운트

새로 장착한 디스크를 파티션으로 나누고 파일 시스템을 생성했다고 해서 사용자가 해당 파일 시스템을 바로 사용할 수 있는 것은 아니다. 사용자가 접근하려면 파일 시스템을 디렉터리 계층 구조에 연결해야 한다. 이 작업을 마운트라고 한다.

예를 들어 [그림 10-2]를 보면 /dev/sda라는 디스크의 파티션이 /dev/sda1과 /dev/sda2 두 개로 나누어져 있다. 이때 /dev/sda2 파티션의 파일 시스템을 /dev/sda1 파티션의 파일 시스템에 생성된 디렉터리 계층 구조에 연결(마운트)해야 사용자가 /dev/sda2 파일 시스템에 접근할 수 있는 것이다.

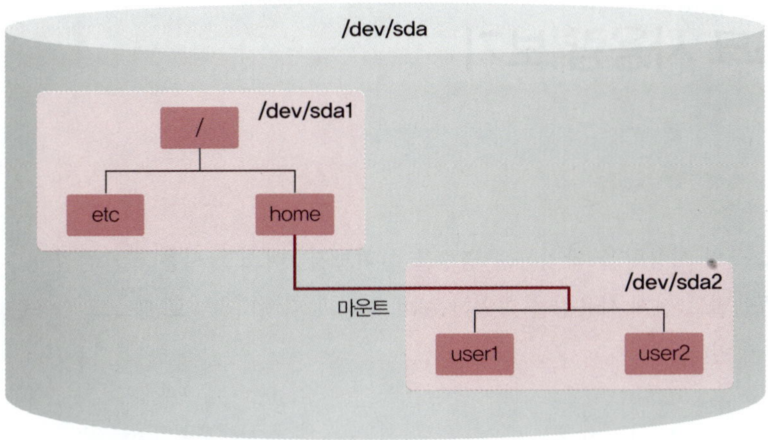

그림 10-2 파일 시스템의 마운트 예

현재 시스템에 마운트되어 있는 파일 시스템은 mount 명령으로 확인할 수 있다. mount 명령의 출력 형식 등 자세한 설명은 시스템 관리자용 책을 참고하기 바란다. 다음 예시는 mount 명령의 일부 결과이다. /dev/sda2 파일 시스템은 ext4 형식이고 / 디렉터리에 마운트되어 있음을 알 수 있다.

```
user1@hanbit:~$ mount
sysfs on /sys type sysfs (rw,nosuid,nodev,noexec,relatime)
proc on /proc type proc (rw,nosuid,nodev,noexec,relatime)
udev on /dev type devtmpfs (rw,nosuid,relatime,size=1950004k,nr_
inodes=487501,mode=755,inode64)
devpts on /dev/pts type devpts (rw,nosuid,noexec,relatime,gid=5,mode=620,ptmxmo
de=000)
tmpfs on /run type tmpfs (rw,nosuid,nodev,noexec,relatime,size=396320k,mode=755,in
ode64)
/dev/sda2 on / type ext4 (rw,relatime)
(생략)
```

이제 디스크를 사용할 준비가 완료되었다. 지금까지 배운 명령이나 앞으로 배울 명령을 이용하여 디스크에서 다양한 작업을 할 수 있다. 이미 1장에서부터 계속 디스크를 사용하고 있었다. 이 장에서는 디스크 사용량을 확인하고, 파일을 묶어 아카이브를 만들거나, 파일 시스템을 블록 단위로 복사하는 등 백업을 위한 준비를 하는 명령을 배운다.

02 디스크 사용량 보기

시스템에 설치된 디스크의 사용량을 확인하는 명령을 살펴보자. 디스크 사용량을 점검하는 명령으로는 파일 시스템별로 전체 사용량을 확인하는 df 명령과 디렉터리별로 디스크 사용량을 확인하는 du 명령이 있다.

1 파일 시스템별 디스크 사용량 확인하기: df

df disk free 명령은 현재 시스템에서 사용 중인 파일 시스템의 사용량에 대한 정보를 출력한다. 또한 전체 용량, 사용 가능한 용량, 마운트 정보 등도 함께 출력한다.

df

- **기능** 디스크의 남은 공간에 대한 정보를 출력한다.
- **형식** df [옵션] [파일 시스템]
- **옵션** -a: 모든 파일 시스템을 대상으로 디스크 사용량을 확인한다.
  -k: 디스크 사용량을 KB 단위로 출력한다.
  -m: 디스크 사용량을 MB 단위로 출력한다.
  -h: 디스크 사용량을 알기 쉬운 단위(GB, MB, KB 등)로 출력한다.
  -t 파일 시스템 종류: 지정한 파일 시스템 종류에 해당하는 디스크의 사용량을 출력한다.
  -T: 파일 시스템 종류도 출력한다.
- **사용 예** df
  df -h

■ df 명령만 사용하는 경우

옵션 없이 df 명령만 사용하면 다음과 같이 출력된다.

```
user1@hanbit:~$ df
파일 시스템    1K-블록     사용       가용      사용%   마운트 위치
tmpfs         396320      1876       394444    1%      /run
/dev/sda2     20463184    11404560   7993820   59%     /
```

```
tmpfs          1981592    0        1981592    0%       /dev/shm
tmpfs          5120       8        5112       1%       /run/lock
tmpfs          396316     64       396252     1%       /run/user/123
tmpfs          396316     52       396264     1%       /run/user/1000
```

df 명령으로 출력되는 항목은 다음과 같다.

- 파일 시스템 장치명
- 파일 시스템의 전체 용량
- 파일 시스템의 사용량
- 파일 시스템의 사용 가능한 남은 용량
- 퍼센트로 나타낸 사용량
- 마운트 위치(마운트 포인트)

■ 파일 시스템 사용량을 이해하기 쉬운 단위로 표시하기: –h

df 명령에 –h 옵션을 사용하면 파일 시스템별로 이해하기 쉬운 단위로 사용량을 표시한다. df –h 명령의 다음 실행 결과를 보면 파일 시스템에 따라 GB와 MB로 표시된 것을 알 수 있다.

```
user1@hanbit:~$ df -h
파일 시스템          크기     사용     가용    사용%    마운트 위치
tmpfs               387M     2.1M     385M      1%    /run
/dev/sda2            20G      17G     2.4G     88%    /
tmpfs               1.9G        0     1.9G      0%    /dev/shm
tmpfs               5.0M     8.0K     5.0M      1%    /run/lock
tmpfs               387M     132K     387M      1%    /run/user/1000
```

■ 파일 시스템의 종류 출력하기: –T

파일 시스템의 종류가 무엇인지 궁금할 때가 있다. 이때 –T 옵션을 사용하면 파일 시스템의 종류가 출력된다. df –Th 명령의 다음 실행 결과를 보면 '형식' 항목이 추가되었다.

```
user1@hanbit:~$ df -Th
파일 시스템        형식       크기     사용     가용     사용%     마운트 위치
tmpfs             tmpfs      388M     1.9M     386M      1%      /run
/dev/sda2         ext4        20G      11G     7.7G     59%      /
tmpfs             tmpfs      1.9G        0     1.9G      0%      /dev/shm
(생략)
```

■ **전체 파일 시스템의 사용량 출력하기: -a**

-a 옵션을 사용하면 가상 파일 시스템 및 접근할 수 없는 시스템용 파일 시스템 등 전체 파일 시스템의 사용량을 출력한다. df -a 명령의 실행 결과를 보면 다양한 파일 시스템을 시스템 내부적으로 사용하고 있음을 알 수 있다.

```
user1@hanbit:~$ df -ah
df: /run/user/1000/doc: 명령을 허용하지 않음
파일 시스템     크기   사용    가용   사용%   마운트 위치
sysfs             0      0       0      -    /sys
proc              0      0       0      -    /proc
udev           1.9G      0    1.9G     0%    /dev
devpts            0      0       0      -    /dev/pts
tmpfs          388M   1.9M    386M     1%    /run
/dev/sda2       20G    11G    7.7G     59    /
(생략)
nsfs              0      0       0      -    /run/snapd/ns/firmware-updater.mnt
/dev/loop16    506M   506M       0   100%    /snap/gnome-42-2204/176
/dev/loop16    506M   506M       0   100%    /snap/gnome-42-2204/176
tmpfs          388M    52K    387M     1%    /run/user/1000
```

2 디렉터리나 사용자별 디스크 사용량 확인하기: du

du disk usage 명령은 파일 시스템별로 디스크의 사용량을 알려주는 df 명령과 달리 특정 디렉터리나 사용자별 디스크 사용량을 알려준다.

du

- **기능** 디스크의 사용 공간에 대한 정보를 출력한다.
- **형식** du [옵션] [디렉터리]
- **옵션** -s: 특정 디렉터리의 전체 사용량을 출력한다.
  -h: 디스크 사용량을 읽기 쉬운 단위(GB, MB, KB 등)로 출력한다.
- **사용 예** du
  du -h
  du -s ~user1

■ du 명령만 사용하는 경우

옵션을 지정하지 않으면 현재 디렉터리의 디스크 사용량을 출력한다. du 명령의 실행 결과를 보면 현재 디렉터리의 서브 디렉터리와 파일의 용량도 출력된다. du 명령은 기본적으로 서브 디렉터리의 용량을 검사해 출력한다. 출력 단위는 기본적으로 KB이며, 마지막에 표시되는 현재 디렉터리(.)의 크기가 해당 디렉터리 전체의 디스크 사용량을 나타낸다.

```
user1@hanbit:~$ du
4        ./.ssh
8        ./.config/gtk-3.0
8        ./.config/pulse
(생략)
8        ./.cache/ubuntu-report
25636    ./.cache
27600    .
```

■ 전체 디스크 사용량만 출력하기: –s

–s 옵션을 지정하면 서브 디렉터리나 파일의 사용량은 표시하지 않고 지정한 디렉터리의 전체 사용량만 출력한다. 만약 사용자가 접근할 수 없는 디렉터리가 있을 경우, 허가 거부 메시지가 출력된다.

```
user1@hanbit:~$ du -s
27600	.
user1@hanbit:~$ du -s /etc
du: '/etc/polkit-1/rules.d' 디렉터리를 읽을 수 없음: 허가 거부
(생략)
du: '/etc/credstore.encrypted' 디렉터리를 읽을 수 없음: 허가 거부
11652	/etc
```

■ 디스크 사용량을 사용자가 이해하기 쉬운 형식으로 변경하여 출력하기: -h

-h 옵션을 지정하면 디스크 사용량을 KB나 MB 등 사용자가 이해하기 쉬운 단위로 출력한다.

```
user1@hanbit:~$ du -h
4.0K	./.ssh
8.0K	./.config/gtk-3.0
8.0K	./.config/pulse
(생략)
8.0K	./.cache/ubuntu-report
26M	./.cache
27M	.
```

■ 특정 사용자의 디스크 사용량 출력하기

특정 사용자의 디스크 사용량을 확인하려면 그 사용자의 홈 디렉터리를 지정하면 된다. 다음 예는 user2 사용자의 홈 디렉터리인 /home/user2에 대해 디스크 사용량을 확인했으나, 접근 권한이 없어 내부 파일의 용량은 확인하지 못한 것이다.

```
user1@hanbit:~$ du -sh ~user2
du: '/home/user2' 디렉터리를 읽을 수 없음: 허가 거부
4.0K	/home/user2
```

실습해보기 10-1 디스크 사용량 확인하기

❶ 파일 시스템의 디스크 사용량을 MB 단위로 출력한다.

❷ 파일 시스템의 디스크 사용량을 출력할 때 파일 시스템의 종류도 출력한다.

❸ ext4 파일 시스템의 디스크 사용량만 출력한다.

❹ /boot 디렉터리가 사용하고 있는 디스크 사용량을 출력한다.

❺ /usr 디렉터리가 사용하고 있는 디스크 사용량을 사용자가 이해하기 쉬운 단위로 요약하여 출력한다.

03 파일 아카이브

리눅스 시스템에서 아카이브archive는 '파일을 묶어서 하나로 만든 것'을 의미한다. 윈도에서 파일이나 디렉터리를 묶어서 압축 파일로 만드는 것과 비슷하다고 생각하면 된다. 이 절에서는 파일과 디렉터리를 하나의 아카이브파일로 만드는 방법과 파일을 압축하는 방법을 살펴본다.

tartape archive 명령은 여러 파일이나 디렉터리를 하나의 아카이브파일로 생성하거나, 기존 아카이브에서 파일을 추출하기 위해 사용된다. tar 명령은 다른 시스템과 파일을 주고받거나, 백업을 수행할 때 유용하다. tar 명령의 기본 형식은 다음과 같다.

tar

- **기능** 파일과 디렉터리를 묶어 하나의 아카이브파일을 생성한다.
- **형식** tar 동작[옵션] [아카이브파일] [파일|디렉터리]
- **동작** c: 새로운 tar 파일을 생성한다.
  t: tar 파일의 내용을 출력한다.
  x: tar 파일에서 원본 파일을 추출한다.
  u: 수정된 파일을 업데이트한다.
  r: 새로운 파일을 추가한다.
- **옵션** f: 아카이브파일을 지정한다. 파일명을 -으로 지정하면 tar 파일 대신 표준 입력에서 읽어들인다.
  v: 처리하고 있는 파일의 정보를 출력한다.
  h: 심볼릭 링크의 원본 파일을 포함한다.
  p: 파일 복구 시 원래의 접근 권한을 유지한다.
  j: bzip2로 압축하거나 해제한다.
  z: gzip으로 압축하거나 해제한다.
- **사용 예** tar cvf linux.tar Test
  tar xvf linux.tar

아카이브 생성하기: cvf

tar 명령을 이용하여 아카이브를 생성하려면 Ccreate 동작을 사용한다. tar 명령을 실습해보기 위해 study 디렉터리로 이동한다.

```
user1@hanbit:~$ cd study
user1@hanbit:~/study$ ls
ch03  ch04  ch05  ch06  ch07
```

이제 ch03 디렉터리를 tar 파일로 만들어보자. v 옵션은 아카이브로 만드는 대상 파일의 이름을 화면에 출력한다. f 옵션은 f 다음에 오는 이름을 아카이브명으로 간주한다. 아카이브명에는 특별한 제약이 없지만 확장자를 .tar로 지정하면 아카이브파일인지 쉽게 구분할 수 있다. f가 지정되어 있으면 tar는 첫 번째 이름을 아카이브명으로, 두 번째부터 마지막 이름까지를 아카이브할 파일명으로 간주한다.

```
user1@hanbit:~/study$ tar cvf ch03.tar ch03
ch03/
ch03/test.hd2
ch03/data1.sb
ch03/data1.cp
ch03/temp/
ch03/temp/profile
ch03/temp/temp4/
ch03/temp/temp4/test1
ch03/temp/temp4/htest
ch03/temp/services
ch03/temp/test1
ch03/test.hd1
ch03/test.sb
ch03/data1.hd
ch03/test.bak
user1@hanbit:~/study$ ls
ch03  ch03.tar  ch04  ch05  ch06  ch07
```

tar 명령으로 아카이브파일을 만들어도 원본 파일은 그대로 남아있다. 따라서 디스크 용량을 차지하게 되므로 주의해야 한다.

아카이브 내용 확인하기: tvf

아카이브의 내용을 확인할 때는 t_{table of contents} 동작을 사용한다. v 옵션을 지정하면 파일의 상세 정보를 출력한다. v 옵션의 유무에 따른 실행 결과를 비교해보자.

```
user1@hanbit:~/study$ tar tf ch03.tar     → ch03.tar의 파일 목록을 출력한다.
ch03/
ch03/test.hd2
ch03/data1.sb
ch03/data1.cp
(생략)
ch03/test.sb
ch03/data1.hd
ch03/test.bak
user1@hanbit:~/study$ tar tvf ch03.tar  → ch03.tar 파일 목록과 함께 상세 정보를 출력한다.
drwxrwxr-x user1/user1    0  2024-02-14   11:32   ch03/
-rw-r--r--  user1/user1  227  2024-02-14   11:31   ch03/test.hd2
lrwxrwxrwx user1/user1    0  2024-02-14   11:00   ch03/data1.sb -> data1
-rw-r--r--  user1/user1  221  2024-02-14   10:57   ch03/data1.cp
(생략)
lrwxrwxrwx user1/user1    0  2024-02-14   11:28   ch03/test.sb -> test.org
-rw-r--r--  user1/user1  221  2024-02-14   10:50   ch03/data1.hd
-rw-r--r--  user1/user1  221  2024-02-14   11:28   ch03/test.bak
```

위의 예처럼 v 옵션을 지정하면 아카이브에 포함된 파일의 상세 정보를 볼 수 있다. ls -l 명령의 결과와 유사하다. 각 항목의 의미는 다음과 같다.

- -: 파일의 종류(b, c, d, l, s, p 등)
- rw-r--r--: 접근 권한
- user1/user1: 파일 소유자와 파일의 소속 그룹
- 숫자: 파일 크기
- 날짜와 시간: 파일을 마지막으로 수정한 일시
- 이름: 파일명

아카이브 풀기: xvf

아카이브를 풀 때는 다음과 같이 xextract 동작을 사용한다. 현재 디렉터리에서 바로 아카이브를 풀면 기존의 디렉터리와 중첩된다. 따라서 다음 예는 ch03.tar를 ch10 디렉터리로 복사한 후 파일을 추출하였다.

```
user1@hanbit:~/study$ mkdir ch10
user1@hanbit:~/study$ cp ch03.tar ch10
user1@hanbit:~/study$ cd ch10
user1@hanbit:~/study/ch10$ tar xvf ch03.tar
ch03/
ch03/test.hd2
ch03/data1.sb
ch03/data1.cp
ch03/temp/
ch03/temp/profile
(생략)
ch03/data1.hd
ch03/test.bak
user1@hanbit:~/study/ch10$ ls
ch03  ch03.tar
```

파일은 아카이브를 생성할 때 저장한 경로에 복사된다. 위의 예에서 ch03.tar는 파일을 생성할 때 디렉터리를 현재 디렉터리로 지정했기 때문에 파일이 현재 위치에 생성된다. 만약 절대경로로 파일을 지정했다면 해당 절대경로에 복사될 것이다. 따라서 아카이브를 풀기 전에 tvf로 아카이브에 묶인 파일의 경로를 확인하는 것이 좋다.

아카이브 업데이트하기: uvf

아카이브를 만든 다음에 일부 파일 내용이 바뀌었다면 uupdate 동작을 사용하여 수정된 파일을 추가할 수 있다. u 동작은 아카이브의 마지막에 업데이트하는 파일을 추가한다. 이 파일은 원래 아카이브에 없는 파일이거나, 아카이브에 있지만 수정된 파일일 수 있다.

다음 예에서는 ch03 디렉터리에서 data1.cp 파일에 내용을 추가하고, data1.cp를 data2.cp로 복사하였다. 즉, 내용이 수정된 파일과 새로운 파일이 생성된 것이다. 이를 u 동작으로 ch03.tar를 업데이트하였다.

```
user1@hanbit:~/study/ch10$ cd ../ch03
user1@hanbit:~/study/ch03$ vi data1.cp
(생략)
ff02::2 ip6-allrouters
uvf test                 → 마지막 행에 추가하고 저장한다.
user1@hanbit:~/study/ch03$ cp data1.cp data2.cp
user1@hanbit:~/study$ tar uvf ch03.tar ch03
ch03/data1.cp
ch03/data2.cp
```

t 동작으로 ch03.tar 파일의 내용을 살펴보면 data1.cp와 data2.cp 파일이 마지막에 추가된 것을 알 수 있다.

```
user1@hanbit:~/study$ tar tvf ch03.tar
drwxrwxr-x user1/user1    0  2024-02-14  11:32  ch03/
-rw-r--r-- user1/user1  227  2024-02-14  11:31  ch03/test.hd2
lrwxrwxrwx user1/user1    0  2024-02-14  11:00  ch03/data1.sb -> data1
-rw-r--r-- user1/user1  221  2024-02-14  10:57  ch03/data1.cp
(생략)
-rw-r--r-- user1/user1  221  2024-02-14  11:28  ch03/test.bak
-rw-r--r-- user1/user1  230  2024-05-18  11:24  ch03/data1.cp          → 추가되었다.
-rw-r--r-- user1/user1  230  2024-05-18  11:25  ch03/data2.cp          → 추가되었다.
```

이와 같이 업데이트된 아카이브에서 파일을 추출할 때는 앞에서부터 순서대로 추출되므로 나중에 추가된 파일이 마지막에 추출되어 앞에 추출된 파일을 덮어쓰게 된다.

아카이브에 파일 추가하기: rvf

아카이브에 파일이 이미 있는지 확인하고 기존 파일과 달라진 경우에만 추가하는 u 동작과 달리 r replace 동작은 지정한 파일을 무조건 아카이브의 마지막에 추가한다.

다음 예에서는 기존에 ch03 디렉터리에 있는 test.hd2 파일을 u와 r 동작을 사용하여 ch03.tar에 추가하였다. 실행 결과에서 u와 r 동작의 차이를 확인해보자.

```
user1@hanbit:~/study$ tar uvf ch03.tar ch03/test.hd2
user1@hanbit:~/study$ tar tvf ch03.tar
drwxrwxr-x   user1/user1     0   2024-02-14 11:32   ch03/
-rw-r--r--   user1/user1   227   2024-02-14 11:31   ch03/test.hd2
(생략)
-rw-r--r--   user1/user1   230   2024-05-18 11:25   ch03/data2.cp
user1@hanbit:~/study$ tar rvf ch03.tar ch03/test.hd2
ch03/test.hd2
user1@hanbit:~/study$ tar tvf ch03.tar
drwxrwxr-x   user1/user1     0   2024-02-14 11:32   ch03/
-rw-r--r--   user1/user1   227   2024-02-14 11:31   ch03/test.hd2
(생략)
-rw-r--r--   user1/user1   230   2024-05-18 11:25   ch03/data2.cp
-rw-r--r--   user1/user1   227   2024-02-14 11:31   ch03/test.hd2        → 추가되었다.
```

u 동작의 경우 기존에 있던 test.hd2 파일은 수정된 내용이 없기 때문에 아카이브파일을 수정하지 않았다. r 동작의 경우 기존 아카이브에 파일이 있는지와 상관없이 무조건 마지막에 test.hd2 파일을 추가하였다.

아카이브와 압축을 같이 진행하기

아카이브를 생성하면서 동시에 압축을 할 수 있다. 아카이브는 파일을 묶기만 하는 것이므로 파일의 크기가 줄어들지는 않는다. 이렇게 아카이브를 한 파일을 압축하면 아카이브파일의 크기가 작아지므로 디스크 공간이 부족할 때 이용하면 좋다.

■ gzip으로 압축하기

gzip으로 압축할 경우 z 옵션을 사용한다. 아카이브명에 gz를 붙여서 gzip으로 압축된 것임을 표시하는 것이 좋다.

```
user1@hanbit:~/study$ tar czvf ch03.tar.gz ch03
ch03/
ch03/test.hd2
(생략)
ch03/test.sb
ch03/data2.cp
```

```
ch03/data1.hd
ch03/test.bak
user1@hanbit:~/study$ ls
ch03  ch03.tar  ch03.tar.gz  ch04  ch05  ch06  ch07  ch10
```

■ bzip2로 압축하기

bzip2로 압축할 경우 j 옵션을 사용한다. 역시 아카이브명에 .bz2를 붙여서 bzip2로 압축된 것임을 표시하는 것이 좋다.

```
user1@hanbit:~/study$ tar cvjf ch03.tar.bz2 ch03
ch03/
ch03/test.hd2
(생략)
ch03/data1.hd
ch03/test.bak
user1@hanbit:~/study$ ls
ch03  ch03.tar  ch03.tar.bz2  ch03.tar.gz  ch04  ch05  ch06  ch07  ch10
```

tar 파일로 생성한 것과 압축한 파일의 크기를 비교해보자. 다음과 같이 압축한 파일의 크기가 tar 파일보다 더 작다.

```
user1@hanbit:~/study$ ls -l
합계 80
drwxrwxr-x 3 user1 user1  4096  5월 18 11:25 ch03
-rw-rw-r-- 1 user1 user1 40960  5월 18 11:36 ch03.tar
-rw-rw-r-- 1 user1 user1  6316  5월 18 11:50 ch03.tar.bz2
-rw-rw-r-- 1 user1 user1  6402  5월 18 11:49 ch03.tar.gz
(생략)
```

압축한 아카이브파일의 내용은 tvf로 확인이 가능하며 xvf로 추출할 수 있다.

```
user1@hanbit:~/study$ tar tvf ch03.tar.gz
drwxrwxr-x    user1/user1      0 2024-05-18 11:25 ch03/
-rw-r--r--    user1/user1    227 2024-02-14 11:31 ch03/test.hd2
lrwxrwxrwx    user1/user1      0 2024-02-14 11:00 ch03/data1.sb -> data1
-rw-r--r--    user1/user1    230 2024-05-18 11:24 ch03/data1.cp
drwxrwxr-x    user1/user1      0 2024-02-12 20:54 ch03/temp/
(생략)
```

실습해보기 10-2 아카이브 만들기

❶ study/ch04 디렉터리를 ch04.tar 아카이브로 만든다.

❷ ch04.tar 파일의 내용을 확인한다.

❸ ch04 디렉터리에서 test.txt 파일의 마지막 행에 12345를 추가하고 저장한다.

❹ ch04.tar를 u 옵션을 사용하여 업데이트한다.

❺ ch04.tar 파일의 내용을 확인한다. ❷와 무엇이 다른가?

❻ ch04.tar를 ch10 디렉터리로 복사한 후 아카이브를 풀고, test.txt의 파일 내용을 확인한다.

04 파일 압축

파일을 압축하는 여러 가지 명령이 있지만 유닉스의 전통적인 압축 명령인 compress와 유닉스/리눅스 및 윈도에서도 많이 사용하는 zip 명령, 그리고 오픈소스인 gzip과 bzip2 명령을 살펴보자.

1 compress/uncompress.real 명령(.Z 파일)

compress 명령은 우분투에 기본적으로 설치되어 있지 않으므로 별도로 설치해야 한다. 패키지 설치는 13장에서 다룰 것이므로 여기서는 우선 다음 예제를 보고 따라 설치한다.

```
user1@hanbit:~$ sudo apt install ncompress
[sudo] user1 암호:
패키지 목록을 읽는 중입니다... 완료
의존성 트리를 만드는 중입니다... 완료
상태 정보를 읽는 중입니다... 완료
다음 새 패키지를 설치할 것입니다:
  ncompress
(생략)
Processing triggers for man-db (2.11.2-3) ...
```

압축하기: compress

compress 명령은 파일을 압축하여 '파일명.Z' 파일을 생성한다.

compress

- **기능** 파일을 압축한다.
- **형식** compress [옵션] 파일명
- **옵션** -f: 파일을 강제로 압축한다.
  -v: 압축 정보를 출력한다.
- **사용 예** compress a.txt
  compress -f a.txt

다음 예에서는 2절에서 만든 아카이브파일인 ch03.tar를 compress 명령으로 압축한다.

```
user1@hanbit:~/study$ ls -l ch03.tar
-rw-rw-r-- 1 user1 user1 40960  5월 18 11:36 ch03.tar
user1@hanbit:~/study$ compress ch03.tar
user1@hanbit:~/study$ ls -l ch03.tar.Z
-rw-rw-r-- 1 user1 user1 10182  5월 18 11:36 ch03.tar.Z
```

압축 결과를 보면 원래 40960바이트였던 ch03.tar 파일이 10182바이트로 압축되었다. compress 명령으로 압축하면 원본 파일은 없어지고 압축된 파일만 남는다. ls 명령으로 확인해보면 ch03.tar.Z만 있고 ch03.tar 파일은 보이지 않는다.

```
user1@hanbit:~/study$ ls
ch03        ch03.tar.bz2  ch04      ch05  ch07
ch03.tar.Z  ch03.tar.gz   ch04.tar  ch06  ch10
```

하드 링크가 여러 개인 파일을 compress 명령으로 압축해보자. ch03 디렉터리에 하드 링크가 2개 이상인 파일이 있다. ls -i 명령으로 확인한 후 test.hd1을 압축하면 다른 링크가 있어 압축하지 않았다는 메시지가 출력된다.

```
user1@hanbit:~/study/ch03$ ls -i
137905 data1.cp  137996 data2.cp  183184 test.hd1
137904 data1.hd  183181 temp      183184 test.hd2
183183 data1.sb  183187 test.bak  183186 test.sb
user1@hanbit:~/study/ch03$ compress test.hd1
test.hd1 has 1 other links: unchanged
```

이렇게 하드 링크가 여러 개인 파일은 –f 옵션을 사용하여 강제로 압축할 수 있다.

```
user1@hanbit:~/study/ch03$ compress -f test.hd1
user1@hanbit:~/study/ch03$ ls test.*
test.bak   test.hd1.Z   test.hd2   test.sb
```

–v 옵션은 압축 대상 파일이 얼마나 압축되었는지 압축율을 출력한다. 다음 예는 data1.cp 파일이 17.82% 압축되었음을 의미한다. 압축 진후 파일 크기를 보면 230바이드에서 189바이트로 파일 크기가 줄어들었다.

```
user1@hanbit:~/study/ch03$ ls -l data1.cp
-rw-r--r-- 1 user1 user1  230  5월 18 11:24 data1.cp
user1@hanbit:~/study/ch03$ compress -v data1.cp
data1.cp:  -- replaced with data1.cp.Z Compression: 17.82%
user1@hanbit:~/study/ch03$ ls -l data1.cp.Z
-rw-r--r-- 1 user1 user1 189  5월 18 11:24 data1.cp.Z
```

압축 풀기: uncompress.real

uncompress.real 명령은 compress 명령으로 압축된 파일을 복원하는 데 사용된다. 원래 명령은 uncompress지만, 데비안 계열 리눅스에서는 다른 명령과의 충돌을 방지하기 위해 uncompress.real로 이름을 바꿔서 사용한다.

uncompress.real

- **기능** compress로 압축된 파일의 압축을 해제한다.
- **형식** uncompress.real 압축파일명
- **사용 예** uncompress.real a.txt.Z

다음 예에서는 uncompress.real 명령으로 ch03 폴더에서 압축한 파일과 ch03.tar.Z 파일의 압축을 풀었다.

```
user1@hanbit:~/study/ch03$ ls *.Z
data1.cp.Z  test.hd1.Z
user1@hanbit:~/study/ch03$ uncompress.real *.Z
user1@hanbit:~/study/ch03$ cd ..
user1@hanbit:~/study$ uncompress.real ch03.tar.Z
user1@hanbit:~/study$ ls
ch03       ch03.tar.bz2   ch04      ch05   ch07
ch03.tar   ch03.tar.gz    ch04.tar  ch06   ch10
```

2 zip/unzip 명령(.zip 파일)

zip 명령은 파일을 압축하고 unzip 명령은 압축된 .zip 파일을 복구한다. 이 .zip 파일은 윈도의 zip과 호환이 되므로 리눅스와 PC 간에 압축 파일을 주고받을 때 사용할 수도 있다.

압축하기: zip

zip 명령은 파일을 압축해 '파일명.zip'이라는 파일을 생성한다. zip 명령은 compress 명령과 다르게 원본 파일은 그대로 두고 압축 파일을 별도로 만든다.

zip

- **기능** 파일을 압축한다.
- **형식** zip [옵션] 압축파일명 파일명
- **서브 명령** -u: 수정되거나 새로 만든 파일을 압축 파일에서 교체한다.
  -v: 압축 정보를 출력한다.
  -d 파일: 지정한 파일을 압축 파일에서 삭제한다.
  -r: 디렉터리도 포함하여 압축한다.
- **사용 예** zip a.txt.zip a.txt
  zip -r temp.zip temp

compress 명령과 달리 zip 명령으로 파일을 압축할 때는 압축파일명을 지정해야 한다. 다음 예를 보면 압축 후에도 원본 파일이 남아있다.

```
user1@hanbit:~/study$ zip ch03.tar.zip ch03.tar
  adding: ch03.tar (deflated 84%)
user1@hanbit:~/study$ ls
ch03      ch03.tar.bz2  ch03.tar.zip   ch04.tar  ch06   ch10
ch03.tar  ch03.tar.gz   ch04           ch05      ch07
```

zip 명령은 디렉터리도 압축할 수 있다. compress 명령은 디렉터리를 압축하면 무시한다. 다음 예를 따라 compress와 zip 명령을 사용하여 디렉터리를 압축해보자.

```
user1@hanbit:~/study$ compress -v ch03
ch03 is a directory -- ignored
user1@hanbit:~/study$ zip -r ch03.zip ch03
        zip warning: name not matched: ch03/data1.sb
        zip warning: name not matched: ch03/test.sb
  adding: ch03/ (stored 0%)
  adding: ch03/test.hd2 (deflated 35%)
  adding: ch03/data1.cp (deflated 34%)
  adding: ch03/temp/ (stored 0%)
  adding: ch03/temp/profile (deflated 50%)
(생략)
  adding: ch03/test.bak (deflated 34%)
user1@hanbit:~/study$ ls -l ch03.zip
-rw-rw-r-- 1 user1 user1 9616  5월 19 16:26 ch03.zip
```

앞의 예를 보면 compress 명령은 ch03이 디렉터리이므로 압축을 무시했다는 메시지가 출력되었다. 반면에 zip −r 명령은 ch03 디렉터리를 압축하여 c03.zip 파일을 생성하였다.

−d 옵션을 사용하여 압축 파일에서 항목을 삭제할 수 있다. 다음 예에서는 ch03.zip 파일에서 ch03/test.bak 파일을 삭제하였다.

```
user1@hanbit:~/study$ zip -d ch03.zip ch03/test.bak
deleting: ch03/test.bak
```

−u 옵션은 압축 파일에 포함된 파일이 수정되었거나 새로운 파일이 있을 경우, 이를 압축 파

일에 교체하거나 추가한다. 다음 예에서는 ch03.zip 파일에 ch03.tar 파일을 추가한 것이다. 삭제와 추가 결과는 압축 풀기 명령에서 확인해본다.

```
user1@hanbit:~/study$ zip -u ch03.zip ch03.tar
  adding: ch03.tar (deflated 84%)
```

압축 풀기: unzip

zip 명령으로 압축한 파일은 unzip 명령으로 압축을 풀 수 있다.

unzip

- **기능** zip 명령으로 압축한 파일을 푼다.
- **형식** unzip 압축파일명
- **사용 예** unzip a.txt.zip

앞에서 zip 명령으로 압축한 파일을 unzip 명령을 사용하여 풀어보자. 다음 예에서는 ch10 디렉터리에는 ziptest 디렉터리를 만들고 여기에 ch03.zip 파일을 복사한 다음에 압축을 풀었다.

```
user1@hanbit:~/study$ mkdir ch10/temp
user1@hanbit:~/study$ cp ch03.zip ch10/temp
user1@hanbit:~/study$ cd ch10/temp
user1@hanbit:~/study/ch10/temp$ ls
ch03.zip
user1@hanbit:~/study/ch10/temp$ unzip ch03.zip
Archive:  ch03.zip
   creating: ch03/
  inflating: ch03/test.hd2
  inflating: ch03/data1.cp
   creating: ch03/temp/
  inflating: ch03/temp/profile
   creating: ch03/temp/temp4/
  inflating: ch03/temp/temp4/test1
  inflating: ch03/temp/temp4/htest
```

```
  inflating: ch03/temp/services
  inflating: ch03/temp/test1
  inflating: ch03/test.hd1
  inflating: ch03/data2.cp
  inflating: ch03/data1.hd
  inflating: ch03.tar
user1@hanbit:~/study/ch10/temp$ ls
ch03  ch03.tar  ch03.zip
user1@hanbit:~/study/ch10/temp$ ls ch03
data1.cp  data1.hd  data2.cp  temp  test.hd1  test.hd2
```

ch03.zip 파일은 ch03 디렉터리를 압축한 것이므로 압축을 풀면 temp 디렉터리 아래에 ch03 디렉터리가 생성된다. 생성된 ch03 디렉터리의 내용을 보면 –d 옵션으로 삭제한 test.bak 파일은 없음을 알 수 있다. 또한 –u 옵션으로 추가한 ch03.tar 파일은 확인할 수 있다.

3 gzip/zcat/gunzip 명령(.gz 파일)

gzip 명령은 파일을 압축하여 .gz 파일을 생성하고, gunzip 명령은 압축된 .gz 파일을 복구한다. 압축 파일의 내용을 화면으로 출력하는 zcat 명령도 있다.

압축하기: gzip

gzip 명령은 지정한 파일을 압축하여 '파일명.gz' 파일을 생성한다.

gzip

- **기능** 파일을 압축한다.
- **형식** gzip [옵션] 파일명
- **서브 명령** -c: 표준 출력으로 압축 파일의 내용을 출력한다.
  -d: 파일 압축을 해제한다.
  -l: 압축된 파일의 정보를 보여준다.
  -r: 하위 디렉터리를 탐색하여 압축한다.
  -v: 압축하면서 압축 정보를 화면에 출력한다.
  -9: 최대한 압축한다.
- **사용 예** gzip a.txt
  gzip -v b.txt c.txt

gzip 명령을 사용해보자. 먼저 tar 명령을 실습하면서 만든 ch03.tar.gz 파일을 삭제하고 gzip으로 압축해본다. 다음 예에서 보는 것처럼 gzip으로 압축하면 원본 파일은 없어지고 압축된 파일만 남는다.

```
user1@hanbit:~/study$ rm ch03.tar.gz
user1@hanbit:~/study$ gzip ch03.tar
user1@hanbit:~/study$ ls
ch03            ch03.tar.gz    ch03.zip    ch04.tar    ch06    ch10
ch03.tar.bz2    ch03.tar.zip   ch04        ch05        ch07
```

gzip에서 -l 옵션을 사용하면 압축 파일에 대한 정보를 확인할 수 있다. 다음 예를 보면 알 수 있듯이 파일의 원래 크기와 압축된 크기, 압축률, 원본 파일명을 출력한다.

```
user1@hanbit:~/study$ gzip -l ch03.tar.gz
         compressed        uncompressed  ratio uncompressed_name
               6458               40960  84.3% ch03.tar
```

gzip은 zip과 달리 디렉터리를 직접 압축하지 않는다. gzip에서 -r 옵션은 하위 디렉터리를 탐색하여 압축할 수 있다. 이것이 어떤 의미인지 다음 예를 살펴보자.

```
user1@hanbit:~/study$ compress ch04
user1@hanbit:~/study$ ls ch04
exec.txt  exec2.txt  exec3.txt  s.txt  test.txt  vitest.txt
user1@hanbit:~/study$ gzip -r ch04
user1@hanbit:~/study$ ls
ch03          ch03.tar.gz   ch03.zip  ch04.tar  ch06  ch10
ch03.tar.bz2  ch03.tar.zip  ch04      ch05      ch07
user1@hanbit:~/study$ ls ch04
exec.txt.gz  exec2.txt.gz  exec3.txt.gz  s.txt.gz  test.txt.gz  vitest.txt.gz
```

앞의 예를 보면 compress 명령으로 ch04 디렉터리를 압축하려 했으나, 디렉터리는 압축되지 않았고 ch04 디렉터리 아래의 파일들도 바뀐 것이 없다. 반면, gzip -r 명령을 사용하여 ch04 디렉터리를 압축한 경우, 디렉터리 자체는 ch04.gz 파일로 압축되지 않았지만 ch04

디렉터리 아래의 개별 파일들은 .gz 형식으로 압축된 것을 확인할 수 있다.

압축 파일의 내용 보기: zcat

zcat 명령은 압축된 파일의 내용을 출력한다.

zcat

- **기능** 압축된 파일의 내용을 출력한다.
- **형식** zcat 파일명
- **사용 예** zcat abc.gz
  zcat abc

앞에서 압축한 ch03.tar.gz의 내용을 zcat로 확인하면 다음과 같다. tar로 묶여 있는 각 파일의 내용이 출력된다.

```
user1@hanbit:~/study$ zcat ch03.tar.gz | more
ch03/0000775000175000017500000000000014563023061010475 5ustar  user1user1
ch03/test.hd20000644000175000
017500000000034314563023016012051 0ustar  user1user1
*****
127.0.0.1 localhost
127.0.1.1 hanbit
(생략)
```

압축 풀기: gunzip

gzip으로 압축한 파일은 gunzip 명령으로 복원할 수 있다. 또한 gzip 명령의 -d 옵션을 사용하여 압축을 풀 수도 있다.

gunzip

- **기능** gzip으로 압축된 파일의 압축을 푼다.
- **형식** gunzip 파일명
- **사용 예** gunzip abc.gz
  gunzip abc

앞에서 압축한 ch04 디렉터리의 .gz 파일들을 gunzip 명령으로 풀어보자.

```
user1@hanbit:~/study$ gunzip ch04/*.gz
user1@hanbit:~/study$ ls ch04
exec.txt  exec2.txt  exec3.txt  s.txt  test.txt  vitest.txt
```

4 bzip2/bzcat/bunzip2 명령(.bz2 파일)

bzip2 명령은 파일을 압축하여 .bz2 파일을 생성하고, bunzip2 명령은 압축된 .bz 파일을 복구한다.

압축하기: bzip2

bzip2 명령은 지정한 파일을 압축하여 '파일명.bz2' 파일을 생성한다.

bzip2

- **기능** 파일을 압축한다.
- **형식** bzip2 [옵션] 파일명
- **옵션** -d: 파일 압축을 해제한다.
  -v: 압축하면서 압축 정보를 화면에 출력한다.
  -9: 최대한 압축한다.
- **사용 예** bzip2 abc.txt
  bzip2 -v a.txt b.txt

다음은 bzip2 명령을 사용한 예이다. 먼저 앞에서 tar 명령에서 실습한 ch03.tar.bz2 파일을 삭제하고, ch03.tar.gz의 압축을 풀어 ch03.tar 파일을 준비한 후 bzip2로 압축을 실행한다. bzip2가 설치되어 있지 않은 경우 'sudo apt install bzip2' 명령으로 설치한다.

```
user1@hanbit:~/study$ rm ch03.tar.bz2
user1@hanbit:~/study$ gunzip ch03.tar.gz
user1@hanbit:~/study$ bzip2 ch03.tar
user1@hanbit:~/study$ ls
ch03         ch03.tar.zip  ch04      ch05  ch07
ch03.tar.bz2 ch03.zip      ch04.tar  ch06  ch10
```

bzip2는 디렉터리를 직접 압축할 수 없으며, 하위 디렉터리의 파일들을 개별적으로 압축하지도 않는다. bzip2 명령으로 디렉터리를 압축하려고 하면 다음과 같은 메시지가 출력된다.

```
user1@hanbit:~/study$ bzip2 ch04
bzip2: Input file ch04 is a directory.
```

압축 파일의 내용 보기: bzcat

bzcat 명령은 zcat 명령과 마찬가지로 압축된 파일의 내용을 출력한다.

bzcat

- **기능** 압축된 파일의 내용을 출력한다.
- **형식** bzcat 파일명
- **사용 예** bzcat abc.bz2
  bzcat abc

앞에서 압축한 ch03.tar.bz2의 내용을 bzcat으로 확인하면 다음과 같이 출력된다.

```
user1@hanbit:~/study$ bzcat ch03.tar.bz2 | more
ch03/0000775000175000017500000000000014563023061010475 5ustar  user1user1
ch03/test.hd20000644000175000
017500000000034314563023016012051 0ustar  user1user1
*****
127.0.0.1 localhost
127.0.1.1 hanbit
(생략)
```

압축 풀기: bunzip2

bzip2로 압축한 파일은 bunzip2 명령으로 복원할 수 있다.

bunzip2

- **기능** bzip2로 압축된 파일의 압축을 푼다.
- **형식** bunzip2 파일명
- **사용 예** bunzip2 abc.txt.bz2
  bunzip2 abc.txt

앞에서 압축한 ch03.tar.bz2를 bunzip2로 풀어보자.

```
user1@hanbit:~/study$ bunzip2 ch03.tar.bz2
user1@hanbit:~/study$ ls
ch03  ch03.tar  ch03.tar.zip  ch03.zip  ch04  ch04.tar  ch05  ch06  ch07  ch10
```

실습해보기 10-3 파일 압축하기

본 실습은 study/ch10 디렉터리에서 작업한다.

❶ ch04.tar 파일을 compress 명령으로 압축한 다음 압축 파일을 ch04.tar.com.Z로 복사한다.

❷ ch04.tar.Z 파일의 압축을 해제한다.

❸ ch04.tar 파일을 zip 명령으로 압축한다. ch04.tar 파일은 그대로 있는가?

❹ ch04.tar 파일을 gzip 명령으로 압축한 다음 압축 파일을 ch04.tar.gzip.gz로 복사한다.

❺ ch04.tar.gz 파일의 압축을 gzip 명령으로 해제한다.

❻ ch04.tar 파일을 bzip2 명령으로 압축한 다음 압축 파일을 ch04.tar.bzip2.bz2로 복사한다.

❼ ch04.tar.bz2 파일의 압축을 bzip2 명령으로 해제한다.

❽ ch04.tar를 압축한 파일들의 크기를 비교한다. 어느 명령의 압축율이 가장 높은가?

05 파일 복사와 변환

dd data duplicate 명령은 지정한 입력 파일을 옵션에 따라 변환하거나 복사하는 명령이다.

dd

- **기능** 지정한 블록 크기만큼 파일을 복사한다.
- **형식** dd [옵션]
- **옵션** -if=파일: 표준 입력 대신 지정한 파일에서 읽어온다.
  -of=파일: 표준 출력 대신 지정한 파일로 복사한다.
  -bs=바이트 수: 한 번에 읽어오고 기록할 바이트 수이다. 기본값은 512바이트이다.
  -count=블록 수: 블록 수만큼만 복사한다.
  -conv=lcase 또는 ucase: 알파벳을 소문자(lcase)로 변환하거나 대문자(ucase)로 변환한다.
- **사용 예** dd if=file1 of=file2 bs=4096
  dd if=file1 of=file2 conv=lcase

1 파일 복사

dd 명령을 사용하여 파일을 복사할 수 있다. if 옵션으로 복사할 파일을 지정하고, of 옵션으로 복사하여 만들 파일을 지정하면 된다. 다음 예에서는 /etc/hosts 파일을 ch10 디렉터리에 h.txt라는 이름으로 복사하였다.

```
user1@hanbit:~/study/ch10$ dd if=/etc/hosts of=h.txt
0+1 레코드 입력함
0+1 레코드 출력함
221 바이트 복사함, 0.000694122 s, 318 kB/s
user1@hanbit:~/study/ch10$ ls -l h.txt
-rw-rw-r-- 1 user1 user1 221  5월 23 21:26 h.txt
```

만약 if 옵션으로 원본 파일은 지정했지만 of 옵션을 지정하지 않으면 파일 내용은 표준 출력(화면)에 출력된다. 다음 예에서 확인해본다.

```
user1@hanbit:~/study/ch10$ dd if=/etc/hosts
127.0.0.1 localhost
127.0.1.1 hanbit

# The following lines are desirable for IPv6 capable hosts
::1     ip6-localhost ip6-loopback
fe00::0 ip6-localnet
ff00::0 ip6-mcastprefix
ff02::1 ip6-allnodes
ff02::2 ip6-allrouters
0+1 레코드 입력함
0+1 레코드 출력함
221 바이트 복사함, 4.6451e-05 s, 4.8 MB/s
```

앞의 예에서 복사된 h.txt 파일의 크기는 221바이트이다. 다음 예에서는 h.txt 파일에서 100바이트만 복사하여 h100.txt 파일을 만들었다. bs 옵션을 100바이트로 설정하고, count 옵션으로 한 번에 블록을 한 개만 읽어오도록 하였다. 즉 100바이트 크기의 블록 한 개만큼만 복사하는 것이다.

```
user1@hanbit:~/study/ch10$ dd if=h.txt of=h100.txt bs=100 count=1
1+0 레코드 입력함
1+0 레코드 출력함
100 바이트 복사함, 0.000386189 s, 259 kB/s
user1@hanbit:~/study/ch10$ ls -l h100.txt
-rw-rw-r-- 1 user1 user1 100  5월 23 21:40 h100.txt
```

2 파일 내용 삭제

dd 명령을 응용하여 파일의 내용을 삭제할 수 있다. if 옵션으로 /dev/null 파일을 지정하면 된다. /dev/null은 빈 파일로, 이를 통해 파일의 내용을 덮어쓸 수 있다. 다음 예에서는 /dev/null 파일을 h100.txt 파일로 복사하였다. count=1은 512바이트 크기의 블록을 한 개 복사하라는 의미이다.

```
user1@hanbit:~/study/ch10$ ls -l h100.txt
-rw-rw-r-- 1 user1 user1 100  5월 23 21:40 h100.txt
user1@hanbit:~/study/ch10$ dd if=/dev/null of=h100.txt count=1
0+0 레코드 입력함
0+0 레코드 출력함
0 바이트 복사함, 0.000246702 s, 0.0 kB/s
user1@hanbit:~/study/ch10$ ls -l h100.txt
-rw-rw-r-- 1 user1 user1 0  5월 23 21:48 h100.txt
```

실행 결과를 보면 원래 100바이트였던 h100.txt 파일의 크기가 0으로 바뀐 것을 확인할 수 있다.

3 대소문자 전환

dd 명령을 이용하면 파일 내용을 대문자 또는 소문자로 변환할 수 있다. 다음 예에서는 h.txt 파일을 대문자로 변환하여 H.txt로 복사하였다.

```
user1@hanbit:~/study/ch10$ cat h.txt
127.0.0.1 localhost
127.0.1.1 hanbit

# The following lines are desirable for IPv6 capable hosts
::1     ip6-localhost ip6-loopback
fe00::0 ip6-localnet
ff00::0 ip6-mcastprefix
ff02::1 ip6-allnodes
ff02::2 ip6-allrouters
user1@hanbit:~/study/ch10$ dd if=h.txt of=H.txt conv=ucase
                                                  → 파일 내용을 대문자로 변환한다.
0+1 레코드 입력함
0+1 레코드 출력함
221 바이트 복사함, 0.000240647 s, 918 kB/s
user1@hanbit:~/study/ch10$ cat H.txt              → H.txt 파일의 내용을 확인한다.
127.0.0.1 LOCALHOST
127.0.1.1 HANBIT
```

```
# THE FOLLOWING LINES ARE DESIRABLE FOR IPV6 CAPABLE HOSTS
::1     IP6-LOCALHOST IP6-LOOPBACK
FE00::0 IP6-LOCALNET
FF00::0 IP6-MCASTPREFIX
FF02::1 IP6-ALLNODES
FF02::2 IP6-ALLROUTERS
```

실습해보기 10-4 파일 복사와 변환하기

본 실습은 study/ch10 디렉터리에서 작업한다.

❶ /etc/services 파일을 s.txt 파일로 복사한다.

❷ s.txt 파일에서 1024바이트를 s24.txt 파일로 복사한다.

❸ s24.txt 파일에서 150바이트를 s15.txt 파일로 복사한다.

❹ s24.txt 파일의 내용을 모두 지우고 빈 파일로 만든다.

❺ s15.txt 파일의 내용은 대문자와 소문자가 섞여 있다. 이를 모두 소문자로 변환하여 s15a.txt 파일로 다시 복사한다.

❻ s15a.txt 파일의 내용을 모두 대문자로 변환하여 s15A.txt 파일로 복사한다.

요약

01 디스크 관리

- 시스템에 디스크 사용을 위한 준비를 마친 후에 사용자들은 파일을 생성하고 수정하거나 삭제하는 등의 작업을 할 수 있다.
- 디스크 관리와 사용 과정

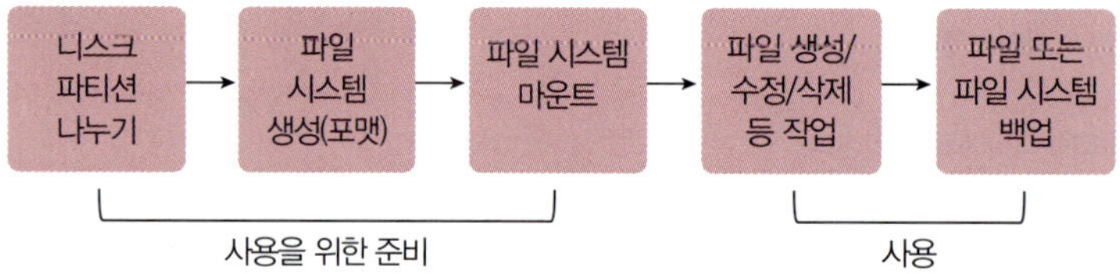

02 디스크 사용량 보기

- 파일 시스템별 디스크 사용량 확인: df
- 디렉터리나 사용자별 디스크 사용량 확인: du

03 파일 아카이브와 압축

- 아카이브는 '파일을 묶어서 하나로 만든 것'을 의미한다.
- 아카이브 생성: tar cvf 아카이브파일 파일|디렉터리
- 아카이브 내용 확인: tar tvf 아카이브파일
- 아카이브 풀기: tar xvf 아카이브파일
- 아카이브 업데이트: tar uvf 아카이브파일 파일
- 아카이브에 파일 추가: tar rvf 아카이브파일 파일
- 아카이브와 압축 동시 진행: tar czvf 압축파일 파일|디렉터리

04 파일 압축

- compress/uncompress.real (.Z 파일)
  - 압축: compress [옵션] 파일명
  - 압축 해제: uncompress.real 압축파일명
- zip/unzip (.zip 파일)
  - 압축: zip [옵션] 압축파일명 파일명
  - 압축 해제: unzip 압축파일명
- gzip/gunzip/zcat (.gz 파일)
  - 압축: gzip [옵션] [파일명]
  - 압축 해제: gunzip [파일명]
  - 압축 파일 내용 보기: zcat 파일명
- bzip2/bunzip2/bzcat (.bz2 파일)
  - 압축: bzip2 [옵션] [파일명]
  - 압축 해제: bunzip2 [파일명]
  - 압축 파일 내용 보기: bzcat 파일명

05 파일 복사와 변환

- dd data duplicate는 지정한 입력 파일을 옵션에 따라 변환하거나 복사한다.
- 파일 복사: dd if=원본파일 of=출력파일
- 파일 내용 삭제: dd if=/dev/null of=대상파일
- 대소문자 전환: dd if=입력파일 of=출력파일 conv=ucase 또는 lcase

01 다음 중 디스크 장치의 이름에서 첫 번째 디스크의 첫 번째 파티션 이름을 맞게 표현한 것은 무엇인가?

① /dev/sda ② /dev/sd1 ③ /dev/sda1 ④ /dev/sdaa

02 다음 중 파티션을 나누는 명령은 무엇인가?

① mkfs ② fdisk ③ partition ④ mkpart

03 디스크의 사용량을 MB 단위로 확인하는 명령은 무엇인가?

① df -k ② df -h ③ df ④ df -m

04 /etc 디렉터리가 사용하고 있는 디스크의 사용량을 전체 사용량만 출력하는 명령은 무엇인가?

① du -s /etc ② du -h /etc ③ df -s /etc ④ df -h /etc

05 tar 명령으로 study 디렉터리를 study.tar 파일로 아카이빙하는 명령으로 옳은 것은 무엇인가?

① tar cvf study study.tar ② tar tvf study.tar study
③ tar cvf study.tar study ④ tar tvf study study.tar

06 tar 아카이브파일인 study.tar 파일에 새로운 파일인 new.txt 파일을 추가하는 명령으로 옳은 것은 무엇인가?

① tar cvf study.tar new.txt ② tar xvf study.tar new.txt
③ tar avf study.tar new.txt ④ tar rvf study.tar new.txt

07 압축 명령 중에 디렉터리를 압축할 수 있는 명령은 무엇인가?

① compress ② zip ③ gzip ④ bzip2

08 다음 압축 명령 중에 압축 후에 원본 파일이 그대로 유지되는 명령은 무엇인가?

① gzip ② compress ③ bzip2 ④ zip

09 다음 중 han.txt 파일을 bit.txt 파일로 2048바이트만 복사하는 명령으로 옳은 것은 무엇인가?

① dd if=han.txt of=bit.txt

② dd if=han.txt of=bit.txt bs=1024 count=1

③ dd if=han.txt of=bit.txt count=4

④ dd if=han.txt of=bit.txt bs=2048 count=2

10 han.txt 파일의 내용을 모두 대문자로 바꾸어 bit.txt로 저장하는 명령으로 옳은 것은 무엇인가?

① dd if=han.txt of=bit.txt conv=upper

② dd if=han.txt of=bit.txt conv=ucase

③ dd if=han.txt of=bit.txt conv=lcase

④ dd if=han.txt of=bit.txt conv=caseu

11 디스크를 새로 장착하고 사용하기 위한 작업 순서를 간략하게 설명하라.

12 [그림 10-2]의 예와 같이 /home 디렉터리에는 /dev/sda2 파티션이 마운트되어 있다고 가정할 경우 만약 이 마운트 연결을 해제하면 /home 디렉터리 아래에는 어떤 파일이나 하위 디렉터리가 존재하는가?

13 df 명령으로 파일 시스템의 사용량을 확인할 때 파일 시스템의 종류와 사용량을 알기 쉬운 단위로 출력하려면 어떤 옵션을 사용해야 하는가?

14 사용자 계정 hanbit의 디스크 사용량을 확인하기 위한 명령은 무엇인가?

15 study 디렉터리를 study.tar 아카이브로 만들고 이를 gzip으로 압축까지 한 번에 하는 명령은 무엇인가?

16 tar 명령에서 u 동작과 r 동작의 차이는 무엇인가?

17 zip 명령으로 디렉터리를 압축하는 것과 gzip -r로 디렉터리를 압축하는 것의 차이는 무엇인가?

18 study 디렉터리를 study.tar로 만들고 이를 각각 compress, zip, gzip, bzip2로 압축한 다음 압축 파일의 크기를 비교한다. 어떤 압축 명령의 압축율이 가장 좋은가?

19 /etc/services 파일을 ex.txt 파일로 복사할 때, 파일 전체를 복사하는 것이 아니라 이 중 4096바이트만 복사하려고 한다. dd 명령을 어떻게 사용해야 하는가?

20 ex.txt 파일의 내용을 모두 대문자로 바꾸어 ex20.txt로 저장하는 명령은 무엇인가?

CHAPTER 11
배시셸 프로그래밍

학습목표

- 셸 스크립트가 무엇인지 이해한다.
- 셸 변수를 정의하고 활용할 수 있다.
- 다양한 연산자와 문자열 테스트, 파일 테스트를 활용하는 방법을 익힌다.
- 조건문과 반복문의 사용 방법을 익힌다.
- 함수를 이용해 스크립트를 작성하는 방법을 익힌다.
- 스크립트의 실행 오류를 찾아 수정하는 방법을 익힌다.

PREVIEW

리눅스에서 셸은 사용자와 리눅스 커널 간의 인터페이스를 제공하고, 명령을 해석하고 실행하는 역할을 한다. 우리가 10장까지 공부한 다양한 명령들은 셸을 통해 실행된 것이다. 셸이 제공하는 또 다른 기능은 프로그래밍이다. 이 장에서는 셸 프로그래밍의 기초를 살펴본다.

배시셸을 포함한 모든 셸은 프로그래밍 기능을 지원하며, 이때 작성한 프로그램을 셸 스크립트라고 한다. 셸은 인터프리터 기능을 가지고 있어 셸 스크립트를 실행할 수 있다. 셸마다 스크립트 문법에 약간의 차이가 있을 수 있지만, 이 장에서는 배시셸을 기준으로 작성 및 실행 방법을 알아본다. 1절에서는 셸 스크립트의 기본 구성 요소와 셸 스크립트를 작성하고 실행하는 방법을 알아본다. 2절에서는 변수 사용, 입력, 연산자, 조건문과 반복문 등 프로그래밍 기본 문법을 다룬다. 마지막으로 셸 스크립트를 디버깅하는 방법을 설명한다. 이를 통해 간단한 셸 스크립트를 작성할 수 있을 것이다. 더 깊이 학습하고 싶다면, 셸 전문 자료를 참고하자.

셸 스크립트 개요	셸 스크립트의 구성 요소	셸 스크립트의 작성과 실행		
변수 사용과 입력받기	변수의 정의와 사용	변수 속성 선언	입력받기	명령행 인자 처리
연산자 사용	산술 연산자	비교 연산자	논리 연산자	파일 테스트 연산자
제어문	조건문: If 문	조건문: case 문	반복문: for 문	반복문: while 문
함수 사용과 디버깅	함수의 기본 형식	함수 호출	bash -x를 이용한 디버깅	

01 셸 스크립트 개요

배시셸을 포함하여 모든 셸은 프로그래밍 기능을 지원하며, 이때 작성한 프로그램을 셸 스크립트라고 한다. 일반적으로 프로그래밍은 두 가지 방법으로 나뉜다. 첫 번째는 작성한 프로그램을 컴파일러라는 별도의 소프트웨어로 실행 파일로 변환한 후, 이를 사용하는 방법이다. 즉, 실행 파일을 미리 만들어 배포하는 방식이다. 두 번째는 프로그램의 실행 파일을 미리 만드는 것이 아니라 실행할 때 인터프리터라는 소프트웨어를 통해 실행하는 방식이다. 이 방식으로 작성한 프로그램을 스크립트라고 부르며, 자바스크립트와 파이썬이 대표적인 스크립트 언어이다.

셸 스크립트는 셸이 제공하는 스크립트 언어로, 셸 자체가 인터프리터 기능을 가지고 있어 셸 스크립트를 실행할 수 있다. 셸마다 스크립트 문법에 약간의 차이가 있을 수 있지만, 여기서는 배시셸을 기준으로 셸 스크립트를 작성하고 실행하는 방법을 알아본다.

1 셸 스크립트의 구성 요소

간단한 셸 스크립트 예제를 이용하여 셸 스크립트의 구성 요소를 알아보자. study 디렉터리에 ch11 디렉터리를 만들고 이 디렉터리에서 실습을 진행한다.

예제 01 script01

```
user1@hanbit:~/study/ch11$ vi script01
#!/bin/bash
# First Bash Script
echo "Hello, Ubuntu Linux World!"
echo "SHELL=$SHELL"  # SHELL 변수 출력
date
exit 0
```

❶ #! 기호

셸 스크립트는 #!로 시작한다. #!는 주석이 아니라 이 자체가 하나의 기호로, 매직 넘버라고 하며 이 뒤에는 스크립트를 해석하고 처리할 프로그램을 절대 경로로 지정한다. 셸은 스크립트의 첫 번째 행에서 스크립트를 해석할 프로그램이 무엇인지 파악하고, 해당 프로그램을 실행하여 스크립트를 인자로 전달한다. [예제 01]과 같이 배시셸을 사용할 때는 #!/bin/bash로 지정하면 된다. 셸 스크립트의 첫 행에는 이와 같이 매직 넘버가 있어야 하는데, 만약 스크립트가 코딩이 아니라 단순히 리눅스 명령만 나열한 것이라면 매직 넘버는 생략할 수 있다.

❷ 주석

셸 스크립트에서 첫 번째 행의 #!를 제외하고 #으로 시작하는 행은 모두 주석으로 처리된다. 주석은 [예제 01]의 2행과 같이 행 단위로 작성하거나, 5행처럼 문장 다음에 올 수도 있다.

❸ 명령과 구문

매직 넘버와 주석을 제외하면 나머지는 스크립트의 목적에 맞는 리눅스 명령 또는 스크립트 언어 문법에 따른 구문들로 구성된다. [예제 01]에서 3~5행은 간단한 명령으로 작성되었다.

❹ 셸 스크립트 종료

셸 스크립트는 [예제 01]의 7행에서 보듯이 exit 명령으로 종료할 수 있다. exit 명령은 반드시 있어야 하는 것은 아니지만 스크립트의 종료 상태를 명시적으로 나타내는 것이 필요할 때 사용한다. exit 뒤에 나오는 숫자는 종료 상태를 나타내며, 셸 스크립트 종료 후 해당 값은 $? 변수에 자동으로 저장된다.

2 셸 스크립트의 작성과 실행

셸 스크립트는 앞에서 설명한 구성 요소에 주의하며 vi 같은 편집기로 작성하면 된다. 셸 스크립트의 파일명은 스크립트의 기능에 따라 붙이는 것이 바람직하며, 사용자의 혼란을 방지하기 위해 기존 명령과 중복되지 않도록 하는 것이 좋다. 또한 스크립트가 어느 셸을 기준으로 작성된 것인지를 명확히 하기 위해 파일명에 확장자를 붙이는 것도 좋다. 예를 들어 [예제 01]의 파일명이 script01인데 이를 script01.bash로 명명하여 배시셸 스크립트임을 명확히 할 수 있다.

셸 스크립트 실행하기

셸 스크립트를 실행하는 방법은 두 가지가 있다. 첫 번째 방법은 셸의 인자로 스크립트 파일을 지정하여 실행하는 것이다. 이 방법은 셸을 실행하면서 스크립트 파일을 인자로 지정하는 방식이다. [예제 01]의 경우 다음과 같이 bash를 실행하면서 인자로 script01을 지정하였다. 실행 결과를 보면 echo 명령과 date 명령이 실행된 것을 알 수 있다.

```
user1@hanbit:~/study/ch11$ bash script01
Hello, Ubuntu Linux World!
SHELL=/bin/bash
2024. 05. 31. (금) 15:59:11 KST
```

두 번째 방법은 스크립트 파일에 실행 권한을 부여하여 실행하는 것이다. 기본적으로 스크립트 파일에는 실행 권한이 없기 때문에 chmod 명령을 사용하여 실행 권한을 부여해야 한다. [예제 01]의 script01 파일의 권한을 확인해보면 실행 권한이 없으므로 chmod 명령으로 실행 권한을 부여하면 된다.

```
user1@hanbit:~/study/ch11$ ls -l script01
-rw-rw-r-- 1 user1 user1 120  5월 31 15:59 script01
user1@hanbit:~/study/ch11$ chmod +x script01
user1@hanbit:~/study/ch11$ ls -l script01
-rwxrwxr-x 1 user1 user1 120  5월 31 15:59 script01
```

실행 권한을 부여한 후에는 script01 파일을 직접 실행할 수 있다. 그런데 다음과 같이 script01을 실행하면 명령을 찾을 수 없다는 메시지가 나온다.

```
user1@hanbit:~/study/ch11$ script01
script01: 명령을 찾을 수 없습니다
```

이는 명령을 찾아오는 경로에 현재 디렉터리(.)가 지정되어 있지 않기 때문이다. 이 경우 현재 디렉터리를 지정하여 스크립트를 실행해야 한다. 매번 현재 디렉터리를 지정하는 것이 번거롭다면, 5장에서 배운 것처럼 사용자 환경 설정 파일 중 하나인 .profile에서 환경 변수

PATH에 현재 디렉터리(.)를 추가하면 된다.

```
user1@hanbit:~/study/ch11$ ./script01
Hello, Ubuntu Linux World!
SHELL=/bin/bash
2024. 05. 31. (금) 16:35:29 KST
```

정상적으로 스크립트가 실행되었으므로 $? 값을 확인해보면 스크립트 파일에서 지정한 0이 출력된다.

```
user1@hanbit:~/study/ch11$ echo $?
0
```

실습해보기 11-1 셸 스크립트 작성과 실행

❶ 현재 날짜, 시간과 로그인한 사용자 정보를 출력하는 스크립트를 작성한다(스크립트명: script02).

❷ script02를 배시셸로 실행한다.

❸ script02에 실행 권한을 부여한다.

❹ script02를 자체적으로 실행한다.

02 변수 사용과 입력받기

프로그램에서 데이터를 저장하고 처리하기 위해서는 이를 저장할 공간이 필요한데 이를 변수라고 한다. 셸 스크립트에서도 다양한 정보를 저장하고 처리하기 위해 변수를 사용한다. 이 절에서는 셸 스크립트에서 변수를 어떻게 정의하고 사용하는지 알아본다.

1 변수의 정의와 사용

셸 스크립트에서 변수는 C나 C++ 같은 다른 프로그래밍 언어와 달리 별도로 변수의 자료형을 선언하지 않아도 된다. 셸에서 변수는 단순 변수와 리스트 변수(배열)로 구분할 수 있다. 변수명은 영문자, 숫자, 밑줄을 사용할 수 있으나 숫자로 시작할 수는 없다. 변수를 사용할 때는 변수명 앞에 $를 붙여서 사용한다.

단순 변수

단순 변수는 다른 프로그래밍 언어에서처럼 하나의 값을 저장하고 사용할 수 있는 변수다. = 기호를 이용하여 변수를 정의하고 값을 저장할 수 있다.

```
변수명=문자열
```

이때 변수명과 =과 문자열 사이에 공백이 있으면 안 된다. 문자열이 한 단어일 때는 그냥 사용해도 되지만, 여러 단어일 경우 따옴표로 문자열을 묶어야 한다. 다음 예를 살펴보자. 변수명과 문자열 사이에 공백문자가 있는 경우 오류가 발생하였다.

```
user1@hanbit:~/study/ch11$ book=hanbit
user1@hanbit:~/study/ch11$ echo $book
hanbit
user1@hanbit:~/study/ch11$ books="hanbit academy"
user1@hanbit:~/study/ch11$ echo $books
```

```
hanbit academy
user1@hanbit:~/study/ch11$ bks = hanbit
명령어 'bks'을(를) 찾을 수 없습니다. 다음 명령어로 시도하시겠습니까:
(생략)
```

배열

배열은 변수명 하나에 여러 개의 값을 저장하는 구조다. 배열은 다음과 같은 형식으로 생성한다.

```
변수명=(값1 값2 값3 ...)
```

배열의 값을 참조할 때는 [표 11-1]과 같이 { }를 사용한다.

표 11-1 배열 사용 방법

사용 방법	의미
${배열명[i]}	배열에서 i번째 원소를 참조한다.
${배열명[*]} ${배열명[@]}	배열의 모든 원소를 참조한다.
${#배열명[*]} ${#배열명[@]}	배열의 크기를 참조한다. 즉 배열에 몇 개의 원소가 있는지 알려준다.
배열명+=(값)	배열에 원소를 추가한다.
배열명[i]=값	배열의 i번째 원소에 값을 저장한다. 기존 값을 바꾸거나 원소 추가가 가능하다.
unset 배열명[i]	배열의 i번째 원소를 삭제한다.

배열에서 원소를 참조하는 색인번호는 0부터 시작한다. 즉 첫 번째 원소가 0번째 값이다. 다음은 3개의 원소를 가진 배열을 정의하고 값을 출력하는 예이다.

TIP 서체 때문에 숫자 0과 @이 헷갈릴 수 있으니 구분에 주의하자.

```
user1@hanbit:~/study/ch11$ list=(Hanbit Academy Linux)
user1@hanbit:~/study/ch11$ echo ${list[*]}
Hanbit Academy Linux
user1@hanbit:~/study/ch11$ echo ${list[0]}
Hanbit
```

```
user1@hanbit:~/study/ch11$ echo ${#list[@]}
3
```

앞의 예에서 list 배열에는 세 개의 원소가 있다. 다음 예에서는 list에 네 번째 원소를 추가하고, 두 번째 원소의 값을 바꾸고 첫 번째 원소를 삭제하였다.

```
user1@hanbit:~/study/ch11$ list+=(Ubuntu)
user1@hanbit:~/study/ch11$ echo ${list[@]}
Hanbit Academy Linux Ubuntu
user1@hanbit:~/study/ch11$ list[1]=Basic
user1@hanbit:~/study/ch11$ echo ${list[@]}
Hanbit Basic Linux Ubuntu
user1@hanbit:~/study/ch11$ unset list[0]
user1@hanbit:~/study/ch11$ echo ${list[@]}
Basic Linux Ubuntu
```

지역 변수와 전역 변수

변수에는 지역 변수와 전역 변수가 있다. 5장에서 다룬 셸 변수가 지역 변수이며 환경 변수가 전역 변수이다. 지역 변수는 현재 셸에서만 유효한 반면, 전역 변수는 서브 셸에도 전달된다. 이 내용은 5장에서 이미 다룬 내용이므로 여기서 다시 자세하게 설명하지 않는다.

2 변수 속성 선언

배시셸에서는 내장 명령인 declare나 typeset을 사용하여 변수의 속성을 부여할 수 있다. declare와 typeset은 동일한 명령이다. declare 명령은 배시셸 버전 2부터 지원된다. 여기서는 declare 명령을 사용하여 변수 속성을 선언하는 방법을 살펴본다.

declare/typeset

- **기능** 변수의 속성을 정의한다.
- **형식** declare/typeset [옵션] 변수
- **옵션** -a: 배열로 정의한다.
  -f: 스크립트에서 정의된 모든 함수를 출력한다. 함수명을 지정하면 해당 함수를 출력한다.
  -i: 정수형으로 정의한다.
  -r: 읽기 전용으로 정의한다.
  -x: 환경 변수로 export한다.
- **사용 예** declare -i han
  declare -r han=10

declare 명령을 아무 옵션 없이 사용하면 현재 셸에서 정의된 모든 변수와 함수를 출력한다.

```
user1@hanbit:~/study/ch11$ declare | more
BASH=/bin/bash
BASHOPTS=checkwinsize:cmdhist:complete_fullquote:expand_aliases:extglob:extquote
:force_fignore:globasciiranges:globskipdots:histappend:interactive_comments:logi
n_shell:patsub_replacement:progcomp:promptvars:sourcepath
BASH_ALIASES=()
BASH_ARGC=([0]="0")
BASH_ARGV=()
(생략)
```

-f 옵션을 사용하면 현재 정의된 함수만 출력한다.

```
user1@hanbit:~/study/ch11$ declare -f | more
__expand_tilde_by_ref ()
{
    if [[ ${!1-} == \~* ]]; then
        eval $1="$(printf ~%q "${!1#\~}")";
    fi
}
(생략)
```

특정 함수만 출력하려면 -f 다음에 함수명을 지정한다.

```
user1@hanbit:~/study/ch11$ declare -f quote
quote ()
{
    local quoted=${1//\'/\'\\\'\'};
    printf "'%s'" "$quoted"
}
```

declare 명령에서 옵션을 사용하여 변수의 속성을 제한할 수 있다. 다음 예에서는 -r과 -i 옵션을 적용해 보았다. 각 옵션에서 제한하는 속성을 벗어날 경우 오류 메시지가 출력된다.

```
user1@hanbit:~/study/ch11$ declare -r han1=100   → 읽기 전용으로 선언한다.
user1@hanbit:~/study/ch11$ echo $han1
100
user1@hanbit:~/study/ch11$ han1=101
bash: han1: 읽기 전용 변수임                       → 읽기 전용이므로 값 변경이 안 된다.
user1@hanbit:~/study/ch11$ declare -i bit1=100   → 정수형으로 선언한다.
user1@hanbit:~/study/ch11$ echo $bit1
100
user1@hanbit:~/study/ch11$ bit1=101.5            → 실수값을 대입하면 오류가 발생한다.
bash: 101.5: 문법 오류: 부적절한 산술 연산자 (오류 토큰은 ".5"임)
```

3 입력받기

셸 스크립트에서 사용자의 입력을 받기 위해서는 read 명령을 사용한다. read 명령은 배시셸의 내장 명령이다.

read

- **기능** 표준 입력으로 한 줄을 읽어서 변수에 저장한다.
- **형식** read [옵션] 변수1 ... 변수n
- **옵션** -a: 읽은 내용을 배열로 저장한다.
  -p 프롬프트: 프롬프트로 지정한 문자열을 출력하고 입력을 기다린다.
- **사용 예** read han
  read -a han
  read -p "Input:" han

다음 예에서는 read 명령으로 문자열을 읽어 출력해보았다. 입력된 단어 개수와 상관없이 모두 변수에 저장되었다.

```
user1@hanbit:~/study/ch11$ read han
Hanbit                        → 내용을 입력한다.
user1@hanbit:~/study/ch11$ echo $han
Hanbit
user1@hanbit:~/study/ch11$ read han
Hanbit Academy                → 내용을 입력한다.
user1@hanbit:~/study/ch11$ echo $han
Hanbit Academy
```

read 명령 다음에 입력받을 변수를 여러 개 지정하면, 입력하는 각 단어를 변수에 차례로 대응하여 저장한다.

```
user1@hanbit:~/study/ch11$ read han bit
Hanbit Academy                → 내용을 입력한다.
user1@hanbit:~/study/ch11$ echo $han
Hanbit
user1@hanbit:~/study/ch11$ echo $bit
Academy
```

변수의 개수보다 입력 내용이 많을 경우, 남은 문자열은 모두 마지막 변수에 저장된다.

```
user1@hanbit:~/study/ch11$ read han bit linux
Hanbit Academy Ubuntu Linux          → 내용을 입력한다.
user1@hanbit:~/study/ch11$ echo $han
Hanbit
user1@hanbit:~/study/ch11$ echo $bit
Academy
user1@hanbit:~/study/ch11$ echo $linux
Ubuntu Linux                  → 변수에 대응하고 남은 모든 문자열을 저장한다.
```

–a 옵션을 사용하면 입력한 단어들을 배열로 저장한다. 다음 예에서는 입력 내용을 변수에

배열 형태로 저장하였다.

```
user1@hanbit:~/study/ch11$ read -a han
Hanbit Academy Linux                    → 내용을 입력한다.
user1@hanbit:~/study/ch11$ echo ${han[*]}
Hanbit Academy Linux                    → 배열의 내용을 출력한다.
user1@hanbit:~/study/ch11$ echo ${han[2]}
Linux                                   → 배열의 세 번째 원소를 출력한다.
```

-p 옵션을 사용하면 입력을 안내하는 프롬프트를 출력할 수 있다. 다음 예에서는 프롬프트로 Input:을 사용하였다.

```
user1@hanbit:~/study/ch11$ read -p "Input:" han
Input: Hanbit
user1@hanbit:~/study/ch11$ echo $han
Hanbit
```

4 명령행 인자 처리

스크립트를 실행할 때 인자로 값을 지정할 수 있고 이 값을 스크립트에서 처리할 수 있다. 이렇게 명령과 함께 입력되는 인자들을 명령행 인자라고 한다. 명령행 인자들은 특수 내장 변수들에 저장되어 스크립트 내에서 사용할 수 있는데, 이 특수 내장 변수를 포지션 인자Positional Parameter라고 한다. 포지션 인자는 [표 11-2]에 정리하였다.

표 11-2 포지션 인자

명령행 인자	의미
$0	현재 셸 스크립트의 이름
$1 – $9	명령행에 주어진 1~9번 포지션 인자
$#	전체 포지션 인자 개수
$*, $@	모든 포지션 인자
$$	셸의 프로세스 번호

다음 예는 포지션 인자를 테스트하기 위한 간단한 스크립트이다. [표 11-2]에 나열한 포지션 인자들의 값을 출력한다.

예제 02 script03

```
#!/bin/bash
# positional parameter testing

echo 'Script Name: ' $0
echo '$*: ' $*
echo '$@: ' $@
echo '$1: ' $1
echo '$2: ' $2
echo '$#: ' $#
echo '$$: ' $$
```

포지션 인자를 테스트할 때는 스크립트를 실행할 때 명령행 인자를 지정해야 한다. 다음 예에서는 인자를 두 개 지정하였다.

```
user1@hanbit:~/study/ch11$ bash script03 aa bb
Script Name:  script03
$*:  aa bb
$@:  aa bb
$1:  aa
$2:  bb
$#:  2
$$:  15112
```

실습해보기 11-2 변수 사용과 입력받기

❶ 문장을 입력받아 이를 변수 세 개에 저장한다. 변수 1과 변수 2에 첫 단어와 두 번째 단어를 저장하고 나머지 입력 내용을 변수 3에 저장하여 출력하는 스크립트를 작성한다(script04-1).

❷ 배열로 숫자 네 개를 입력받아 각 숫자를 출력하는 스크립트를 작성한다(script04-2).

❸ 명령행 인자로 다음 텍스트를 받아서 출력하는 스크립트를 작성한다(script04-3).

- 텍스트: Ubuntu Linux 9.4
- 출력
  - 명령행 인자 전체 개수
  - 명령행 인자 전체 내용
  - '9.4' 항목 출력

03 연산자

스크립트에서 연산자는 데이터를 처리하는 데 사용하고 제어문에서도 사용한다. 여기서는 산술 연산자, 비교 연산자, 논리 연산자, 파일 테스트 연산자를 살펴본다.

1 산술 연산자

산술 연산자는 덧셈, 뺄셈 등의 산술적인 연산을 수행하는 연산자를 의미한다. 주요 산술 연산자는 [표 11–3]과 같다.

표 11-3 산술 연산자

연산자	의미
–	음수(단항 연산)
*, /, %	곱셈, 나눗셈, 나머지
+, –	덧셈, 뺄셈

산술 연산자는 일반적인 수학에서 사용하는 것과 같지만 % 연산자만 수학과 다르게 나머지 연산자로 사용된다. 또 하나 주의할 것은 산술 연산의 경우 let 명령을 사용해야 한다는 것이다. 다음 예에서 산술 연산자의 사용을 살펴보자.

```
user1@hanbit:~/study/ch11$ a=1
user1@hanbit:~/study/ch11$ echo $a
1
user1@hanbit:~/study/ch11$ a=$a+1
user1@hanbit:~/study/ch11$ echo $a
1+1
```

변수 a에 1을 저장하고 이를 일반 프로그래밍 수식처럼 덧셈을 수행하면 산술 덧셈이 아니라 그냥 문자열로 처리해 버린다. 이를 정상적인 산술 연산으로 처리하려면 다음 중 하나를 이용한다.

① let 명령을 사용한다.

② declare 명령으로 변수를 정수형으로 선언한다.

③ (( ))를 사용한다. (( )) 내부에서는 C 스타일의 연산자 사용이 가능하며 이 구문 내에서는 $ 없이 변수 이름을 사용할 수 있다.

다음 예에서 각각의 경우를 확인해본다.

```
user1@hanbit:~/study/ch11$ a=1
user1@hanbit:~/study/ch11$ let a=$a+1          → 정수 덧셈이 가능하다.
user1@hanbit:~/study/ch11$ echo $a
2
user1@hanbit:~/study/ch11$ let a=a+1           → 변수명으로 덧셈이 가능하다.
user1@hanbit:~/study/ch11$ echo $a
3
user1@hanbit:~/study/ch11$ declare -i han      → 정수형으로 선언한다.
user1@hanbit:~/study/ch11$ han=1
user1@hanbit:~/study/ch11$ han=han+1           → 변수를 사용한 덧셈이 가능하다.
user1@hanbit:~/study/ch11$ echo $han
2
user1@hanbit:~/study/ch11$ echo $((han+1))     → (( ))를 사용한다.
3
```

2 비교 연산자

비교 연산자는 숫자를 비교하는 숫자 비교 연산자와 문자열을 비교하는 문자열 비교 연산자가 있다. 비교 연산자는 다음 절에서 다룰 제어문의 조건식을 작성할 때 사용한다.

숫자 비교 연산자

숫자 비교 연산자는 [표 11-4]와 같이 문자나 기호를 사용할 수 있다.

표 11-4 숫자 비교 연산자

연산자		의미	사용 예
정수1 -eq 정수2	==, =	두 정수가 같으면 참	[$a -eq 0] (($a = 0))
정수1 -ne 정수2	!=	두 정수가 다르면 참	[$a -ne 0] (($a != 0))
정수1 -gt 정수2	>	정수1이 정수2보다 크면 참	[$a -gt 0] (($a > 0))
정수1 -ge 정수2	>=	정수1이 정수2보다 크거나 같으면 참	[$a -ge 0] (($a >= 0))
정수1 -lt 정수2	<	정수1이 정수2보다 작으면 참	[$a -lt 0] (($a < 0))
정수1 -le 정수2	<=	정수1이 정수2보다 작거나 같으면 참	[$a -le 0] (($a <= 0))

test 명령을 사용해 비교 연산자와 다음에 다룰 논리 연산자, 파일 테스트 연산자를 사용한 조건식이 맞는지 확인할 수 있다. test 명령의 결과는 셸의 종료 상태 변수인 $?에 저장된다. 이 값이 0이면 참, 1이면 거짓이다.

test

- **기능** 조건식이 참인지 거짓인지 확인한다.
- **형식** `test 조건식`
- **사용 예** `test a -eq 5`

test 명령의 조건식은 문자 연산자만 사용할 수 있다. 다음 예에서는 산술 비교 연산자의 사용 방법을 test 명령으로 확인해본다.

```
user1@hanbit:~/study/ch11$ a=1
user1@hanbit:~/study/ch11$ test $a -eq 1      → $a가 1과 같은가?
user1@hanbit:~/study/ch11$ echo $?
0                                             → 참
```

조건식을 확인하는 다른 방법은 [조건식] 또는 ((조건식))을 사용하는 것이다. 다음 예에서 살펴본다.

```
user1@hanbit:~/study/ch11$ [ $a -ge 1 ]        → $a가 1보다 크거나 같은가?
user1@hanbit:~/study/ch11$ echo $?
0                                              → 참
user1@hanbit:~/study/ch11$ (( $a > 1 ))        → $a가 1보다 큰가?
user1@hanbit:~/study/ch11$ echo $?
1                                              → 거짓
```

문자열 비교 연산자

문자열 비교 연산자는 두 문자열을 비교하는 데 사용된다. 문자열 비교 연산자의 사용 예는 [표 11-5]와 같다.

표 11-5 문자열 비교 연산자

연산자	의미	사용 예
문자열1 == 문자열2	두 문자열이 같으면 참	[문자열1 == 문자열2]
문자열1 != 문자열2	두 문자열이 같지 않으면 참	[문자열1 == 문자열2]
-n 문자열	문자열의 길이가 0이 아니면 참	[-n 문자열]
-z 문자열	문자열의 길이가 0이면 참	[-z 문자열]

다음 예를 통해 문자열 비교 연산자를 test 명령과 [ ]로 확인해보자.

```
user1@hanbit:~/study/ch11$ s1="han"
user1@hanbit:~/study/ch11$ s2="bit"
user1@hanbit:~/study/ch11$ test s1 == s2      → s1과 s2가 같은가?
user1@hanbit:~/study/ch11$ echo $?
1                                             → 거짓
user1@hanbit:~/study/ch11$ test s1 != s2      → s1과 s2가 다른가?
user1@hanbit:~/study/ch11$ echo $?
0                                             → 참
user1@hanbit:~/study/ch11$ [ -n s1 ]          → s1이 null이 아닌가?
user1@hanbit:~/study/ch11$ echo $?            → 참
0
user1@hanbit:~/study/ch11$ [ -z s2 ]          → s2가 null인가?
user1@hanbit:~/study/ch11$ echo $?
1                                             → 거짓
```

3 논리 연산자

논리 연산자는 제어문의 조건식에서 여러 조건을 묶어서 판단할 때 사용한다. 배시셸에서는 [표 11-6]과 같은 논리 연산자를 사용한다. 논리 연산자는 문자나 기호를 사용할 수 있다.

표 11-6 논리 연산자

연산자		의미	사용 예
조건1 -a 조건2	&&	논리곱(AND)	if [조건1 -a 조건2] if [[조건1 && 조건2]]
조건1 -o 조건2	||	논리합(OR)	if [조건1 -o 조건2] if [[조건1 || 조건2]]
!조건		논리 부정(Not)	if [!조건]

다음 예에서는 문자열 비교 연산자를 test 명령과 [[ ]]로 확인해본다.

```
user1@hanbit:~/study/ch11$ a1=10
user1@hanbit:~/study/ch11$ a2=20
user1@hanbit:~/study/ch11$ test "$a1" -eq 10 -a "$a2" -ge 20 → a1=10 and a2>=20
user1@hanbit:~/study/ch11$ echo $?
0   → 참
user1@hanbit:~/study/ch11$ [[ $a1 -eq 10 && $a2 -gt 20 ]]      → a1=10 and a2>20
user1@hanbit:~/study/ch11$ echo $?
1   → 거짓
```

4 파일 테스트 연산자

파일 테스트 연산자는 파일의 특성을 확인하는 연산자이다. 파일 테스트 연산자는 [표 11-7]과 같다.

표 11-7 파일 테스트 연산자

연산자	의미	사용 예
-a, -e	파일이 존재하면 참	[-a 파일] [-e 파일]

-d	파일이 디렉터리이면 참	[-d 파일]
-h	파일이 심볼릭 링크이면 참	[-h 파일]
-f	파일이 일반 파일이면 참	[-f 파일]
-r	파일이 읽기 가능이면 참	[-r 파일]
-s	파일 크기가 0보다 크면 참	[-s 파일]
-w	파일이 쓰기 가능이면 참	[-w 파일]
-x	파일이 실행 가능이면 참	[-x 파일]
-z	파일 크기가 0이면 참	[-z 파일]

다음 예에서는 파일 테스트 연산자를 test 명령과 [ ]로 확인해본다.

```
user1@hanbit:~/study/ch11$ ls
script01  script02  script03  script04-1  script04-2  script04-3
user1@hanbit:~/study/ch11$ test -e script01        → 파일이 존재하는가?
user1@hanbit:~/study/ch11$ echo $?
0                                                  → 참(존재한다)
user1@hanbit:~/study/ch11$ [ -d script01 ]         → 디렉터리인가?
user1@hanbit:~/study/ch11$ echo $?
1                                                  → 거짓(디렉터리가 아니다)
user1@hanbit:~/study/ch11$ [ -x script01 ]         → 실행 가능한가?
user1@hanbit:~/study/ch11$ echo $?
0                                                  → 참(실행 가능하다)
```

실습해보기 11-3 셸 스크립트 작성

숫자 두 개를 입력받아 더하기, 빼기, 곱하기, 나누기, 나머지 연산을 수행하여 출력하는 스크립트를 작성한다 (script05).

04 제어문

스크립트의 구문을 조건식에 따라 선택하여 실행하거나 반복 실행하기 위해 제어문을 사용한다. 제어문에는 선택적 실행을 위한 if와 case 문, 반복 실행을 위한 for, while 문이 있다.

1 조건문

if 문

if 문은 조건식이 참인지 거짓인지에 따라 실행할 문장을 선택하게 한다. if 문에는 다음 세 가지 유형이 있다.

단순 if 문	if ~ else 문	중첩 if 문

if 조건식
then
    명령들
fi
	if 조건식
	then
	    명령들
	else
	    명령들
	fi
		if 조건식
		then
		    명령들1
		elif 조건식
		then
		    명령들2
		else
		    명령들3
		fi

단순 if 문

if 문의 조건식의 결과가 0(참)이면 then 다음의 명령들을 수행한다. 만약 조건식의 결과가 0이 아니면(거짓) fi 다음의 문장을 실행한다. if 문의 조건식은 [ ], [[ ]], (( )) 괄호를 모두 사용할 수 있다. 이 중 [[ ]]은 논리 연산자 &&와 ||를 사용할 수 있고 (( ))는 C 언어 스타일의 연산자를 사용할 수 있다. 다음 예에서 단순 if 문의 사용법을 살펴본다.

예제 03 script06

```
#!/bin/bash
# 단순 if 문
#
han=10
if [ $han -ge 10 ]
then
    echo "han은 10보다 크거나 같다."          → 조건식이 참이면 실행한다.
fi

bit=2
if (( $bit >= 10 ))
then
    echo "bit은 10보다 크거나 같다."          → 조건식이 참이면 실행한다.
fi

hbit=20
if (( $hbit >= 20 ))
then
    echo "hbit은 20보다 크거나 같다."         → 조건식이 참이면 실행한다.
fi
```

script06을 실행하면 다음과 같이 출력된다. 실행 결과를 보면 13행은 출력되지 않았다. 이는 11행의 조건식이 거짓이기 때문에 13행이 실행되지 않은 것이다.

```
user1@hanbit:~/study/ch11$ bash script06
han은 10보다 크거나 같다.
hbit은 20보다 크거나 같다.
```

if ~ else 문

단순 if 문은 조건식이 참일 때 실행할 문장만 지정할 수 있다. 만약 조건식이 거짓일 경우에도 실행할 문장이 있다면 어떻게 해야 할까? if ~ else 문은 조건식이 참일 때와 거짓일 때 각각 실행할 문장을 지정할 수 있다. 조건식이 참일 경우 단순 if 문처럼 then 다음의 문장을 실행하고, 거짓일 경우 else 다음의 문장을 실행한다. 다음 예에서 살펴본다.

예제 04 script07

```
#!/bin/bash
# if ~ else
#
echo -n "Input Score: "
read han
if (( $han >= 90 ))
then
    echo "Best"                    → 조건식이 참이면 실행한다.
else
    echo "Good"                    → 조건식이 거짓이면 실행한다.
fi
```

script07의 4행에서 echo의 -n 옵션을 사용하면 문장을 출력한 후 줄바꿈을 하지 않고 대기한다. script07을 실행하면 입력값이 90보다 크거나 같을 경우 "Best"를 출력하고 90 미만인 경우 "Good"을 출력한다.

```
user1@hanbit:~/study/ch11$ bash script07
Input Score: 95
Best
user1@hanbit:~/study/ch11$ bash script07
Input Score: 80
Good
```

중첩 if 문

단순 if 문이나 if ~ else 문에서는 조건식을 하나만 사용할 수 있지만, 중첩 if 문에서는 조건식을 여러 개 사용할 수 있다. 다음 예에서 중첩 if 문을 살펴본다.

예제 05 script08

```
#!/bin/bash
# 중첩 if
#
echo -n "Input Score: "
read score

if (( $score >= 90 ))
then
    echo "Best"          → score가 90 이상일 때 실행한다.
elif (( $score >= 80 ))
then
    echo "Good"          → score가 80 이상일 때 실행한다.
elif (( $score >= 60 ))
then
    echo "Not Bad"       → score가 60 이상일 때 실행한다.
else
    echo "Sorry"         → score가 60 미만일 때 실행한다.
fi
```

script08은 입력한 점수를 조건식에 따라 판단하여 결과를 각각 다르게 출력하도록 작성된 스크립트이다. script08을 실행한 예를 살펴보면 다음과 같다. 입력한 점수에 따라 다른 문장이 출력되었다.

```
user1@hanbit:~/study/ch11$ bash script08
Input Score: 70
Not Bad
user1@hanbit:~/study/ch11$ bash script08
Input Score: 50
Sorry
```

case 문

case 문은 중첩 if 문을 사용하는 경우처럼 조건에 따라 처리해야 할 경우가 여러 가지일 때 유용하다. case 문은 다음과 같은 형식을 갖는다.

```
case $변수 in
    값1)
        명령;;
    값2)
        명령;;
    ...
    *)
        명령;;
esac
```

case 문은 $변수의 값에 따라 다른 명령의 실행이 가능하다. 7행의 *는 앞에서 해당하는 값이 없을 경우 실행되는 기본값을 의미한다. 값1, 값2 등에는 특정 값이나 특수 문자를 이용한 패턴을 사용할 수 있다. 다음 예에서 case 문의 사용 방법을 살펴본다.

예제 06 script09

```
#!/bin/bash
# case
#
echo -n "Input Level(1~9): "
read level

case $level in
    [7-9])
        echo "High Level";;        → level이 7~9일 때 실행한다.
    [4-6])
        echo "Middle Level";;      → level이 4~6일 때 실행한다.
    [1-3])
        echo "Low Level";;         → level이 1~3일 때 실행한다.
    *)
        echo "Input Error";;       → level이 1~9가 아닐 때 실행한다.
esac
```

script09는 입력된 값에 따라 레벨을 구분하여 출력하는 스크립트이다. case 문의 각 값에는 [7–9]와 같이 범위를 지정하여 해당 범위에 속하는 경우에 맞는 메시지를 출력하도록 하였다. 다음 실행 예에서 스크립트의 결과를 확인하면 이 범위 지정이 정상적으로 동작한 것을 확인할 수 있다.

```
user1@hanbit:~/study/ch11$ bash script09
Input Level(1~9): 7
High Level
user1@hanbit:~/study/ch11$ bash script09
Input Level(1~9): 3
Low Level
user1@hanbit:~/study/ch11$ bash script09
Input Level(1~9): 0
Input Error
```

실습해보기 11-4 조건문 스크립트 작성

❶ 변수에 암호를 미리 정의한 다음, 사용자가 입력한 암호와 비교하여 옳은지 틀린지 알려주는 스크립트를 작성한다(script10).

❷ 사용자가 입력한 파일이 존재하는지 판단하여 출력하는 스크립트를 작성한다(script11).

❸ 사용자가 입력한 문자가 대문자인지 소문자인지, 또는 숫자인지 판단하는 스크립트를 case 문을 사용해 작성한다(script12).

2 반복문

for 문

for 문의 형식은 다음과 같다. for 문은 리스트의 값을 순차적으로 가져와 지정한 명령을 반복하여 실행한다.

```
for 변수 in 리스트
do
    명령들
done
```

다음 예에서 for 문의 사용 방법을 살펴보자.

예제 07 script13

```
#!/bin/bash
# for loop
#
num=(80 90 100)

for n in ${num[*]}
do
    echo "Num: $n"
done
```

script13에서는 세 개의 값을 갖는 리스트 num을 만들고 이를 for 문에서 각 값을 출력하도록 하였다. 다음 실행 결과를 통해 확인할 수 있다.

```
user1@hanbit:~/study/ch11$ bash script13
Num: 80
Num: 90
Num: 100
```

for 문의 리스트에는 script13과 같이 미리 만들어진 배열 변수를 지정할 수도 있고, 다음 예와 같이 직접 값을 나열하는 것도 가능하다.

예제 08 script14

```
#!/bin/bash
# for loop
#
for n in 10 20 30
do
    echo "Num: $n"
done
```

script14의 실행 결과는 다음과 같다.

```
user1@hanbit:~/study/ch11$ bash script14
Num: 10
Num: 20
Num: 30
```

while 문

while 문의 형식은 다음과 같다. 조건식의 결과가 참이면 지정된 명령을 반복적으로 수행하며, 조건식의 결과가 거짓이면 반복이 종료된다.

```
while 조건식
do
    명령들
done
```

다음 예에서 while 문의 사용 방법을 살펴보자.

예제 09 script15

```
#!/bin/bash
# while loop
#
num=1
while (($num <= 5))
do
    echo "Num: $num"
    let num=num+1
done
```

script15는 while 문을 사용하여 1부터 5까지 반복하면서 출력하도록 작성하였다. while 문을 사용할 때는 8행과 같이 조건식의 값을 변경하는 구문이 필요하다. script15의 실행 결과는 다음과 같다.

```
user1@hanbit:~/study/ch11$ bash script15
Num: 1
Num: 2
Num: 3
Num: 4
Num: 5
```

실습해보기 11-5 반복문 스크립트 작성

❶ 명령행 인자로 받은 숫자를 for 문을 사용하여 차례로 출력하고, 합계와 평균을 구하는 스크립트를 작성한다(script16).

❷ 1부터 100 사이의 숫자 중 짝수만 더하는 스크립트를 while 문을 사용하여 작성한다(script17).

05 함수

함수는 특정한 작업을 수행하도록 구성된 명령들을 묶어서 하나의 단위로 만든 것으로, 스크립트의 다른 부분에서 필요에 따라 호출하여 사용할 수 있다. 함수를 사용하면 코드의 재사용이 가능하고 복잡한 스크립트를 여러 작은 함수들로 나눠서 구현할 수 있어 가독성이 좋아지고 관리하기도 편리해진다.

1 함수의 기본 형식

함수의 기본 형식은 다음과 같다. 함수명과 함수에서 수행할 명령들을 { } 안에 작성한다.

```
함수명()
{
    명령들
}
```

다음 예는 오늘 날짜를 출력하는 간단한 함수를 만든 것이다.

예제 10 script18

```
#!/bin/bash
# function test
#
today()
{
    echo -n "Today: "
    date
}
```

script18은 today라는 함수를 정의하였다. 이 함수는 'Today: '라는 문자열과 함께 오늘 날짜를 출력한다. 오늘 날짜에 해당하는 부분은 date 명령의 실행 결과가 출력된다. 이렇게 정의된 함수는 어떻게 사용하는지 알아보자.

2 함수 호출

함수를 사용하려면 함수가 미리 정의되어 있어야 한다. 이렇게 정의된 함수는 함수 혼자서 실행할 수 없고 해당 함수를 사용하기 위해 호출해야 한다. 스크립트의 다른 부분에 함수를 사용하는 것을 함수 호출이라고 한다. 즉, 정의되어 있는 함수를 사용하기 위해 호출하는 것이다. 함수의 호출은 함수명을 사용한다.

다음 예는 앞서 정의한 today 함수를 호출하는 코드를 추가한 것이다.

예제 11 script19

```
#!/bin/bash
# function test
#
today()
{
    echo -n "Today: "
    date
}

today        → 함수를 호출한다.
```

script19의 실행 결과는 다음과 같다. 6행의 'Today: '와 7행의 date 명령의 결과가 출력된 것을 알 수 있다.

```
user1@hanbit:~/study/ch11$ bash script19
Today: 2024. 06. 06. (목) 20:21:45 KST
```

매개 변수 전달

함수를 호출할 때 함수명 다음에 매개변수를 지정하여 함수로 전달할 수도 있다. 이렇게 전달된 매개변수는 함수 내에서 순서에 따라 $1, $2 등의 형식으로 받아서 사용한다. 다음 예에서 매개변수를 받아 처리하는 함수를 정의해본다.

예제 12 script20

```
#!/bin/bash
# function test
#
writeNum()
{
    echo "Num: $1, $2, $3"
}

writeNum 1 2 3
```

script20에서는 4~7행에 함수 writeNum을 정의하였다. 이 함수는 매개변수로 받은 값 세 개를 출력한다. 9행에서 writeNum 함수를 호출하며 매개변수로 1, 2, 3을 지정하였다. 이 스크립트를 실행한 결과는 다음과 같이 writeNum 함수가 값을 받아 출력하였다.

```
user1@hanbit:~/study/ch11$ bash script20
Num: 1, 2, 3
```

실습해보기 11-6 함수 작성과 호출

인자로 받은 파일이 디렉터리인지 일반 파일인지 구분하여 출력하는 함수 fdir( )을 정의하고, 명령행 인자로 받은 파일명을 이 함수에 전달하는 스크립트를 작성한다(script21).

06 디버깅

디버깅은 스크립트에서 오류가 발생한 부분을 찾아 수정하는 작업이다. 배시셸은 간단한 디버깅 기능을 제공한다. 이 기능을 이용하여 스크립트의 실행 단계를 확인하면서 문제를 해결할 수 있다.

bash −x를 이용한 디버깅

배시셸의 옵션 중 −x는 스크립트가 실행할 때마다 각 행을 화면으로 출력한다. 따라서 오류가 발생한 부분을 확인할 수 있다. 예를 들어 while 문에서 작성했던 script15를 bash −x로 실행하면 다음과 같이 출력한다.

```
user1@hanbit:~/study/ch11$ bash -x script15
+ num=1
+ (( 1 <= 5 ))
+ echo 'Num: 1'
Num: 1
+ let num=num+1
+ (( 2 <= 5 ))
+ echo 'Num: 2'
Num: 2
+ let num=num+1
+ (( 3 <= 5 ))
+ echo 'Num: 3'
Num: 3
+ let num=num+1
+ (( 4 <= 5 ))
+ echo 'Num: 4'
Num: 4
+ let num=num+1
+ (( 5 <= 5 ))
+ echo 'Num: 5'
```

```
Num: 5
+ let num=num+1
+ (( 6 <= 5 ))
```

이 예에서 +로 시작하는 행은 현재 실행 중인 스크립트의 코드이며, + 기호가 없는 문장은 echo 명령으로 출력된 부분이다. 이러한 출력을 통해 스크립트의 각 단계가 어떻게 실행되었는지 확인하며 문제를 해결할 수 있다.

예를 들어 scritp15의 8행을 다음과 같이 오류가 포함된 코드로 수정한 후 bash -x로 실행해보자.

예제 13 script22

```
#!/bin/bash
# while loop
#
num=1
while (($num <= 5))
do
    echo "Num: $num"
    num=num+1
done
```

script22를 bash -x로 실행하면 다음과 같은 오류 메시지가 출력된다.

```
user1@hanbit:~/study/ch11$ bash -x script22
+ num=1
+ (( 1 <= 5 ))
+ echo 'Num: 1'
Num: 1
+ num=num+1
+ (( num+1 <= 5 ))
script22: 줄 5: ((: num+1: 표현식 재귀 레벨 초과 (오류 토큰은 "num+1" 임)
```

8행에서 변수 num의 값이 숫자가 아니라 num+1로 되어 있어 조건식에서 오류가 발생한 것이다. 디버깅을 통해 오류가 발생한 부분을 확인하고 수정할 수 있다.

요약

01 셸 스크립트 개요

- 셸 스크립트는 셸이 제공하는 스크립트 언어로, 셸의 인터프리터 기능을 통해 스크립트가 실행된다.
- 셸 스크립드의 구성 요소
  - #!: 셸 스크립트는 #!로 시작하며 매직 넘버라고 한다.
  - 주석: #!를 제외한 #로 시작하는 행은 주석으로 처리한다.
  - 명령과 구문: 리눅스 명령 및 스크립트 언어 문법에 따른 구문이다.
  - exit: 셸 스크립트를 종료하는 명령이다.
- 셸 스크립트 실행 방법
  - 셸의 인자로 스크립트 파일을 지정하여 실행한다(예 bash script01).
  - 셸 스크립트에 실행 권한을 부여한 후 실행한다.

02 변수 사용

- 변수: 프로그램에서 데이터를 저장하기 위해 사용하는 이름이다.
- 단순 변수: 변수에 값을 하나만 저장한다.
  - 변수명=문자열
- 배열: 변수명 하나에 여러 개의 값을 저장한다.
  - 변수명(배열명)=(값1 값2 값3 ...)
  - 배열 사용 방법

사용 방법	의미
${배열명[i]}	배열에서 i번째 원소를 참조한다.
${배열명[*]} ${배열명[@]}	배열의 모든 원소를 참조한다.
${#배열명[*]} ${#배열명[@]}	배열의 크기를 참조한다. 즉 배열에 몇 개의 원소가 있는지 알려준다.
배열명+=(값)	배열에 원소를 추가한다.
배열명[i]=값	배열의 i번째에 값을 저장한다. 기존 값을 바꾸거나 원소 추가가 가능하다.
unset 배열명[i]	배열의 i번째 원소를 삭제한다.

- 변수 속성 정의
  - 배시셸의 내장 명령인 declare나 typeset을 사용하여 변수의 속성을 부여할 수 있다.
    예 정수형 변수 정의: declare −i han

03 입력 처리하기

- 표준 입력 처리: read 명령을 사용한다(예 read han, read −p "입력: " han).
- 명령행 인자 처리: 스크립트를 실행할 때 함께 입력되는 인자들이다.
  - 명령행 인자를 읽어들이는 포지션 인자

명령행 인자	의미
$0	현재 셸 스크립트의 이름
$1 − $9	명령행에 주어진 1~9번 포지션 인자
$#	전체 포지션 인자 개수
$*, $@	모든 포지션 인자
$$	셸의 프로세스 번호

04 연산자

- 산술 연산자: 덧셈, 뺄셈 등 산술 연산을 수행하는 연산자이다(예 +, −, *, /, %).
- 비교 연산자: 숫자 및 문자열을 비교하는 연산자이다(예 ==, !=, 〉, 〉=, 〈, 〈=).
- 논리 연산자: 제어문의 조건식에서 여러 조건을 조합하는 데 사용한다(예 −a, −o, !).
- 파일 테스트 연산자: 파일의 특성을 확인하는 연산자이다(예 −a, −e, −d, −h, −f, −r, −s, −w, −x, −z).

05 제어문

- 조건문: 조건식이 참인지 거짓인지에 따라 실행하는 문장을 선택할 수 있다.
  - if 문: 조건이 참이면 then 다음을, 거짓이면 else 다음을 실행한다.
  - case 문: 변수의 값에 따라 선택적으로 구문을 실행한다.

• 반복문: 조건에 따라 문장을 반복적으로 실행한다.
  – for 문: 리스트의 값을 순차적으로 가져와 구문을 반복적으로 실행한다.
  – while 문: 조건식이 참이면 명령을 반복적으로 수행하고, 거짓이면 반복을 종료한다.

06 함수

• 특정 작업을 수행하는 코드를 하나의 단위로 묶은 것이다.
• 함수의 기본 형식: 함수명( ) { 구문 }

예
```
today()
{
    date
}
```

• 함수 호출: 스크립트의 다른 부분에 함수를 사용하는 것으로, 함수명으로 호출한다.

07 디버깅

• 배시셸의 옵션 중 –x는 스크립트가 실행할 때마다 각 행을 화면에 출력하여 오류 발생 위치를 확인할 수 있다(예 bash -x script01).

연습문제

01 다음 중 셸 스크립트를 시작하는 기호로 옳은 것은 무엇인가?

① #$ ② #! ③ #? ④ ##

02 배열 변수가 다음과 같이 선언되었을 때 배열 변수의 원소수를 확인하는 명령은 무엇인가?

```
han=(one two three four)
```

① echo $han

② echo ${han[*]}

③ echo ${#han[@]}

④ echo ${#han[0]}

03 read 명령을 입력받을 때 안내 메시지를 출력하려면 어떤 옵션을 사용해야 하는가?

① -t ② -a ③ -d ④ -p

04 명령행 인자를 처리할 때 셸 스크립트의 이름은 어느 변수에 저장되는가?

① $$ ② $0 ③ $# ④ $1

05 숫자 비교 연산자에서 변수 han에 저장된 값이 10보다 큰지 비교하는 연산자로 옳은 것은 무엇인가?

① $han -eq 10

② $han -ne 10

③ $han -ge 10

④ $han -gt 10

06 파일 테스트 연산자에서 파일의 크기가 0보다 크면 참인 연산자는 무엇인가?

① -s ② -f ③ -x ④ -z

07 변수 han에 저장된 문자열이 "linux"인지 비교하는 조건문으로 옳지 않은 것은 무엇인가?

① if (($han=="linux"))

② if (($han="linux"))

③ if [$han="linux"]

④ if [[$han=="linux"]]

08 case 문에서 기본값을 표시하는 패턴은 무엇인가?

① @ ② # ③ * ④ ?

09 함수의 정의가 다음과 같을 때 실행 결과와 같이 출력되려면 함수를 어떻게 호출해야 하는가?

```
printArg()
{
   echo "Arg: $1, $2"
}
```

실행 결과

```
Arg: 1, 2
```

① printArg 1,2 ② printArg 1 2

③ printArg 12 ④ printArg "1 2"

10 배시셸 스크립트인 scritpA에서 오류가 발생하여 디버깅해보려고 한다. 이 스크립트를 디버깅할 수 있게 실행하는 명령으로 옳은 것은 무엇인가?

① bash −d scriptA ② bash −x scriptA

③ bash −o scriptA ④ bash −r scriptA

11 셸 스크립트를 실행하였더니 "명령을 찾을 수 없습니다"라는 메시지가 출력되었다. 무엇이 문제이며 어떻게 해결할 수 있는가?

12 다음과 같이 변수 han을 설정한 후 han에 200을 지정하였더니 오류가 발생하였다. 오류의 원인은 무엇인가?

```
declare -r han=100
han=200
```

13 다음 설명과 같이 사용자의 입력을 받아 출력하는 스크립트를 작성하시오.

- 입력 프롬프트: Input Names:
- 문자열을 3개 입력받아 한 행에 출력한다.
- 입력받은 문자열의 개수를 출력한다.
- 입력받은 문자를 각각 다른 행으로 출력한다.

14 다섯 과목에 대한 점수를 명령행 인자로 입력받아 평균을 구하는 스크립트를 작성하시오.

15 명령행 인자로 받은 파일이 일반 파일인지 디렉터리인지 구분하는 스크립트를 작성하시오.

16 다음과 같은 메뉴를 출력한 후 항목을 선택하여 해당 명령을 실행하는 스크립트를 작성하시오.

```
----- MENU -----
1. 현재 디렉터리 출력
2. 파일 목록
3. 현재 날짜와 시간
-----------------
선택:
```

17 반복문을 이용하여 1~100까지 합계를 구하는 스크립트를 작성하시오.

18 2~9 사이의 숫자를 입력받아 해당 숫자의 구구단을 출력하는 스크립트를 작성하시오.

19 $RANDOM 변수는 0~32767 사이의 임의의 숫자를 가진다. 이 변수를 이용하여 0~99 사이의 임의의 숫자를 생성한 후, 이를 사용자가 맞추는 스크립트를 작성하시오. 스크립트에서는 사용자가 입력한 숫자가 $RANDOM으로 생성한 숫자보다 큰지 작은지를 출력해서 추측할 수 있도록 한다.

20 문제 **16**에서 작성한 메뉴에 "4. 종료하기"를 추가하고 4번을 선택할 때까지 반복적으로 수행하도록 수정하시오. 메뉴 출력 부분은 show_menu() 함수로 분리하여 작성한다.

CHAPTER 12
리눅스 프로그래밍 기초

학습목표

- 프로그래밍이 무엇인지 이해하고 설명할 수 있다.
- C와 C++ 컴파일러를 설치하고 C와 C++ 언어로 작성된 코드를 컴파일할 수 있다.
- 시스템 호출과 라이브러리를 이해하고 설명할 수 있다.
- 여러 파일로 구성된 프로그램을 make를 사용하여 컴파일할 수 있다.
- 파이썬 코딩 환경을 구축하고 코딩할 수 있다.

PREVIEW

리눅스는 다양한 명령과 GUI 환경에서 사용할 수 있는 앱을 제공하고 있다. 이렇게 기본 명령이나 앱 외에 사용자 맞춤형 응용 프로그램이 필요할 수 있다. 11장에서 다룬 셸 스크립트는 일반적인 응용 프로그램보다는 시스템 관리에 필요한 기능을 구현하는 데 더 적합하다. 일반적인 응용 프로그램을 만들기 위해서는 프로그래밍 언어를 사용하여 직접 코딩해야 한다.

이 장에서는 리눅스에서 C와 C++, 파이썬을 사용하여 코딩하는 방법을 설명한다. 1절에서는 프로그래밍의 개념과 언어의 발전, 프로그램 실행 방식을 다루고, 2절에서는 C 컴파일러 설치와 C, C++ 프로그램의 컴파일 방법을 간단히 살펴본다. 3절에서는 시스템 호출과 라이브러리의 유사점과 차이점을 설명하며, 4절에서는 다중 소스 파일을 효율적으로 컴파일하는 make 명령을 설명한다. 마지막으로 5절에서는 파이썬 코딩 환경 구축과 실행 방법을 설명한다. 이 장에서는 코딩 환경 구축과 실행 방법을 다루므로 문법에 대한 설명은 별도의 자료를 참고해야 한다.

프로그래밍 개요	프로그래밍의 개념	프로그래밍 언어의 이해	
C 코딩과 컴파일하기	C 컴파일러 설치	간단한 C 프로그램 컴파일과 실행	C++ 컴파일하기
시스템 호출과 라이브러리	시스템 호출	라이브러리	
make 사용하기	make 명령 설치하기	makefile 작성하기	make 명령으로 컴파일하기
파이썬 코딩하기	파이썬 환경 구축	파이썬 코딩하고 실행하기	

01 프로그래밍이란?

1 프로그래밍의 개념

컴퓨터는 기본적으로 프로그램에 의해 동작한다. 프로그램은 컴퓨터가 수행할 작업을 지시하는 명령들의 집합이다. 물론 아무 명령이나 모아 놓는다고 해서 프로그램이 되는 것은 아니다. 처리하고자 하는 문제를 해결하기 위해 서로 관련이 있는 명령을 체계적으로 구성한 것이 바로 프로그램이다.

사용자가 컴퓨터에서 원하는 작업을 하기 위해서는 이에 적합한 프로그램이 있어야 한다. 이런 프로그램은 이미 만들어진 것을 사용할 수도 있다. 예를 들어, 우리는 다른 사람들이 개발한 리눅스를 사용하고 있다. 또한 사용자가 직접 필요한 프로그램을 만들 수도 있는데, 이렇게 프로그램을 만드는 과정을 프로그래밍programming 또는 코딩coding이라고 한다.

2 프로그래밍 언어의 이해

사용자는 컴퓨터를 사용하여 원하는 작업을 수행하며, 이 과정에서 컴퓨터에 명령을 전달하고 컴퓨터는 이에 맞는 응답을 한다. 이는 사용자와 컴퓨터가 일종의 대화를 하는 것으로 볼 수 있는데 사용자와 컴퓨터가 대화하기 위해서 사용하는 언어를 프로그래밍 언어programming language라고 한다. 사용자는 프로그래밍 언어를 사용하여 프로그램을 만들고 이를 실행함으로써 원하는 결과를 얻을 수 있다.

프로그래밍 언어의 발달 과정

현재의 일반적인 컴퓨터는 0과 1로 이루어진 2진수 언어를 이해한다. 0과 1을 어떻게 조합하여 이해할지는 컴퓨터에 장착된 중앙처리장치CPU에 따라 다르며, 이렇게 0과 1로 구성된 언어를 기계어machine language라고 한다. 기계어는 컴퓨터가 이해하는 유일한 언어이다. 그러나 사람의 입장에서는 0과 1을 조합하여 프로그래밍하는 것은 매우 어려워서 기계어와 일대일로 대응되는 간단한 구조를 갖는 언어를 만들었는데, 이를 어셈블리어assembly language라고 한다.

어셈블리어는 기계어보다 사용하기 쉽지만, 어셈블리어도 하드웨어 중심의 언어이기 때문에 다양한 프로그램을 작성하기에는 한계가 있다. 기계어나 어셈블리어처럼 하드웨어 중심의 언어를 통틀어 저급 언어low-level language라고 한다.

(a) 기계어 프로그램	(b) 어셈블리어 프로그램
01011010 10110111	LOAD A1
10010110 01010011	ADD A1, 100
00110001 11110011	MOV A1, M1
10101011 01011100	SUB B1, A1

그림 12-1 기계어와 어셈블리어 프로그램의 예

저급 언어는 사람보다 기계 중심의 언어이기 때문에 다양한 프로그램을 빠르게 개발하기에 적합하지 않다. 이를 해결하기 위해 사람이 이해하기 쉬운 형태를 가진 언어들이 등장하였는데, 이를 고급 언어high-level language라고 한다. 고급 언어는 포트란FORTRAN이라는 언어를 시작으로 C, C++, 파이썬, 자바 등으로 발전하였다. [표 12-1]에 저급 언어와 고급 언어의 차이를 간단히 비교했다.

표 12-1 저급 언어와 고급 언어

구분	저급 언어	고급 언어
특징	• 하드웨어 중심의 언어 • 컴퓨터가 이해하기 쉬움	• 사용자 중심의 언어 • 사람이 이해하기 쉬움
프로그래밍 용이성	• 프로그램을 작성하기 어려움	• 저급 언어에 비해 프로그램을 작성하기 쉬움
대표적인 언어	기계어, 어셈블리어	C, C++, 파이썬, 자바 등

사람의 언어에도 한국어, 영어 등 다양한 언어가 존재하는 것처럼 컴퓨터의 등장 이후 프로그래밍 언어도 기술의 발전과 필요에 따라 다양하게 개발되었다. C, C++, 파이썬과 같이 널리 사용되는 언어들이 있지만, 일부는 더 이상 사용되지 않는다. 고급 언어는 저급 언어에 비해 사람이 이해하기 쉬운 형태를 제공하지만, 사용자가 원하는 프로그램을 작성하기 위해서는 프로그래밍 언어의 사용법을 익혀야 한다.

컴파일과 인터프리터

사람은 고급 언어로 프로그래밍하는 것이 편하지만, 컴퓨터는 기계어만 이해하기 때문에 고급 언어로 작성된 프로그램을 기계어로 번역해야 한다. 이렇게 번역된 기계어 파일이 우리가

사용하는 실행 파일이다.

고급 언어로 작성된 프로그램을 번역하는 방법에는 컴파일과 인터프리터 두 가지가 있다. 컴파일compile은 고급 언어로 작성된 프로그램의 전체 코드를 한 번에 모두 번역하여 기계어로 된 실행 파일을 생성한다. 반면, 인터프리터interpreter는 실행 파일을 미리 생성하지 않고, 프로그램을 실행할 때 코드를 하나씩 번역하면서 실행한다. 일반적으로 인터프리터 방식의 언어가 문법이 좀 더 유연하고 배우기 쉽다. 11장에서 배운 셸 스크립트도 인터프리터 방식으로 실행된다.

이 장에서는 대표적인 컴파일 언어인 C 언어와 대표적인 인터프리터 언어인 파이썬을 코딩하기 위한 환경 구축 방법을 살펴본다. 두 언어의 문법에 대한 내용은 다루지 않으며, 이에 대한 자세한 내용은 다른 자료를 참고하도록 하자.

02 C 코딩과 컴파일하기

1 C 컴파일러 설치

1절에서 설명한 것처럼 시용자가 사용하는 고급 언어를 기계어(실행 파일)로 변환하는 과정을 컴파일이라 하며, 이를 수행하는 소프트웨어를 컴파일러라고 한다. 예를 들어 C 언어로 작성한 프로그램을 컴파일하려면 C 컴파일러가 필요하다. 여기서는 C 컴파일러를 설치하고 사용하는 방법을 살펴본다.

먼저 시스템에 C 컴파일러가 설치되어 있는지 확인해보자. 리눅스에서 사용하는 C 컴파일러는 GNU C 컴파일러로 패키지 이름은 gcc이고 명령도 gcc이다. gcc 명령을 입력했을 때 다음과 같이 명령을 찾을 수 없다는 오류 메시지가 표시되면 C 컴파일러가 설치되지 않은 것이다.

```
user1@hanbit:~$ gcc
명령어 'gcc'을(를) 찾을 수 없습니다. 그러나 다음을 통해 설치할 수 있습니다:
sudo apt install gcc
```

앞의 오류 메시지에서 알려준 것처럼 gcc를 설치해야 한다. 소프트웨어 설치는 root 권한으로, 13장에서 다룰 것이다. 여기서는 일단 명령을 입력하여 설치를 진행한다. sudo 명령에서 물어보는 암호는 user1 계정의 암호이다.

```
user1@hanbit:~$ sudo apt install gcc
[sudo] user1 암호:
패키지 목록을 읽는 중입니다... 완료
의존성 트리를 만드는 중입니다... 완료
상태 정보를 읽는 중입니다... 완료
다음의 추가 패키지가 설치될 것입니다 :
  binutils binutils-common binutils-x86-64-linux-gnu gcc-13 libasan8
(생략)
0개 업그레이드, 28개 새로 설치, 0개 제거 및 82개 업그레이드 안 함.
```

```
44.1 M바이트 아카이브를 받아야 합니다.
이 작업 후 155 M바이트의 디스크 공간을 더 사용하게 됩니다.
계속 하시겠습니까? [Y/n]
```

계속 하겠냐는 질문에 Y로 대답하면 설치가 진행된다.

```
(생략)
gcc-13 (13.2.0-4ubuntu3) 설정하는 중입니다 ...
gcc (4:13.2.0-1ubuntu1) 설정하는 중입니다 ...
Processing triggers for man-db (2.11.2-3) ...
Processing triggers for libc-bin (2.38-1ubuntu6.3) ...
user1@hanbit:~$
```

gcc 설치가 완료되었다. 이제 gcc를 입력하면 다음과 같이 나타난다. 컴파일할 C 프로그램 파일을 지정해야 한다는 의미이다. C 컴파일러 준비는 완료되었다.

```
user1@hanbit:~$ gcc
gcc: fatal error: no input files
compilation terminated.
```

2 간단한 C 프로그램 컴파일 및 실행

gcc의 사용 형식은 다음과 같다.

gcc

- **기능** C 언어로 작성된 프로그램을 컴파일한다.
- **형식** gcc [옵션] C 파일
- **옵션** -c: 오브젝트 파일을 생성한다(.o 파일).
  -l: 라이브러리를 지정한다.
  -o 파일명: 지정한 파일명으로 실행 파일을 생성한다.
- **사용 예** gcc test.c
  gcc -o test test.c
  gcc -lstdc++ test.cpp

gcc가 제대로 동작하는지 확인해보자. 먼저 간단한 C 프로그램을 작성해야 한다. 전통적으로 처음 작성하는 C 프로그램은 'Hello World.'를 출력하는 아주 간단한 프로그램이다.

C 프로그램 컴파일하기

vi로 소스 코드를 바로 작성해보자. study 디렉터리에 ch12 디렉터리를 만들고 이 디렉터리에서 실습을 진행한다. C 언어를 몰라도 걱정하지 말고, 다음 예제를 보고 오타 없이 입력하면 된다.

예제 12-1 hello.c

```
#include <stdio.h>
int main() {
    printf("Hello, World.\n");
}
```

입력이 끝났으면 이제 컴파일할 차례이다. 컴파일 명령은 간단하게 'gcc 소스 파일명'과 같이 입력하면 된다. 소스 코드에 오류가 없으면 실행 파일이 생성된다. 실행 파일의 이름은 사용자가 지정하지 않으면 기본적으로 a.out으로 생성된다.

```
user1@hanbit:~/study/ch12$ gcc hello.c
user1@hanbit:~/study/ch12$ ls
a.out   hello.c
```

C 프로그램 실행하기

이제 a.out을 실행할 수 있다. 그냥 a.out을 실행하면 다음과 같이 a.out을 찾을 수 없다고 나온다. 이는 11장에서 셸 스크립트를 실행할 때처럼 현재 디렉터리가 경로에 설정되어 있지 않기 때문에 발생하는 문제로, 실행할 때 경로를 지정해야 한다.

```
user1@hanbit:~/study/ch12$ a.out
a.out: 명령을 찾을 수 없습니다
```

현재 디렉터리를 지정하여 실행하면 프로그램이 실행되어 'Hello, World.'가 출력된다.

```
user1@hanbit:~/study/ch12$ ./a.out
Hello, World.
```

실행 파일명 변경하기

gcc로 생성한 기본 실행 파일은 a.out이다. 이를 사용자가 원하는 이름으로 지정하려면 -o 옵션을 사용한다. 다음 예를 살펴보자.

```
user1@hanbit:~/study/ch12$ gcc -o hello hello.c
user1@hanbit:~/study/ch12$ ./hello
Hello, World.
```

다중 소스 파일 컴파일하기

프로그램을 작성할 때 간단한 경우라면 소스 파일 하나로 끝날 수 있지만, 대부분의 경우 두 개 이상의 다중 파일로 프로그래밍하게 된다. 이와 같이 소스 파일이 여러 개일 때는 각각의 소스 파일을 컴파일하여 오브젝트 파일로 만들고, 이 오브젝트 파일들을 묶어서 실행 파일을 만든다. 다음 예에서 이를 살펴보자.

01 우선 소스 파일을 준비한다. C 언어의 함수를 사용하지만 함수의 사용법을 자세하게 다루지는 않는다. 함수에 관해서는 다른 C 언어 책을 참고하고, 여기서는 예제를 보고 코딩하면 된다. 다음 예를 보고 main.c를 코딩한다.

예제 12-2 main.c

```
#include <stdio.h>

extern int add(int a, int b);
extern int sub(int a, int b);

int main() {
    int num1, num2, res;
```

```
    num1 = 10;
    num2 = 20;

    res = add(num1, num2);
    printf("%d + %d = %d\n", num1, num2, res);
    res = sub(num1, num2);
    printf("%d - %d = %d\n", num1, num2, res);
}
```

main.c를 그냥 컴파일하면 다음과 같은 오류 메시지가 출력된다.

```
user1@hanbit:~/study/ch12$ gcc main.c
/usr/bin/ld: /tmp/ccpvSRfy.o: in function `main':
main.c:(.text+0x25): undefined reference to `add'
/usr/bin/ld: main.c:(.text+0x56): undefined reference to `sub'
collect2: error: ld returned 1 exit status
```

오류 메시지의 내용은 main.c에서 add와 sub가 정의되어 있지 않은 상태에서 참조되었다는 것이다. 즉, 이 두 함수가 뭔지 모르겠다는 뜻이다. 이 오류를 해결하려면 main.c에 add와 sub 함수를 추가할 수도 있지만, 여기서는 다중 소스 파일인 경우를 살펴보려는 것이므로 add와 sub 함수를 별도의 파일로 작성한다.

02 다음 예를 보고 add.c와 sub.c를 코딩한다. 각각 add 함수와 sub 함수를 가지고 있다.

예제 12-3 add.c

```
#include <stdio.h>

int add(int n1, int n2)
{
    int sum;

    sum = n1 + n2;
    return sum;
}
```

예제 12-4 sub.c

```
#include <stdio.h>

int sub(int n1, int n2)
{
    int num;

    num = n1 - n2;
    return num;
}
```

add.c를 컴파일해보자. 아무 옵션 없이 add.c를 컴파일하면 main 함수가 없다는 오류 메시지가 출력된다. 이것은 C 언어로 작성한 프로그램에서 실행 파일을 생성하려면 main 함수가 필수인데 add.c에는 main 함수가 없기 때문이다.

```
user1@hanbit:~/study/ch12$ gcc add.c
/usr/bin/ld: /usr/lib/gcc/x86_64-linux-gnu/13/../../../x86_64-linux-gnu/Scrt1.o: in
function `_start':
(.text+0x1b): undefined reference to `main'
collect2: error: ld returned 1 exit status
```

03 이와 같이 다중 소스 파일인 경우 실행 파일을 생성하려면 각 소스 파일을 컴파일하여 오브젝트 파일을 생성하고 이 오브젝트 파일을 링크시켜야 한다. 먼저 각 파일에서 오브젝트 파일을 생성해보자. 오브젝트 파일 생성은 gcc에서 –c 옵션을 지정하면 된다.

```
user1@hanbit:~/study/ch12$ ls
add.c  hello  hello.c  main.c  sub.c
user1@hanbit:~/study/ch12$ gcc -c main.c
user1@hanbit:~/study/ch12$ gcc -c add.c
user1@hanbit:~/study/ch12$ gcc -c sub.c
user1@hanbit:~/study/ch12$ ls
add.c add.o hello hello.c main.c main.o sub.c sub.o
```

gcc -c로 컴파일하면 .o 파일이 생성된다. 예를 들어 main.c를 gcc -c로 컴파일하면 main.o 파일이 생성된다. .o 파일은 오브젝트 파일을 의미하고, 바이너리 파일이므로 vi나 cat으로 파일 내용을 확인할 수는 없다.

04 오브젝트 파일이 모두 생성되었으므로 이를 연결하여 실행 파일을 생성한다. 이는 gcc 명령으로 오브젝트 파일을 모두 지정하면 된다. gcc에 .c 파일을 지정하는 것이 아니라는 것에 주의한다. 다음 예에서는 실행 파일명으로 multi를 지정하였다.

```
user1@hanbit:~/study/ch12$ gcc -o multi main.o add.o sub.o
user1@hanbit:~/study/ch12$ ./multi
10 + 20 = 30
10 - 20 = -10
```

이 예에서는 파일이 3개였다. 만약 파일이 수십 개라면 매번 이렇게 각 파일을 컴파일하여 오브젝트 파일로 만들고 다시 이를 모아서 실행 파일을 만드는 과정이 매우 번거로울 것이다. 이를 편리하게 도와주는 도구가 있다. 이것은 4절에서 살펴볼 것이다.

3 C++ 컴파일하기

리눅스에서는 C++를 어떻게 컴파일하는지 살펴보자. 리눅스에서 제공하는 C++ 컴파일러는 g++이다. g++는 다음과 같이 설치한다. 계속 설치할지 묻는 질문에 Y로 대답하면 설치가 진행된다.

```
user1@hanbit:~/study/ch12$ sudo apt install g++
[sudo] user1 암호:
패키지 목록을 읽는 중입니다... 완료
의존성 트리를 만드는 중입니다... 완료
상태 정보를 읽는 중입니다... 완료
다음의 추가 패키지가 설치될 것입니다 :
  g++-13 libstdc++-13-dev
(생략)
g++-13 (13.2.0-4ubuntu3) 설정하는 중입니다 ...
g++ (4:13.2.0-1ubuntu1) 설정하는 중입니다 ...
update-alternatives: using /usr/bin/g++ to provide /usr/bin/c++ (c++) in auto mode
Processing triggers for man-db (2.11.2-3) ...
```

C++ 예제 파일을 하나 코딩하여 컴파일해보자. 다음은 'Hello C++'를 출력하는 예다. C++와 관련된 자세한 내용은 다른 책을 참고하자. C++ 파일의 확장자는 .cpp를 사용한다.

예제 12-5 hello.cpp

```
#include <iostream>
using namespace std;

int main()
{
    cout << "Hello C++" << endl;
}
```

hello.cpp를 g++로 컴파일해보자. gcc와 마찬가지로 -o 옵션을 사용하지 않으면 기본적으로 생성되는 실행 파일은 a.out이다.

```
user1@hanbit:~/study/ch12$ g++ hello.cpp
user1@hanbit:~/study/ch12$ ./a.out
Hello C++
```

gcc로도 C++ 코드를 컴파일할 수 있다. gcc는 기본적으로 C++의 라이브러리를 포함하지 않기 때문에 -l 옵션을 사용하여 C++ 라이브러리(stdc++)를 지정해야 한다.

```
user1@hanbit:~/study/ch12$ gcc -o hcpp hello.cpp -lstdc++
user1@hanbit:~/study/ch12$ ./hcpp
Hello C++
```

실습해보기 12-1 **C, C++ 코딩하기**

❶ 다음 C 프로그램을 코딩한다(파일명: ch12-1.c).

```
#include <stdio.h>

int main()
{
    printf("Ubuntu Linux\n");
    printf("Ch12 C Program Test\n");
}
```

❷ ch12-1.c를 컴파일하여 실행 파일 ch12-1을 생성한다.

❸ ch12-1을 실행한다.

❹ 다음 C++ 프로그램을 코딩한다(파일명: ch12-2.cpp).

```
#include <iostream>
using namespace std;

int main()
{
    cout << "Ubuntu Linux" << endl;
    cout << "Hanbit Academy" << endl;
}
```

❺ ch12-2.cpp를 컴파일하여 실행 파일 ch12-2를 생성한다.

❻ ch12-2를 실행한다.

03 시스템 호출과 라이브러리 함수

리눅스 시스템은 C 언어로 구현되었다. 리눅스에서 C 언어로 코딩할 때, 그냥 일반적인 C 언어의 구문이나 함수를 사용하며, 리눅스 시스템에서 제공하는 함수를 사용할 수도 있다. 이러한 함수를 시스템 호출system call(시스템 콜, 시스템 함수)이라고 하며, 시스템 호출을 이용한 프로그래밍을 시스템 프로그래밍이라고 한다. 시스템 호출을 사용하면 리눅스 시스템의 서비스를 직접 이용하는 프로그램을 작성할 수 있다.

C 프로그램에는 시스템 호출과 유사한 라이브러리library 함수도 있다. 라이브러리는 미리 컴파일된 함수들을 묶어서 제공하는 특수한 형태의 파일이다. C 언어는 데이터 입출력, 수학 공식, 문자열 처리 등 응용 프로그램 개발에 필요한 함수들을 유형별로 분류해 라이브러리로 제공한다. 시스템 호출과 라이브러리는 유사하지만 차이점도 있으므로, 리눅스에서 프로그래밍을 하려면 이를 고려하여 시스템 호출과 라이브러리를 적절하게 사용할 줄 알아야 한다. 여기서는 시스템 호출과 라이브러리의 기본 개념만 설명하며 이를 이용한 프로그래밍 방법을 다루지는 않는다.

시스템 호출

시스템 호출은 프로그래밍 인터페이스이므로 기본적인 형식은 C 언어의 함수와 같다.

```
리턴값 = 시스템 호출명(인자, ...);
```

함수명처럼 시스템 호출에 사용할 이름은 미리 정의되어 있으며, 시스템 호출의 종류에 따라 인자가 있을 수도 있고, 없을 수도 있다. 시스템 호출은 리턴값으로 결과 값을 반환하는 경우도 있지만, 대부분은 시스템 호출의 성공이나 실패를 나타내는 정수 값을 반환한다.

라이브러리 함수

라이브러리 함수library function는 라이브러리에 포함된 함수를 의미한다. 함수들을 묶어서 라이브러리로 만드는 이유는 자주 사용하는 기능을 독립적으로 구현하여 프로그램의 개발과 디버깅을 쉽게 하고 컴파일 속도를 빠르게 하기 위함이다.

리눅스 시스템에서 라이브러리는 보통 /usr/lib에 위치하며 대부분의 리눅스 시스템에서 /lib는 /usr/lib에 대한 심볼릭 링크이다. 라이브러리는 일반적으로 이름이 'lib'로 시작하며 .a나 .so 형태의 확장자를 갖는다.

시스템 호출과 라이브러리 함수의 비교

응용 프로그램은 라이브러리 함수나 시스템 호출을 이용해 작성할 수 있다([그림 12-2]). 시스템 호출은 커널의 해당 모듈을 직접 호출하여 작업하고 결과를 반환한다. 시스템 호출이란 커널, 즉 시스템을 직접 호출하는 것이기 때문에 그렇게 명명된 것이다. 반면 라이브러리 함수는 일반적으로 커널 모듈을 직접 호출하지 않는다. 라이브러리 함수에서 커널의 서비스를 이용할 경우, 내부적으로 시스템 호출을 사용한다. 물론 프로그래머는 라이브러리 함수가 시스템 호출을 사용하는지 알 필요가 없다.

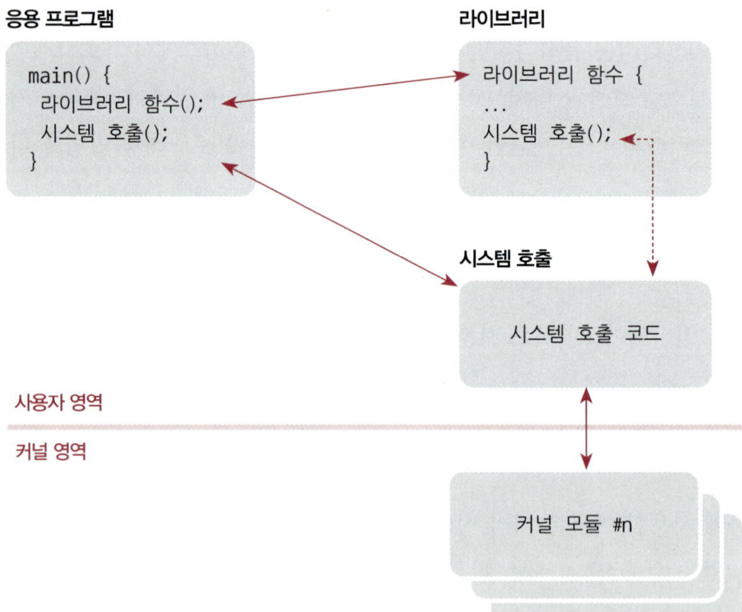

그림 12-2 시스템 호출과 라이브러리 함수의 비교

리눅스 시스템에서 프로그래밍할 때 시스템 호출과 라이브러리 함수의 기본 형식과 사용 방법이 유사하기 때문에 구별하기 어려울 수 있다. 하지만 리눅스 시스템에서 제공하는 man 페이지의 섹션 번호와 오류 처리 방법을 잘 살펴보면 구별이 가능하다.

리눅스 시스템은 명령이나 함수 등 시스템이 제공하는 다양한 서비스에 대한 매뉴얼을 제공한다. 사용자는 man 명령을 사용해 매뉴얼을 검색하고 도움을 받을 수 있다. 매뉴얼은 항목의 종류에 따라 섹션이 구분되어 있다. 시스템 호출은 섹션 2에 속하고, 라이브러리 함수는 섹션 3에 속한다. 리눅스에서 흔히 사용하는 일반적인 명령에 관한 설명은 섹션 1에 속한다. man 명령으로 검색하면 섹션 번호가 가장 낮은 항목을 기본으로 보여준다.

예를 들어 'man -s 2 open'을 실행하면, open 함수의 시스템 호출 관련 매뉴얼 페이지가 열리며, 상단에 open(2)로 표시된다. 이는 open 함수가 섹션 2에 속하는 시스템 호출임을 나타낸다.

```
user1@hanbit:~/study/ch12$ man -s 2 open
open(2)                     System Calls Manual                     open(2)

NAME
       open, openat, creat - open and possibly create a file

LIBRARY
       Standard C library (libc, -lc)

SYNOPSIS
       #include <fcntl.h>
(생략)
```

반면, 라이브러리 함수의 매뉴얼 페이지는 섹션 3에 속하며, 상단 제목에 'Library Functions Manual'로 명시되어 있다. 예를 들어 fopen 함수의 매뉴얼 페이지를 조회하면 다음과 같이 표시된다.

```
user1@hanbit:~/study/ch12$ man -s 3 fopen
fopen(3)                  Library Functions Manual                  fopen(3)

NAME
       fopen, fdopen, freopen - stream open functions
```

```
LIBRARY
       Standard C library (libc, -lc)

SYNOPSIS
       #include <stdio.h>
(생략)
```

04 make 사용하기

2절에서 다중 소스 파일인 경우 실행 파일을 만들기 위해 각 소스 파일을 오브젝트 파일로 먼저 컴파일하고 이를 연결했다. 앞에서 언급한 것처럼 실제 소프트웨어 개발은 많은 파일로 복잡하게 구성된다. 따라서 이를 gcc로 일일이 컴파일하여 하나의 실행 파일로 만드는 것은 매우 번거로운 작업인데, 이를 간단하게 해결할 수 있도록 해주는 것이 make 명령이다.

make 명령은 makefile(또는 Makefile)에 설정된 정보를 읽어서 여러 소스 파일을 컴파일하고 링크하여 최종 실행 파일을 만들어준다. 실제로 소스로 배포되는 많은 오픈소스 소프트웨어는 소스 코드와 함께 makefile을 배포한다. 여기서는 makefile을 만들고 사용하는 방법을 간단히 살펴본다.

make 명령 설치하기

make 명령이 설치되어 있는지 확인한다. 설치되어 있지 않은 경우, 다음과 같은 메시지가 표시된다.

```
user1@hanbit:~/study/ch12$ make
명령어 'make' 을(를) 찾을 수 없습니다. 그러나 다음을 통해 설치할 수 있습니다:
sudo apt install make        # version 4.3-4.1build1, or
sudo apt install make-guile  # version 4.3-4.1build1
```

다음과 같이 sudo apt 명령으로 make 명령을 설치할 수 있다.

```
user1@hanbit:~/study/ch12$ sudo apt install make
[sudo] user1 암호:
패키지 목록을 읽는 중입니다... 완료
의존성 트리를 만드는 중입니다... 완료
상태 정보를 읽는 중입니다... 완료
제안하는 패키지:
  make-doc
```

```
다음 새 패키지를 설치할 것입니다:
  make
(생략)
make (4.3-4.1build1) 설정하는 중입니다 ...
Processing triggers for man-db (2.11.2-3) ...
```

소스 파일 준비하기

make 명령을 사용해보기 위해 2절에서 만든 main.c, add.c, sub.c를 활용한다.

makefile 작성하기

makefile은 어떤 소스를 읽고 어떻게 컴파일하여 최종적으로 어떤 실행 파일을 생성할지 make 명령에 알려주는 설정 파일이다. 여기서는 소스 파일인 main.c, add.c, sub.c를 각각 컴파일하고 연결하여 실행 파일 mymath를 만들기 위한 간단한 makefile을 작성한다.

예제 12-6 makefile

```
TARGET=mymath
OBJS=main.o add.o sub.o

$(TARGET): $(OBJS)
	gcc -o $(TARGET) $(OBJS)

main.o: main.c
add.o: add.c
sub.o: sub.c
```

- 1행~2행: TARGET이나 OBJS는 사용자가 임의로 정의한 변수이다.
- 4행: TARGET은 OBJS로 생성한다고 설정하였다.
- 5행: TARGET을 생성하는 실제 명령이다.
- 7행~9행: 오브젝트 파일 main.o, add.o, sub.o가 어느 파일에서 생성되는지 명시한다.

TIP makefile에서는 명령을 반드시 Tab으로 들여써야 한다. 공백으로 들여쓰면 인식하지 못하고 오류를 발생시키므로 5행을 입력할 때 주의하자.

이제 makefile을 만들었으므로 make 명령을 실행할 수 있다. make 명령은 자동으로 makefile을 찾아 이 파일에 지정된 명령에 따라 동작한다. make 실행에 앞서 2장에서 실습하며 만든 main.o, add.o, sub.o 파일을 먼저 삭제한다.

```
user1@hanbit:~/study/ch12$ rm *.o
rm: 일반 파일 'add.o'를 제거할까요? y
rm: 일반 파일 'main.o'를 제거할까요? y
rm: 일반 파일 'sub.o'를 제거할까요? y
user1@hanbit:~/study/ch12$ make
cc    -c -o main.o main.c
cc    -c -o add.o add.c
cc    -c -o sub.o sub.c
gcc -o mymath main.o add.o sub.o
```

이제 mymath라는 실행 파일이 생성되었으므로 다음과 같이 실행해본다.

```
user1@hanbit:~/study/ch12$ ./mymath
10 + 20 = 30
10 - 20 = -10
```

make 명령 사용의 장점은 일부 소스 파일이 변경되었을 경우 해당 파일만 다시 컴파일하여 실행 파일을 생성한다는 점이다. 다음은 add.c에 printf 함수 한 줄을 추가한 예이다.

예제 12-7 add.c

```
#include <stdio.h>

int add(int n1, int n2)
{
   int sum;

   printf("add.c\n");        → 추가한 내용
   sum = n1 + n2;
   return sum;
}
```

이제 다시 make 명령을 실행하면 변경된 add.c만 다시 컴파일하여 실행 파일을 생성한다.

```
user1@hanbit:~/study/ch12$ make
cc    -c -o add.o add.c
gcc -o mymath main.o add.o sub.o
user1@hanbit:~/study/ch12$ ./mymath
add.c
10 + 20 = 30
10 - 20 = -10
```

실습해보기 12-2 make 사용하기

❶ 다음 C 프로그램을 코딩한다(파일명: ch12-1.c).

han.c

```
#include <stdio.h>

extern int bit();

int main()
{
    printf("HAN");
    bit();
    printf("Academy\n");
}
```

bit.c

```
#include <stdio.h>

int bit()
{
    printf("BIT\n");
}
```

❷ han.c와 bit.c를 컴파일하여 실행 파일 hanbit을 생성하는 makefile을 작성한다.

❸ make 명령을 사용하여 소스를 컴파일하고 실행 파일을 생성한다.

❹ 생성된 hanbit을 실행하고 출력을 확인한다.

05 파이썬 코딩하기

C나 C++는 대표적인 컴파일러 언어이다. 이번 절에서는 스크립트 언어 중 하나인 파이썬을 리눅스에서 어떻게 사용하는지 살펴보자.

파이썬 환경 구축하기

우선 파이썬이 설치되어 있는지 확인한다. 다음과 같이 python3를 입력했을 때 파이썬이 실행되면서 >>> 프롬프트가 나타나면 파이썬이 설치되어 있는 것이다. 만약 파이썬이 설치되어 있지 않으면 'sudo apt intall python3' 명령으로 설치한다.

```
user1@hanbit:~/study/ch12$ python3
Python 3.11.6 (main, Oct  8 2023, 05:06:43) [GCC 13.2.0] on linux
Type "help", "copyright", "credits" or "license" for more information.
>>>
```

파이썬 환경을 종료하려면 exit()나 Ctrl+D를 입력한다.

```
>>> exit()
user1@hanbit:~/study/ch12$
```

파이썬 코딩하기

파이썬은 >>> 프롬프트에서 바로 코드를 입력할 수 있다. 스크립트 언어이므로 컴파일 과정 없이 바로 실행된다.

```
user1@hanbit:~/study/ch12$ python3
Python 3.11.6 (main, Oct  8 2023, 05:06:43) [GCC 13.2.0] on linux
Type "help", "copyright", "credits" or "license" for more information.
>>> han=10
```

```
>>> bit=20
>>> han+bit
30
>>>
```

또한 파이썬 스크립트를 별도의 파일로 작성한 후 실행할 수도 있다. 파이썬 스크립트의 확장자는 .py를 사용한다.

```
user1@hanbit:~/study/ch12$ vi hello.py
        # hello.py
        print("Hello Python!")
        han=10
        bit=10
        print(han+bit)
:wq
```

파일로 작성된 파이썬 스크립트는 다음과 같이 'python3 파일명' 명령으로 실행한다.

```
user1@hanbit:~/study/ch12$ python3 hello.py
Hello Python!
20
```

실습해보기 12-3 파이썬 코딩하기

❶ python3-tk 패키지를 설치한다.

❷ 다음과 같이 파이썬 코드를 작성한다.

```
# t.py: turtle test
import turtle

turtle.shape("turtle")
turtle.forward(100)
turtle.right(50)
turtle.forward(100)
turtle.exitonclick()
```

❸ 작성한 t.py를 실행한다.

❹ 다음과 같이 실행되는지 확인한다.

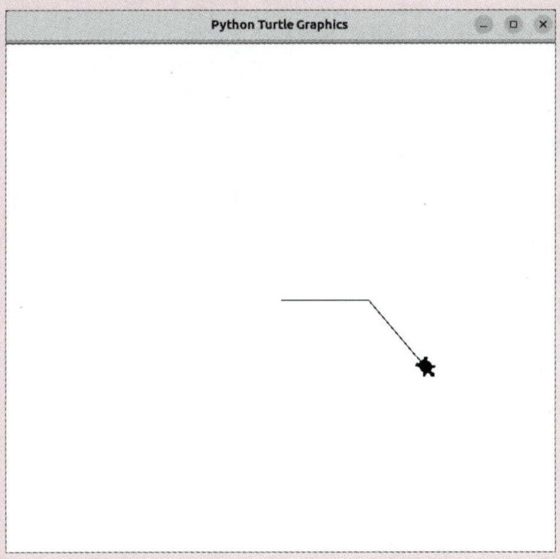

요약

01 프로그래밍의 개념

- 처리하고자 하는 문제를 해결하기 위해 관련 명령을 체계적으로 구성한 것이다.
- 프로그래밍 언어는 사용자와 컴퓨터가 대화하기 위해 사용하는 언어로, 이를 통해 프로그램을 만들고 실행하여 원하는 결과를 얻을 수 있다.
- 프로그래밍 언어: 저급 언어(기계어, 어셈블리어), 고급 언어(C, C++, 파이썬, 자바 등)

02 C 코딩과 컴파일하기

- C 컴파일러 설치: sudo apt install gcc
- C 프로그램 컴파일: gcc hello.c, gcc -o hello hello.c
- C++ 프로그램 컴파일: g++ hello.cpp, gcc hello.cpp -lstdc++

03 시스템 호출과 라이브러리 함수

- 시스템 호출: 리눅스 시스템의 서비스를 직접 이용할 수 있도록 제공하는 함수로 시스템 호출을 이용한 프로그래밍을 시스템 프로그래밍이라고 한다.
- 라이브러리: 미리 컴파일된 함수들을 묶어서 제공하는 특수한 형태의 파일로, 데이터 입출력, 수학 공식, 문자열 처리 등 응용 프로그램 개발에 필요한 함수들을 유형별로 분류해 라이브러리로 제공한다.

04 make 사용하기

- make 명령은 makefile(또는 Makefile)에 설정된 정보를 읽어서 여러 소스 파일을 컴파일하고 링크하여 최종 실행 파일을 만들어준다.
- make 명령 설치: sudo apt install make
- makefile: 어떤 소스를 읽고 어떻게 컴파일하여 최종적으로 어떤 실행 파일을 만들면 되는지 make 명령에 알려주는 설정 파일이다.

05 파이썬 코딩하기

- 파이썬 설치 확인하기: $ python3
- 파이썬 환경 종료하기: exit( ), Ctrl+D
- 파이썬 코딩하기
  - >>> 프롬프트에서 바로 코드 입력이 가능하다.
  - 별도 파일로 만들어서 실행: python3 hello.py

연습문제

01 컴퓨터가 이해할 수 있는 유일한 언어라고 할 수 있는 언어는 무엇인가?

① 어셈블리어

② 기계어

③ C 언어

④ 고급 언어

02 다음 중 고급 언어라고 할 수 있는 언어가 아닌 것은 무엇인가?

① 어셈블리어

② 파이썬

③ C

④ 자바

03 고급 언어로 작성된 프로그램을 번역하는 두 가지 방식은 무엇인가?

① 어셈블러, 컴파일러

② 컴파일러, 셸

③ 컴파일러, 인터프리터

④ 인터프리터, 어셈블러

04 han.c를 gcc로 컴파일하려고 한다. 실행 파일을 han.exe로 생성하려면 어떻게 해야 하는가?

① gcc han.c

② gcc –c han.exe han.c

③ gcc –c han.c

④ gcc –o han.exe han.c

05 han.c를 gcc로 컴파일하여 오브젝트 파일을 생성하려면 어떻게 해야 하는가?

① gcc han.c

② gcc −c han.exe han.c

③ gcc −c han.c

④ gcc −o han.exe han.c

06 han.cpp를 g++로 컴파일하였다. 별도의 실행 파일명을 지정하지 않을 경우 기본으로 생성되는 실행 파일은 무엇인가?

① a.out

② g.out

③ han.out

④ cpp.out

07 리눅스 시스템에 직접 접근할 수 있도록 시스템 차원에서 제공하는 함수를 무엇이라고 하는가?

① 시스템 프로그래밍

② 시스템 호출

③ 라이브러리 함수

④ 시스템 서비스

08 man에서 라이브러리 함수에 사용하는 섹션 번호는 무엇인가?

① 1 ② 2 ③ 3 ④ 4

09 다중 소스 파일을 컴파일하기 위하여 연관된 파일의 정보를 설정한 파일은 무엇인가?

① gccfile ② compile

③ multifile ④ makefile

10 파이썬으로 작성된 han.py 파일을 실행하는 명령으로 옳은 것은 무엇인가?

① pcc han.py

② python3 han.py

③ pip han.py

④ py han

11 저급 언어와 고급 언어의 차이를 설명하시오.

12 컴파일과 인터프리터 방식의 차이를 설명하시오.

13 다음 C 코드를 작성하고 실행하시오(파일명: ex13.c).

```
#include <stdio.h>

int main()
{
    printf("Ubuntu Linux\n");
    printf("C Programming\n");
}
```

14 문제 **13**에서 컴파일하여 생성한 실행 파일을 실행했더니 다음과 같은 오류 메시지가 출력되었다. 원인은 무엇이고 어떻게 해결해야 하는가?

```
$ a.out
a.out: 명령을 찾을 수 없습니다
```

15 문제 **13**에서 작성한 ex13.c의 실행 파일로 ex13을 생성하려면 어떻게 컴파일해야 하는가?

16 다음과 같이 다중 파일일 경우 이를 묶어서 실행 파일 ex16을 생성하려면 어떻게 해야 하는가?

ex16.c

```
#include <stdio.h>

extern int second();

int main()
{
    printf("This is Main.\n");
    second();
    printf("Main Again.\n");
}
```

second.c

```
#include <stdio.h>

int second()
{
    printf("Here is Second Function.\n");
}
```

17 다음 C++ 코드를 작성하고 실행하시오(파일명: ex17.cpp).

```
#include <iostream>
using namespace std;

int main()
{
    cout << "Ubuntu Linux" << endl;
    cout << "C++ Programming" << endl;
}
```

18 시스템 호출과 라이브러리 함수의 차이를 설명하시오.

19 문제 **16**의 다중 소스 파일을 위한 makefile을 작성하고 실행하시오.

20 나음 파이썬 코드를 작성하고 실행하시오(파일명: ex20.py).

```
# ex20.py
print("Ubuntu Linux")
print("Python3 Programming")
```

PART 04

리눅스 시스템 관리 기초

PART 04 리눅스 시스템 관리 기초

CHAPTER 13

리눅스 시스템과 네트워크 관리 기초

학습목표

- 시스템 관리자의 역할을 이해한다.
- 시스템을 시작하고 종료하는 방법을 익힌다.
- 소프트웨어를 설치하는 방법을 익힌다.
- systemd를 사용하여 서비스를 시작하는 방법을 익힌다.
- 네트워크의 기초를 이해하고 FTP와 웹 서버 사용 방법을 익힌다.

PREVIEW

12장까지는 일반 사용자들이 리눅스 시스템을 사용하는 데 필요한 명령, 셸 스크립트 작성 방법, 프로그래밍 환경 구축과 컴파일 방법을 살펴보았다. 이를 통해 일반 사용자들은 리눅스를 충분히 활용할 수 있지만, 시스템 관리의 기초 기능을 이해하면 더 효율적으로 다룰 수 있다. 앞선 장들에서 사용자 계정 추가나 소프트웨어 설치 등 일부 시스템 관리 기능을 사용해보았다.

이 장에서는 시스템 관리자의 역할과 시스템 관리 업무를 살펴보고, 리눅스 시스템의 부팅 및 종료 방법을 배운다. 또한 사용자 계정 관리, 소프트웨어 설치, systemd 명령을 이용한 서비스 관리, 네트워크 설정 및 아파치 웹 서버 사용 방법을 다룬다. 이 장에서 다루는 내용은 기초적이므로, 심화된 내용은 별도의 자료를 참고해야 한다.

시스템 관리 개요	시스템 관리의 정의	시스템 관리자	시스템 관리 업무의 주기	시스템 관리 계정으로 작업하기
리눅스 부팅과 종료	리눅스 시스템 부팅	리눅스 시스템 종료하기		
사용자 관리	사용자 계정 파일	사용자 계정 생성, 수정, 삭제		
소프트웨어 패키지 설치와 systemd	우분투 패키지의 이름 구성	우분투 패키지 관리	systemd 관련 명령	
네트워크, ftp, 웹서버 사용하기	네트워크 관리자 동작 확인	nmcli 명령으로 네트워크 관리하기	ftp 서버 설치와 사용	아파치 웹 서버 설치와 사용

01 시스템 관리 개요

현재 리눅스는 대부분의 시스템 관리 기능을 GUI로 제공해 쉽게 사용할 수 있다. 하지만 리눅스 시스템을 더 잘 사용하기 위해서는 시스템 관리 방법을 알아야 한다. 이 장에서는 시스템 관리에 필요한 핵심 기능을 사용하는 데 필요한 명령을 중심으로 살펴본다.

1 시스템 관리의 정의

시스템 관리란 시스템이 최적의 환경에서 최대 성능을 발휘할 수 있도록 시스템을 설정하고, 동작을 감시하며 운영하는 업무를 의미한다. 주요 시스템 관리 업무는 다음과 같다.

- 새로운 시스템 설치 및 기존 시스템 운영과 유지
- 새로운 응용 소프트웨어의 설치 및 기존 응용 소프트웨어 운영
- 소프트웨어와 하드웨어 업그레이드
- 하드웨어의 동작과 성능 감시
- 시스템 소프트웨어 운영 및 유지
- 파일 시스템 관리
- 시스템 보안 관리
- 사용자 계정 관리
- 사용자와 관리자 교육
- 데이터 백업 및 복구
- 내부 및 외부 네트워크 유지
- 기타 컴퓨터 및 관련 문제 해결

이러한 시스템 관리 업무는 크게 다음 세 가지로 정의할 수 있다.

- 성능 관리: 하드웨어, 소프트웨어, 데이터 등 자원 관리
- 고장 관리: 시스템 문제 예방 및 정상 동작을 위한 관리
- 교육 및 기타 관리: 사용자 교육, 운영자 교육 및 기타 지원 업무

2 시스템 관리자

시스템 관리 업무를 수행하는 사람을 시스템 관리자 또는 시스템 운영자라고 한다. 시스템 관리자는 시스템이 최적의 기능과 성능을 발휘할 수 있도록 유지하고 관리하는 역할을 맡는다. 규모가 큰 조직의 경우 하드웨어, 소프트웨어, 네트워크, 보안 등으로 시스템 관리 업무를 나누어서 수행할 수 있지만, 규모가 작은 조직의 경우 한 명의 시스템 관리자가 모든 업무를 수행해야 할 수도 있다. 따라서 시스템 관리자가 되고자 준비하고 있다면, 시스템 관리 업무에 필요한 다양한 기술적 지식을 갖추는 것이 필수적이다. 시스템 관리자가 수행해야 할 주요 업무는 다음과 같이 10가지로 구분할 수 있다.

- 서버와 클라이언트 관리
- 시스템 및 응용 소프트웨어 관리
- 시스템 모니터링
- 사용자 관리
- 백업과 복구
- 보안 관리
- 네트워크 관리
- 문제 해결
- 교육
- 기타 업무

3 시스템 관리 업무의 주기

시스템 관리자가 수행해야 할 다양한 업무 중에는 매일 수행해야 할 업무도 있고, 일주일에 한 번이나 한 달에 한 번만 수행하면 되는 업무도 있다. 각 업무를 어떤 주기로 수행해야 하는지 살펴보자.

매일 수행해야 하는 업무

■ 네트워크 상태 확인

내부 네트워크와 인터넷 등 외부 네트워크가 정상적으로 동작하는지 확인한다. 네트워크 장비 상태, 네트워크 속도, 네트워크를 통한 침입 시도 등을 점검한다.

■ **서버 상태 확인**

루트 파일 시스템을 포함한 각 디스크의 용량을 점검하고, 필요시 임시 폴더에 있는 파일 등을 삭제한다. 서버에서 동작하는 각종 데몬 프로세스의 상태도 확인하여 정상적으로 작동하고 있는지 점검한다.

■ **관리자 메일과 로그 확인**

시스템 문제 발생 시 root 계정이나 관리자 계정으로 메일이 오도록 설정한 경우, 시스템의 root 계정이나 관리자 계정으로 온 메일을 확인한다. 시스템의 로그도 확인한다. 보통 로그에는 매우 많은 정보가 쌓이므로 이를 필터링하여 중요 정보만 확인할 수 있도록 도구를 설치하여 사용하는 것이 바람직하다.

■ **백업 확인 및 복구**

일반적으로 매일 새로 추가되거나 수정된 데이터에 대해 백업을 수행하고, 잃어버린 파일이나 데이터가 있을 때에는 복구 업무를 진행한다.

정기적으로 수행해야 하는 업무

■ **정기적인 전체 백업**

매일의 백업 외에 정기적으로 전체 데이터 백업과 증분 백업을 실시해야 한다. 이를 위해 계획을 세워 백업을 체계적으로 진행하는 것이 바람직하다.

■ **보안 점검**

시스템 보안 상태를 정기적으로 점검해야 한다. 보안 점검은 내부 담당자에 의해 수행될 수도 있고, 외부 전문가에게 의뢰하여 수행할 수도 있다.

■ **정기적인 디스크 관리**

불필요한 데이터나 임시 파일이 쌓이면 디스크 공간을 차지하게 된다. 시스템 관리자는 정기적으로 디스크 상태를 확인하고 불필요한 파일이나 데이터를 정리해야 한다. 평소 거의 사용하지 않지만, 삭제하면 안 되는 데이터는 별도의 매체로 백업하고 서버의 디스크에서는 삭제하는 것도 바람직하다.

필요시 수행해야 하는 업무

- **사용자 관리**

  사용자 추가, 삭제, 그룹 변경, 접근 권한 변경 등의 작업은 사용자의 변동이나 업무의 변화에 따라 수시로 발생한다.

- **시스템 도입 및 업그레이드**

  새로운 하드웨어나 소프트웨어 도입, 기존 하드웨어나 소프트웨어 업그레이드 업무는 주기적이지는 않지만 전체 사용자에게 영향을 미치는 중요한 업무이다.

4 시스템 관리자 계정으로 작업하기

시스템 관리 업무는 시스템 관리자 계정으로 작업해야 한다. 시스템 관리자 계정으로 작업하는 방법은 세 가지가 있다. 첫 번째는 root 계정으로 로그인하는 방법이다. 두 번째는 일반 사용자로 로그인한 후 su 명령을 이용해 root 계정으로 전환하는 방법이다. 세 번째는 sudo 명령을 사용하는 방법이다. 터미널에서 직접 root 계정으로 로그인하는 것은 보안상 위험이 있을 수 있으므로, 주로 su나 sudo 명령을 사용하는 것이 바람직하다. 이 명령의 사용법은 이미 9장에서 다루었으므로 9장을 참고하기 바란다.

02 리눅스 부팅과 종료

시스템 관리자가 가장 먼저 해야 할 일은 시스템을 사용할 수 있는 상태로 준비하는 일 즉, 시스템을 기동하는 일이다. 이 절에서는 시스템을 시작하고 종료하는 방법을 알아본다.

1 리눅스 시스템 부팅

리눅스의 부팅 과정은 PC의 전원을 켜는 순간부터 리눅스가 완전히 동작하여 로그인 프롬프트가 나타날 때까지를 말한다. 리눅스 시스템의 부팅 과정은 [그림 13-1]과 같다.

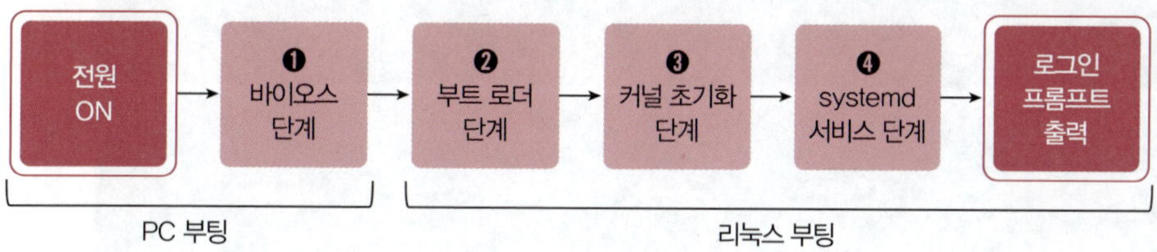

그림 13-1 리눅스의 부팅 과정

❶ 바이오스 단계

PC의 전원을 켜면 먼저 바이오스BIOS, basic input/output system가 동작한다. 바이오스는 키보드나 디스크 같은 PC의 기본적인 하드웨어 상태를 확인한 후, 부팅 장치를 선택해 부팅 디스크의 첫 섹터에서 512B 크기의 데이터를 로딩한다. 이 데이터에는 디스크의 어느 파티션에 2차 부팅 프로그램(부트 로더)이 있는지에 대한 정보가 저장되어 있으며, 이를 마스터 부트 레코드MBR, master boot record라고 한다.

❷ 부트 로더 단계

바이오스 단계에서 MBR은 부트 로더를 찾아 메모리에 로딩한다. 부트 로더는 일반적으로 여러 운영체제 중 부팅할 운영체제를 선택할 수 있는 메뉴를 제공하며, 선택된 운영체제의 커널을 메모리에 로딩하는 역할을 한다. 리눅스 커널은 일반적으로 /boot 디렉터리 아래에 'vmlinuz-버전명'의 형태로 제공된다. 리눅스의 대표적인 부트 로더는 GRUB이다.

❸ 커널 초기화 단계

부트 로더가 메모리에 로딩한 커널은 먼저 시스템에 연결된 메모리, 디스크, 키보드, 마우스 등 장치를 검사하고 초기화한다. 이후 커널은 프로세스와 스레드를 생성한다. 커널 프로세스가 생성되면 커널의 역할은 종료된다. 그다음 systemd 서비스가 동작을 시작한다.

❹ systemd 서비스 단계

systemd 서비스 단계에 이르면 리눅스의 여러 서비스가 활성화된다. 서비스 데몬을 모두 실행한 뒤 그래픽 로그인 시스템인 GDMGNOME display manager을 동작시키고, [그림 13-2]와 같은 로그인 프롬프트 화면을 출력한다.

그림 13-2 우분투 리눅스 로그인 화면

이것으로 리눅스의 부팅 과정이 모두 완료되었다. 암호를 입력하고 로그인하여 시스템을 사용하면 된다.

❷ 리눅스 시스템 종료하기

리눅스 시스템을 종료하는 방법에 대해 알아보자. 리눅스에서 시스템을 종료할 때는 정상적인 절차를 따르는 것이 매우 중요하다. 특히 리눅스는 대부분 서버 운영체제로 사용되기 때문에, 비정상적으로 시스템을 종료하여 문제가 발생하면 서비스를 제공하지 못할 수도 있다. 리눅스를 종료하는 방법에는 다음과 같이 여러 가지가 있다.

① shutdown 명령을 사용한다.

② 런레벨을 0 또는 6으로 전환한다.

③ halt 명령을 사용한다.

④ poweroff 명령을 사용한다.

⑤ reboot 명령을 사용한다.

⑥ 전원을 끈다.

리눅스 시스템을 데스크탑에서 개인적으로 사용할 수도 있지만 대부분의 경우 다수의 사용자가 동시에 사용하고 여러 서비스 데몬들이 실행되는 경우가 많기 때문에, 시스템을 종료할 때는 다음 사항을 고려해야 한다.

- 현재 사용 중인 사용자들에게 시스템이 종료될 것임을 알려야 한다.
- 작업 중인 사용자들이 작업을 중단하고 데이터를 저장할 수 있는 시간을 주어야 한다.
- 메모리에 있는 데이터를 디스크로 저장해야 한다.

shutdown 명령

shutdown 명령은 리눅스 시스템을 정상적으로 종료하는 가장 대표적인 방법이다. 다른 명령들과 달리 shutdown 명령은 다양한 종료 방식을 제공한다.

shutdown

- **기능** 리눅스를 종료한다.
- **형식** shutdown [옵션] [시간] [메시지]
- **옵션** -h: 종료하며 halt 상태로 이동한다.
  -r: 종료 후 재시작한다.
  -c: 이전에 내렸던 shutdown 명령을 취소한다.
  -k: 실제로 시스템을 종료하는 것이 아니라 사용자들에게 메시지만 전달한다.
- **시간** 종료할 시간(hh:mm, +m, now)
- **메시지** 모든 사용자에게 보낼 메시지
- **사용 예** shutdown -h now
  shutdown -r +3 "System is going down"
  shutdown -c

■ 시스템 즉시 종료하기

시스템을 즉시 종료하려면 -h 옵션과 함께 현재 시간now을 지정한다. 여기서 공부하는 명령을 바로 실습하면 시스템을 계속 종료했다가 다시 시작해야 하는 불편함이 있으니 명령만 확인하고 실습은 나중으로 미룬다.

```
sudo shutdown -h now
```

■ 셧다운한다는 메시지 보내고 종료하기

현재 시스템을 사용 중인 사용자들이 있다면 시스템이 종료된다는 메시지를 보내어 작업을 저장하고 정리할 시간을 주어야 한다. 예를 들어 2분 후에 시스템이 종료되도록 설정하고 메시지를 보내려면 다음과 같이 지정한다.

```
sudo shutdown -h +2  "System is going down in 2 min"
```

■ 시스템 재시작하기

시스템을 재시작하려면 -r 옵션을 사용한다. 3분 후에 시스템을 재시작하도록 지정하려면 다음과 같이 지정한다.

```
sudo shutdown -r +3
```

■ 명령 취소하기

이미 실행한 shutdown 명령을 취소하려면 -c 옵션을 사용한다.

```
sudo shutdown -c
```

■ 메시지만 보내기

시스템을 종료하지 않고 사용자에게 메시지만 보내려면 -k 옵션을 사용한다.

```
sudo shutdown -k 2
```

03 사용자 관리

리눅스는 다중 사용자 시스템이므로 사용자를 구별하고 사용자에게 적절한 자원을 할당하는 것이 중요하다. 사용자 계정은 사용자를 구별하는 역할을 하며, 사용자가 시스템에 접근할 수 있는 유일한 방법이다. 또한 시스템 관리자 입장에서도 사용자의 접근 권한을 통제할 수 있는 중요한 수단이다. 따라서 사용자 계정 관리는 시스템 관리자의 주요 업무 중 하나이다.

1 사용자 계정 생성

사용자 계정을 생성할 때는 useradd 명령을 사용한다.

useradd

- **기능** 사용자 계정을 생성한다.
- **형식** useradd [옵션] 로그인 ID
- **옵션** -u uid: UID를 지정한다.
  -g gid: 기본 그룹의 GID를 지정한다.
  -G gid: 2차 그룹의 GID를 지정한다.
  -d 디렉터리명: 홈 디렉터리를 지정한다.
  -s 셸: 기본 셸을 지정한다.
  -c 설명: 사용자의 이름 등 부가적인 설명을 지정한다.
  -m: 홈 디렉터리를 생성한다.
- **사용 예**
```
useradd user2
useradd -m -d /home/user2 user2
useradd -m -d /home/user2 -u 2000 -g 100 -s /bin/ksh user2
```

옵션 없이 계정 생성하기

옵션 없이 useradd 명령을 사용하면 홈 디렉터리가 생성되지 않고, 기본 셸이 본셸로 지정된다. 옵션 없이 useradd 명령으로 hanbit 계정을 만들어보자.

```
user1@hanbit:~$ sudo useradd hanbit
[sudo] user1 암호:
user1@hanbit:~$ tail -2 /etc/passwd
user3:x:1002:1002::/home/user3:/bin/sh
hanbit:x:1003:1003::/home/hanbit:/bin/sh
user1@hanbit:~$ ls /home
user1  user2
```

옵션을 지정하여 사용자 계정 생성하기

다양한 옵션을 지정하여 사용자 계정을 생성해보자.

```
user1@hanbit:~$ sudo useradd -s /bin/bash -m -d /home/hanbit2 -u 2000 hanbit2
user1@hanbit:~$ grep hanbit2 /etc/passwd
hanbit2:x:2000:2000::/home/hanbit2:/bin/bash
```

사용자 계정 암호 설정하기

시스템 관리자는 사용자 계정을 추가할 때 반드시 초기 암호를 설정해야 하며, 사용자에게 초기 암호를 알려주고 바꾸도록 권고해야 한다.

```
user1@hanbit:~$ sudo passwd hanbit2
신규 비밀번호:
신규 비밀번호 재 입력:
passwd: 암호를 성공적으로 업데이트했습니다
```

2 사용자 계정 정보 수정

usermod 명령은 사용자 계정 정보를 수정할 때 사용한다. UID, GID, 홈 디렉터리, 기본 셸, 설명, 로그인 ID 등 계정과 관련된 모든 정보를 변경할 수 있다.

usermod

- **기능** 사용자 계정 정보를 수정한다.
- **형식** usermod [옵션] 로그인 ID
- **옵션** -u uid: UID를 수정한다.
  -g gid: 기본 그룹을 수정한다.
  -d 디렉터리명: 홈 디렉터리를 수정한다.
  -s 셸: 기본 셸을 수정한다.
  -l 새 로그인 이름: 새 로그인 이름으로 계정 이름을 바꾼다.
- **사용 예** usermod -u 1111 user1
  usermod -l user111 user1
  usermod -d /home/user111 user1

로그인 ID를 바꿀 때는 홈 디렉터리도 같이 바꾸는 것이 좋다. 여기서는 -l 옵션으로 사용자 계정의 로그인 ID를 바꾸는 예를 살펴본다. hanbit 계정의 로그인 ID를 hanbit01로 바꾸었다.

```
user1@hanbit:~$ sudo usermod -l hanbit01 hanbit
user1@hanbit:~$ grep hanbit01 /etc/passwd
hanbit01:x:1003:1003::/home/hanbit:/bin/sh
```

3 사용자 계정 삭제

userdel 명령은 사용자 계정을 삭제할 때 사용한다. 계정을 삭제할 때 홈 디렉터리도 함께 삭제할지 여부를 선택할 수 있다.

userdel

- **기능** 사용자 계정을 삭제한다.
- **형식** userdel [옵션] 로그인 ID
- **옵션** -r: 홈 디렉터리와 메일 디렉터리를 삭제한다.
- **사용 예** userdel hanbit01
  userdel -r hanbit01

다음 예에서는 hanbit01 계정을 삭제한 후, /etc/passwd 파일에서 해당 계정 정보가 삭제되었음을 확인한다. hanbit01 계정은 홈 디렉터리가 없기 때문에 -r 옵션이 없어도 된다.

```
user1@hanbit:~$ sudo userdel hanbit01
user1@hanbit:~$ grep hanbit01 /etc/passwd
user1@hanbit:~$
```

실습해보기 13-1 사용자 계정 관리

❶ 다음 내용을 참고하여 사용자 계정을 생성한다.

- 로그인 ID: han01
- 로그인 셸: 배시셸
- UID: 3001
- 홈 디렉터리: /home/han01

❷ ❶에서 생성한 사용자 계정의 정보를 확인한다.

❸ han01 계정을 홈 디렉터리까지 삭제한다.

❹ han01 계정이 삭제되었는지 확인한다.

04 소프트웨어 패키지 설치

리눅스에서 소프트웨어는 소스 코드 형식 또는 바로 설치하여 사용할 수 있는 패키지 형태로 배포된다. 바이너리 패키지로 배포되는 경우, 주로 사용하는 패키지는 RPM과 deb 두 가지가 있다. 우분투는 기본적으로 deb 형식의 패키지를 사용하고, RPM 형식은 페도라와 같은 레드햇 계열 리눅스에서 주로 사용한다.

1 우분투 패키지의 이름 구성

우분투는 데비안 계열이므로 데비안 패키지 형식을 사용하며 .deb를 확장자로 사용한다. 패키지의 이름은 일반적으로 [그림 13-3]과 같이 구성된다.

패키지명_버전-데비안리비전ubuntu우분투 리비전_아키텍처.deb

❶ 패키지명, ❷ 버전, ❸ 데비안리비전, ❹ ubuntu우분투 리비전, ❺ 아키텍처, ❻ .deb

그림 13-3 우분투 패키지의 이름 구성

❶ 패키지명: 패키지의 이름이다.

❷ 버전: 오리지널 패키지의 버전이다.

❸ 데비안 리비전: 오리지널 패키지 버전을 데비안에 적용한 리비전 번호이다.

❹ ubuntu우분투 리비전: 오리지널 또는 데비안 패키지를 우분투에 적용한 리비전 번호이다.

❺ 아키텍처: 사용하는 시스템 아키텍처를 나타내며, all은 시스템의 종류와 상관없이 사용할 수 있는 패키지, amd64는 64비트 운영체제를 의미한다.

❻ 확장자: 확장자로 .deb를 사용한다.

2 우분투 패키지 관리

우분투 패키지는 apt 명령으로 설치하고 삭제할 수 있다.

apt

- **기능** 패키지를 관리한다.
- **형식** apt 서브 명령
- **서브 명령** update: 패키지 저장소에서 새로운 패키지 정보를 가져온다.
  upgrade: 현재 설치된 패키지를 업그레이드한다.
  install 패키지명: 패키지를 설치한다.
  remove 패키지명: 패키지를 삭제한다.
  download 패키지명: 패키지를 현재 디렉터리로 내려받는다.
- **사용 예** apt update
  apt install vsftpd
  apt remove vsftpd

패키지 설치하기

하나 이상의 패키지를 설치하거나 업그레이드할 때 install 서브 명령을 사용한다. 다음은 xterm 패키지를 설치하는 예이다. '계속 하시겠습니까?'라는 질문에 Y로 응답하면 패키지가 설치된다.

```
user1@hanbit:~$ sudo apt install xterm
[sudo] user1 암호:
패키지 목록을 읽는 중입니다... 완료
의존성 트리를 만드는 중입니다... 완료
상태 정보를 읽는 중입니다... 완료
다음의 추가 패키지가 설치될 것입니다 :
  libutempter0
제안하는 패키지:
  xfonts-cyrillic
다음 새 패키지를 설치할 것입니다:
  libutempter0 xterm
0개 업그레이드, 2개 새로 설치, 0개 제거 및 81개 업그레이드 안 함.
894 k바이트 아카이브를 받아야 합니다.
이 작업 후 2,588 k바이트의 디스크 공간을 더 사용하게 됩니다.
계속 하시겠습니까? [Y/n]
(생략)
Processing triggers for mailcap (3.70+nmu1ubuntu1) ...
user1@hanbit:~$
```

패키지 삭제하기

패키지를 삭제할 때는 remove 서브 명령을 사용한다. 다음은 xterm 패키지를 삭제하는 예이다. '계속 하시겠습니까?'라는 질문에 Y로 응답하면 패키지가 삭제된다.

```
user1@hanbit:~$ sudo apt remove xterm
패키지 목록을 읽는 중입니다... 완료
의존성 트리를 만드는 중입니다... 완료
상태 정보를 읽는 중입니다... 완료
다음 패키지가 자동으로 설치되었지만 더 이상 필요하지 않습니다:
  libutempter0
'sudo apt autoremove'를 이용하여 제거하십시오.
다음 패키지를 지울 것입니다:
  xterm
0개 업그레이드, 0개 새로 설치, 1개 제거 및 81개 업그레이드 안 함.
이 작업 후 2,535 k바이트의 디스크 공간이 비워집니다.
계속 하시겠습니까? [Y/n]
(생략)
Processing triggers for desktop-file-utils (0.26-1ubuntu5) ...
user1@hanbit:~$
```

패키지 내려받기

패키지를 설치하지 않고 내려받기만 하려면 download 서브 명령을 사용한다. 다음은 xterm 패키지를 내려받는 예이다.

```
user1@hanbit:~$ sudo apt download xterm
받기:1 http://kr.archive.ubuntu.com/ubuntu mantic/universe amd64 xterm amd64
384-1ubuntu1 [884 kB]
내려받기 884 k바이트, 소요시간 2초 (556 k바이트/초)
W: Download is performed unsandboxed as root as file '/home/user1/xterm_384-
1ubuntu1_amd64.deb' couldn't be accessed by user '_apt'. - pkgAcquire::Run (13: 허가
거부)
user1@hanbit:~$ ls xt*
xterm_384-1ubuntu1_amd64.deb
```

실습해보기 13-2 패키지 설치하기

❶ apt 명령을 사용하여 gimp 패키지를 설치한다.

❷ gimp 명령을 실행해본다. 다음 그림과 같이 실행되는가?

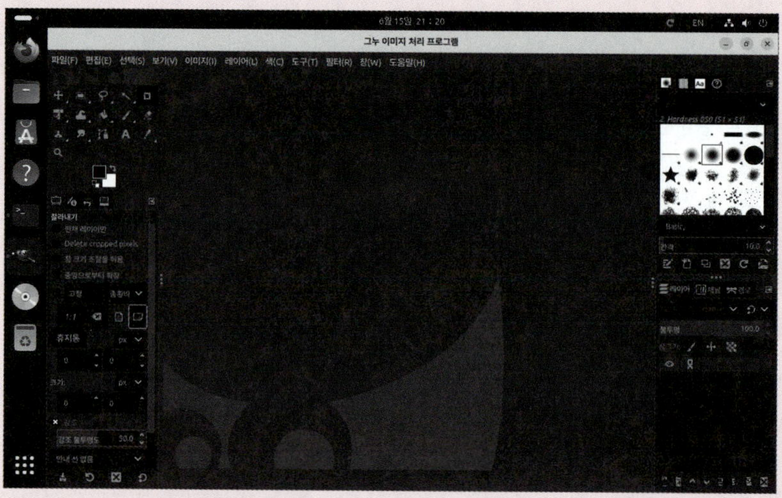

그림 13-4 gimp 실행 화면

05 system 서비스 관리

systemd는 리눅스의 시스템과 서비스 관리자로서, 다양한 서비스 데몬을 시작하고 프로세스들의 상태를 유지하며 시스템의 상태를 관리한다. systemd는 전체 시스템을 시작하고 관리할 때 관리 대상의 이름을 '서비스명.유닛 종류'의 형태로 관리한다. 예를 들어 sshd.service는 service 유닛으로 ssh 서비스를 관리한다.

서비스를 시작하거나 종료할 때 사용하는 명령은 systemctl이다. systemctl 명령에서 유닛을 지정할 때 유닛의 종류는 생략할 수 있다. 예를 들면 sshd.service를 지정할 때 sshd만 입력해도 된다.

systemctl

- **기능** systemd 서비스를 제어한다.
- **형식** systemctl [명령] [유닛명]
- **명령** start: 유닛을 시작한다.
  stop: 유닛을 정지한다.
  reload 유닛의 설정 파일을 다시 읽어온다.
  restart: 유닛을 재시작한다.
  status: 유닛 상태를 출력한다.
  is-active: 유닛이 동작하고 있는지 확인한다.
- **사용 예** systemctl
  systemctl start sshd.service
  systemctl stop sshd

동작 중인 유닛 출력하기

옵션이나 명령 없이 systemctl 명령만 사용하면 현재 동작 중인 유닛이 출력된다. 실제 출력 화면은 아래 예보다 가로로 더 길게 출력된다. 아래 예는 systemctl 명령의 결과를 파일로 저장한 후 편집한 것이다.

```
user1@hanbit:~$ systemctl
UNIT                LOAD   ACTIVE SUB    DESCRIPTION
------------------------------------------------------------------------------
(생략)
basic.target        loaded active active Basic System
bluetooth.target    loaded active active Bluetooth
cryptsetup.target   loaded active active Local Encrypted Volumes
getty.target        loaded active active Login Prompts
(생략)
LOAD = Reflects whether the unit definition was properly loaded.
ACTIVE = The high-level unit activation state, i.e. generalization of SUB.
SUB = The low-level unit activation state, values depend on unit type.
229 loaded units listed. Pass --all to see loaded but inactive units, too.
To show all installed unit files use 'systemctl list-unit-files'.
```

서비스 시작하기

서비스를 시작하려면 start 명령을 사용한다. 예를 들어 cron.service를 시작할 때는 다음과 같이 입력한다. 서비스의 시작과 정지는 root의 권한이 필요하므로 sudo를 사용해야 한다. cron 유닛을 시작한 후, is-active 명령으로 동작 여부를 확인해보면 active 상태임을 알 수 있다.

```
user1@hanbit:~$ sudo systemctl start cron
user1@hanbit:~$ systemctl is-active cron
active
```

서비스 상태 확인하기

서비스의 상태를 확인하려면 status 명령을 사용한다. 다음은 cron의 상태를 출력한 것이다.

```
user1@hanbit:~$ systemctl is-active cron
active
user1@hanbit:~$ systemctl status cron
● cron.service - Regular background program processing daemon
```

```
     Loaded: loaded (/lib/systemd/system/cron.service; enabled; preset:>
     Active: active (running) since Sat 2024-06-15 16:05:02 KST; 1min 1>
       Docs: man:cron(8)
   Main PID: 42344 (cron)
      Tasks: 1 (limit: 4570)
     Memory: 344.0K
        CPU: 3ms
     CGroup: /system.slice/cron.service
             └─42344 /usr/sbin/cron -f -P

 6월 15 16:05:02 hanbit systemd[1]: Started cron.service - Regular back>
 6월 15 16:05:02 hanbit cron[42344]: (CRON) INFO (pidfile fd = 3)
 6월 15 16:05:02 hanbit cron[42344]: (CRON) INFO (Skipping @reboot jobs>
lines 1-14/14 (END)
```

서비스 정지하기

서비스를 정지하려면 stop 명령을 사용한다. 앞에서 살펴본 cron.service를 정지할 때는 다음과 같이 입력한다. cron 유닛을 정지한 후, 다시 status 명령으로 상태를 확인하면 inactive(dead) 상태임을 알 수 있다.

```
user1@hanbit:~$ sudo systemctl stop cron
user1@hanbit:~$ systemctl status cron
○ cron.service - Regular background program processing daemon
     Loaded: loaded (/lib/systemd/system/cron.service; enabled; preset:>
     Active: inactive (dead) since Sat 2024-06-15 16:07:42 KST; 10s ago
(생략)
```

실습해보기 13-3 서비스 관리

❶ colord 서비스가 동작 중인지 is-active 명령으로 확인한다.

❷ colord 서비스를 정지시킨다.

❸ colord 서비스의 상태를 확인한다.

❹ colord 서비스를 다시 시작한다.

❺ colord 서비스가 active 상태인지 확인한다.

06 네트워크 관리

네트워크를 관리하기 위해서는 IP 주소 개념 등 네트워크와 관련된 기본 지식이 필요하다. 이 책에서는 네트워크 지식은 다루지 않으므로 다른 책을 참고해야 한다. 여기서는 리눅스에서 네트워크를 관리하기 위한 명령을 살펴본다.

1 네트워크 관리자 확인

네트워크 관리자는 우분투에서 네트워킹 서비스를 제공하는 데몬이다. 네트워크 관리자는 IP 주소 설정, 라우터 설정, DNS 설정 등 네트워크의 제어와 설정을 관리한다.

네트워크 관리자 서비스의 이름은 NetworkManager이다. systemctl 명령을 사용하여 네트워크 관리자의 동작 상태를 확인할 수 있다.

```
user1@hanbit:~$ systemctl status NetworkManager
● NetworkManager.service - Network Manager
     Loaded: loaded (/lib/systemd/system/NetworkManager.service; enable>
     Active: active (running) since Thu 2024-05-30 14:36:50 KST; 2 week>
       Docs: man:NetworkManager(8)
   Main PID: 895 (NetworkManager)
      Tasks: 4 (limit: 4570)
     Memory: 17.5M
        CPU: 27.926s
(생략)
```

만약 네트워크 관리자의 상태가 inactive라면 다음 명령으로 네트워크 관리자를 동작시킬 수 있다.

```
sudo systemctl start NetworkManager
```

2 nmcli 명령을 사용한 네트워크 관리

nmcli 명령은 네트워크 관리자와 함께 설치되며, 유선 네트워크뿐만 아니라 와이파이 등 무선 네트워크, 보안 설정 등 네트워크와 관련된 거의 모든 설정을 관리할 수 있다.

nmcli

- **기능** 명령 기반으로 네트워크 관리자를 설정한다.
- **형식** nmcli [명령] [서브 명령]
- **서브 명령** connection show ¦ up ¦ down ¦ add ¦ delete ¦ reload ¦ load: 네트워크 연결을 설정한다.
  device status ¦ show: 네트워크 장치의 상태를 출력한다.
- **사용 예** nmcli con show
  nmcli dev status

이 책에서는 nmcli 명령으로 네트워크 설정을 확인하는 방법만 알아본다. 네트워크를 설정하고 관리하는 등의 자세한 내용은 리눅스 시스템 관리 책을 참조하길 바란다.

네트워크 장치 상태 보기

'nmcli dev status' 명령을 사용하면 네트워크 장치의 상태 정보를 출력할 수 있다. 이 명령은 네트워크 장치의 상태를 요약해서 보여준다.

```
user1@hanbit:~$ nmcli dev status
DEVICE  TYPE      STATE          CONNECTION
ens33   ethernet  연결됨          netplan-ens33
lo      loopback  연결됨 (외부)    lo
```

네트워크의 상태 정보를 보면 장치 이름이 ens33이고 이더넷 장치로 현재 연결되어 있음을 알 수 있다. CONNECTION 항목은 연결 프로파일로 네트워크의 연결 정보 설정을 저장하고 있다. 현재 연결 프로파일의 이름은 netplan-ens33이다.

네트워크 장치의 상세한 정보 보기

'nmcli dev show' 명령은 네트워크 장치의 상세한 정보를 출력한다. 이 명령을 통해 현재 네트워크에 설정된 IP 주소와 게이트웨이 주소 등을 알 수 있다. 다음 예를 보면 ens33 장치에 할당된 IP 주소가 192.168.74.134임을 알 수 있다.

```
user1@hanbit:~$ nmcli dev show
GENERAL.DEVICE:                         ens33
GENERAL.TYPE:                           ethernet
GENERAL.HWADDR:                         00:0C:29:66:6B:58
GENERAL.MTU:                            1500
GENERAL.STATE:                          100 (연결됨)
GENERAL.CONNECTION:                     netplan-ens33
GENERAL.CON-PATH:                       /org/freedesktop/NetworkManager>
WIRED-PROPERTIES.CARRIER:               켜짐
IP4.ADDRESS[1]:                         192.168.74.134/24
IP4.GATEWAY:                            192.168.74.2
(생략)
```

07 FTP 사용하기

인터넷을 통해 다른 시스템에 있는 파일을 가져오거나 로컬 시스템에 있는 파일을 다른 시스템으로 보내야 할 때 FTP(파일 전송 프로토콜)를 사용할 수 있다. FTP를 사용하려면 FTP 서버와 FTP 클라이언트가 필요하다.

1 FTP 서버 설치

우분투에는 FTP 서버가 기본으로 설치되어 있지 않아 별도로 설치해야 한다. 리눅스에서 사용하는 대표적인 FTP 서버는 vsFTPD Very Secure File Transfer Protocol Daemon이다. apt 명령으로 vsFTPD를 설치한다.

```
user1@hanbit:~$ sudo apt install vsftpd
패키지 목록을 읽는 중입니다... 완료
의존성 트리를 만드는 중입니다... 완료
상태 정보를 읽는 중입니다... 완료
다음 패키지가 자동으로 설치되었지만 더 이상 필요하지 않습니다:
  libutempter0
'sudo apt autoremove'를 이용하여 제거하십시오.
다음 새 패키지를 설치할 것입니다:
  vsftpd
(생략)
```

설치가 완료되면 vsFTPD가 정상적으로 동작하고 있는지 확인한다.

```
user1@hanbit:~$ systemctl status vsftpd
● vsftpd.service - vsftpd FTP server
     Loaded: loaded (/lib/systemd/system/vsftpd.service; enabled; prese>
     Active: active (running) since Sat 2024-06-15 20:07:29 KST; 31s ago
    Process: 42921 ExecStartPre=/bin/mkdir -p /var/run/vsftpd/empty (co>
```

```
   Main PID: 42922 (vsftpd)
      Tasks: 1 (limit: 4570)
(생략)
```

2 FTP 클라이언트 사용

리눅스에는 기본적으로 FTP 클라이언트가 설치되어 있다. FTP 클라이언트를 사용하여 파일을 주고받는 방법을 살펴보자.

FTP 내부 명령

FTP 클라이언트에서 사용할 수 있는 내부 명령은 [표 13-1]과 같다.

표 13-1 FTP의 내부 명령

내부 명령	의미
cd 원격 디렉터리	원격 호스트의 디렉터리를 이동한다.
lcd 지역 디렉터리	지역 호스트의 디렉터리를 이동한다.
pwd	원격 호스트의 현재 디렉터리를 출력한다.
ls 또는 dir	원격 호스트의 파일 목록을 출력한다.
get 원격 파일명	원격 파일 하나를 지역 호스트로 가져온다.
mget 원격 파일명	원격 호스트에서 여러 개의 파일을 가져온다.
put 지역 파일명	지역 파일 하나를 원격 호스트로 보낸다.
mput 지역 파일명	여러 개의 지역 파일을 보낸다.
prompt	mget/mput 명령 사용 시 파일 전송 여부를 물어볼 것인지 결정한다.
hash	파일이 전송되는 동안 #를 출력하여 진행 상황을 표시한다.
bin	바이너리 파일을 송수신할 것임을 지정한다.
bye	FTP를 종료한다.
open	FTP로 접속할 호스트를 입력하도록 한다.

FTP로 원격 서버 접속하기

FTP 클라이언트를 사용하려면 FTP 서버의 호스트명(또는 IP 주소)과 로그인명, 암호를 알아야 한다. 여기서는 로컬 서버에 접속해본다.

FTP 명령으로 리눅스 시스템에 접속하면 다음과 같이 로그인명과 암호를 입력하라는 메시지가 표시된다. 올바르게 입력하면 ftp〉 프롬프트가 출력된다.

```
user1@hanbit:~$ ftp 192.168.74.134
Connected to 192.168.74.134.
220 (vsFTPd 3.0.5)
Name (192.168.74.134:user1): user1
331 Please specify the password.
Password:
230 Login successful.
Remote system type is UNIX.
Using binary mode to transfer files.
ftp>
```

파일 송수신하기

FTP 명령을 사용하여 파일을 송수신할 때는 먼저 dir 또는 ls 명령으로 파일명을 확인하고 get, mget 명령으로 파일을 가져오거나 put, mput 명령으로 파일을 보낸다. 여기서는 파일 하나를 가져오는 과정만 살펴본다.

01 앞에서 원격 서버에 이미 접속했으므로 pwd 명령과 dir 명령으로 현재 디렉터리와 파일 목록을 확인한다.

```
ftp> pwd
Remote directory: /home/user1
ftp> dir
229 Entering Extended Passive Mode (|||21438|)
150 Here comes the directory listing.
(생략)
drwxrwxr-x    11 1000     1000         4096 Jun 07 21:18 study
(생략)
ftp>
```

02 study 디렉터리 아래의 ch03 디렉터리로 이동하여 파일 목록을 다시 확인한다.

```
ftp> cd study
250 Directory successfully changed.
ftp> cd ch03
250 Directory successfully changed.
ftp> dir
229 Entering Extended Passive Mode (|||56584|)
150 Here comes the directory listing.
-rw-r--r--    1 1000     1000          230 May 18 11:24 data1.cp
-rw-r--r--    1 1000     1000          221 Feb 14 10:50 data1.hd
(생략)
```

03 data1.cp 파일을 get 명령으로 가져온다.

```
ftp> get data1.cp
local: data1.cp remote: data1.cp
229 Entering Extended Passive Mode (|||57228|)
150 Opening BINARY mode data connection for data1.cp (230 bytes).
100% |***************************|   230        2.50 KiB/s    00:00 ETA
226 Transfer complete.
230 bytes received in 00:00 (2.49 KiB/s)
ftp>
```

04 ftp를 종료한다.

```
ftp> bye
221 Goodbye.
user1@hanbit:~$
```

05 ftp로 가져온 파일을 확인한다.

```
user1@hanbit:~$ ls data1.cp
data1.cp
```

실습해보기 13-4 FTP 사용하기

❶ FTP로 로컬 서버에 접속한다.

❷ FTP에서 study/ch04 디렉터리로 이동한다.

❸ ch04 디렉터리의 내용을 확인한다.

❹ ch04 디렉터리 아래에 있는 모든 .txt 파일을 한 번에 가져온다. prompt 명령을 먼저 입력하여 파일을 가져올 것인지 질문하지 않도록 한다.

❺ FTP를 종료한다.

❻ FTP로 가져온 파일들을 확인한다.

08 웹 서버 사용하기

리눅스 시스템이 많이 사용되는 분야 중 하나가 웹 서비스이다. 웹 서비스를 제공하려면 리눅스에 웹 서버가 설치되어 있어야 한다. 전 세계적으로 가장 널리 사용되는 웹 서버 중 하나는 아파치Apache로, 리눅스에서 무료로 사용할 수 있다. 리눅스에 아파치를 설치해보자.

1 아파치 웹 서버 설치

아파치 웹 서버는 apt 명령으로 간단히 설치할 수 있다. 패키지 이름은 apache2다.

```
user1@hanbit:~$ sudo apt install apache2
[sudo] user1 암호:
패키지 목록을 읽는 중입니다... 완료
의존성 트리를 만드는 중입니다... 완료
상태 정보를 읽는 중입니다... 완료
다음 패키지가 자동으로 설치되었지만 더 이상 필요하지 않습니다:
  libutempter0
'sudo apt autoremove'를 이용하여 제거하십시오.
다음의 추가 패키지가 설치될 것입니다 :
  apache2-bin apache2-data apache2-utils libapr1 libaprutil1
  libaprutil1-dbd-sqlite3 libaprutil1-ldap
(생략)
```

설치가 완료되면 아파치 웹 서버가 동작 중인지 확인한다.

```
user1@hanbit:~$ systemctl status apache2
● apache2.service - The Apache HTTP Server
     Loaded: loaded (/lib/systemd/system/apache2.service; enabled; pres>
     Active: active (running) since Sat 2024-06-15 20:44:48 KST; 36s ago
       Docs: https://httpd.apache.org/docs/2.4/
   Main PID: 43500 (apache2)
```

```
    Tasks: 55 (limit: 4570)
(생략)
```

2 웹 서버 접속하기

윈도에서 웹 브라우저를 열고 리눅스의 웹 서버에 접속해보자. 웹 브라우저에서 'http://IP 주소'를 입력하면 [그림 13-5]와 같은 화면이 나타난다. 이 화면이 나온다면 아파치가 정상적으로 동작하고 있음을 의미한다.

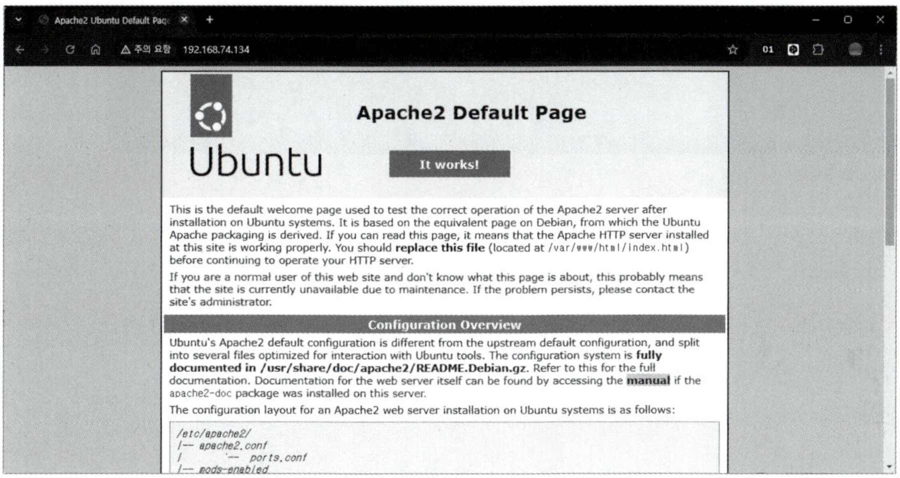

그림 13-5 아파치 웹 서버 초기 화면

웹 페이지 만들기

현재 웹 서버의 기본 디렉터리는 /var/www/html이고 이 디렉터리에는 기본적으로 index.html 파일이 존재한다. 이 디렉터리에 vi를 사용하여 새로운 파일을 생성해보자.

```
user1@hanbit:~$ cd /var/www/html
user1@hanbit:/var/www/html$ ls
index.html
user1@hanbit:/var/www/html$ sudo vi test.html
<html>
<head>
```

```
<title>
html test
</title>
</head>
<body>
HTML Web Page Test!!!
</body>
</html>
:wq
```

웹 브라우저에서 'http://IP 주소/test.html'에 접속하면 [그림 13-6]과 같이 출력되어야 한다.

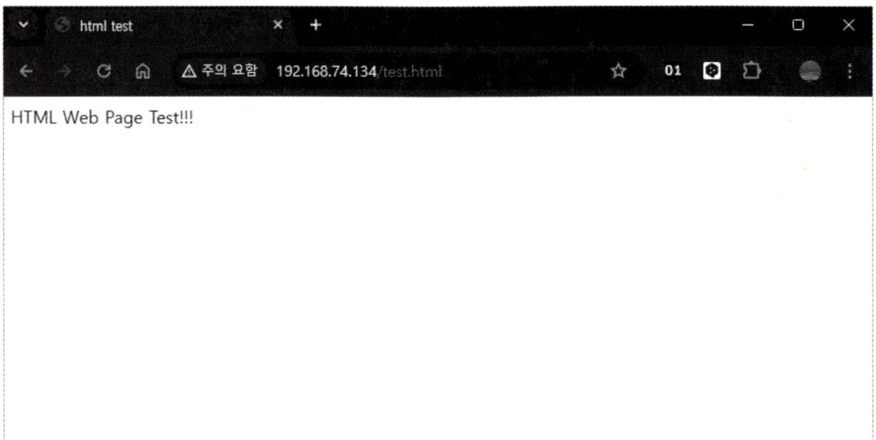

그림 13-6 웹 페이지 출력 화면

일반 사용자 계정에 웹 설정하기

일반 사용자 계정에서 웹 서비스를 제공하려면 아파치 설정 파일을 수정해야 한다. 사용자 계정의 웹 설정과 관련된 아파치 설정 파일은 /etc/apache2/modsavailable/userdir.conf 파일이다. 다음 순서를 따라 작업해보자.

01 vi로 /etc/apache2/mods-available/userdir.conf 파일을 열어 다음과 같이 수정한다. 'UserDir disabled'는 사용자 디렉터리에서 웹 페이지 구축을 허용할 것인지 설정하는 부분이므로 이 앞에 #를 넣어 주석 처리하면 허용한다는 의미가 된다. 'UserDir public_html'은 사용자 디렉터리에서 public_html을 웹 페이지의 기본 디렉터리로 사용한다는 뜻이다.

```
user1@hanbit:~$ sudo vi /etc/apache2/mods-available/userdir.conf
UserDir public_html
#UserDir disabled root    → 앞에 #를 추가한다.

<Directory /home/*/public_html>
        AllowOverride FileInfo AuthConfig Limit Indexes
        Options MultiViews Indexes SymLinksIfOwnerMatch IncludesNoExec
        Require method GET POST OPTIONS
</Directory>
:wq
```

02 mods-available 디렉터리의 userdir.conf 파일과 userdir.load 파일을 /etc/apache2/mods-enabled 디렉터리로 심볼릭 링크를 생성한다.

```
user1@hanbit:~$ sudo ln -s /etc/apache2/mods-available/userdir.conf /etc/apache2/
mods-enabled/userdir.conf
user1@hanbit:~$ sudo ln -s /etc/apache2/mods-available/userdir.load /etc/apache2/
mods-enabled/userdir.load
```

03 설정 파일이 변경되었으므로 apache2 서비스를 다시 동작시킨다.

```
user1@hanbit:~$ sudo systemctl stop apache2
user1@hanbit:~$ sudo systemctl start apache2
```

04 사용자의 홈 디렉터리에 public_html 디렉터리를 만들고 접근 권한을 조정한다.

```
user1@hanbit:~$ mkdir public_html
user1@hanbit:~$ chmod 701 .
user1@hanbit:~$ chmod 701 public_html
```

일반 사용자 계정에서 웹 페이지 작성하기

이제 일반 사용자 계정에서 웹 페이지를 작성하기 위한 준비가 완료되었다. 앞에서 index.

html 파일을 작성한 것처럼 여기서도 public_html 디렉터리 아래에 index.html 파일을 만들고 확인해보자.

01 public_html 디렉터리 아래에 index.html 파일을 생성한다.

```
user1@hanbit:~$ cd public_html
user1@hanbit:~/public_html$ vi index.html
<html>
<head>
<title>user1 html test</title>
</head>
<body>
User1 Web Page!!!
</body>
</html>
:wq
```

02 웹 브라우저에서 'IP 주소/~사용자 계정'과 같이 입력하여 HTML 문서를 확인한다.

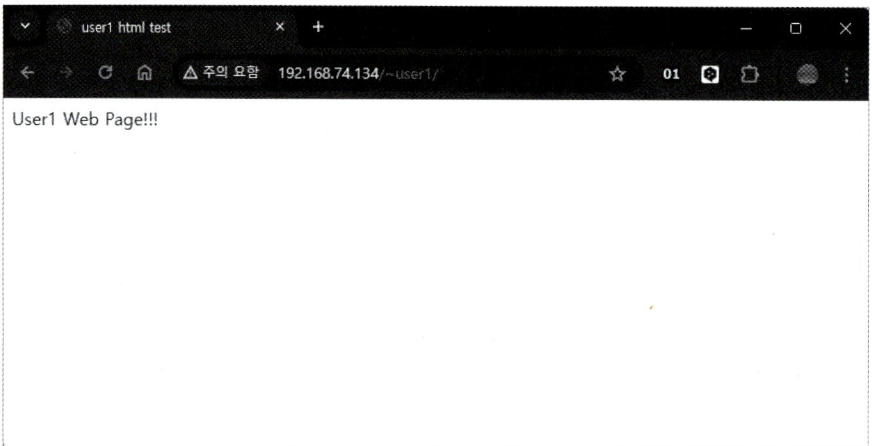

그림 13-7 사용자 웹 페이지 출력 화면

실습해보기 13-5 HTML 사용하기

❶ 3절에서 생성한 hanbit2 계정으로 로그인한다.

❷ hanbit2 계정에서 웹 페이지 작업을 할 수 있도록 설정한다.

❸ 다음과 같은 index.html 파일을 생성한다.

```
<html>
<head>
<title>hanbit2 user html test</title>
</head>
<body>
Hanbit2 User Web Page!!!
</body>
</html>
```

❹ 웹 브라우저에서 hanbit2 계정의 웹 페이지에 접속한다. [그림 13-8]과 같이 나오는가?

그림 13-8 hanbit2 사용자 웹 페이지 출력 화면

요약

01 시스템 관리 개요

- 시스템 관리란 시스템이 최적의 환경에서 제 기능을 최고의 성능으로 발휘할 수 있도록 시스템을 설정하고, 동작을 감시하며 운영하는 업무를 의미한다.
- 시스템 관리 업무를 수행하는 사람을 시스템 관리자 또는 시스템 운영자라고 하며, 시스템이 제 기능과 성능을 발휘할 수 있도록 유지하고 관리하는 업무를 수행한다.

02 리눅스 부팅과 종료하기

- 리눅스의 부팅 과정

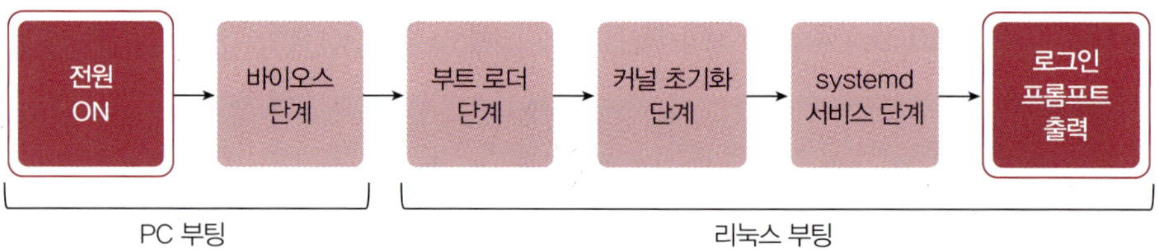

- 리눅스 종료하기: shutdown 명령, 런레벨 전환(0 또는 6), halt 명령, poweroff 명령, reboot 명령, 전원 끄기

03 사용자 관리하기

- 사용자 계정 파일: /etc/passwd
- 사용자 계정 생성: useradd(예 sudo useradd -m -d /home/user2 user2)
- 사용자 계정 수정: usermod(예 sudo usermod -u 2020 user2)
- 사용자 계정 삭제: userdel(예 sudo userdel -r user2)

04 소프트웨어 패키지 설치하기

- 우분투 패키지의 이름 구성
  - 패키지명_버전-데비안리비전ubuntu우분투리비전_아키텍처.deb
- 우분투 패키지 관리: apt 명령
  - 패키지 설치: apt install(예 sudo apt install vsftpd)
  - 패키지 삭제: apt remove(예 sudo apt remove vsftpd)

05 systemd 사용하기

- systemd는 리눅스의 시스템과 서비스 관리자로서 다양한 서비스 데몬을 시작하고, 프로세스들의 상태를 유지하며, 시스템의 상태를 관리한다.
- systemd 관련 명령: systemctl
  - 서비스 시작: systemctl start 서비스명(예 sudo systemctl start sshd)
  - 서비스 종료: systemctl stop 서비스명(예 sudo systemctl stop sshd)
  - 서비스 상태 확인: systemctl status 서비스명(예 systemctl status sshd)

06 네트워크 관리하기

- 네트워크 관리 서비스: NetworkManager
- nmcli 명령을 사용한 네트워크 관리
  - 네트워크 장치 상태 보기: nmcli dev status
  - 네트워크 장치의 상세한 정보 보기: nmcli dev show

07 FTP 사용하기

- FTP 서버 설치: sudo apt install vsftpd
- FTP 클라이언트 내부 명령: cd, pwd, ls, get, mget, put, mput, prompt, hash, bye

08 웹 서버 사용하기

- 아파치 웹 서버 설치: sudo apt install apache2
- 웹 서버의 기본 디렉터리: /var/www/html
- 일반 사용자 계정에 웹 설정하기: /etc/apache2/mods-available/userdir.conf 파일 수정
- 사용자 계정의 웹 디렉터리: ~/public_html

연습문제

01 다음 중 시스템 관리 업무와 가장 거리가 먼 것은 무엇인가?

① 파일 시스템 관리
② 사용자 계정 관리
③ 데이터 백업과 복구
④ 게임 소프트웨어 개발

02 리눅스 시스템 부팅 순서로 옳은 것은 무엇인가?

① 바이오스 단계 → 커널 초기화 단계 → 부트 로더 단계 → systemd 서비스 단계
② 바이오스 단계 → 부트 로더 단계 → 커널 초기화 단계 → systemd 서비스 단계
③ 부트 로더 단계 → 바이오스 단계 → 커널 초기화 단계 → systemd 서비스 단계
④ 부트 로더 단계 → 커널 초기화 단계 → 바이오스 단계 → systemd 서비스 단계

03 shutdown 명령에서 실제로 시스템을 종료하지 않고 2분 후에 종료한다는 메시지만 보내는 명령은 무엇인가?

① shutdown -c 2
② shutdown -h 2
③ shutdown -k 2
④ shutdown -m 2

04 사용자 계정 test01을 배시셸로 지정하여 생성하는 명령으로 옳은 것은 무엇인가?

① useradd -m /bin/bash test01
② useradd -s /bin/bash test01
③ useradd -d /bin/bash test01
④ useradd -u /bin/bash test01

05 사용자 계정 test01을 홈 디렉터리까지 모두 삭제하려고 한다. 옳은 명령은 무엇인가?

① userdel test01
② userdel -r test01
③ userdel -d test01
④ userdel -a test01

06 cron 패키지를 설치하는 명령으로 옳은 것은 무엇인가?

① apt install cron

② apt cron

③ apt cron install

④ apt download cron

07 colord 서비스가 동작 중인지 확인하는 명령으로 옳은 것은 무엇인가?

① systemctl start colord

② systemctl stop colord

③ systemctl colord

④ systemctl status colord

08 시스템이 사용 중인 IP 주소를 확인하는 명령으로 옳은 것은 무엇인가?

① nmcli dev status

② nmcli con show

③ nmcli dev show

④ nmcli con status

09 FTP의 내부 명령에서 지역 호스트의 여러 파일을 원격으로 전송하려고 한다. 이 때 각 파일마다 전송할 것인지 질문하지 않도록 하려면 어떤 명령을 입력해야 하는가?

① put ② hash ③ mpub ④ prompt

10 192.168.100.10 서버에 있는 사용자 계정 test01의 웹 페이지에 접속하려고 한다. 이를 위한 주소로 옳은 것은 무엇인가?

① 192.168.100.10

② 192.168.100.10/~test01

③ 192.168.100.10/test01

④ 192.168.100.10//test01

11 시스템 관리자의 업무를 크게 3가지로 구분하여 설명하시오.

12 리눅스 시스템의 부팅 단계 중 부트 로더 단계에서 하는 일이 무엇인지 설명하시오.

13 리눅스 시스템을 3분 후에 종료한다는 메시지를 보내고 실제로 종료하는 명령은 무엇인가?

14 'sudo useradd test01' 명령으로 사용자 계정을 생성하였다. 그런데 test01 계정의 홈 디렉터리가 생성되지 않았다. 무엇이 문제인가?

15 'sudo userdel test01' 명령으로 사용자 계정을 삭제하였는데 홈 디렉터리는 삭제되지 않았다. 무엇이 문제인가?

16 gnome-photos 패키지를 설치하지는 않고 내려받기만 하려고 한다. 어떤 명령을 사용하면 되는가?

17 vsftpd 데몬을 동작시키는 명령은 무엇인가?

18 리눅스 시스템이 연결된 네트워크의 게이트웨이 주소를 확인하려면 어떤 명령을 사용하면 되는가?

19 FTP 명령으로 지역 호스트의 디렉터리에 있는 모든 C 언어 파일을 원격 서버로 전송하려고 한다. 이때 사용하는 명령은 무엇인가?

20 일반 사용자 계정에서도 웹 페이지를 만들 수 있도록 허용하려고 한다. 어떤 설정 파일을 수정해야 하는가?

E F

G

H I

J K L

M N

P